디지털 자산과 부동산 금융론

표지 그림 해설(의미)

1. 동굴과 바깥 풍경(배경의 대비)
- 동굴(현실/기존 금융 시스템): 어둡고 거친 돌로 이루어진 동굴은 오랫동안 존재해 온 전통적인 금융 시장이나 부동산 시장의 물리적, 보수적 특성을 상징한다.
- 동굴 밖 풍경(미래/디지털화): 동굴 입구 밖으로 보이는 푸른 물과 높은 마천루가 어우러진 풍경은 미래 지향적이고, 유동성이 있으며, 기술과 결합한 새로운 디지털 금융 환경을 나타낸다.

2. 디지털 요소(블록체인/데이터)
- 바닥과 벽의 회로 기판 패턴: 동굴의 돌 바닥과 벽을 따라 흐르는 푸른색 빛의 회로 기판(Circuit Board) 패턴은 블록체인 기술을 상징한다. 이는 디지털 자산과 부동산 금융의 핵심 기반이 되는 투명성, 보안성, 분산 원장 기술을 의미한다.
- 코인 심볼: 바닥의 회로 위에 놓여 있는 코인 형태의 심볼은 디지털 자산(Crypto Assets) 그 자체를 나타낸다.

3. 데이터 및 금융 정보
- 공중에 떠 있는 HUD(Heads-Up Display): 동굴 벽면과 공중에 떠 있는 것처럼 보이는 홀로그램 형태의 차트, 그래프, 데이터 박스는 실시간 금융 데이터, 투자 분석 정보, 스마트 계약(Smart Contracts) 등의 디지털 정보를 시각화한 것이다. 이는 부동산 금융 결정이 이제는 데이터와 기술을 기반으로 이루어짐을 보여준다.
- 집 아이콘과 그래프: 특히 집 모양의 아이콘과 함께 표시되는 그래프는 부동산 토큰화(Tokenization of Real Estate), 부동산 투자 분석, 그리고 이 모든 것이 디지털화되고 있음을 강조한다.

디지털 자산과
부동산 금융론

ⓒ 박운선, 2025

초판 1쇄 발행 2025년 11월 1일

지은이　　박운선
펴낸이　　이기봉
편집　　　좋은땅 편집팀
펴낸곳　　도서출판 좋은땅
주소　　　서울특별시 마포구 양화로12길 26 지월드빌딩 (서교동 395-7)
전화　　　02)374-8616~7
팩스　　　02)374-8614
이메일　　gworldbook@naver.com
홈페이지　www.g-world.co.kr

ISBN　979-11-388-4857-2 (03320)

- 가격은 뒤표지에 있습니다.
- 이 책은 저작권법에 의하여 보호를 받는 저작물이므로 무단 전재와 복제를 금합니다.
- 파본은 구입하신 서점에서 교환해 드립니다.

프롭테크가 부동산 금융을 혁신한다

디지털 자산과 부동산 금융론

Proptech is revolutionizing real estate finance
Digital Assets and Real Estate Finance

ESG 공간자산 전략가 **박 운 선** Woonseon Park 저자

좋은땅

프롤로그

 인류의 가장 오래되고 거대한 자산인 부동산이 역사상 가장 급진적인 변화의 문턱에 서 있다. 수 세기 동안 '움직이지 않는 자산(不動産)'이라는 이름에 갇혀 있던 부동산은 낮은 유동성, 높은 진입 장벽, 그리고 정보의 비대칭성이라는 태생적 한계를 지녀 왔다. 그러나 이제 블록체인, 인공지능(AI), 디지털 트윈과 같은 신기술이 이 견고한 성벽을 허물고 있다.

 이 책은 바로 이 거대한 전환, 즉 디지털 자산 기술이 전통적인 부동산 금융과 만나 어떻게 새로운 가치와 기회를 창출하고 있는지를 탐구하는 여정이다. 우리는 더 이상 강남의 빌딩을 통째로 사야만 건물주가 될 수 있는 시대에 살고 있지 않다. 블록체인 기술은 수천억 원짜리 빌딩의 소유권을 잘게 쪼개 단돈 몇만 원으로도 거래할 수 있는 '증권형 토큰(STO)'을 탄생시켰다. AI 기반의 가치평가 모델은 과거 소수의 전문가에게 의존했던 가치 판단을 데이터 기반의 과학적 예측으로 바꾸고 있으며 가상현실 속 '디지털 트윈'은 우리가 부동산을 경험하고 관리하는 방식 자체를 혁신하고 있다.

 본서는 총 11부 34장에 걸쳐 이 혁명의 모든 단계를 실용적인 사례와 함께 깊이 있게 분석한다. 1부에서는 부동산 금융의 근본적인 문제와 이를 해결할 디지털 기술의 등장을 조명하며, 2부와 3부에서는 블록체인 기술이 어떻게 부동산의 소유권을 투명하게 기록하고, 자산을 유동화하는지를 '증권형 토큰(STO)'이라는 핵심 개념을 통해 살펴본다. 4부와 5부에서는 국내외의 실제 STO 및 NFT 부동산 플랫폼 사례를 통해 이론이 현실에서 어떻게 구현되는지 생생하게 보여 준다.

6부에서는 AI가 부동산 가치평가와 시장 분석을 어떻게 정교화하는지, 7부에서는 프로젝트 파이낸싱(PF)부터 디파이(DeFi)에 이르기까지 금융 조달 방식의 진화를 추적한다. 8부에서는 스마트 시티와 디지털 트윈이라는 미래 도시의 청사진을 들여다본다. 9부에서는 이 모든 혁신을 뒷받침하는 규제와 보안, 그리고 지속가능성(ESG)의 문제를 다룬다.

10부에서는 투자자, 현업 전문가, 그리고 미래의 창업가들이 이 새로운 시대에 성공하기 위한 구체적인 전략을 제시하고, 마지막 11부에서는 디지털 자산과 부동산 금융 연구 모델을 개발하여 부동산 금융의 전통적 한계를 극복하고 디지털 기술을 활용해 투명하고 유동적인 새로운 패러다임을 제시한다.

이 책은 단순한 기술 해설서가 아니다. 이것은 유동성과 투명성, 그리고 접근성이라는 새로운 원칙 위에 세워지는 미래 부동산 금융 시장의 지도다. 이 지도를 통해 독자들이 변화의 흐름을 읽고, 새로운 부의 기회를 발견하며, 다가오는 디지털 부동산 시대의 주역이 되기를 바란다.

독자에게 보내는 책

프롭테크, 새로운 부동산 미래를 열다

우리는 지금 부동산 시장의 대전환기를 목도하고 있습니다. 과거에는 상상하기 어려웠던 기술들이 부동산과 결합하며 '프롭테크(Proptech)'라는 새로운 영역을 만들어 내고 있습니다. 블록체인 기반의 디지털 자산, 인공지능을 활용한 가치 평가, 메타버스와 가상 부동산, 그리고 스마트 계약을 통한 자동화된 거래까지, 이 모든 기술은 부동산의 개념과 거래 방식을 근본적으로 바꾸고 있습니다.

이 책은 바로 이러한 프롭테크의 거대한 흐름을 이해하고, 변화하는 시장에서 기회를 포착하기 위한 안내서입니다. 우리는 단순히 기술적인 측면을 넘어, 프롭테크가 가져올 사회적, 경제적 파급 효과를 심층적으로 탐구합니다. 디지털 자산과 부동산 금융의 융합을 통해 새로운 투자 패러다임이 어떻게 형성될지, 데이터 보안과 규제 샌드박스의 활용이 어떻게 프롭테크 생태계를 견고하게 만들지 등 다양한 관점에서 프롭테크의 현재와 미래를 조망할 것입니다.

특히, 이 책에서는 국내외 실제 사례들을 풍부하게 제시하여 프롭테크가 이론적인 개념을 넘어 현실에서 어떻게 구현되고 있는지 생생하게 보여 줍니다. 카사(Kasa)의 빌딩 조각 투자, 루센트블록의 '소유'를 통한 소유권 공유, 프롭피(Propy)의 NFT를 활용한 실제 부동산 거래, 그리고 질로(Zillow)의 인공지능 기반 부동산 가치 평가 등 흥미로운 사례들을 통해 프롭테크의 무한한 가능성을 경험하실 수 있을 것입니다.

이 책을 통해 독자 여러분은 프롭테크에 대한 깊이 있는 이해를 얻고, 변화하는 부동산 시장에서 새로운 기회를 발견하며, 미래를 선도하는 전문가로 성장하는 데 필요한 통찰력을 얻게 되기를 바랍니다.

적용 예시 사례

프롭테크, 어떻게 실제 부동산 시장을 바꾸고 있는가

프롭테크는 더 이상 먼 미래의 이야기가 아닙니다. 이미 다양한 기술들이 실제 부동산 시장에 적용되어 혁신적인 변화를 이끌어 내고 있습니다. 몇 가지 적용 예시 사례를 통해 프롭테크의 실제 적용 모습을 살펴보겠습니다.

1. 부동산 조각 투자: 소액으로 빌딩 주인이 되다(사례: 카사 Kasa)

과거에는 수백억 원에 달하는 대형 상업용 부동산에 일반 개인이 투자하기란 불가능에 가까웠습니다. 하지만 프롭테크 기술 덕분에 이러한 장벽이 허물어지고 있습니다. 국내 프롭테크 기업 카사(Kasa)는 빌딩을 주식처럼 쪼개서 소액으로도 투자할 수 있도록 하는 '부동산 수익증권(DABS)'을 발행합니다. 이는 블록체인 기술을 기반으로 하며, 투자자들은 DABS를 통해 빌딩의 임대 수익을 배당받고, 향후 매각 차익도 누릴 수 있습니다.

예를 들어, 서울 역삼동의 특정 빌딩이 카사 플랫폼에 등록되면, 이 빌딩의 소유권은 신탁사에 귀속되고, 신탁 수익권이 DABS 형태로 발행됩니다. 투자자들은 카사 앱을 통해 이 DABS를 주식처럼 쉽게 사고팔 수 있습니다. 이를 통해 소액 투자자들도 강남 빌딩과 같은 고액 자산에 간접적으로 투자하여 안정적인 임대 수익과 시세 차익을 기대할 수 있게 되었습니다. 이는 기존의 부동산 간접 투자 상품인 리츠(REITs)와는 달리, 개별 부동산에 대한 투자 결정권을 강화하고 유동성을 높였다는 점에서 큰 의미가 있습니다.

2. NFT를 활용한 부동산 소유권 증명 및 거래 간소화(사례: 프롭피 Propy)

NFT(Non-Fungible Token, 대체 불가능 토큰)는 디지털 예술품이나 수집품에 주로 사용되는 기술로 알려져 있지만, 부동산 소유권 증명 및 거래에도 혁신적인 잠재력을 가지고 있습니다. 미국의 프롭테크 기업 프롭피(Propy)는 실제 부동산을 NFT로 판매하는 사례를 선보였습니다.

2021년, 프롭피는 우크라이나 키이우의 아파트를 NFT로 경매에 부쳐 약 99만 달러에 낙찰시켰습니다. 이 거래는 블록체인 기반의 스마트 계약을 통해 이루어졌으며, 소유권 이전 절차가 기존의 복잡한 서류 작업과 등기 절차 없이 몇 분 만에 완료되었습니다. NFT가 부동산 소유권을 디지털적으로 증명하고, 모든 거래 기록이 블록체인에 투명하게 기록되므로 위변조가 불가능합니다. 이는 부동산 거래의 투명성을 높이고, 중개 수수료 및 절차적 비용을 절감하며, 국경을 넘는 국제 부동산 거래를 용이하게 만들 수 있는 가능성을 보여 주었습니다.

3. 인공지능 기반의 부동산 가치 평가: 더 정확하고 신속하게(사례: 질로 Zillow의 Zestimate)

부동산 가치 평가는 주택 매매, 담보 대출, 투자 결정 등에 있어 매우 중요한 요소입니다. 과거에는 공인중개사나 감정평가사의 전문적인 판단에 의존했지만, 인공지능(AI) 기술은 이러한 평가 과정을 더욱 정확하고 신속하게 만들고 있습니다. 미국의 대표적인 부동산 플랫폼 질로(Zillow)는 '제스티메이트(Zestimate)'라는 AI 기반의 주택 가치 평가 도구를 제공합니다.

제스티메이트는 수억 건에 달하는 부동산 거래 데이터, 지역별 학군 정보, 건축 연도, 면적, 방 개수, 최근 리모델링 여부 등 수백 가지의 요인을 인공지능 알고리즘이 분석하여 특정 주택의 예상 가치를 산출합니다. 물론 AI 평가가 100% 정확하다고 볼 수는 없지만, 시장 변화에 대한 실시간 반영과 방대한 데이터를 기반으로 한 분석을 통해 개인이나 전문가가 파악하기 어려운 미세한 가치 변화까지 포착할 수 있습니다. 이는 주택 구매자와 판매자 모두에게 투명하고 객관적인 정보를 제공하여 합리적인 의사 결정을 돕는 중요한 도구로 활용되고 있습니다.

    이처럼 프롭테크는 단순히 기술적 진보를 넘어, 실제 부동산 시장 참여자들에게 구체적인 가치를 제공하며 새로운 비즈니스 모델과 투자 기회를 창출하고 있습니다. 앞으로도 더욱 다양한 기술들이 부동산과 융합하여 우리의 삶과 부동산 시장을 혁신할 것으로 기대됩니다.

디지털 미래 자산 동향

　최근 부상하고 있는 주요 디지털 자산인 비트코인과 중앙은행 디지털 화폐(CBDC)의 개념, 특징, 그리고 각기 다른 파급 효과에 대해 심층적으로 다루고 있습니다.

　먼저, 디지털 자산은 분산원장기술(DLT)과 블록체인에 기반하며, 중앙기관 없이 자산의 기록과 이전을 가능하게 하는 새로운 형태의 자산입니다. 비트코인은 대표적인 디지털 자산으로, 작업증명(PoW) 방식의 채굴을 통해 운영되며 공급량이 제한적이라는 특징을 가집니다. 비트코인은 전통 금융 시스템과 분리된 독립적인 생태계를 형성하고 있으며, 이는 금융 시스템의 안정성을 보장하면서도 새로운 형태의 가치 저장 수단을 제공할 수 있다는 잠재력을 보여줍니다. 그러나 비트코인은 가격 변동성이 크고, 채굴 과정에서 상당한 전력 소비를 요구하며, 환경 및 ESG(환경·사회·지배구조) 측면에서 논란이 존재한다는 점도 지적되고 있습니다. 특히, 에너지 소비와 탄소 배출량에 대한 우려가 제기되고 있으며, 이는 비트코인 채택의 주요 제약 요인 중 하나로 작용하고 있습니다. 각국 정부와 국제기구는 비트코인 관련 규제 및 정책을 모색하고 있으며, 특히 자금세탁방지(AML) 및 테러 자금 조달 방지(CFT) 측면에서의 규제 필요성이 강조되고 있습니다.

　중앙은행 디지털 화폐(CBDC)는 중앙은행이 발행하는 디지털 형태의 법정화폐입니다. 비트코인과 같은 분산형 디지털 자산과는 달리, CBDC는 중앙은행의 통제하에 발행되고 관리되며, 이는 금융 시스템의 안정성을 유지하고 통화 정책의 효과적인 수행을 지원하는 것을 목표로 합니다. CBDC는 현금의 대안이자 민간 디지털 화폐의 위험을 완화하며, 지급 결제 시스템의 효율성을 높이고 금융 포용성을 증진시키는 등 다양한 장점을 가질 것으로 기대됩니다.

CBDC는 크게 도매형(Wholesale)과 소매형(Retail)으로 구분될 수 있으며, 도매형은 주로 금융기관 간 거래에, 소매형은 일반 대중의 일상적인 결제에 사용될 것으로 예상됩니다. CBDC 도입 시 예상되는 주요 효과로는 지급 결제 시스템의 혁신, 금융 포용성 증대, 통화 정책의 효율성 향상 등이 있습니다. 그러나 동시에 금융 안정성 저해 가능성, 은행의 역할 변화, 프라이버시 침해, 사이버 보안 위험 증대 등 여러 잠재적 위험도 존재합니다. 특히, CBDC가 기존 은행 예금과 경쟁하여 은행의 예금 기반을 약화시키고, 이는 은행의 대출 능력에 부정적인 영향을 미쳐 금융 시스템의 불안정성을 초래할 수 있다는 우려가 제기되고 있습니다.

전 세계적으로 많은 중앙은행이 CBDC 발행을 적극적으로 연구하고 실험하고 있습니다. 2023년 6월 현재, 134개국이 CBDC 연구를 진행 중이며, 23개국이 파일럿 단계를 진행 중입니다. 주요 국가별 CBDC 추진 현황을 살펴보면, 미국은 디지털 달러 연구를 진행 중이며, 유럽중앙은행(ECB)은 디지털 유로 프로젝트를 추진하고 있습니다. 중국은 이미 e-CNY를 통해 CBDC 상용화를 선도하고 있으며, 이는 디지털 결제 시장에서 중요한 변화를 가져올 것으로 예상됩니다. 한국은행 역시 2024년 10월까지 CBDC 활용성 테스트를 완료할 계획이며, 2025년에는 민간과 연계한 파일럿 테스트를 추진할 예정입니다.

결론적으로, 디지털 자산과 CBDC는 금융 시스템에 큰 변화를 가져올 잠재력을 가지고 있습니다. 비트코인과 같은 디지털 자산은 분산화된 특징과 새로운 가치 저장 수단을 제공하지만, 높은 변동성과 환경 문제라는 과제를 안고 있습니다. 반면, CBDC는 중앙은행의 통제하에 안정성과 효율성을 추구하며 금융 시스템의 혁신을 이끌 수 있지만, 금융 안정성 및 은행 역할 변화 등 해결해야 할 과제도 있습니다. 각국은 이러한 디지털 통화의 잠재력을 최대한 활용하고 위험을 최소화하기 위한 신중한 접근 방식과 규제 체계 마련에 힘쓰고 있습니다.

목차

프롤로그 ·· 4
독자에게 보내는 책: 프롭테크, 새로운 부동산 미래를 열다 ················ 6
적용 예시 사례: 프롭테크, 어떻게 실제 부동산 시장을 바꾸고 있는가 ········ 7
디지털 미래 자산 동향 ··· 10

제1부 거대한 융합: 부동산과 디지털의 만남

1장 유동성의 감옥: 왜 부동산 금융은 혁신이 필요했나 ················ 21
  1.1. 전통적 부동산 자산의 한계 ·· 21
  1.2. 금융위기와 새로운 대안의 모색 ······································ 25
  1.3. 한국 부동산 시장의 특수성 ·· 28

2장 디지털 솔루션: 블록체인, AI, 그리고 새로운 금융 툴킷 ········ 32
  2.1. 분산원장기술(DLT)과 신뢰의 재구축 ······························· 32
  2.2. 인공지능(AI)과 데이터 기반 의사결정 ···························· 36
  2.3. 디지털 트윈과 가상 부동산 경험 ···································· 40

3장 프롭테크 혁명: 부동산 산업의 디지털 대전환 ······················ 44
  3.1. 프롭테크(Proptech)의 정의와 4대 영역 ··························· 45
  3.2. 사례: 프롭테크의 글로벌 동향 ······································· 48
  3.3. 프롭테크가 바꾸는 부동산의 미래 ·································· 52

제2부 기초 공사: 블록체인과 부동산 권리

4장 암호화폐를 넘어: 블록체인이 부동산 소유권을 보증하는 법 ···· 59
  4.1. 분산원장과 불변의 기록 ·· 60
  4.2. 탈중앙화와 중개인의 역할 변화 ····································· 63

  4.3. 프라이버시 문제와 허가형 블록체인 · 66

5장 **사례 연구: 블록체인 기반 부동산 등기 시스템** · · · · · · · · · · · · · 72
  5.1. 스웨덴: 최초의 국가 단위 실험 · 73
  5.2. 조지아 공화국: 부패 방지와 행정 효율화 · · · · · · · · · · · · · · · · · · 76
  5.3. 국내의 시도와 미래 과제 · 79

6장 **스마트 계약: 코드로 실행되는 자동화된 부동산 거래** · · · · · · · · 83
  6.1. 스마트 계약의 원리: "If-Then" 로직 · 83
  6.2. 사례: 임대차 계약의 자동화 · 86
  6.3. 오라클 문제와 법적 과제 · 90

제3부 **자산 혁명: 부동산의 토큰화**

7장 **증권형 토큰 발행(STO)이란 무엇인가** · 97
  7.1. 토큰화(Tokenization)의 개념 · 98
  7.2. 증권형 토큰 vs. 유틸리티 토큰 · 101
  7.3. STO(증권형 토큰 발행)의 장점 · 105

8장 **조각 투자: 빌딩을 커피 한 잔 값에 소유하는 법** · · · · · · · · · · · · 109
  8.1. 부동산 조각 투자의 작동 원리 · 110
  8.2. 투자자의 수익 구조 · 113
  8.3. 전통적 리츠(REITs)와의 차이점 · 116

9장 **해외 사례 연구: 애스펜 코인(Aspen Coin)** · · · · · · · · · · · · · · · 120
  9.1. 최초의 부동산 STO, 그 상징성 · 121
  9.2. 기초자산: 세인트 레지스 애스펜 리조트 · · · · · · · · · · · · · · · · · 123
  9.3. 자금 조달 성과와 시사점 · 126

제4부 국내의 개척자들: 한국형 부동산 STO 플랫폼

10장 법적 기반: 대한민국의 증권형 토큰(STO) 가이드라인 ········· 133
    10.1. 금융위원회의 입장: "그릇이 바뀌어도 음식은 그대로" ········· 134
    10.2. 제도 개선의 3가지 핵심 내용 ········· 137
    10.3. 투자자 보호와 시장의 미래 ········· 140

11장 사례 연구: 카사(Kasa) - 빌딩을 주식처럼 사고팔다 ········· 145
    11.1. 비즈니스 모델: DABS와 신탁 기반 구조 ········· 146
    11.2. 첫 공모 사례: 역삼 런던빌 ········· 149
    11.3. 생태계 구축과 확장 전략 ········· 151

12장 사례 연구: 루센트블록 '소유' - 모두에게 소유의 기회를 ········· 155
    12.1. 비즈니스 모델: 임차인도 이익을 공유하는 상생 구조 ········· 156
    12.2. 첫 공모 사례: 안국 다운타우너 ········· 159
    12.3. 기술력과 성장 전략 ········· 162

제5부 다음 지평선: NFT와 가상 부동산

13장 예술을 넘어: NFT가 부동산 소유권을 증명하는 법 ········· 167
    13.1. NFT(대체 불가능 토큰)의 본질 ········· 168
    13.2. 부동산 소유권 이전의 새로운 방식: LLC와 NFT ········· 170
    13.3. STO와 NFT의 차이점 ········· 174

14장 사례 연구: 프로피(Propy) - 실제 집을 NFT로 팔다 ········· 178
    14.1. 비즈니스 모델: 부동산 거래 절차의 간소화 ········· 179
    14.2. 주요 거래 사례: 우크라이나에서 플로리다까지 ········· 182
    14.3. 또 다른 시도: 시티다오(CityDAO) ········· 185

15장 메타버스 부동산: 가상 토지에 투자하는 시대 ········· 189
    15.1. 메타버스 부동산의 두 종류 ········· 190
    15.2. 수십억 원에 거래되는 가상 토지 ········· 192
    15.3. 투자 논리와 미래 전망 ········· 195

제6부 지능형 엔진: AI와 부동산 금융

16장 AI 기반 가치평가: 데이터로 부동산 가격을 예측하다 · · · · · · · · · 201
    16.1. 자동 가치평가 모델(AVM)의 원리 · · · · · · · · · · · · · · · · · 202
    16.2. AI가 고려하는 340개의 변수 · 205
    16.3. 인간 전문가와의 협력 · 208

17장 사례 연구: 질로(Zillow)의 제스티메이트(Zestimate) · · · · · · · · 212
    17.1. 미국 부동산 시장을 바꾼 알고리즘 · · · · · · · · · · · · · · · · 213
    17.2. 데이터와 알고리즘의 진화 · 215
    17.3. 비즈니스 모델과 시사점 · 218

18장 AI를 활용한 상권 분석과 시장 예측 · 222
    18.1. 최적의 입지 선정: 어디에 가게를 열 것인가? · · · · · · · 223
    18.2. 고객 행동 분석과 맞춤형 마케팅 · · · · · · · · · · · · · · · · · 225
    18.3. 미래 트렌드 예측과 투자 전략 · · · · · · · · · · · · · · · · · · 228

제7부 금융 조달의 진화: 모기지에서 디파이까지

19장 프로젝트 파이낸싱(PF)의 디지털 전환 · · · · · · · · · · · · · · · · · 235
    19.1. 전통적 PF의 리스크와 한계 · 236
    19.2. 스마트 계약과 투명한 자금 관리 · · · · · · · · · · · · · · · · 238
    19.3. 디지털 트윈과 효율적인 사업 관리 · · · · · · · · · · · · · · · 241

20장 서비스형 뱅킹(BaaS)과 부동산 금융 · · · · · · · · · · · · · · · · · · · 244
    20.1. BaaS(Banking-as-a-Service)의 개념 · · · · · · · · · · · · · · 245
    20.2. 사례: 기업 금융의 디지털화 · 247
    20.3. 부동산 플랫폼과 임베디드 금융의 미래 · · · · · · · · · · · 250

21장 디파이(DeFi)와 미래의 부동산 담보대출 · · · · · · · · · · · · · · · 254
    21.1. 디파이(DeFi)의 기본 원리 · 255
    21.2. 부동산 NFT를 담보로 한 대출 · · · · · · · · · · · · · · · · · · 258
    21.3. 도전과제와 미래 전망 · 260

제8부 건설 환경의 재구성: 스마트 시티와 디지털 트윈

22장 디지털 트윈: 가상으로 건물을 짓고 관리하다 ··················· 269
    22.1. 디지털 트윈의 개념과 구현 기술 ··················· 270
    22.2. 설계 및 시공 단계에서의 활용 ··················· 272
    22.3. 운영 및 유지보수 단계에서의 활용 ··················· 275

23장 사례 연구: 매터포트(Matterport)와 비모(Beamo) ··················· 279
    23.1. 매터포트: 3D 가상 투어의 표준 ··················· 280
    23.2. 비모: 스마트폰 기반의 산업용 디지털 트윈 ··················· 283
    23.3. 호텔 산업의 마케팅 혁신 사례 ··················· 285

24장 스마트 시티: 데이터가 도시를 운영하는 법 ··················· 289
    24.1. 스마트 시티의 개념과 구성 요소 ··················· 290
    24.2. 부동산 개발과 스마트 시티 ··················· 292
    24.3. 리퀴드폴리탄: 유연하고 연결된 도시 ··················· 295

제9부 규제, 보안, 그리고 지속가능성

25장 중앙은행 디지털화폐(CBDC)와 부동산 결제 ··················· 303
    25.1. CBDC(중앙은행 디지털화폐)란? ··················· 304
    25.2. 부동산 거래에서의 활용 가능성 ··················· 306
    25.3. 프라이버시와 금융 안정성 문제 ··················· 310

26장 양자 위협: 차세대 암호(PQC)로 부동산 데이터를 지켜라 ··················· 313
    26.1. 양자컴퓨터와 암호학적 아포칼립스 ··················· 313
    26.2. 양자내성암호(PQC)로의 전환 ··················· 316
    26.3. 금융권의 대응과 미래 과제 ··················· 320

27장 ESG와 프롭테크: 지속 가능한 미래를 짓다 ··················· 324
    27.1. ESG 경영과 부동산 산업 ··················· 325
    27.2. 기술을 활용한 ESG 가치 실현 ··················· 328
    27.3. 순환경제와 부동산의 미래 ··················· 331

제10부 미래 청사진: 성공을 위한 전략

28장 투자자를 위한 전략: 디지털 부동산 포트폴리오 구축하기 ·········· 337
    28.1. 소액으로 시작하는 조각 투자 ······································· 338
    28.2. 비대칭적 기회: NFT와 메타버스 부동산 ························ 341
    28.3. 분산 투자와 평생 학습 ·· 344

29장 전문가를 위한 전략: 미래에 필요한 새로운 기술 스택 ············ 347
    29.1. 데이터 분석 역량은 기본 ·· 348
    29.2. 기술과 법률을 잇는 융합형 전문가 ······························ 350
    29.3. 글로벌 시장에 대한 이해 ·· 353

30장 창업가를 위한 전략: 프롭테크 시장에서 기회 찾기 ················ 356
    30.1. 틈새 시장을 공략하는 버티컬 솔루션 ··························· 357
    30.2. B2B 서비스와 데이터 비즈니스 ··································· 359
    30.3. 규제 샌드박스의 활용 ·· 362

제11부 디지털 자산과 부동산 금융 연구모델 개발

31장 디지털 자산과 부동산 금융의 융합에 관한 연구: 토큰화, 인공지능,
그리고 새로운 금융 패러다임 ·· 368
    31.1. 서론 ·· 368
    31.2. 이론적 배경 ·· 370
    31.3. 디지털 자산 기반 부동산 금융의 적용 사례 분석 ·········· 373
    31.4 주요 쟁점 및 미래 전망 ··· 375
    31.5. 결론 ·· 376

32장 데이터보안의 현재와 미래: 능동형 데이터보안 중심으로 - 디지털 자산
및 부동산 금융의 창조적 혁신을 위한 보안 패러다임 연구 ·········· 378
    32.1. 서론 ·· 378
    32.2. 능동형 데이터보안의 이론적 고찰 ······························· 380
    32.3. 디지털 부동산 금융 분야의 보안 위협 및 능동형 대응 전략 ·········· 383

32.4. 주요 쟁점 및 미래 전망 ································· 385
32.5. 결론 ·· 386

33장 박운선의 영혼 이중나선 모델 ························· 388
I. 서론 ·· 389
II. 이론적 배경 및 선행연구 분석 ······························ 390
III. 연구 모형 및 방법론 설계 ···································· 392
IV. 가상 시뮬레이션 분석 및 결과 ······························ 394
V. 고찰 ·· 396
VI. 결론 및 정책적 제언 ··· 398

34장 AI 기반 주역 부동산 가치 분석에 관한 연구 - 데이터와 직관의 융합을 통한 새로운 자산 분석 프레임워크 ······ 400
I. 서론 ·· 401
II. 이론적 배경 ·· 402
III. 연구 설계 및 방법론 ··· 405
IV. 가상 데이터 분석 및 결과 ···································· 407
V. 고찰 ·· 409
VI. 결론 및 제언 ·· 410

나가는 글 ·· 412
참고문헌 ·· 414
참고자료 ·· 419
용어집 ·· 426

[부록]
인공지능 시대, 데이터를 지키는 힘: 데이터 보안의 진화와 대응 방안 ······ 429

| 제1부 |

거대한 융합:
부동산과 디지털의 만남

1장
유동성의 감옥: 왜 부동산 금융은
혁신이 필요했나

2장
디지털 솔루션: 블록체인, AI,
그리고 새로운 금융 툴킷

3장
프롭테크 혁명: 부동산 산업의
디지털 대전환

제1부에서는 전통적인 부동산 금융이 가진 근본적인 문제점들을 진단하고, 이를 해결하기 위해 등장한 디지털 기술, 복잡한 프롭테크(Proptech)의 개념과 가능성을 탐구한다. 왜 부동산 금융에 혁명이 필요했는지, 그리고 그 혁명의 도구는 무엇인지를 이해하는 것은 이 책 전체를 관통하는 핵심적인 첫걸음이다.

1장

유동성의 감옥: 왜 부동산 금융은 혁신이 필요했나

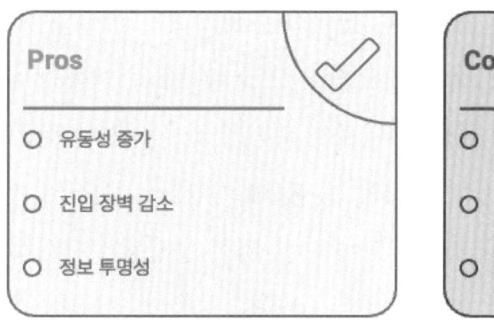 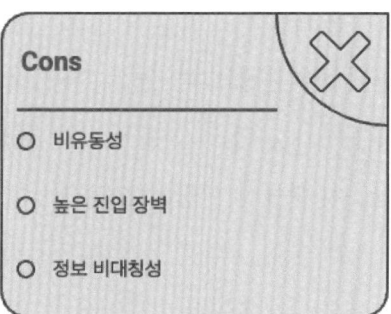

부동산 혁신(Real Estate Innovation)

1.1. 전통적 부동산 자산의 한계

부동산은 전통적으로 가장 안정적인 자산 중 하나로 여겨져 왔지만, 그 거대한 가치의 이면에는 심각한 비효율성이 존재했다. 가장 본질적인 문제는 바로 '비유동성(Illiquidity)'이다. 자산의 유동성은 그 가치를 신속하고 비용 효율적으로 현금화할 수 있는 정도를 의미하는데, 부동산은 이 척도에서 최하위에 위치한다. 주식이나 채권이 디지털 거래 시스템을 통해 수초 내에 거래되는 것과 달리, 부동산 거래는 물리적, 행정적 절차의 늪에 빠져 있다.

매물을 시장에 내놓는 것부터, 잠재적 구매자를 찾고, 가격을 협상하며, 복잡한 법률 및 행정 서류를 검토하는 지난한 과정이 이어진다. 여기에 주택담보대출 승인, 자금 출처 증빙, 소유권 이전 등기까지 완료되려면 짧게는 수주에서 길게는 수개월이 소요되는 것이 다반사다. 이 긴 시간은 자본을 묶어 두는 기회비용을 발생시키며, 시장 상황의 급변에 신속하게 대응할 수 없게 만드는 치명적인 약점으로 작용한다.

거래 과정에서 발생하는 높은 '거래 마찰(Transaction Friction)' 또한 유동성을 저해하는 주된 요인이다. 매매 가격의 수 퍼센트에 달하는 중개수수료, 취득세, 양도소득세, 법무사 비용 등은 거래 자체를 위축시킨다. 이러한 비용 구조는 투자자들이 단기적인 시장 변화에 대응하기보다는 장기 보유를 선호하게 만들어, 시장의 가격 발견 기능을 왜곡하고 자산의 회전율을 현저히 떨어뜨린다.

두 번째 한계는 견고한 '높은 진입 장벽(High Entry Barrier)'이다. 서울의 아파트 평균 매매가가 10억 원을 훌쩍 넘는 현실에서, 자본 축적 기회가 적었던 젊은 세대나 중산층이 부동산 시장에 진입하는 것은 거의 불가능에 가깝다. 이는 금융자본의 규모가 부의 증식 기회를 결정하는 구조를 공고히 하여, 자산 불평등과 사회적 양극화를 심화시키는 핵심적인 원인으로 지목된다.

이러한 자본의 장벽은 단순한 경제적 문제를 넘어 사회적 박탈감과 세대 갈등을 유발한다. 근로 소득의 상승 속도가 자산 가격의 상승 속도를 도저히 따라잡지 못하는 현실은 '금융 포용성(Financial Inclusion)'의 가치를 무색하게 만든다. 모든 사회 구성원이 경제 성장의 과실을 공유하고 건전한 자산 형성을 할 수 있는 통로가 막힐 때, 사회 전체의 역동성은 저하될 수밖에 없다.

세 번째는 시장의 신뢰를 갉아먹는 '정보의 비대칭성(Information Asymmetry)'이다. 1970년 노벨 경제학상 수상자인 조지 애컬로프(George Akerlof)는 그의 기념비적인 논문 「레몬 시장: 품질의 불확실성과 시장 메커니즘」에서 정보의 불균형이 어떻게 시장 실패를 초래하는지를 명쾌하게 설명했다. 판매자만 상품의 진짜 품질을 아는 시장에서는 결국 질 낮은 상품(레몬)만 거래된다는 것이다.

부동산 시장은 이러한 레몬 시장의 전형적인 특성을 보인다. 매도자나 개발업자는 건물의 구조적 결함, 누수, 일조권 문제, 주변 지역의 개발 악재 등 가격에 영향을 미치는 부정적 정보를 숨기려는 유인을 가진다. 반면 매수자는 제한된 시간과 정보

속에서 값비싼 의사결정을 내려야 하는 극도로 불리한 입장에 놓인다. 이는 합리적인 가격 형성을 방해하고, 거래 당사자 간의 불신을 증폭시킨다.

더 나아가, 거시적인 개발 정보나 정책 변화 역시 소수의 내부자에게 집중되는 경향이 있다. 이러한 정보의 독점은 불공정한 초과 이익의 기회를 만들어 내며, 일반 투자자들에게는 예측 불가능한 위험으로 작용한다. 결국 투명하고 신뢰할 수 있는 데이터의 부재는 부동산 시장을 투기가 아닌 투자의 대상으로 만드는 데 가장 큰 걸림돌이 되어 왔다.

이 세 가지 한계—비유동성, 높은 진입 장벽, 정보의 비대칭성—는 독립적으로 존재하지 않는다. 오히려 서로가 서로를 강화하는 악순환의 고리를 형성한다. 높은 진입 장벽은 소수의 플레이어만 시장에 남게 하여 정보의 독점을 심화시키고, 정보의 비대칭성은 거래의 불확실성을 키워 잠재적 투자자들을 몰아내며 유동성을 더욱 악화시킨다.

결론적으로 전통적인 부동산 자산은 그 거대한 가치에도 불구하고, 이러한 구조적 족쇄에 묶여 잠재력을 온전히 발휘하지 못했다. 이는 개인의 자산 증식을 가로막는 것을 넘어, 자원의 비효율적 배분과 사회적 불평등을 야기하는 거시경제적 문제였다. 따라서 이러한 낡은 감옥의 벽을 허물기 위한 파괴적 혁신은 더 이상 선택이 아닌 시대적 필수 과제가 되었다.

부동산 자산의 한계와 비효율성: 부동산 금융의 필요성

부동산은 전통적으로 가장 안정적인 자산 중 하나로 인식되어 왔지만, 그 이면에는 심각한 비효율성이 내재되어 있습니다. 이러한 비효율성은 부동산 금융 시장의 발전을 촉진하는 주요 원인이 됩니다.

첫 번째 문제는 바로 유동성 부족입니다. 주식처럼 쉽게 사고팔 수 없어 현금화하기 어렵고, 복잡한 거래 과정으로 인해 많은 시간과 비용이 소모됩니다. 예를 들어, 주식은 클릭 한 번으로 수백, 수천만 원을 매수하거나 매도할 수 있지만, 수십억 원에 달하는 부동산을 매매하기 위해서는 공인중개사, 법무사 등 복잡한 절차와 긴 시간이 필요합니다.

두 번째는 높은 진입 장벽입니다. 수억 원에 달하는 높은 가격은 소액 투자자들이 접근하기 어려운 구조를 만듭니다. 전통적인 방식으로는 수억 원이 없으면 부동산 투자가 불가능하지만, 리츠(REITs)와 같은 부동산 금융 상품을 활용하면 소액으로도 우량 부동산에 투자하여 배당 수익을 얻을 수 있습니다.

세 번째는, 정보의 비대칭성 문제입니다. 개발 정보, 실거래가 등 핵심 정보가 소수에게 집중되어 있어 불투명하고 비합리적인 가격 결정으로 이어집니다. 일반 투자자들은 내부 정보를 알기 어렵지만, 부동산 펀드나 신탁 등 전문적인 부동산 금융 기관은 전문 인력을 통해 정보를 분석하고 투자자에게 객관적인 가치를 제공합니다.

이러한 비효율성과 한계는 부동산이 가진 본연의 가치를 시장에서 제대로 평가받지 못하게 하는 주요 요인이 됩니다. 결론적으로, 부동산 금융은 이러한 한계를 극복하고, 부동산 자산의 유동성을 높이며, 더 많은 사람들이 투명하게 부동산 시장에 참여할 수 있도록 돕는 중요한 역할을 수행합니다.

- 적용 예시

비유동성(Illiquidity): 급하게 현금이 필요해서 아파트 한 채를 팔려고 하는데, 주식처럼 바로 팔 수가 없다. 매수자를 찾는 데 몇 달이 걸리고, 계약 과정도 복잡해서 시간이 오래 걸리고 중개 수수료, 법무사 비용 등 추가 비용도 많이 든다.

높은 진입 장벽(High Barrier to Entry): 소액 투자자가 100만 원으로 삼성전자 주식을 사는 건 쉽지만, 100만 원으로는 빌딩 한 칸도 살 수 없다. 수억, 수십억 원이 필요해서 소액 투자자들이 아예 접근하기 어렵다.

정보의 비대칭성(Information Asymmetry): 어느 지역에 새로운 개발 계획이 있는지, 옆집 아파트가 얼마에 팔렸는지 같은 중요한 정보가 일부 사람들(예: 공인중개사, 개발업자)에게만 집중되어 있다. 일반 투자자는 이런 정보를 알기 어려워서 불합리한 가격으로 매매할 가능성이 높다.

이러한 한계들 때문에 부동산은 본래의 가치보다 저평가되거나, 거래 과정에서 불필요한 어려움을 겪는 경우가 많다.

1.2. 금융위기와 새로운 대안의 모색

2008년, 전 세계를 뒤흔든 글로벌 금융위기는 전통적인 부동산 금융 시스템이 내포한 위험이 어떻게 실물 경제 전체를 파괴할 수 있는지를 여실히 보여 준 충격적인 사건이었다. 그 진원지는 미국의 '서브프라임 모기지(Subprime Mortgage)' 사태로, 신용도가 낮은 차입자들에게 무분별하게 제공된 주택담보대출에서 시작되었다. 이 사태의 본질은 부동산 자산의 불투명성과 중앙화된 신뢰 시스템의 붕괴였다.

당시 월스트리트의 투자은행들은 수천, 수만 개의 서브프라임 모기지 채권을 한데 묶어 새로운 금융상품인 '주택저당증권(MBS)'과 '부채담보부증권(CDO)'을 만들어 냈다. 이 과정에서 신용 평가 기관들은 개별 기초자산의 위험도를 제대로 평가하지 않은 채, 복잡하게 포장된 파생상품에 최상위 신용등급(AAA)을 부여했다. 금융공학이라는 미명 아래, 위험은 사라진 것이 아니라 교묘하게 감춰지고 전 세계 투자자들에게 전가되었을 뿐이었다.

투자자들은 기초자산이 무엇인지, 그 안에 얼마나 많은 부실 채권이 섞여 있는지 알 수 없었다. 그들은 오직 무디스, S&P와 같은 소수의 신용평가기관이 부여한 등급만을 맹신했다. 이는 중앙화된 기관에 대한 과도한 신뢰가 어떻게 집단적 오판으로 이어질 수 있는지를 보여 주는 명백한 사례다. 결국 주택 가격 하락과 함께 대출 연체가 급증하자, 이 파생상품들의 가치는 휴지 조각으로 변했고, 이를 대량 보유했던 리먼 브라더스와 같은 거대 투자은행들이 연쇄적으로 파산했다.

이 금융위기는 부동산 금융에 몇 가지 중요한 교훈을 남겼다. 첫째, 기초자산에 대한 투명성 없이는 어떠한 금융 혁신도 사상누각에 불과하다는 것이다. 둘째, 소수의 중앙화된 기관이 신뢰를 독점하는 시스템은 언제든 붕괴할 수 있는 취약성을 지닌다는 점이다. 셋째, 거래의 모든 단계를 추적하고 검증할 수 있는 새로운 방식의 감독 및 리스크 관리 체계가 필요하다는 사실이었다.

바로 이러한 근본적인 불신과 시스템 붕괴의 잿더미 속에서 새로운 대안을 찾으려는 움직임이 태동했다. 2008년 10월, '사토시 나카모토'라는 익명의 저자가 발표한 「비트코인: P2P 전자화폐 시스템」이라는 논문은 그 신호탄이었다. 이 논문은 은행이나 정부와 같은 중앙 중개 기관 없이도, 암호학적 증명을 통해 개인 간의 안전한 금융 거래가 가능한 '탈중앙화된 신뢰(Decentralized Trust)' 시스템을 제안했다.

비트코인의 기반 기술인 블록체인은 거래 기록을 네트워크 참여자 모두가 공유하고 검증함으로써 데이터의 위변조를 원천적으로 방지한다. 이는 중앙 서버나 특정 기관의 보증이 아닌, 수학적 알고리즘과 네트워크 자체의 힘으로 신뢰를 담보하는 혁명적인 발상이었다. '코드는 법이다(Code is Law)'라는 말로 요약되는 이 새로운 패러다임은, 금융위기로 무너진 신뢰를 기술을 통해 재건하려는 시도였다.

물론 초기 암호화폐 시장은 극심한 변동성과 투기적 광풍으로 인해 많은 비판에 직면했다. 하지만 그 근저에 있는 블록체인 기술의 잠재력, 즉 투명성, 불변성, 탈중앙성의 가치는 점차 인정받기 시작했다. 금융위기가 전통 금융의 문제점을 폭로했다면, 블록체인은 그 문제들을 해결할 수 있는 기술적 가능성을 제시한 것이다.

이러한 사상적 배경은 부동산 금융 혁신의 중요한 자양분이 되었다. 불투명한 파생상품 대신, 기초자산의 권리 관계를 블록체인에 투명하게 기록하고, 중앙 기관의 자의적 평가가 아닌 스마트 계약이라는 자동화된 규칙에 따라 금융 거래를 실행하려는 아이디어들이 등장하기 시작했다.

결국 2008년 금융위기는 단순히 과거의 실패로 끝난 것이 아니었다. 그것은 전통적인 부동산 금융 시스템의 종언을 고하는 조종(弔鐘)이자, 기술 기반의 새로운 금융 질서가 탄생하는 계기가 되었다. 이 역사적 변곡점을 이해하는 것은, 우리가 앞으로 탐구할 디지털 부동산 금융의 모든 혁신을 관통하는 핵심적인 열쇠다.

금융위기가 촉발한 블록체인 기반의 탈중앙화 금융 시스템 모색과 부동산 금융혁신

글로벌 금융위기 이후, 부동산 금융 시스템은 새로운 패러다임을 맞이하고 있습니다. 기존 시스템의 문제점을 해결하기 위해 **블록체인 기반의 탈중앙화 금융(DeFi) 시스템이 새로운 대안으로 떠올랐습니다.**

- **기존 부동산 금융의 문제점**: 부동산을 기초자산으로 한 파생상품은 복잡한 구조와 불투명성으로 인해 위험성을 키웠으며, 중앙화된 금융 시스템은 금융위기 앞에서 취약점을 드러냈습니다.
- **블록체인 기술의 해결책**: 블록체인은 이러한 문제를 해결하는 데 기여합니다. 예를 들어, **부동산 소유권 정보를 블록체인에 기록하여 위변조를 방지하고, 계약 과정을 스마트 컨트랙트로 자동화하여 투명하고 효율적인 거래를 가능하게 합니다.**

금융위기는 단순히 경제적 위기가 아닌, **부동산 금융 시스템을 근본적으로 혁신하게 만든 기폭제 역할을 했습니다.** 탈중앙화된 블록체인 기술은 미래 부동산 금융의 핵심이 될 것입니다.

- **적용 예시**

과거에는 주택담보대출을 받으려면 은행을 통해 복잡한 서류 절차와 심사를 거쳐야 했다. 만약 은행이 부실해지면 대출 정보가 사라지거나 문제가 생길 수도 있다.

하지만 블록체인을 활용하면, 주택담보대출 정보를 은행뿐만 아니라 대출자와 관련 기관들이 공유하는 분산원장에 기록할 수 있다. 이렇게 되면 정보 위변조가 어렵고 투명해져서, 대출 과정이 더 빠르고 안전해지며, 특정 은행에 문제가 생겨도 정보가 유지될 수 있다. 이는 부동산 금융 혁신의 한 예시가 될 수 있다.

1.3. 한국 부동산 시장의 특수성

글로벌 금융위기가 드러낸 부동산 금융의 보편적 문제점들은 한국의 특수한 시장 상황과 결합하며 더욱 증폭된 형태로 나타난다. 한국의 부동산 금융 혁신이 시급한 이유는 바로 이 '한국적 특수성'에 기인하며, 그 핵심에는 가계 자산의 극심한 부동산 편중 현상이 자리하고 있다.

통계청과 한국은행이 발표하는 '가계금융복지조사' 최신 자료에 따르면, 2023년 기준 한국 가구의 총자산 중 부동산과 같은 실물자산이 차지하는 비중은 60%를 상회한다. 이는 자산의 대부분이 유동성이 낮은 부동산에 묶여 있음을 의미한다. 미국(약 30~35%), 영국(약 40~45%), 일본(약 35~40%) 등 주요 선진국과 비교할 때 이는 월등히 높은 수치로, 한국 경제의 구조적 취약성을 드러내는 대표적인 지표다.

이러한 기형적인 자산 구조는 역사적, 사회적 맥락 속에서 형성되었다. 급속한 경제 성장 과정에서 부동산은 가장 확실한 부의 축적 수단으로 인식되었고, '부동산 불패 신화'는 하나의 사회적 신념처럼 자리 잡았다. 안정적인 장기 투자처로서 주식이나 채권 시장이 충분히 발달하지 못한 상황에서, 가계의 잉여자본은 자연스럽게 부동산으로 쏠릴 수밖에 없었다.

문제는 이러한 자산 편중이 경제 시스템 전체의 리스크를 키운다는 점이다. 가계 자산이 유동성이 높은 금융자산에 분산되어 있다면, 외부 충격이 발생했을 때 자산을 신속하게 조정하여 대응할 수 있다. 그러나 자산 대부분이 부동산에 묶여 있을 경우, 부동산 시장의 침체는 곧바로 가계의 부실로 이어진다. 주택 가격 하락은 담보 가치 하락으로 이어져 가계 대출 부실을 유발하고, 이는 소비 심리 위축과 내수 경기 침체라는 악순환의 도화선이 될 수 있다.

최근 몇 년간 한국 사회를 뜨겁게 달군 '영끌(영혼까지 끌어모아 대출)'과 '빚투(빚 내서 투자)' 현상은 이러한 구조적 문제의 심각성을 보여 주는 단적인 예다. 자산 가격 급등에 대한 불안감과 뒤처질 수 있다는 공포(FOMO, Fear Of Missing Out)가 만연하면서, 수많은 가구가 감당하기 어려운 수준의 빚을 내어 부동산 매입에 나섰다. 이는 금리 상승기에는 언제 터질지 모르는 시한폭탄과도 같다.

특히 2023년 하반기부터 본격화된 '프로젝트 파이낸싱(PF) 부실' 우려는 한국 부동산 시장의 또 다른 뇌관이다. 부동산 개발 사업의 미래 수익성을 담보로 자금을 조달하는 PF 대출이 부동산 경기 하락과 맞물려 부실화되면서, 건설사와 금융권의 동반 부실 위험이 커지고 있다. 이는 단순히 개별 기업의 문제를 넘어, 금융 시스템 전체의 안정성을 위협하는 요인으로 작용하고 있다.

또한, 한국에만 존재하는 독특한 임대차 제도인 '전세' 역시 시스템 리스크를 내포한다. 전세보증금은 본질적으로 집주인이 세입자로부터 조달하는 사적인 부채이지만, 공적인 금융 시스템의 감독에서는 벗어나 있다. 주택 가격 하락 시 집주인이 보증금을 제때 돌려주지 못하는 '역전세'나 '깡통전세' 문제는 세입자의 주거 불안을 야기하고, 이는 사회 전체의 신뢰 비용을 증가시킨다.

이처럼 부동산에 과도하게 편중된 자산 구조, 높은 가계 부채, 그리고 PF 및 전세 제도와 같은 잠재적 리스크 요인들은 한국 경제의 발목을 잡는 아킬레스건이다. 이러한 상황에서 부동산 자산의 일부를 유동화하여 가계의 재무 건전성을 높이고, 소액으로도 다양한 부동산에 분산 투자할 수 있는 혁신적인 금융 서비스의 도입은 더 이상 미룰 수 없는 과제다.

결론적으로, 한국 부동산 시장이 처한 특수한 상황은 디지털 기술을 통한 금융 혁신의 필요성을 그 어느 나라보다도 절실하게 만들고 있다. 이는 단순히 새로운 투자 상품을 만드는 차원을 넘어, 한국 경제의 구조적 리스크를 완화하고 지속 가능한 성장의 기반을 마련하기 위한 필수적인 생존 전략이다.

한국 가계 자산의 부동산 편중 해소와 금융 혁신

한국 가계의 자산 구조는 대부분이 **부동산에 집중**되어 있습니다. 이는 주요 선진국과 비교했을 때 뚜렷하게 나타나는 현상입니다. 이처럼 자산이 부동산에 편중되면 다음과 같은 문제들이 발생할 수 있습니다.

- **자산 유동성 제약**: 부동산은 현금으로 전환하기 어려운 비유동성 자산입니다. 따라서 급하게 돈이 필요할 때 자산을 처분하기가 어렵습니다.
- **가계 경제의 불안정성 증가**: 부동산 시장의 변동에 따라 가계 경제 전체가 큰 영향을 받을 수 있습니다. 예를 들어, 부동산 가격이 급락하면 가계 자산 가치가 크게 하락하여 재정적 충격을 받을 수 있습니다.

이러한 문제들을 해결하고 한국 경제의 안정성을 높이기 위해서는 **금융 혁신**이 필수적입니다. 부동산 자산을 유동화하고, 소액으로도 분산 투자가 가능한 새로운 금융 상품을 도입하여 가계가 자산을 보다 안정적으로 관리할 수 있도록 해야 합니다.

- **예시:**

부동산 유동화 펀드(REITs): 일반인이 소액으로도 여러 상업용 부동산에 투자할 수 있는 금융 상품입니다. 투자자들은 부동산을 직접 소유하지 않고도 임대 수익이나 매각 차익을 배당금 형태로 받을 수 있습니다. 이처럼 **부동산을 현금화**하는 상품을 통해 가계는 자산의 유동성을 높이고, 특정 부동산 시장의 변동 위험을 줄일 수 있습니다.

- **적용 예시**

많은 한국 가정이 집 한 채에 재산 대부분을 묶어 두고 있다. 이는 집값 변동에 가계 경제가 크게 흔들릴 수 있음을 의미한다.

예를 들어, 3억 원짜리 아파트에 2억 5천만 원의 자산이 묶여 있는 A씨 가정이 있다고 가정해 보자. 만약 집값이 갑자기 5천만 원 하락하면 A씨 가정의 총자산은 크게 줄어들고, 급하게 현금이 필요할 때 집을 팔지 않고서는 자금을 마련하기 어렵다.

이러한 문제를 해결하기 위해, 블록체인 기반의 '부동산 조각 투자'와 같은 새로운 금융 상품이 도입되고 있다. 이는 고가의 부동산을 여러 개의 작은 조각으로 나누어 소액으로도 여러 부동산에 분산 투자할 수 있게 한다. A씨는 집 한 채에 모든 돈을 넣는 대신, 소액으로 여러 지역의 부동산 조각에 투자하여 위험을 분산하고, 필요할 때 일부 조각만 팔아 현금을 확보할 수 있게 된다. 이는 기술 발전을 통해 가계 자산의 유동성을 높이고 안정성을 강화하는 실무 사례가 된다.

2장

디지털 솔루션: 블록체인, AI, 그리고 새로운 금융 툴킷

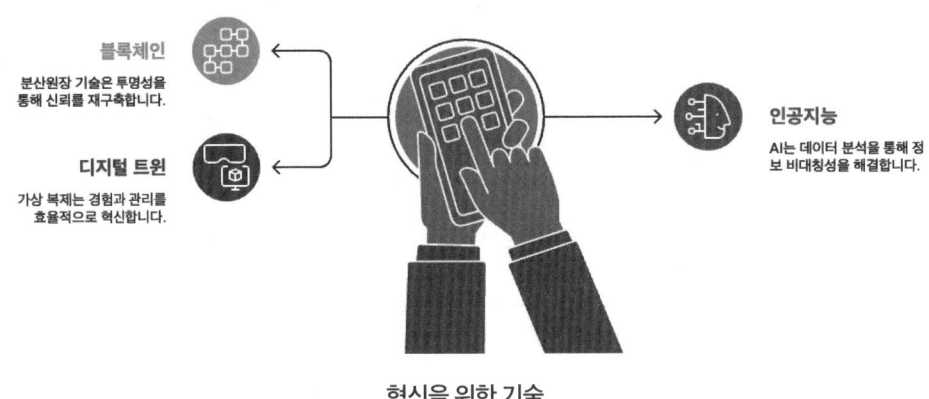

혁신을 위한 기술
(Technology for Innovation)

1장에서 진단한 전통적 부동산 금융의 문제점들은 견고한 성벽처럼 보였다. 하지만 기술의 발전은 가장 단단한 벽에도 균열을 만드는 힘을 가지고 있다. 21세기 디지털 혁명의 총아로 불리는 블록체인, 인공지능(AI), 그리고 디지털 트윈은 부동산이라는 거대한 아날로그 제국을 변화시킬 가장 강력한 '금융 툴킷(Toolkit)'으로 등장했다. 이 기술들은 각각 부동산의 고질적인 문제인 신뢰, 정보, 그리고 경험의 한계를 정면으로 돌파한다.

2.1. 분산원장기술(DLT)과 신뢰의 재구축

부동산 금융 혁신의 가장 근간이 되는 기술은 블록체인으로 대표되는 '분산원장

기술(DLT, Distributed Ledger Technology)'이다. DLT는 거래 기록과 같은 데이터를 중앙 관리 기관의 단일 서버가 아닌, 네트워크에 참여한 다수의 컴퓨터(노드)에 분산하여 저장하고 공동으로 관리하는 기술을 말한다. 이는 수백 년간 이어져 온 중앙집권적 기록 관리 방식에 대한 근본적인 도전이며, '신뢰'를 생성하는 방식을 재정의한다.

전통적으로 부동산 소유권과 거래 기록의 신뢰성은 등기소라는 국가 공인 기관이 보증했다. 모든 거래는 이 중앙 원장에 기록되어야만 법적 효력을 가졌다. 그러나 DLT는 이러한 '기관에 의한 신뢰'를 '기술에 의한 신뢰'로 대체한다. 거래가 발생하면 그 내역을 담은 '블록'이 생성되고, 이 블록은 암호학적 해시(Hash) 함수를 통해 이전 블록과 사슬처럼 연결된다. 이렇게 연결된 '블록체인'은 모든 참여자에게 복제 및 공유된다.

이 구조의 핵심은 '불변성(Immutability)'과 '투명성(Transparency)'이다. 누군가 악의적인 목적으로 특정 블록의 거래 내역을 위조하려 해도, 그 블록의 해시값이 변경되면서 뒤따라오는 모든 블록과의 연결이 끊어지게 된다. 또한, 조작된 블록은 네트워크의 다른 모든 참여자들이 가진 원본 원장과 비교되어 즉시 거부된다. 수많은 참여자가 동일한 기록을 감시하고 검증하는 이 '합의 메커니즘(Consensus Mechanism)' 덕분에, 사실상 데이터의 사후 조작은 불가능에 가깝다.

이러한 특성은 부동산 등기 시스템에 혁명적인 변화를 가져올 수 있다. 해킹이나 행정 오류, 부패로 인한 등기부 위변조 가능성을 원천적으로 차단하여 소유권을 강력하게 보호할 수 있다. 또한, 거래의 모든 과정이 투명하게 기록되기 때문에, 소유권 이전 내역이나 담보 설정 현황 등을 누구나 실시간으로 확인할 수 있게 되어 1장에서 지적한 '정보의 비대칭성' 문제를 해결하는 데 결정적인 역할을 한다.

중개인의 역할 역시 재정의된다. P2P(Peer-to-Peer) 방식으로 거래 당사자 간의 직접적인 정보 교환과 가치 이전이 가능해지면서, 등기 이전 서류를 대행하던 법무사나 단순 매물 정보를 전달하던 중개인의 역할은 축소될 수 있다. 대신 이들은 블록체인 시스템을 활용하여 복잡한 법률 자문을 제공하거나, 계약 조건의 세부 사항을 조율하는 고부가가치 컨설턴트로 진화해야 할 것이다.

물론 모든 블록체인이 부동산에 적합한 것은 아니다. 비트코인이나 이더리움처럼 누구나 참여할 수 있는 '퍼블릭 블록체인(Public Blockchain)'은 거래의 투명성을 극대화하지만, 소유주의 신원과 같은 민감한 개인정보를 보호하는 데는 한계가 있다. 이에 대한 해결책으로 '허가형(Permissioned) 블록체인' 또는 '컨소시엄(Consortium) 블록체인'이 대두된다.

허가형 블록체인은 정부 기관, 금융 회사, 법무법인 등 사전에 허가받은 참여자들만이 네트워크 노드로 참여하고 거래 기록을 열람할 수 있도록 접근을 제어한다. IBM이 주도하는 '하이퍼레저 패브릭(Hyperledger Fabric)'이나 금융권에 특화된 R3의 '코다(Corda)'가 대표적인 예다. 이러한 시스템은 퍼블릭 블록체인의 보안성과 투명성은 유지하면서도, 참여자의 프라이버시를 보호하고 거래 처리 속도를 높일 수 있어 규제가 중요한 부동산 금융 시스템에 더 적합한 모델로 평가받는다.

스웨덴 토지 등록 기관(Lantmäteriet)의 블록체인 등기 실험이나, 조지아 공화국이 부패 방지를 위해 토지 등기 정보를 블록체인에 기록한 사례는 DLT가 이론을 넘어 현실에서 어떻게 신뢰를 재구축하는지를 보여 준다. 이들 사례는 DLT가 단순히 거래 비용을 절감하는 기술을 넘어, 사회적 신뢰 자본을 쌓고 투명한 거버넌스를 구축하는 강력한 도구가 될 수 있음을 시사한다.

결론적으로 DLT는 부동산과 관련된 모든 권리, 거래, 계약 정보를 위변조 불가능한 단일 진실 공급원(Single Source of Truth)에 기록함으로써, 수백 년간 중앙 기관이 독점해 온 '신뢰'의 기능을 기술적으로 구현한다. 이는 앞으로 논의될 증권형 토큰(STO), 스마트 계약 등 모든 디지털 부동산 금융 혁신의 가장 단단한 주춧돌 역할을 한다.

부동산 금융 혁신을 위한 분산원장기술(DLT)의 역할과 신뢰 재구축

부동산 금융 분야의 혁신에서 **블록체인으로 대표되는 분산원장기술(DLT)은 핵심적인 기술**로 부상하고 있습니다. 이 기술은 거래 기록을 중앙 집중식 서버에 저장하는 기존 방식과 달리, 네트워크에 참여하는 여러 컴퓨터에 분산하여 저장하고 공동으로 관리합니다.

이러한 분산 저장 방식 덕분에 **데이터 위조는 사실상 불가능**하며, 거래의 투명성과 신뢰성을 크게 높일 수 있습니다. 기존에는 등기소와 같은 중앙 기관이 독점적으로 제공하던 '신뢰'의 기능을 이제는 기술이 대신하게 된 것입니다.

결론적으로, DLT는 부동산 거래 관계를 명확하게 하고, 거래 과정을 투명하게 만드는 데 **결정적인 역할**을 합니다.

명확한 예시: 부동산 소유권 이전 과정을 DLT로 혁신

기존의 부동산 소유권 이전 방식은 다음과 같은 복잡하고 비효율적인 과정을 거칩니다.

1. **매매 계약**: 매도인과 매수인이 계약을 체결합니다.
2. **등기 신청**: 매수인이 등기소에 소유권 이전을 신청합니다.
3. **심사 및 등기**: 등기소 직원이 서류를 심사하고, 문제가 없으면 등기부에 소유권 변경 내용을 기록합니다.

이 과정에는 서류 위조, 인적 오류, 긴 처리 시간 등의 위험이 따르며, 중앙 기관인 등기소의 신뢰성에 의존해야 합니다.

DLT를 적용하면 이 과정은 다음과 같이 간단하고 안전하게 바뀝니다.

1. **스마트 계약**: 매도인과 매수인이 DLT 네트워크 상에서 자동으로 실행되는 '스마트 계약'을 맺습니다. 계약 조건(예: 잔금 지급 시)이 충족되면 소유권 이전이 자동으로 실행되도록 설정할 수 있습니다.
2. **자동 기록**: 잔금이 매도인에게 지급되는 순간, DLT 네트워크 상의 **모든 참여자에게 해당 거래 기록이 분산되어 저장**됩니다. 이 기록은 위조나 변조가 불가능합니다.

> **3. 실시간 확인**: 매수인은 언제든지 네트워크에서 자신의 소유권 정보를 실시간으로 확인할 수 있습니다. 별도의 등기 신청 절차 없이도 소유권이 명확히 증명됩니다.
>
> 이처럼 DLT는 부동산 거래의 투명성을 높이고, 중간 기관의 개입을 줄여 **거래 비용과 시간을 획기적으로 절감**하며, 거래 당사자 간의 신뢰를 기술적으로 보증하는 역할을 수행합니다.

- 적용 예시

부동산 매매 시, 기존에는 등기소와 같은 중앙 기관을 통해 소유권 변경을 기록하고 확인했다. 하지만 블록체인(DLT)을 활용하면, 이러한 소유권 정보가 여러 컴퓨터에 분산되어 저장되므로, 중간 기관 없이도 거래 내역이 투명하게 공유되고 위변조가 사실상 불가능해진다.

예)

A가 B에게 아파트를 팔 때, 이 거래 내역(소유권 이전)은 블록체인에 기록된다. 이 기록은 네트워크에 참여하는 모든 사람에게 공유되며, 아무도 임의로 수정할 수 없다. 따라서 등기소 확인 없이도 거래의 신뢰성과 투명성이 확보되어, 빠르고 안전하게 소유권 이전이 가능해진다.

2.2. 인공지능(AI)과 데이터 기반 의사결정

만약 분산원장기술(DLT)이 디지털 부동산 금융의 '뼈대'라면, 인공지능(AI)은 그 시스템을 살아 움직이게 만드는 '두뇌'에 해당한다. AI는 방대한 데이터를 학습하고 분석하여, 과거 인간의 직관과 경험에 의존했던 부동산 시장의 의사결정 과정을 과학적이고 정밀한 데이터 기반 예측의 영역으로 전환시킨다. 이는 1장에서 지적한 '정보의 비대칭성' 문제를 해결하는 가장 강력한 무기다.

AI가 부동산 금융에서 가장 두각을 나타내는 분야는 '자동 가치평가 모델(AVM,

Automated Valuation Model)'이다. 전통적인 부동산 가치평가는 감정평가사가 유사 거래 사례, 지역적 특성, 건물의 상태 등을 종합하여 평가액을 산출하는 방식이었다. 이는 평가사의 주관이 개입될 여지가 크고, 평가에 상당한 시간과 비용이 소요된다는 한계가 있었다.

반면 AVM은 머신러닝 알고리즘을 활용하여 수백, 수천 가지의 변수를 동시에 분석한다. 대상 부동산의 물리적 특성(면적, 층수, 건축 연도)은 물론, 과거 실거래가, 공시지가, 주변 지역의 학군, 교통 접근성, 공원 및 편의시설, 범죄율, 심지어 소셜 미디어상의 지역 평판 데이터까지 분석 대상에 포함된다. 최근에는 위성 이미지나 항공 사진을 분석해 지붕의 상태, 조경, 일조량 등 시각적 데이터까지 반영하는 수준으로 발전하고 있다.

이러한 AVM의 핵심은 데이터 속에 숨겨진 가격 결정 패턴을 찾아내는 머신러닝 기술에 있다. 주로 사용되는 알고리즘에는 다중 회귀 분석(Multiple Regression Analysis), 의사결정 트리(Decision Tree)의 앙상블 모델인 랜덤 포레스트(Random Forest), 그리고 인간의 뇌신경망을 모방한 딥러닝(Deep Learning) 기반의 인공신경망(Artificial Neural Network) 등이 있다. 이 모델들은 새로운 거래 데이터가 추가될 때마다 지속적으로 학습하며 예측의 정확도를 스스로 높여 나간다.

미국의 부동산 플랫폼 '질로(Zillow)'가 제공하는 '제스티메이트(Zestimate)'는 AVM이 시장에 얼마나 큰 영향을 미칠 수 있는지를 보여 주는 대표적인 사례다. 제스티메이트는 미국 내 1억 채가 넘는 주택의 추정 가치를 무료로 제공함으로써, 과거 전문가의 영역이었던 가격 정보를 대중화하고 시장의 투명성을 획기적으로 높였다. 소비자는 이를 통해 자신의 자산 가치를 객관적으로 파악하고, 거래 시 합리적인 협상의 근거로 활용할 수 있게 되었다.

AI의 역할은 단순히 현재 가치를 평가하는 데 그치지 않는다. 미래 시장의 트렌드를 예측하고 잠재적 투자 기회를 발굴하는 데에도 적극적으로 활용된다. AI 모델은 인구 이동 패턴, 지역별 소득 수준 변화, 산업 구조의 재편, 정부의 도시 개발 계획 등

거시 경제 지표와 정책 변수들을 분석하여, 미래에 어떤 지역의 부동산 가치가 상승할 가능성이 높은지를 예측한다. 이는 투자자들이 단기적인 시세 변동에 휘둘리지 않고 장기적인 관점에서 데이터에 기반한 전략적 의사결정을 내리도록 돕는다.

또한, AI는 상권 분석과 임대 관리 영역에서도 강력한 성능을 발휘한다. 특정 위치에 상점을 열었을 때의 예상 매출을 예측하거나, 최적의 임대료 수준을 산정하는 데 활용될 수 있다. KT의 '상권분석솔루션(GrIP)'과 같은 서비스는 통신 데이터 기반의 유동인구 특성(성별, 연령, 시간대)과 카드사 소비 데이터를 결합하여, 매우 정밀한 상권 분석 리포트를 제공한다. 이를 통해 소상공인들은 실패의 위험을 줄이고 성공 가능성이 높은 곳에서 창업할 수 있다.

물론 AI가 만능 해결사는 아니다. AI 모델의 예측 정확도는 학습 데이터의 양과 질에 크게 좌우되므로, 데이터가 부족하거나 편향된 경우에는 잘못된 결과를 도출할 수 있는 '모델 리스크(Model Risk)'가 존재한다. 또한, AI 알고리즘의 복잡성으로 인해 왜 그런 결과가 나왔는지 설명하기 어려운 '블랙박스(Black Box)' 문제가 발생할 수도 있다. 따라서 AI가 제시한 결과를 맹신하기보다는, 인간 전문가가 최종적으로 검토하고 질적인 판단을 더하는 '인간-AI 협업(Human-in-the-loop)' 모델이 필수적이다.

하지만 이러한 한계에도 불구하고, AI가 부동산 금융의 의사결정 패러다임을 바꾸고 있다는 사실은 분명하다. AI는 과거 소수의 전문가가 독점했던 정보와 분석 능력을 대중화하고, 모든 시장 참여자가 동등한 위치에서 경쟁할 수 있는 기반을 마련한다. 결국 AI는 부동산 시장을 '감'과 '경험'의 영역에서 '데이터'와 '논리'의 영역으로 이끄는 지능형 엔진의 역할을 수행하고 있다.

AI 기반 데이터 의사결정을 통한 부동산 시장의 변화

AI는 부동산 금융 분야에서 **정보 비대칭성** 문제를 해결하고, 투자 수익성을 높이는 핵심 도구로 떠오르고 있습니다. 과거에는 부동산 전문가의 경험이나 개인의 직관에 의존해 투자 결정을 내렸지만, 이제는 AI가 객관적인 데이터 분석을 통해 더 합리적인 의사결정을 돕습니다.

AI의 역할과 구체적인 예시
AI는 과거의 거래 기록, 상권 데이터, 인구 이동 패턴, 교통 정보 등 수많은 변수를 분석하여 부동산의 현재 가치와 미래 가치를 예측합니다. 이를 통해 인간의 능력을 확장하는 지능형 파트너 역할을 합니다.

- **투자 물건 발굴**: AI는 방대한 데이터를 분석하여 높은 수익률이 기대되는 지역이나 저평가된 매물을 자동으로 찾아냅니다. 예를 들어, 특정 지역의 상권 활성화 지수, 인구 유입률, 개발 계획 등을 종합적으로 분석해 투자 가치가 높은 아파트나 상가를 추천해 줄 수 있습니다.
- **리스크 분석**: AI는 시장의 잠재적 리스크를 미리 파악하고 경고합니다. 예를 들어, 특정 지역의 공실률 증가 추세나 향후 공급 과잉 가능성을 분석해 투자자가 예상치 못한 손실을 입지 않도록 돕습니다.
- **마케팅 전략 수립**: AI는 특정 매물의 예상 고객층을 분석하고, 그들에게 가장 효과적인 마케팅 채널과 메시지를 제안합니다. 예를 들어, 20대 1인 가구가 많은 지역의 오피스텔이라면, SNS 광고를 통해 소형 평수 매물의 장점을 부각하는 마케팅 전략을 추천하는 방식입니다.

AI는 부동산 시장에서 **데이터를 기반으로 투자 효율을 극대화하고 리스크를 관리하는 지능형 도우미** 역할을 수행합니다.

- **적용 예시**

AI는 부동산 시장의 '정보 비대칭성' 문제를 해결하는 강력한 도구이다. 과거에는 개인의 직관이나 소수 전문가의 의견에 의존하여 부동산 가치를 평가하고 미래 가치를 예측했다.

예)

어떤 사람이 상가를 사고 싶어 한다. 과거에는 부동산 중개인의 말만 듣거나 주변 상권을 직접 돌아다니며 대략적인 정보를 얻었다. 하지만 AI를 활용하면, AI 알고리즘이 과거 거래 내역, 주변 상권 데이터, 인구 이동 패턴, 교통 정보 등 수백 가지 변수를 분석하여 특정 상가의 현재 가치를 평가하고 미래 가치를 예측해 준다.

이를 통해 구매자는 훨씬 객관적이고 과학적인 데이터 기반의 의사결정을 할 수 있게 되어, 최적의 투자 매물을 발굴하고 잠재적 리스크를 분석하며, 마케팅 전략을 수립하는 등 부동산 금융의 모든 단계에서 인간의 능력을 확장하는 지능형 파트너가 된다. 즉, AI는 '정보 불균형'을 해소하여 더 현명한 부동산 투자를 돕는 역할을 한다.

2.3. 디지털 트윈과 가상 부동산 경험

부동산의 본질은 물리적 공간에 대한 '경험'에 있다. 우리는 건물을 직접 보고, 만지고, 그 안에서 생활하는 것을 통해 가치를 느낀다. 그러나 디지털 기술은 이제 이러한 공간 경험의 패러다임마저 바꾸고 있다. 그 중심에는 현실의 물리적 자산을 가상 공간에 똑같이 복제하는 '디지털 트윈(Digital Twin)' 기술이 있다. 이는 부동산을 경험하고 관리하는 방식을 근본적으로 혁신하며 새로운 가치를 창출하는 핵심 솔루션이다.

디지털 트윈은 단순히 건물의 3D 모델링이나 VR 투어를 넘어선 개념이다. 진정한 의미의 디지털 트윈은 현실 세계의 물리적 자산과 실시간으로 데이터를 주고받으며 동기화되는 '살아 있는' 가상 모델이다. 이를 구현하기 위해서는 360도 카메라, 레이저 스캐너(LiDAR)를 통한 정밀 3D 스캐닝 기술, 드론을 이용한 항공 촬영 데이터, 그리고 건물 곳곳에 설치된 사물인터넷(IoT) 센서 등 다양한 기술이 융합된다.

디지털 트윈의 활용 가치는 건물의 전체 생애주기(Life Cycle)에 걸쳐 발현된다. 먼저, 설계 및 시공 단계에서 디지털 트윈은 건설 프로젝트의 효율성과 안전성을 극대화한다. 건축가와 엔지니어는 '빌딩 정보 모델링(BIM, Building Information

Modeling)' 데이터를 기반으로 생성된 디지털 트윈을 통해, 설계 도면상의 오류나 전기, 배관, 공조 설비 간의 충돌(Clash)을 사전에 시뮬레이션하고 발견할 수 있다. 이는 실제 공사 단계에서 발생할 수 있는 재작업과 공기 지연을 획기적으로 줄여 준다.

공사가 진행되는 동안에는 드론이나 현장 작업자의 스마트폰으로 촬영한 데이터가 디지털 트윈에 실시간으로 업데이트되어, 공정률을 정확하게 추적하고 계획과 실제의 차이를 시각적으로 비교 분석할 수 있다. 관리자는 사무실에 앉아서도 마치 현장에 있는 것처럼 공사 현황을 감독하고 원격으로 협업할 수 있게 된다. 이는 비용 절감은 물론, 건설 현장의 안전 관리 수준을 높이는 데에도 크게 기여한다.

건물이 완공되어 운영 및 관리 단계에 들어서면 디지털 트윈은 더욱 강력한 자산 관리 플랫폼이 된다. 시설 관리자는 디지털 트윈을 통해 건물의 모든 설비와 자산의 위치, 상태, 이력 정보를 한눈에 파악할 수 있다. 예를 들어, 특정 구역의 조명이 고장 났을 때, 디지털 트윈 지도에서 해당 조명의 정확한 위치와 모델명, 교체 이력 등을 즉시 확인하고 신속하게 조치할 수 있다.

특히, IoT 센서와 결합된 디지털 트윈은 '예지보전(Predictive Maintenance)'을 가능하게 한다. 엘리베이터의 진동 패턴, 공조 시스템의 온도 변화, 펌프의 압력 등 각종 설비의 운영 데이터를 실시간으로 수집하고 AI로 분석하여, 고장이 발생하기 전에 이상 징후를 미리 감지하고 알려 준다. 이는 갑작스러운 설비 고장으로 인한 운영 중단과 막대한 수리 비용을 예방하는 효과를 가져온다.

마케팅 및 판매 단계에서 디지털 트윈은 고객에게 전례 없는 몰입형 경험을 제공한다. 미국의 '매터포트(Matterport)'나 한국의 '비모(Beamo)'와 같은 플랫폼은 누구나 쉽게 고품질의 3D 가상 공간을 제작하고 공유할 수 있게 해 준다. 잠재 구매자나 임차인은 시공간의 제약 없이 언제 어디서든 스마트폰이나 PC, VR 헤드셋을 통해 매물의 내부 구조, 마감재, 창밖의 조망까지 생생하게 체험할 수 있다. 이는 단순한 사진이나 동영상과는 비교할 수 없는 풍부한 정보를 제공하여, 고객의 구매 결정을 촉진하고 거래 성사율을 높인다.

궁극적으로 디지털 트윈은 개별 건물을 넘어 도시 전체로 확장되는 '스마트 시티'의 핵심 인프라가 될 것이다. 도시의 교통, 에너지, 환경, 방범 등 모든 시스템이 디지털 트윈으로 구현되고 서로 데이터를 주고받으며 최적화되는 미래를 상상할 수 있다. 예를 들어, 교통사고가 발생하면 가장 가까운 곳의 신호등이 자동으로 제어되고, 구급차가 최적의 경로로 현장에 도착하도록 안내하는 서비스가 가능해진다.

이처럼 디지털 트윈은 부동산의 물리적 제약을 뛰어넘어, 가상 공간에서의 시뮬레이션, 원격 관리, 몰입형 경험을 가능하게 함으로써 자산의 가치를 극대화한다. 이는 우리가 공간을 이해하고 상호작용하는 방식을 바꾸는 거대한 변화이며, 부동산 산업의 디지털 전환을 이끄는 또 하나의 강력한 엔진이다.

표 2-1: 디지털 솔루션의 역할과 기능

디지털 솔루션	핵심 기술	해결하는 문제 (1장)	주요 기능 및 역할	대표 사례/기술
분산원장기술 (DLT)	블록체인, 암호학, 합의 알고리즘	**신뢰 부재**, 정보 비대칭성, 거래 마찰	- 소유권 및 거래 기록의 위변조 방지 - 중개인 없는 P2P 거래 - 투명한 정보 공유 및 등기 시스템	비트코인, 이더리움, 하이퍼레저 패브릭
인공지능(AI)	머신러닝, 딥러닝, 빅데이터 분석	**정보 비대칭성**, 주관적 가치평가	- 자동 가치평가(AVM) - 시장 트렌드 및 리스크 예측 - 데이터 기반 상권 및 입지 분석	질로(Zillow) 제스티메이트, KT 상권분석 솔루션
디지털 트윈	3D 모델링, IoT, VR/AR, BIM	**경험의 제약**, 비효율적 관리, 정보 부족	- 몰입형 가상 투어 및 시뮬레이션 - 원격 시설 관리 및 예지보전 - 설계/시공 프로세스 최적화	매터포트(Matterport), 비모(Beamo)

디지털 트윈 기술을 활용한 가상 부동산 경험 및 자산관리 효율성 극대화

부동산 금융론의 관점에서 디지털 트윈 기술은 단순히 건물을 체험하는 것을 넘어, **부동산의 가치 평가 및 관리 효율성을 극대화**하는 데 중요한 역할을 합니다.

- **투자 결정의 투명성 및 효율성 증대**: 투자자는 디지털 트윈을 통해 원격으로 투자 대상 부동산의 **내부 및 외부 상태를 상세히 파악**할 수 있습니다. 예를 들어, **개발 초기 단계**의 프로젝트라도 가상 시뮬레이션을 통해 완공 후의 모습을 미리 확인하고, 예상 수익률과 리스크를 더 정확하게 분석할 수 있어 **투자 결정의 투명성이 높아집니다.** 이는 정보 비대칭성을 줄여 투자자의 신뢰를 얻는 데 기여합니다.
- **자산 관리 및 운영 효율성 극대화**: 디지털 트윈은 완공 후 건물 유지보수, 에너지 효율 관리, 공간 재설계 등을 위한 **시뮬레이션 도구**로 활용됩니다. 예를 들어, 건물 관리자는 가상 환경에서 **에너지 사용량을 시뮬레이션**하여 최적의 절감 방안을 찾거나, **미래의 리모델링**을 가상으로 진행해 비용과 효과를 미리 예측할 수 있습니다. 이는 장기적인 관점에서 부동산의 **자산 가치를 효율적으로 관리**하고 증대시키는 데 필수적입니다.
- **금융 상품 개발 및 자금 조달의 혁신**: 디지털 트윈으로 구현된 가상 부동산은 새로운 유형의 **부동산 금융 상품 개발**에도 기여할 수 있습니다. 예를 들어, 디지털 트윈 데이터를 기반으로 한 **토큰화된 부동산 자산**은 소액 투자자들도 쉽게 부동산에 투자할 기회를 제공하며, **자금 조달 방식을 다양화**하는 데 활용될 수 있습니다.

이처럼 디지털 트윈 기술은 부동산의 **개발, 투자, 관리, 유동화** 등 전반적인 **금융 활동**에 혁신적인 변화를 가져올 수 있습니다.

- **적용 예시**

건설 회사에서 아파트를 분양할 때, 소비자가 직접 모델하우스에 방문하지 않고도 360도 카메라와 3D 모델링으로 만들어진 디지털 트윈을 통해 아파트 내부 구조, 마감재, 심지어 창밖 풍경까지 실제처럼 경험하게 해 줄 수 있다. 이는 고객들이 언제 어디서든 원하는 시간대에 가상으로 아파트를 둘러볼 수 있게 하여, 부동산 마케팅 및 판매 방식을 혁신하는 사례이다.

3장
―

프롭테크 혁명: 부동산 산업의 디지털 대전환

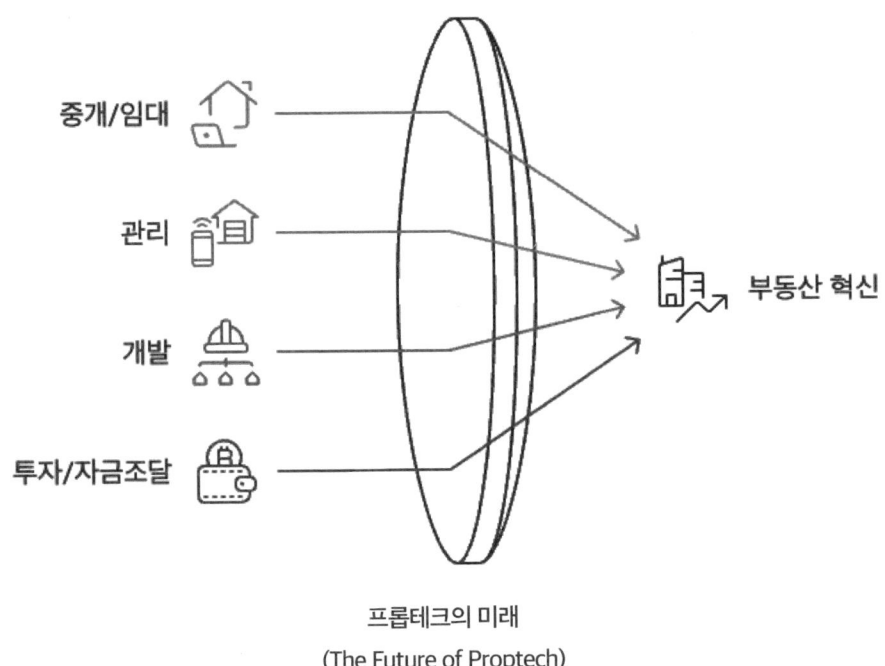

프롭테크의 미래
(The Future of Proptech)

    2장에서 살펴본 블록체인, AI, 디지털 트윈과 같은 개별 기술들은 서로 융합하여 부동산 산업 전체를 뒤바꾸는 거대한 물결을 만들어 내고 있다. 이 물결을 우리는 '프롭테크(Proptech)' 혁명이라 부른다. 프롭테크는 단순히 기존 업무를 디지털로 전환하는 수준을 넘어, 부동산의 개발, 거래, 관리, 투자의 모든 가치사슬을 재정의하며 새로운 비즈니스 모델과 시장을 창출하고 있다.

3.1. 프롭테크(Proptech)의 정의와 4대 영역

프롭테크(Proptech)는 부동산(Property)과 기술(Technology)의 합성어로, 정보통신기술(ICT)을 활용하여 부동산 산업의 전통적인 방식에 혁신을 가져오는 모든 종류의 서비스, 제품, 비즈니스 모델을 총칭하는 용어다. 핀테크(Fintech)가 금융 산업을 혁신했듯이, 프롭테크는 인류의 가장 오래되고 거대한 산업 중 하나인 부동산을 디지털 시대로 이끄는 핵심 동력이다.

프롭테크의 발전은 단계적으로 이루어졌다. 초기 '프롭테크 1.0' 시대에는 오프라인에 흩어져 있던 부동산 매물 정보를 온라인으로 옮겨 와 검색하고 비교할 수 있게 해 주는 단순 정보 제공 플랫폼이 주를 이루었다. 이후 모바일과 공유경제의 확산과 함께 등장한 '프롭테크 2.0' 시대에는 위워크(WeWork)와 같은 공유 오피스나 에어비앤비(Airbnb) 같은 숙박 공유 플랫폼이 공간의 소유와 사용 개념을 분리하며 새로운 시장을 열었다.

그리고 지금 우리는 AI, 블록체인, IoT, 빅데이터 등 첨단 기술이 산업의 본질 자체를 바꾸는 '프롭테크 3.0' 시대를 맞이하고 있다. 이는 단순히 효율성을 높이는 것을 넘어, 자산의 유동화, 데이터 기반의 과학적 의사결정, 자동화된 자산 관리 등 과거에는 불가능했던 일들을 현실로 만들고 있다. 글로벌 시장조사기관 Fortune Business Insights에 따르면, 전 세계 프롭테크 시장 규모는 2023년 약 200억 달러에서 2032년에는 약 865억 달러 규모로 연평균 17% 이상의 폭발적인 성장이 예상된다.

KB금융지주 경영연구소는 프롭테크의 복잡다단한 비즈니스 영역을 크게 네 가지로 분류하여 이해의 틀을 제공한다. 첫째는 '중개 및 임대(Brokerage & Leasing)' 영역이다. 이는 온라인 부동산 플랫폼(질로, 직방), VR/AR을 활용한 가상 투어, 그리고 최근에는 부동산을 직접 매입하여 판매하는 아이바잉(iBuying) 모델까지 포함한다. 이 영역의 혁신은 정보 비대칭성을 해소하고 거래 비용을 절감하는 데 초점을 맞춘다.

둘째는 '부동산 관리(Property Management)' 영역이다. 스마트홈 기술을 통해 주거 환경을 자동 제어하고, IoT 센서로 건물 전체의 에너지 효율을 관리하며, 임대료 수납이나 시설 보수 요청 등을 처리하는 임차인 관리 소프트웨어 등이 여기에 속한다. 이 영역은 건물의 운영 효율성을 높이고 사용자(거주자, 임차인)의 만족도를 극대화하는 것을 목표로 한다.

셋째는 '프로젝트 개발(Project Development)' 영역이다. 건축 설계 단계의 BIM, 시공 과정의 디지털 트윈, 드론을 활용한 공정 관리, 건설 현장 협업 툴 등 부동산이 '만들어지는' 과정의 혁신을 다룬다. 복잡하고 파편화된 건설 프로젝트의 전 과정을 데이터로 연결하고 가시화하여 비용을 절감하고 생산성을 높이는 데 기여한다.

넷째는 이 책의 핵심 주제이기도 한 '투자 및 자금조달(Investment & Fundraising)' 영역이다. 이는 다수의 개인으로부터 자금을 모으는 부동산 크라우드펀딩, 블록체인 기술을 활용하여 부동산 소유권을 토큰화하는 증권형 토큰(STO) 플랫폼, 그리고 AI 기반의 투자 분석 및 포트폴리오 관리 서비스 등을 포함한다. 이 영역의 혁신은 부동산의 가장 큰 한계였던 비유동성과 높은 진입 장벽을 무너뜨리고, 부동산을 누구나 쉽게 접근할 수 있는 금융 자산으로 변모시키고 있다.

이 네 가지 영역은 서로 독립적이지 않고 유기적으로 연결되어 시너지를 창출한다. 예를 들어, 투자 및 자금조달 플랫폼은 투자 대상 건물의 가치를 평가하기 위해 AI 기반의 가치평가 모델을 활용하고, 투자자들에게 매력적인 정보를 제공하기 위해 디지털 트윈 기술을 이용한 가상 투어를 제공한다. 이처럼 프롭테크는 기술의 융합을 통해 부동산 산업의 모든 경계를 허물며 진화하고 있다.

프롭테크 혁명의 본질은 기술을 통해 부동산 산업의 3대 핵심 요소인 '자산(Asset)', '자본(Capital)', '정보(Information)'의 흐름을 더 빠르고, 더 투명하며, 더 효율적으로 만드는 것이다. 이는 단순히 몇몇 스타트업의 등장을 넘어, 산업의 패러다임 자체를 바꾸는 거대한 지각변동이며, 이 흐름에 올라타지 못하는 기존의 플레이어들은 결국 도태될 수밖에 없을 것이다.

프롭테크와 부동산 금융

프롭테크는 부동산(Property)과 기술(Technology)의 합성어로, 정보 기술을 활용해 부동산 서비스를 제공하는 것을 의미합니다. 이 시장은 2023년 347억 달러에서 2033년 1,035억 7천만 달러 규모로 빠르게 성장할 것으로 예상되는 유망 분야입니다. KB금융지주 경영연구소는 프롭테크의 비즈니스 영역을 크게 네 가지로 분류했는데, 그중에서도 **부동산 금융론**과 관련 있는 부분은 네 번째 영역인 **투자 및 자금 조달**입니다.

프롭테크를 활용한 투자 및 자금 조달
프롭테크는 부동산 투자 및 자금 조달 방식에 혁신을 가져오고 있습니다.

1. 크라우드펀딩(Crowdfunding)
여러 투자자로부터 소액의 자금을 모아 특정 부동산 프로젝트에 투자하는 방식입니다. 프롭테크 플랫폼을 통해 누구나 쉽게 소액으로 부동산 투자가 가능해졌습니다.

- **예시**: 한 투자자가 소액으로 상가 건물 개발 프로젝트에 투자하고, 완공 후 상가 임대 수익이나 매각 수익을 투자 지분만큼 배당받는 방식입니다. 플랫폼이 모든 과정을 중개하고 관리하므로, 개인 투자자는 직접적인 거래 부담 없이 투자에 참여할 수 있습니다.

2. STO(Security Token Offering)
부동산과 같은 실물 자산을 디지털 증권(토큰)으로 발행하여 거래하는 방식입니다. 블록체인 기술을 활용해 소유권을 분할하고, 이를 투자자에게 판매함으로써 자금을 조달합니다.

- **예시**: 100억 원 상당의 대형 오피스 빌딩을 1만 개의 디지털 증권으로 나누어 발행하고, 이를 투자자들이 개별적으로 구매하는 것입니다. 투자자는 구매한 토큰만큼 오피스 빌딩의 소유권을 갖게 되며, 임대료나 매각 시 발생하는 수익을 배분받습니다. 이 토큰은 일반 주식처럼 거래할 수도 있어 유동성이 높아지는 장점이 있습니다.

이처럼 프롭테크는 전통적인 부동산 투자 및 자금 조달의 진입 장벽을 낮추고, 다양한 방식으

> 로 부동산에 대한 접근성을 높이는 역할을 합니다. 프롭테크를 통해 개인 투자자도 대형 부동산에 투자할 기회를 얻게 되고, 개발자나 자산 소유자는 더 쉽고 빠르게 자금을 조달할 수 있게 됩니다.

- 적용 예시
  - **중개 및 임대**: 앱으로 집을 둘러보고 계약까지 하는 '직방'이나 '다방' 같은 서비스
  - **부동산 관리**: 인공지능이 빌딩 에너지 사용량을 분석해 절약하는 시스템
  - **프로젝트 개발**: 컴퓨터로 가상 건물을 미리 지어 보고 문제점을 찾는 '디지털 트윈' 기술
  - **투자 및 자금 조달**: 여러 명이 소액으로 상가 건물에 투자하는 '부동산 크라우드 펀딩' 플랫폼

위 사례들은 모두 부동산 서비스에 IT 기술을 접목하여 편의성을 높이거나 효율성을 극대화한 프롭테크의 예시이다.

3.2. 사례: 프롭테크의 글로벌 동향

프롭테크 혁신은 특정 국가나 지역에 국한되지 않고 전 세계적으로 확산되고 있지만, 각 지역의 시장 특성과 규제 환경에 따라 조금씩 다른 양상으로 발전하고 있다. 글로벌 동향을 살펴보는 것은 미래의 방향을 예측하고 새로운 기회를 발견하는 데 중요한 통찰력을 제공한다.

가장 크고 성숙한 시장인 북미, 특히 미국은 프롭테크 혁신의 진원지이자 테스트베드 역할을 하고 있다. 질로(Zillow), 레드핀(Redfin)과 같은 거대 플랫폼들은 방대한 데이터와 강력한 기술력을 바탕으로 온라인 중개를 넘어 AVM, 모기지 대출, 아이바잉(iBuying) 등 사업 영역을 다각화하고 있다. 또한, 건설 및 자산 관리를 위한

SaaS(Software-as-a-Service) 솔루션 시장이 매우 발달했으며, 코스타 그룹(CoStar Group)과 같은 상업용 부동산 데이터 분석 기업이 막강한 영향력을 행사하고 있다. 최근에는 ESG(환경·사회·지배구조)가 중요해지면서 건물의 에너지 효율을 관리하고 탄소 배출량을 추적하는 '기후 테크(Climate Tech)' 분야의 프롭테크 스타트업에 대한 투자가 급증하는 추세다.

유럽은 미국에 비해 시장이 파편화되어 있지만, 각국의 강점을 바탕으로 특색 있는 성장을 보이고 있다. 특히 영국 런던은 핀테크 허브로서의 강점을 살려 부동산 금융 관련 프롭테크가 발달했으며, 독일은 강력한 엔지니어링 기반을 바탕으로 스마트 빌딩 및 건설 기술 분야에서 두각을 나타낸다. 유럽 시장의 중요한 특징 중 하나는 GDPR(개인정보보호규정)과 같은 강력한 규제와 높은 ESG 요구 수준이다. 이는 프롭테크 기업들이 처음부터 데이터 보안과 지속가능성을 핵심 경쟁력으로 삼도록 만들고 있으며, 친환경 자재 사용, 에너지 효율화, 순환 경제 모델을 접목한 '그린 프롭테크(Green Proptech)' 분야의 성장을 견인하고 있다.

아시아 태평양 지역은 가장 빠르게 성장하는 프롭테크 시장으로 전 세계의 주목을 받고 있다. 거대한 인구와 빠른 도시화, 그리고 높은 스마트폰 보급률은 프롭테크 기업들에게 무한한 기회의 땅이 되고 있다. 중국은 베이커 자오팡(Beike Zhaofang)과 같이 온·오프라인을 결합한 거대 중개 플랫폼이 시장을 장악하고 있으며, 안면인식과 같은 첨단 기술을 부동산 서비스에 적극적으로 도입하고 있다.

싱가포르는 정부의 강력한 의지와 친화적인 규제 환경을 바탕으로 아시아의 '블록체인 허브'로 자리매김했다. 특히 증권형 토큰(STO) 발행 및 거래에 대한 명확한 가이드라인을 선제적으로 마련하여, 글로벌 부동산 자산을 토큰화하려는 수많은 프로젝트들을 유치하고 있다. 이는 물리적 영토는 작지만 금융 허브로서의 위상을 디지털 자산 시대로 확장하려는 국가적 전략의 일환이다.

우리나라 역시 정부의 '규제 샌드박스' 제도를 통해 혁신적인 프롭테크 기업들이 탄생할 수 있는 토양이 마련되었다. 특히 카사(Kasa), 루센트블록(소유) 등 부동산 조각 투자 플랫폼들이 금융위원회의 혁신금융서비스로 지정받으면서, STO라는 새로운 투자 시장을 성공적으로 열었다. 이는 경직된 규제 속에서도 기술과 아이디어가 있다면 새로운 시장을 개척할 수 있음을 보여 주는 긍정적인 신호다.

코로나19 팬데믹은 전 세계적으로 프롭테크 도입을 가속화하는 기폭제가 되었다. 사회적 거리두기로 인해 비대면 기술의 중요성이 부각되면서, 디지털 트윈을 활용한 가상 투어, 전자 계약, 원격 자산 관리 솔루션에 대한 수요가 폭발적으로 증가했다. 또한, 재택근무의 확산은 주거와 업무 공간의 경계를 허물며 공유 오피스, 단기 임대 주택 등 유연한 공간 활용에 대한 니즈를 키웠다.

글로벌 벤처 캐피탈의 자금 역시 프롭테크로 꾸준히 유입되고 있다. 초기에는 중개 플랫폼에 투자가 집중되었지만, 최근에는 AI 기반 데이터 분석, 지속가능성(ESG), 건설 기술(ConTech), 그리고 금융(STO, 디파이)과 같이 더 깊은 기술력을 요구하는 버티컬(Vertical) 영역으로 투자의 무게중심이 이동하고 있다.

이처럼 프롭테크는 각 지역의 특성에 맞춰 다채롭게 진화하면서도, '디지털화', '데이터화', '금융화'라는 거대한 흐름을 공유하고 있다. 이러한 글로벌 동향을 주시하는 것은 국내 기업들이 글로벌 시장으로 진출할 수 있는 기회를 포착하고, 투자자들이 더 넓은 시야에서 자산 포트폴리오를 구성하는 데 필수적이다.

프롭테크가 부동산 금융 시장을 재편하는 방식

프롭테크의 확산은 단순히 부동산 거래 방식의 디지털화를 넘어, 부동산 가치 평가, 투자, 자산 관리 등 부동산 금융의 핵심 영역에 혁신을 가져오고 있습니다.

1. AI 기반 가치평가와 투자 접근성 향상

과거에는 전문가의 경험에 의존했던 부동산 가치 평가가 이제는 AI와 빅데이터를 활용한 자동화된 시스템으로 대체되고 있습니다. 이는 평가 과정의 투명성과 효율성을 높이고, 소액 투자자들도 정확한 정보를 바탕으로 투자 결정을 내릴 수 있게 돕습니다.

- **예시**: 미국 질로(Zillow)의 'Zestimate' 기능은 주택의 예상 가치를 자동으로 산출하여 일반인에게 제공합니다. 이는 전통적인 감정평가 방식에 비해 시간과 비용을 절약하고, 더 많은 사람이 부동산 시장에 쉽게 접근할 수 있게 만들었습니다.

2. STO(증권형 토큰 발행)를 통한 새로운 투자 방식 등장

프롭테크는 블록체인 기술을 활용하여 부동산의 소유권을 쪼개서(토큰화) 거래하는 STO 방식을 가능하게 했습니다. 이를 통해 고액의 자금이 필요한 부동산 투자를 소액으로도 할 수 있게 되어 유동성을 높이고 투자 저변을 확대하는 효과를 낳고 있습니다.

- **예시**: 건물 한 채의 소유권을 1,000개의 디지털 토큰으로 나눠 발행하면, 투자자들은 고가의 건물 전체를 사지 않고도 원하는 만큼의 토큰을 구매하여 건물 수익을 배당받을 수 있습니다. 이는 부동산 펀드와 유사하지만, 거래가 더 간편하고 투명하다는 장점이 있습니다.

3. 디지털 기반의 부동산 관리 및 투자 솔루션 활성화

프롭테크는 부동산 관리의 비효율성을 개선하고, 투자자들이 자신의 자산을 보다 효과적으로 관리할 수 있도록 돕습니다. 디지털 관리 솔루션은 임대료 수납, 유지보수, 공실 관리 등 복잡한 과정을 자동화하고, 투자자들에게 실시간 데이터를 제공하여 자산의 가치를 최적화하는 데 기여합니다.

- **예시**: 부동산 관리 앱을 통해 임대인이 임차인에게 임대료를 청구하고, 임차인은 앱으로 직접 결제할 수 있습니다. 또한 건물의 에너지 사용량이나 유지보수 내역 등을 실시간으로 확인하여 장기적인 자산 가치 향상을 위한 계획을 세울 수 있습니다.

프롭테크는 부동산 가치 평가의 정확성과 접근성을 높이고, STO를 통해 유동성을 확보하며, 디지털 관리 솔루션으로 자산 관리의 효율성을 극대화함으로써 글로벌 부동산 금융 시장의 판도를 바꾸고 있습니다.

- **적용 예시**

프롭테크(Proptech)는 부동산(Property)과 기술(Technology)의 합성어로, 정보통신기술(ICT)을 활용하여 부동산 서비스의 가치를 높이는 산업을 말한다.

예)

미국 Zillow: AI 기반으로 주택 가치를 평가하고 온라인 중개 서비스를 제공하여, 소비자들이 집을 사고파는 과정을 훨씬 편리하게 만들었다. 과거에는 부동산 중개인을 통해서만 알 수 있었던 정보들을 이제는 온라인에서 쉽게 확인할 수 있게 된 것이다.

싱가포르 정부의 STO 가이드라인: 정부가 디지털 자산 기반의 부동산 투자를 적극적으로 추진하여, 소액으로도 부동산에 투자할 수 있는 기회를 제공한다. 이는 마치 주식을 사고팔듯이 부동산을 사고팔 수 있게 만드는 것과 유사하다.

프롭테크는 각국의 시장 특성과 규제 환경에 맞춰 다양한 방식으로 발전하고 있으며, 이는 글로벌 부동산 금융 시장의 지형을 바꾸는 핵심 동력이 되고 있다. 즉, 부동산 거래, 관리, 투자 등 모든 과정이 기술을 통해 더욱 투명하고 효율적으로 변화하고 있다.

3.3. 프롭테크가 바꾸는 부동산의 미래

프롭테크 혁명은 단순히 기존 업무를 더 빠르고 편리하게 만드는 것을 넘어, 부동산의 본질과 우리가 공간을 경험하고 소유하는 방식 자체를 근본적으로 바꾸고 있다. 프롭테크가 그려 나갈 부동산의 미래는 크게 '투명성(Transparency)', '효율성(Efficiency)', 그리고 '민주성(Democratization)'이라는 세 가지 키워드로 요약할 수 있다.

미래의 부동산 시장은 무엇보다 '투명성'이 지배하게 될 것이다. 과거 '깜깜이 거래'와 정보의 비대칭성을 가능하게 했던 정보의 장벽은 허물어진다. 블록체인에는 모든 거래와 권리 변동 이력이 위변조 불가능하게 기록되고, AI는 시장의 모든 데이터를 분석하여 객관적인 가치와 리스크 정보를 제공한다. 투자자와 소비자는 더 이상 소수의 내부자나 전문가에게 의존하지 않고, 스스로 데이터를 분석하여 합리적인 의사결정을 내릴 수 있게 된다. 이는 시장의 신뢰를 높이고 건전한 경쟁을 촉진하는 기반이 된다.

두 번째로, 부동산 산업의 모든 과정은 지금과는 비교할 수 없을 정도로 '효율성'이 높아진다. 스마트 계약은 복잡한 계약 및 대금 지급 절차를 자동화하여 시간과 비용을 획기적으로 절감한다. 디지털 트윈과 IoT는 건물의 설계, 시공, 운영 관리 전반의 비효율을 제거하고 생산성을 극대화한다. 부동산 거래는 더 이상 수개월이 걸리는 지난한 과정이 아니라, 주식을 사고팔 듯 간편하고 신속하게 이루어질 것이다.

하지만 프롭테크가 가져올 가장 중요한 변화는 바로 '민주성'의 확산, 즉 '소유의 민주화'이다. 증권형 토큰(STO)은 수십, 수백억 원에 달하는 우량 부동산 자산을 잘게 쪼개, 누구나 단돈 몇만 원으로도 그 건물의 주인이 될 수 있는 길을 연다. 이는 과거 거액의 자산가들만이 누릴 수 있었던 안정적인 임대수익과 자산 가치 상승의 과실을 모든 사람이 공유할 수 있게 함을 의미한다. 부의 사다리가 복원되고, 금융 포용성이 실현되는 것이다.

이러한 변화 속에서 부동산 산업을 구성하는 플레이어들의 역할 또한 근본적으로 재편될 것이다. 단순 정보를 중개하던 공인중개사, 서류 작업을 대행하던 법무사, 직관에 의존해 온 감정평가사 등 전통적인 전문가들은 도전에 직면하게 될 것이다. 살아남기 위해서는 기술을 이해하고 활용하여, 데이터 분석 기반의 컨설팅이나 복잡한 법률 자문 등 더 높은 부가가치를 창출하는 '융합형 전문가'로 진화해야만 한다.

물론 이러한 미래로 나아가는 길이 순탄하지만은 않을 것이다. 기술의 발전을 따라가지 못하는 낡은 규제는 혁신의 발목을 잡을 수 있으며, 방대한 데이터의 수집과 활용은 심각한 개인정보보호 및 사이버 보안 문제를 야기할 수 있다. 또한, 기술에 익숙한 세대와 그렇지 못한 세대 간의 '디지털 격차(Digital Divide)'가 새로운 형태의 불평등을 낳을 수도 있다.

그럼에도 불구하고, 변화의 거대한 흐름 자체를 되돌릴 수는 없다. 프롭테크는 부동산을 더 이상 '움직이지 않는 자산(不動産)'이 아닌, 국경을 넘어 자유롭게 흐르는 '디지털 금융 자산(Digital Financial Asset)'으로 바꾸고 있다. 이는 단순히 하나의 산업이 변하는 것을 넘어, 자본주의의 작동 방식과 개인의 자산 형성 방식이 재편되는 거대한 패러다임 전환이다.

결국 프롭테크가 그리는 미래는 더 투명하고, 더 효율적이며, 더 민주적인 부동산 시장이다. 이 새로운 생태계에서 성공의 기회는 변화를 먼저 읽고, 기술을 이해하며, 새로운 규칙에 빠르게 적응하는 자에게 주어질 것이다. 이 책의 나머지 장들은 바로 그 성공을 위한 구체적인 지식과 전략을 탐구해 나갈 것이다.

표 3-1: 프롭테크의 4대 영역과 핵심 내용

영역 구분	주요 내용	목표 및 역할	대표 기술 및 서비스
중개 및 임대	온라인 중개 플랫폼, VR/AR 가상 투어, 전자 계약, 아이바잉(iBuying)	정보 비대칭성 해소, 거래 편의성 및 투명성 증대	직방, 질로(Zillow), 매터포트(Matterport)
부동산 관리	스마트홈/빌딩 시스템, IoT 센서, 임차인/시설 관리 SaaS	운영 효율성 극대화, 에너지 절감, 사용자 경험 및 만족도 향상	KT GiGAeyes, 아마존 알렉사(Alexa)
프로젝트 개발	빌딩정보모델링(BIM), 디지털 트윈, 드론, 건설 협업 툴(ConTech)	설계/시공 오류 감소, 공정 관리 최적화, 생산성 및 안전성 향상	오토데스크 레빗(Revit), Trimble
투자 및 자금조달	부동산 크라우드펀딩, 증권형 토큰(STO), AI 투자 분석, P2P 대출	비유동성 및 진입 장벽 해소, 소액 투자 기회 제공, 자금 조달 방식 다각화	카사(Kasa), 소유(Souyoo), Fundrise

Proptech가 부동산 금융에 미치는 영향

Proptech는 단순히 디지털화에 그치지 않고, 부동산의 본질을 변화시킵니다. 부동산 금융 관점에서 Proptech는 시장의 투명성과 효율성을 향상시킵니다.

Proptech는 부동산을 금융 상품으로 전환합니다. AI와 빅데이터는 부동산의 가치 평가를 물리적 입지 외에 다양한 데이터 기반으로 예측하게 해 줍니다. 블록체인 기반 토큰화는 부동산을 유동성 높은 금융 자산으로 만들어, 소액 투자도 가능하게 합니다.

예시:
- 토큰화: 100억 원짜리 빌딩을 1,000만 개의 토큰으로 나눌 수 있습니다. 투자자는 1,000만 원으로 토큰 1,000개를 구매하여 빌딩의 지분을 소유할 수 있습니다.
- 투자 용이성: 과거에는 수십억 원 이상의 자금이 있어야만 투자할 수 있었던 고가 부동산에, 이제는 소액 투자자들이 쉽게 접근할 수 있게 됩니다.
- 투명성: 블록체인은 모든 거래 기록을 공개하고 위변조를 막아, 투자 과정의 투명성을 보장합니다.

궁극적으로 Proptech는 부동산 시장의 진입 장벽을 낮추고, 모두에게 새로운 투자 기회를 제공합니다.

- 적용 예시

1. 정보 투명성

과거에는 알기 어려웠던 매물 정보(가격 이력, 주변 시세, 개발 계획 등)가 AI와 빅데이터를 통해 투명하게 공개되어 '깜깜이 거래'를 줄이고 합리적인 의사결정을 돕는다.

과거: 부동산 중개인이 알려주는 정보에만 의존해 매물을 보러 다니며, 실제 시세보다 비싸게 사는 경우도 있었다.

현재(프롭테크 활용): 앱에서 특정 지역의 모든 매물 정보를 한눈에 확인하고, 과거 거래 이력과 현재 시세를 비교하여 적정 가격을 직접 판단할 수 있다. 예를 들어, '호갱노노' 앱을 통해 아파트 실거래가와 주변 시세를 바로 확인하고, 허위 매물에 속을 가능성이 줄어든다.

2. 시장 효율성

블록체인 기반 토큰화로 부동산을 소액으로도 쉽게 투자할 수 있는 유동성 높은 금융 자산으로 변모시켜, 누구나 쉽게 부동산에 투자할 수 있는 길을 연다.

과거: 수억 원이 있어야만 건물 전체를 살 수 있었다.

현재(프롭테크 활용): '카사'와 같은 플랫폼을 통해 건물 지분을 1만 원 단위로 쪼개어 토큰 형태로 구매하여 투자할 수 있다. 이는 마치 주식을 사듯이 소액으로 건물에 투자하는 것과 같다.

프롭테크는 단순히 부동산 업무를 디지털화하는 것을 넘어, 정보 투명성 강화와 시장 효율성 증대로 부동산 거래 방식을 혁신한다. 또한 프롭테크는 더 투명하고, 더 효율적이며, 더 민주적인 부동산 시장을 만들고 있다.

| 제2부 |

기초 공사: 블록체인과 부동산 권리

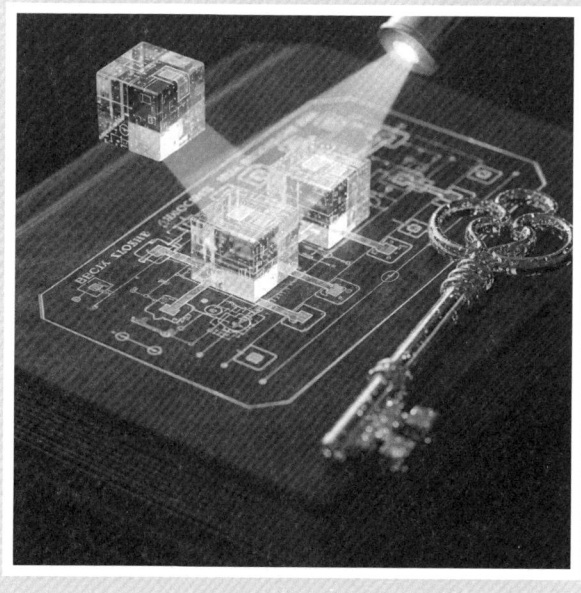

4장
암호화폐를 넘어: 블록체인이 부동산 소유권을 보증하는 법

5장
사례 연구: 블록체인 기반 부동산 등기 시스템

6장
스마트 계약: 코드로 실행되는 자동화된 부동산 거래

1부에서 우리는 전통적인 부동산 금융이 갇혀 있던 '유동성의 감옥'과 그 감옥의 벽을 허물기 위해 등장한 디지털 툴킷들을 살펴보았다. 이제부터는 그 툴킷 중에서도 가장 근간이 되는 기술, 즉 블록체인이 어떻게 부동산 금융의 운영체계(OS)를 새로 쓸 수 있는지 그 핵심 원리를 깊이 있게 파헤쳐 본다. 2부는 디지털 부동산 혁명의 가장 단단한 주춧돌을 놓는 과정이다. 블록체인이 어떻게 위변조 불가능한 디지털 등기 시스템을 구현하고, 코드를 통해 신뢰할 수 있는 계약을 자동 실행하는지 이해하는 것은 앞으로 펼쳐질 모든 혁신을 이해하기 위한 필수적인 첫걸음이다.

4장

암호화폐를 넘어: 블록체인이 부동산 소유권을 보증하는 법

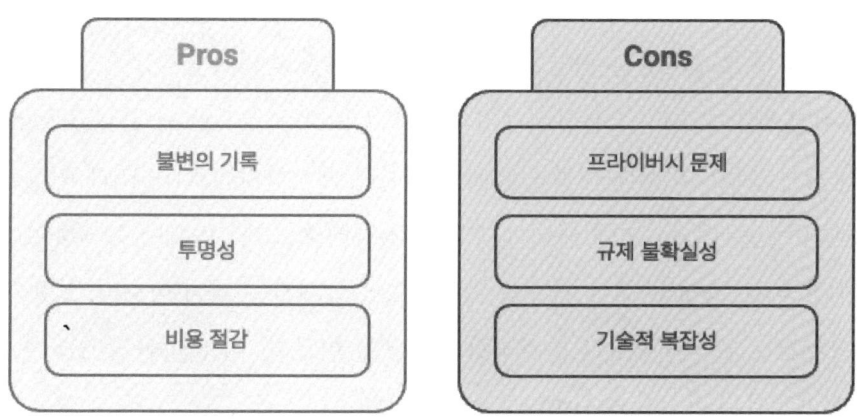

블록체인 부동산 등기
(Blockchain Real Estate Registration)

　블록체인이라는 단어는 흔히 비트코인과 같은 암호화폐를 떠올리게 하지만, 그 본질적 가치는 화폐 기능을 넘어선 곳에 있다. 블록체인의 진정한 혁신은 바로 '신뢰'를 생성하고 보증하는 방식을 근본적으로 바꾼 데 있다. 정부나 은행과 같은 거대한 중앙 기관의 보증 없이도, P2P(Peer-to-Peer) 네트워크와 암호학적 알고리즘만으로 데이터의 무결성과 소유권의 신뢰성을 확보하는 것. 이것이 바로 블록체인이 부동산이라는, 신뢰가 가장 중요한 자산의 권리 시스템을 재창조할 수 있는 이유다.

4.1. 분산원장과 불변의 기록

부동산 등기 시스템의 핵심은 소유권 기록의 '무결성(Integrity)'을 보장하는 것이다. 즉, 기록이 정확하고, 위조되거나 변조되지 않았으며, 누구나 그 기록을 신뢰할 수 있어야 한다. 전통적으로 이 역할은 국가가 운영하는 중앙집중식 등기소(Land Registry)가 담당했다. 모든 거래 정보는 등기소의 중앙 서버에 기록되고, 국가는 이 원장의 유일성과 정확성을 법적으로 보증한다. 그러나 이 방식은 해킹, 전산 오류, 혹은 내부자의 부패와 같은 중앙화된 리스크에 항상 노출되어 있다.

블록체인으로 대표되는 '분산원장기술(DLT, Distributed Ledger Technology)'은 이러한 중앙집중식 모델에 대한 근본적인 대안을 제시한다. DLT는 거래 원장을 단일 서버가 아닌, 네트워크에 참여한 수많은 컴퓨터(노드)에 똑같이 복제하여 분산 저장한다. 이는 특정 주체가 원장을 독점적으로 통제하는 것이 아니라, 모든 참여자가 공동으로 원장을 소유하고 관리하는 구조를 만든다. 이 단순한 구조의 변화가 '신뢰'를 생성하는 방식을 혁신한다.

부동산 거래가 발생하면, 그 내역(거래 당사자, 대상 부동산, 거래 금액 등)은 '블록(Block)'이라는 데이터 꾸러미에 담긴다. 이 블록은 '해시(Hash)'라는 고유한 암호학적 지문을 부여받는다. 해시는 블록 내부의 데이터가 조금이라도 바뀌면 전혀 다른 값으로 변경되는 특징을 가진다. 그리고 새로 생성된 블록은 이전 블록의 해시값을 포함한 채 시간 순서대로 연결되는데, 이 모습이 마치 사슬(Chain)과 같다고 하여 '블록체인'이라 불린다.

이 구조의 핵심적인 힘은 '불변성(Immutability)'에서 나온다. 만약 누군가 과거의 특정 거래 기록을 조작하려 한다면, 해당 블록의 데이터가 바뀌면서 해시값도 변경될 것이다. 이는 그 블록과 연결된 모든 후속 블록들의 연결 고리를 끊어 버리는 결과를 낳는다. 조작된 체인은 네트워크의 다른 모든 참여자들이 보유한 대다수의 올바른 체인과 즉시 비교되어 거부된다. 수천, 수만 명의 감시자가 동시에 지켜보는 상황에서 기록을 몰래 바꾸는 것은 사실상 불가능하다.

바로 이 지점에서 블록체인은 '분산화된 신뢰 기계(Decentralized Trust Machine)'로서의 역할을 수행한다. 비잔틴 장군 문제(Byzantine Generals' Problem)로 비유되는, 배신자가 있을 수 있는 불확실한 네트워크 환경에서도 모든 참여자가 동일한 정보에 대해 합의(Consensus)를 이룰 수 있게 하는 것이다. 이는 제3의 보증 기관 없이도 데이터의 무결성을 신뢰할 수 있는 강력한 기술적 기반을 제공한다.

부동산 등기 시스템에 이 기술이 적용되면, 소유권 기록은 해킹이나 부패로부터 훨씬 안전하게 보호받을 수 있다. 모든 거래 이력이 투명하게 연결되어 있어 이중 매매와 같은 사기 행위를 원천적으로 방지할 수 있으며, 소유권 이전의 전체 역사를 누구나 추적할 수 있어 권리 관계가 매우 명확해진다.

또한, 개인은 암호학적 '공개키-개인키' 쌍을 통해 자신의 자산에 대한 절대적인 통제권을 갖게 된다. 공개키는 은행 계좌번호처럼 외부에 공개되어 소유권을 증명하는 주소 역할을 하고, 개인키는 오직 소유자만이 아는 비밀번호로서 거래를 승인하는 서명의 역할을 한다. 개인키가 없으면 그 누구도 자산을 임의로 처분할 수 없으므로, 소유권은 더욱 강력하게 보호된다.

이처럼 블록체인은 디지털 세상에서 위변조 불가능한 '단일 진실 공급원(Single Source of Truth)'을 만들어 낸다. 이는 등기소라는 물리적 공간과 법적 권위에 의존해 온 부동산 권리 시스템을, 수학적 알고리즘과 네트워크의 힘으로 보증하는 디지털 신뢰 시스템으로 전환시키는 혁명이다.

블록체인과 부동산 금융의 투명성

부동산 등기 시스템의 핵심은 소유권 기록의 불변성과 투명성입니다. 전통적으로 이러한 역할은 국가가 운영하는 중앙 등기소에 의존했습니다. 그러나 블록체인은 이 역할을 기술적으로 재현합니다.

부동산 거래가 발생하면, 거래 내역이 담긴 '블록'이 생성되고 이전 블록에 암호학적으로 연결됩니다. 이 블록들은 네트워크 참여자 모두에게 복제되고 공유됩니다. 따라서 누군가 기록을 조작하려 해도 다른 모든 참여자의 기록과 즉시 대조되어 금방 발각됩니다.
이러한 '비가역성'과 '투명성'은 해킹이나 위조로부터 소유권 기록을 안전하게 보호하는 강력한 메커니즘을 제공합니다.

예시: 블록체인 기반의 주택 담보 대출
기존의 주택 담보 대출 심사는 등기부등본 확인, 은행의 서류 검토 등 복잡한 절차를 거칩니다. 이 과정에서 서류 위조나 정보 누락의 위험이 존재합니다.
하지만 블록체인 기반의 부동산 담보 대출 시스템에서는 모든 소유권 정보가 블록체인에 기록됩니다.

- 심사 속도 향상: 은행은 블록체인에 접근하여 주택 소유권, 거래 내역, 권리 관계 등을 실시간으로 투명하게 확인할 수 있습니다.
- 위조 방지: 모든 거래 기록이 분산되어 저장되므로, 등기 서류 위조가 불가능해집니다.
- 신뢰성 확보: 대출자는 신뢰성 있는 소유권 정보를 기반으로 더 빠르고 안전하게 대출을 받을 수 있습니다.
- 담보 가치 투명성: 은행은 담보물의 권리 관계를 명확하게 파악하여 정확한 담보 가치를 산정할 수 있습니다.

결과적으로, 블록체인은 부동산 금융 시장의 효율성과 안정성을 높이는 혁신적인 기술이 됩니다.

• **적용 예시**

김씨가 박씨에게 아파트를 팔았다고 가정해 보자.

- 거래 발생: 김씨와 박씨의 아파트 매매 계약이 체결된다.
- 블록 생성: 이 매매 정보("김씨가 박씨에게 아파트를 팔았다")가 담긴 새로운 '블록'이 생성된다.

- 체인 연결: 이 블록은 암호화되어 이전 아파트 소유권 기록 블록(예: "김씨가 이전에 이 아파트를 매입했다"는 블록)에 연결된다.
- 공유 및 복제: 이 새로운 블록과 전체 블록체인 정보는 부동산 거래에 참여하는 모든 관계자(예: 중개인, 금융기관, 정부기관 등)의 컴퓨터에 동시에 복사되어 저장된다.
- 위조 방지: 만약 누군가 이 정보를 조작하여 "김씨가 아파트를 팔지 않았다"고 바꾸려 한다면, 다른 모든 참여자들의 컴퓨터에 저장된 원본 정보와 즉시 비교되어 위조 사실이 드러난다.

결국 블록체인 기반의 등기 시스템은 아파트 소유권 변경 기록이 투명하고 안전하게, 그리고 위조 불가능하게 관리되도록 돕는다.

4.2. 탈중앙화와 중개인의 역할 변화

블록체인이 가져오는 '탈중앙화(Decentralization)'는 단순히 기술적인 구조의 변화를 넘어, 산업의 구조와 참여자들의 역할을 근본적으로 재편하는 힘을 가진다. 특히 부동산 거래 과정에 깊숙이 자리 잡고 있던 다양한 중개인(Intermediaries)들은 가장 큰 변화의 파도에 직면하게 될 것이다. 이는 노벨 경제학상 수상자인 로널드 코스(Ronald Coase)가 '거래비용이론(Transaction Cost Theory)'에서 설명한 기업의 존재 이유와도 맞닿아 있다.

코스는 기업과 같은 중개 조직이 존재하는 이유가, 개인 간의 직접 거래에 수반되는 막대한 거래 비용, 즉 정보를 탐색하고(Search Cost), 협상하며(Bargaining Cost), 계약을 이행시키는(Enforcement Cost) 비용을 줄여 주기 때문이라고 설명했다. 부동산 시장의 공인중개사, 법무사, 은행, 에스크로 회사 등은 모두 이러한 거래 비용을 낮추는 역할을 수행하며 존속해 왔다.

공인중개사는 매도자와 매수자를 연결해 주며 탐색 비용을 줄여 주고, 법무사와 변호사는 복잡한 법률 관계를 검토하고 계약서 작성을 도우며 협상 및 이행 비용을 낮춰 준다. 에스크로 회사는 매매 대금을 안전하게 보관했다가 소유권 이전이 완료되면 지급함으로써 계약 불이행의 위험, 즉 이행 비용을 관리해 준다. 이 모든 과정은 거래의 신뢰성을 높이지만, 동시에 상당한 시간과 수수료를 발생시키는 원인이기도 했다.

블록체인과 스마트 계약은 바로 이 거래 비용의 상당 부분을 기술적으로 제거할 수 있는 잠재력을 가진다. 블록체인 기반의 부동산 플랫폼은 매도자와 매수자가 중개인 없이 직접 소통하고 거래할 수 있는 P2P(Peer-to-Peer) 시장을 형성하여 탐색 비용을 획기적으로 낮출 수 있다. 모든 권리 관계와 거래 이력이 투명하게 공개되므로, 정보 탐색에 드는 노력 또한 크게 줄어든다.

스마트 계약은 계약의 협상 및 이행 비용을 자동화한다. 계약 조건이 코드로 명시되고, 조건이 충족되면 자동으로 실행되므로 계약 이행을 강제하기 위한 별도의 사회적 비용이 필요 없게 된다. 예를 들어, 잔금 지급과 소유권 이전이 원자적 교환(Atomic Swap) 방식으로 동시에 일어나도록 프로그래밍하면, 어느 한쪽이 계약을 불이행할 위험 자체가 사라진다. 이는 에스크로 서비스의 필요성을 크게 감소시킨다.

그렇다면 미래의 부동산 시장에서 중개인들의 역할은 완전히 사라지게 될까? 반드시 그렇지는 않다. 오히려 이들의 역할은 단순하고 반복적인 업무에서 벗어나, 더 높은 전문성과 부가가치를 요구하는 방향으로 '진화'할 것이다. 기술이 대체할 수 없는 인간 고유의 영역에 집중하게 되는 것이다.

예를 들어, 공인중개사는 단순히 매물을 소개하는 역할을 넘어, 특정 지역의 개발 계획, 상권 변화, 투자 리스크 등을 심도 있게 분석하는 '지역 전문가'이자 '투자 컨설턴트'로 발전해야 한다. 고객의 재무 상황과 라이프스타일에 맞는 최적의 포트폴리오를 제안하고, 복잡한 투자 구조를 설계하는 역량이 중요해질 것이다.

법무사나 변호사 역시 단순한 등기 서류 대행 업무를 넘어, 스마트 계약 코드의 법률적 타당성을 검토하고 감사하는 '스마트 계약 감사인(Smart Contract Auditor)'으로서의 역할을 수행하게 될 수 있다. 또한, 코드만으로는 해결할 수 없는 복잡한 분쟁이 발생했을 때, 이를 조정하고 해결하는 전문가로서의 수요는 여전히 존재할 것이다.

결국 블록체인은 인간을 대체하는 것이 아니라, 인간이 더 창의적이고 부가가치 높은 일에 집중할 수 있도록 돕는 강력한 도구로 작용할 가능성이 크다. 탈중앙화의 물결은 기존 플레이어들에게는 위기이자 기회다. 변화의 흐름을 읽고 새로운 기술 스택을 장착하여 자신의 전문성을 재창조하는 자만이, 다가오는 디지털 부동산 시대의 생존자가 될 수 있을 것이다.

블록체인 시대의 부동산 거래

1. 중개인 역할의 변화
부동산 중개인, 법무사, 등기소 등 기존 중개인들의 역할이 완전히 사라지지는 않습니다. 대신 단순한 서류 작업이나 보증 역할에서 벗어나, 블록체인 시스템을 활용해 더 복잡한 법률 자문을 제공하거나 거래의 세부 사항을 조율하는 전문가로 진화할 것입니다. 예를 들어, 블록체인 기반의 스마트 계약을 사용해 대출 조건을 자동 실행하거나, 거래 과정에서 발생하는 모든 비용을 투명하게 관리하는 역할을 맡을 수 있습니다.

2. 거래의 효율성 증대
P2P(개인 간 거래) 방식의 블록체인 기반 등기 시스템은 중앙 관리 기관의 필요성을 줄여 줍니다. 이를 통해 등기 과정에 소요되는 시간과 비용을 획기적으로 절감할 수 있습니다. 예를 들어, 기존에는 등기를 위해 여러 기관을 거쳐야 했지만, 블록체인을 이용하면 모든 거래 기록이 안전하게 분산 저장되어 실시간으로 소유권 이전이 가능해집니다. 이는 주택 담보대출 심사나 거래 완료까지 걸리는 시간을 크게 단축시킬 수 있습니다.

블록체인 기술은 부동산 금융 시장의 비효율성을 해소하고, 중개인들의 역할을 고도화하는 방향으로 발전할 것입니다.

- **적용 예시**
  - 과거: 부동산 중개인이 매물 소개, 계약서 작성, 등기 서류 접수 등 주로 단순 서류 작업과 절차를 대행했다. 등기 과정은 시간과 비용이 많이 들었다.
  - 블록체인 시대: 블록체인 기반의 등기 시스템을 통해 부동산 소유권 이전이 P2P 방식으로 빠르고 투명하게 처리되어 등기 과정의 시간과 비용이 대폭 줄어든다.
  - 중개인의 변화: 중개인은 더 이상 단순 서류 작업에 집중하지 않는다. 대신, 복잡한 법률 자문, 스마트 계약 설계 지원, 거래 조건 조율 등 전문적인 지식을 활용하여 고객에게 높은 부가가치를 제공하는 역할로 변화한다. 즉, 기술이 사람의 일을 대체하는 것이 아니라, 사람이 더 전문화된 역할을 수행하도록 돕는 것이다.

4.3. 프라이버시 문제와 허가형 블록체인

블록체인의 핵심 가치 중 하나는 '투명성'이지만, 이는 동시에 '프라이버시(Privacy)' 문제라는 양날의 검을 가지고 있다. 비트코인이나 이더리움과 같은 '퍼블릭 블록체인(Public Blockchain)'에서는 모든 거래 기록이 네트워크에 참여한 누구나에게 영원히 공개된다. 지갑 주소 자체가 익명이라고는 하지만, 거래 패턴 분석 등을 통해 특정 주소가 누구의 것인지 추적하는 것은 점점 더 가능해지고 있다.

부동산 거래에 이러한 퍼블릭 블록체인을 그대로 적용한다고 상상해 보자. 나의 부동산 자산 규모, 거래 내역, 담보 대출 현황 등 극도로 민감한 개인 금융 정보가 전 세계에 공개되는 상황을 대부분의 사람들은 원하지 않을 것이다. 이러한 완전한 투명성은 오히려 범죄의 표적이 되거나, 불필요한 사회적 갈등을 유발하는 등 심각한 부작용을 낳을 수 있다. 특히 유럽의 GDPR(일반 데이터 보호 규정)과 같이 개인정보보호를 강력하게 요구하는 현대의 법제 환경에서, 퍼블릭 블록체인은 심각한 규제적 장벽에 부딪히게 된다.

이러한 '투명성의 역설'을 해결하기 위해 등장한 것이 바로 '허가형 블록체인

(Permissioned Blockchain)'이다. 퍼블릭 블록체인이 '누구나' 참여할 수 있는 개방형 네트워크라면, 허가형 블록체인은 사전에 신원이 확인되고 허가된 참여자만이 네트워크에 노드로 참여하고 원장을 공유할 수 있는 폐쇄형 또는 컨소시엄형 네트워크다.

허가형 블록체인은 크게 두 가지 유형으로 나뉜다. 첫째는 '프라이빗 블록체인(Private Blockchain)'으로, 단일 기업이나 조직이 내부적인 데이터 관리를 위해 사용하는 완전한 중앙집권형 모델이다. 둘째는 '컨소시엄 블록체인(Consortium Blockchain)'으로, 여러 기관이나 기업이 공동의 목적을 위해 함께 운영하는 다자간 협력 모델이다. 부동산 등기나 금융 거래와 같이 여러 이해관계자가 참여하는 시스템에는 주로 컨소시엄 블록체인이 적합한 모델로 거론된다.

컨소시엄 블록체인의 대표적인 예로는 IBM이 주도하는 오픈소스 프로젝트인 '하이퍼레저 패브릭(Hyperledger Fabric)'과 글로벌 금융기관들이 컨소시엄을 구성하여 개발한 R3의 '코다(Corda)'가 있다. 이러한 플랫폼들은 블록체인의 핵심적인 장점인 데이터의 무결성과 공유 원장의 효율성은 유지하면서도, 프라이버시 문제를 해결하기 위한 다양한 기능을 제공한다.

예를 들어, 하이퍼레저 패브릭의 '채널(Channel)' 기능은 특정 거래에 관련된 참여자들만 별도의 원장을 공유하고 거래 내역을 볼 수 있도록 허용한다. 부동산 매매 계약이 체결될 경우, 매도인, 매수인, 양측의 은행, 그리고 등기 담당 정부 기관만이 해당 거래 채널에 참여하여 정보를 공유하고, 다른 네트워크 참여자들은 이 거래의 존재 자체를 알 수 없게 만드는 것이다. 이는 '알아야 할 필요(Need-to-know)' 원칙에 기반한 정교한 데이터 접근 제어를 가능하게 한다.

더 나아가, 최근에는 '영지식 증명(ZKP, Zero-Knowledge Proof)'과 같은 최첨단 암호 기술이 프라이버시 보호의 새로운 해법으로 주목받고 있다. 영지식 증명은 특정 정보를 직접 공개하지 않으면서도, 자신이 그 정보를 알고 있다는 사실을 상대방에게 증명할 수 있는 기술이다. 예를 들어, 주택담보대출을 신청할 때 자신의 소득이나 자산 정보를 은행에 직접 제출하는 대신, "나는 대출 상환 능력이 충분하다는 조건을 만족한다"는 사실만을 암호학적으로 증명하는 방식이다.

이러한 기술들은 블록체인의 투명성과 개인의 프라이버시라는 상충되는 가치를 조화시킬 수 있는 열쇠다. 허가형 블록체인과 영지식 증명과 같은 프라이버시 강화 기술(PET, Privacy-Enhancing Technology)의 발전은, 부동산과 같이 고도로 규제되고 민감한 정보를 다루는 산업에 블록체인이 성공적으로 안착하기 위한 필수적인 전제 조건이다.

결국 미래의 부동산 블록체인 시스템은 모든 것이 공개되는 완전한 개방형이 아니라, 참여자의 역할과 권한에 따라 정보 접근 수준이 엄격하게 통제되는 '다층적 신뢰 시스템'의 형태를 띠게 될 것이다. 이는 기술의 이상과 현실의 규제 사이에서 균형점을 찾아 가는 과정이며, 이 과정에서 프라이버시 보호 기술은 블록체인의 대중화를 이끄는 핵심적인 경쟁력이 될 것이다.

표 4-1: 블록체인 유형별 특징과 부동산 적용

구분	퍼블릭 블록체인 (Public)	컨소시엄 블록체인 (Consortium)	프라이빗 블록체인 (Private)
참여자	누구나 참여 가능(익명)	허가된 기관/조직만 참여	단일 기관/조직의 구성원만
합의 방식	작업증명(PoW), 지분증명(PoS) 등	PBFT, Raft 등(고속 합의)	중앙 관리자에 의해 결정
장점	높은 탈중앙성 및 검열 저항성	높은 처리 속도, 프라이버시 보호, 참여자 신뢰	최고의 처리 속도 및 통제력
단점	느린 처리 속도, 프라이버시 취약	제한된 탈중앙성, 컨소시엄 구성 및 운영 난이도	완전한 중앙화, 데이터 신뢰도 문제
대표 사례	비트코인, 이더리움	하이퍼레저 패브릭, 코다(R3)	(기업 내부용 시스템)
부동산 적용	부적합 (프라이버시 문제)	적합 (부동산 등기, 금융 거래 컨소시엄)	제한적 적용 (기업 자산 관리)

부동산 거래와 블록체인 기술

부동산 거래는 소유권, 대출 정보 등 민감한 개인정보를 포함합니다. 따라서 모든 거래 기록이 공개되는 비트코인이나 이더리움 같은 퍼블릭 블록체인은 부동산 분야에 바로 적용하기 어렵습니다.

이 문제를 해결하기 위해 허가형(Permissioned) 블록체인이 제시됩니다. 이는 허가된 참여자(예: 정부 기관, 금융 회사)만 네트워크에 참여하고 거래 기록을 열람할 수 있도록 접근을 제한하는 방식입니다.

예를 들어, 부동산 소유권 이전 과정을 허가형 블록체인으로 관리한다면, 다음과 같은 방식으로 작동합니다.

1. 참여자: 등기소, 은행, 법무사 등 신뢰할 수 있는 기관만 블록체인 네트워크에 참여합니다.
2. 정보 보호: 일반인은 부동산 소유권 이전 기록을 열람할 수 없고, 오직 권한을 가진 참여자만 접근할 수 있습니다.
3. 효율성: 거래 당사자는 필요한 서류를 각 기관에 직접 제출할 필요 없이, 블록체인 상에서 모든 절차를 처리할 수 있습니다.

하이퍼레저 패브릭(Hyperledger Fabric)과 같은 기술이 허가형 블록체인의 대표적인 예입니다. 이 기술은 부동산 거래의 투명성을 확보하면서도 참여자의 프라이버시를 보호할 수 있는 장점이 있습니다.

- 적용 예시

1. 블록체인의 종류와 특징

- 퍼블릭 블록체인(Public Blockchain): 누구나 참여 가능하며 거래 내역이 모두에게 공개됩니다. 투명성이 높지만, 거래 속도가 느리고, 익명성 보장이 어려워 개인정보 보호에 취약하다는 단점이 있습니다. 비트코인, 이더리움 등이 대표적인 예시입니다.

- 컨소시엄 블록체인(Consortium Blockchain): 허가된 기관이나 조직만 참여할 수 있는 형태입니다. 퍼블릭 블록체인보다 거래 속도가 빠르고, 프라이버시를 보호할 수 있다는 장점이 있습니다. 여러 기업이 공동의 목적을 위해 운영할 때 적합합니다. 하이퍼레저 패브릭(Hyperledger Fabric), R3의 코다(Corda) 등이 이에 속합니다.
- 프라이빗 블록체인(Private Blockchain): 단일 기관이나 조직의 구성원만 참여할 수 있는 중앙 집중형 모델입니다. 처리 속도가 가장 빠르고, 데이터를 완벽하게 통제할 수 있지만, 탈중앙화라는 블록체인의 핵심 가치와는 거리가 멀다는 특징이 있습니다.

2. 부동산 등기 및 금융 거래(컨소시엄 블록체인)

여러 금융 기관, 정부 기관, 매수자, 매도자 등이 참여하는 컨소시엄 블록체인을 활용하면 부동산 거래의 투명성을 높이고 효율성을 개선할 수 있습니다.

- 사례: A은행, B은행, C건설사, 국토교통부, 그리고 매수자가 모두 참여하는 블록체인 시스템을 구축합니다. 이 시스템에서 매수자가 주택담보대출을 신청하면, 각 기관이 필요한 정보를 공유하고 검증합니다. 이때, '제로-지식 증명(Zero-knowledge Proof)' 기술을 이용하면, 은행은 대출 신청자의 소득 정보를 직접 보지 않고도 "충분한 상환 능력이 있다"는 사실만을 증명받을 수 있습니다. 이를 통해 개인정보는 보호하면서도 거래 신뢰도를 확보할 수 있습니다.

3. 기업 내부 자산 관리(프라이빗 블록체인)

특정 기업 내부에서만 사용되는 프라이빗 블록체인은 기업의 자산을 효율적으로 관리하는 데 활용될 수 있습니다.

- 사례: 대형 건설사 D는 자체적으로 프라이빗 블록체인 시스템을 도입합니다. 이 시스템에 건설 자재의 구매, 운송, 사용 내역을 기록합니다. 회사 내부의 담당 부서들만 이 데이터에 접근할 수 있도록 권한을 설정함으로써, 자재의 공급망을 투명하게 추적하고 관리 비용을 절감할 수 있습니다. 외부에는 공개되지 않으므로 기업의 민감한 자산 정보가 유출될 위험이 없습니다.

5장

사례 연구: 블록체인 기반 부동산 등기 시스템

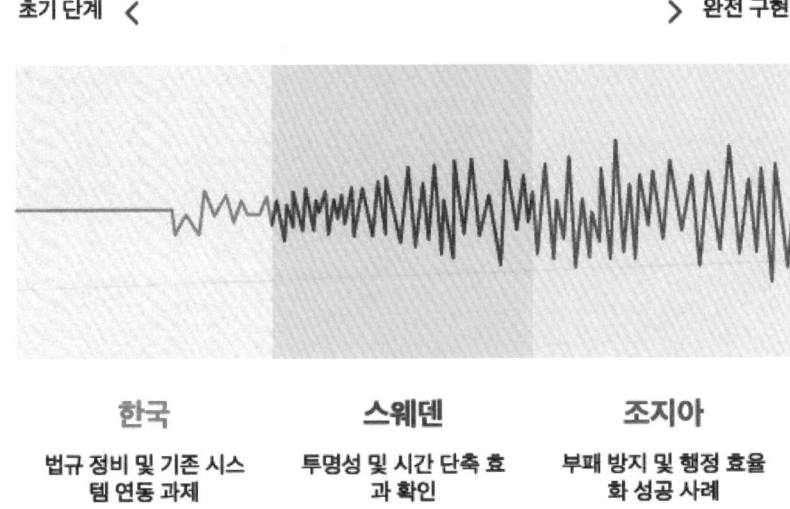

블록체인 부동산 등기 시스템의 구현 단계
(Implementation Stages of a Blockchain Real Estate Registration System)

이론의 잠재력은 실제 현실 세계의 문제를 어떻게 해결하는지를 통해 증명된다. 블록체인 기술 역시 수많은 논의와 기대를 넘어, 세계 각국에서 부동산 등기 시스템의 고질적인 문제들을 해결하기 위한 구체적인 실험과 적용의 단계를 밟고 있다. 선진국의 행정 효율화 시도부터 개발도상국의 부패 방지 노력에 이르기까지, 다양한 사례들은 블록체인이 어떻게 국가 인프라를 혁신할 수 있는지에 대한 생생한 청사진을 제시한다.

5.1. 스웨덴: 최초의 국가 단위 실험

블록체인 기반 부동산 등기 시스템을 논할 때 가장 먼저 언급되는 국가는 바로 스웨덴이다. 첨단 기술 도입에 적극적인 북유럽 국가답게, 스웨덴의 토지 등록 기관인 '란트메테리엣(Lantmäteriet)'은 2016년부터 블록체인 기술을 부동산 거래 프로세스에 도입하기 위한 파일럿 프로젝트를 선도적으로 진행했다. 이 실험은 단순히 기술적 가능성을 검증하는 것을 넘어, 실제 부동산 거래에 참여하는 모든 이해관계자들을 포함시킨 국가 단위의 협력 모델이었다는 점에서 큰 의미를 가진다.

이 프로젝트의 목표는 명확했다. 바로 종이 서류와 수작업에 의존하는 기존의 복잡하고 느린 거래 절차를 디지털화하고 자동화하여, 거래의 투명성과 효율성을 극대화하는 것이었다. 이를 위해 란트메테리엣은 블록체인 기술 스타트업인 '크로마웨이(ChromaWay)', 통신사 '텔리아(Telia)', 그리고 SBAB, 랜드스히포텍(Landshypotek)과 같은 주요 은행들과 컨소시엄을 구성했다.

이들이 구상한 시스템의 워크플로우는 다음과 같다. 먼저, 매도인과 매수인이 디지털 서명을 통해 부동산 매매 계약을 체결한다. 이 계약서는 즉시 컨소시엄 블록체인 상에 기록되고, 거래에 관련된 모든 당사자(매도인, 매수인, 중개인, 은행, 란트메테리엣)가 실시간으로 동일한 정보를 공유하게 된다. 이후 은행은 블록체인 상에서 매수인의 대출 심사를 진행하고 승인하며, 모든 조건이 충족되면 매매 대금이 지급되고 소유권 이전 등기가 자동으로 블록체인에 기록된다.

이 실험을 통해 확인된 가장 큰 장점은 '시간과 비용의 절감'이었다. 기존 방식으로는 계약 체결부터 등기 완료까지 수개월이 걸릴 수 있었던 과정이, 블록체인 시스템에서는 며칠 내로 단축될 수 있는 잠재력을 보여 주었다. 모든 정보가 디지털화되고 공유됨으로써, 각 기관이 동일한 서류를 중복으로 검토하고 우편으로 주고받는 비효율이 사라졌기 때문이다. 란트메테리엣은 이 시스템이 완전히 도입될 경우, 연간 약 1억 유로 이상의 사회적 비용을 절감할 수 있을 것으로 추산했다.

또 다른 중요한 성과는 '투명성 향상'과 '사기 방지'였다. 모든 거래 과정과 문서가 블록체인에 시간 순서대로 기록되므로, 거래의 진위 여부를 둘러싼 분쟁의 소지가 크게 줄어든다. 또한, 암호화된 디지털 서명을 사용함으로써 문서 위조나 소유권을 둘러싼 사기 행위를 원천적으로 방지할 수 있다. 이는 국민의 재산권을 더욱 안전하게 보호하는 효과를 가져온다.

하지만 스웨덴의 실험은 기술적 성공 가능성만큼이나 현실적인 장벽 또한 명확하게 보여 주었다. 가장 큰 허들은 기술이 아닌 '법률과 제도'였다. 스웨덴의 현행법은 부동산 소유권 이전이 반드시 종이 문서에 서명하는 방식으로 이루어져야 한다고 규정하고 있다. 블록체인 기반의 디지털 계약과 등기가 법적으로 동등한 효력을 인정받기 위해서는, 수백 년간 이어져 온 부동산 관련 법규를 전면적으로 개정해야 하는 어려운 과제가 남아 있었다.

또한, 다양한 이해관계자들의 기존 시스템과 새로운 블록체인 플랫폼을 어떻게 연동할 것인지에 대한 '상호운용성(Interoperability)' 문제와, 민감한 개인정보를 어떻게 보호할 것인지에 대한 프라이버시 문제도 해결해야 할 과제로 지적되었다. 이로 인해 스웨덴의 프로젝트는 파일럿 단계를 성공적으로 마쳤음에도 불구하고, 아직 전면적인 도입으로는 이어지지 못하고 있다.

그럼에도 불구하고 스웨덴의 사례는 전 세계에 중요한 시사점을 남겼다. 그것은 블록체인 기술이 국가의 핵심 인프라를 혁신할 수 있는 충분한 잠재력을 가졌다는 사실과, 그 성공은 기술 개발뿐만 아니라 법적, 제도적, 사회적 합의를 이끌어 내는 노력에 달려 있다는 명백한 교훈이다. 스웨덴의 선구적인 도전은 이후 여러 국가들이 블록체인 등기 시스템을 검토하는 데 중요한 참고서가 되었다.

스웨덴의 블록체인 기반 부동산 등기 시스템

스웨덴은 블록체인 기반의 부동산 등기 시스템을 도입하여 부동산 금융 시장에 큰 변화를 가져왔습니다. 이는 부동산 소유권 이전 과정을 효율화하고 투명성을 높이는 데 중점을 둡니다.

- 거래 투명성 증대: 모든 거래 참여자(매도인, 매수인, 은행, 중개인, 정부)가 동일한 정보를 실시간으로 공유합니다. 이는 거래 과정의 불확실성을 줄여 금융기관이 담보 가치를 더 정확하게 평가하게 합니다.
- 거래 비용 및 시간 절감: 수작업으로 인한 오류와 서류 작업이 크게 줄어듭니다. 이는 거래 완료 시간을 단축하고, 금융기관의 운영 비용을 절감하는 효과를 가져옵니다.
- 신뢰도 향상: 분산원장기술(DLT)을 사용해 등기 정보 위변조를 막습니다. 이로 인해 부동산 소유권의 법적 신뢰성이 높아지고, 금융기관은 대출 심사 시 발생하는 리스크를 줄일 수 있습니다.

예시: 기존 방식에서는 매수인이 등기부등본을 발급받아 소유권을 확인하고, 은행은 이를 바탕으로 대출을 승인하는 과정이 여러 단계를 거쳤습니다. 반면, 블록체인 시스템에서는 소유권 이전과 대출 기록이 동시에 블록체인에 기록됩니다. 이는 위조나 오류의 가능성을 없애고, 은행이 실시간으로 담보를 확인하여 대출 승인을 더 빠르게 처리할 수 있게 합니다.

- 적용 예시

스웨덴은 블록체인 기반 부동산 등기 시스템을 시범 운영했다. 이 프로젝트는 부동산 거래를 디지털화하고 자동화하는 것을 목표로 삼았다.

1. 시간과 비용 절감

종이 서류와 수작업에 의존하던 기존 방식과 달리, 블록체인을 이용해 계약부터 소유권 이전까지의 과정을 수개월에서 며칠로 단축했다. 모든 정보가 디지털로 공유되면서 서류 중복과 비효율이 사라졌기 때문이다.

2. 투명성 향상 및 사기 방지

모든 거래 과정과 문서가 블록체인에 시간 순서대로 기록된다. 덕분에 거래의 진위 여부를 쉽게 확인할 수 있고, 위조를 통한 사기 행위도 방지할 수 있다. 하지만 이 프로젝트가 전면 도입되지 못한 이유는 기술적인 문제가 아니었다. 수백 년간 이어져 온 기존 법률과 제도를 개정해야 하는 복잡한 과제가 남아 있었기 때문이다.

3. 실무사례 예시

- A 부동산 거래: 한 부동산 중개인이 블록체인 기반 등기 시스템을 사용했다. 매도인과 매수인은 디지털 서명으로 계약을 체결했고, 모든 과정이 블록체인에 실시간으로 기록됐다. 덕분에 종이 서류를 여러 기관에 제출할 필요 없이, 거래 완료까지 걸리는 시간이 획기적으로 줄었었다.
- B 금융 기관 대출 심사: 한 은행이 블록체인 시스템에 접근하여 매수인의 대출 심사를 진행했다. 블록체인에 기록된 신뢰성 높은 거래 정보를 바탕으로, 은행은 서류 확인 절차를 간소화하고 대출 심사 시간을 단축할 수 있었다.

5.2. 조지아 공화국: 부패 방지와 행정 효율화

스웨덴이 선진국의 행정 효율화를 목표로 블록체인을 실험했다면, 구소련에서 독립한 조지아 공화국은 훨씬 더 절박한 문제, 즉 '부패 방지'와 '사회적 신뢰 회복'을 위해 블록체인을 도입했다. 이는 블록체인이 기술적 효율성을 넘어, 사회 시스템을 개혁하는 강력한 도구가 될 수 있음을 보여 주는 상징적인 사례다.

1991년 소련으로부터 독립한 이후, 조지아는 비효율적이고 부패한 공공 행정 시스템으로 인해 심각한 어려움을 겪었다. 특히 토지 등기 시스템은 부패한 관료들에 의해 기록이 임의로 변경되거나 소실되는 일이 잦았고, 이는 국민들의 재산권에 대한 신뢰를 근본적으로 훼손했다. 시민들은 자신이 소유한 땅의 소유권을 언제 빼앗

길지 모른다는 불안감 속에서 살아야 했다.

이러한 문제를 해결하기 위해, 조지아 정부는 2016년 블록체인 기술 기업인 '비트퓨리 그룹(Bitfury Group)'과 협력하여, 국가 토지 등기 정보를 블록체인에 기록하는 혁신적인 프로젝트에 착수했다. 조지아의 접근 방식은 스웨덴과 같이 독립적인 컨소시엄 블록체인을 구축하는 것이 아니라, 세계에서 가장 강력하고 안전하다고 알려진 '비트코인 블록체인'을 활용하는 독특한 방식을 채택했다.

그들의 시스템은 다음과 같이 작동한다. 조지아의 국가 공공 등기소(NAPR)가 새로운 부동산 거래를 승인하면, 해당 거래 정보(소유자, 위치 등)의 암호학적 '해시'를 생성한다. 이 해시값은 여러 개를 모아 하나의 '앵커링(Anchoring)' 트랜잭션을 통해 비트코인 블록체인의 블록 안에 기록된다. 즉, 민감한 원본 데이터를 직접 올리는 것이 아니라, 그 데이터의 고유한 지문(해시)만을 공개된 블록체인에 각인시키는 것이다.

이 방식은 여러 가지 장점을 가진다. 첫째, 비트코인 블록체인의 강력한 보안성과 불변성을 그대로 활용하여 등기 기록의 위변조를 사실상 불가능하게 만든다. 정부 관료를 포함한 그 누구도 비트코인 블록체인에 기록된 해시값을 사후에 변경할 수 없다. 둘째, 민감한 개인정보를 외부에 노출하지 않으면서도 데이터의 무결성을 증명할 수 있어 프라이버시 문제를 해결할 수 있다.

시민들은 언제든지 자신의 부동산 등기 문서의 해시값을 계산하여, 비트코인 블록체인에 기록된 해시값과 일치하는지 확인함으로써 자신의 소유권이 안전하게 등록되어 있음을 스스로 검증할 수 있다. 이는 더 이상 정부를 '믿을' 필요 없이, 기술을 통해 '확인'할 수 있게 된 것으로, 신뢰의 패러다임을 전환시킨 것이다.

이 프로젝트는 큰 성공을 거두었다. 2017년까지 수십만 건의 부동산 등기 정보가 블록체인에 성공적으로 등록되었으며, 이는 정부 행정에 대한 시민들의 신뢰를 회복하는 데 결정적인 기여를 했다. 또한, 등기 절차가 간소화되고 투명해지면서 행정 효율성이 크게 향상되었고, 부동산 관련 부패 지수도 눈에 띄게 감소했다.

조지아의 사례는 블록체인이 단순히 선진국의 효율성을 높이는 도구를 넘어, 국가 시스템의 투명성이 낮고 부패 문제가 심각한 개발도상국이나 체제 전환국에서 사회적 신뢰를 재건하고, 시민의 기본권인 재산권을 보호하며, 건전한 시장 경제의 기틀을 마련하는 데 얼마나 효과적으로 사용될 수 있는지를 증명했다.

이는 기술이 사회 문제 해결에 어떻게 기여할 수 있는지에 대한 강력한 메시지를 던진다. 조지아는 블록체인이라는 새로운 기술을 과감하게 도입함으로써, 과거의 어두운 유산을 청산하고 더 투명하고 신뢰받는 국가로 나아가는 중요한 발판을 마련할 수 있었다.

블록체인 기술과 부동산 금융의 투명성

부패하고 비효율적인 조지아의 토지 등기 시스템은 국민의 재산권 보호를 어렵게 했습니다. 이러한 문제를 해결하기 위해 조지아 정부는 블록체인 기술을 도입했습니다.

블록체인에 부동산 등기 정보를 기록하는 프로젝트는 다음과 같은 긍정적인 효과를 가져왔습니다.

- 재산권 보호 강화: 정부 관료의 부패나 행정 오류로 인해 토지 소유권 기록이 변경되거나 소실되는 것을 막아 시민들이 안전하게 재산권을 지킬 수 있게 되었습니다. 이는 부동산 시장의 안정성을 높이고, 소유권 분쟁으로 인한 금융적 손실 위험을 줄입니다.
- 투자 신뢰도 향상: 등기 정보의 위변조가 불가능해지면서 투자자들은 부동산 소유권에 대해 더 큰 신뢰를 갖게 되었습니다. 이러한 신뢰는 외부 자본 유치를 용이하게 하여 부동산 시장 활성화에 기여합니다.
- 금융 거래의 효율성 증대: 블록체인 기반의 투명한 등기 시스템은 부동산 담보 대출 심사 과정의 복잡성과 비용을 낮춥니다. 소유권 확인 절차가 간소화되어 금융기관은 더 빠르고 정확하게 대출을 실행할 수 있습니다.

조지아의 사례는 블록체인 기술이 부동산 금융 분야에서 투명성과 신뢰를 구축하고, 궁극적으로 금융 시장의 효율성을 높이는 강력한 도구가 될 수 있음을 보여 줍니다.

- **적용 예시**

조지아 정부가 블록체인으로 부동산 등기 시스템을 바꾼 것은 좋은 예다. 예전에는 공무원의 실수나 비리로 토지 소유권 기록이 바뀌거나 없어질 수 있었다. 그런데 블록체인을 사용하면서 이런 문제가 사라졌다. 모든 기록이 투명하게 공유되고 위변조가 불가능해졌기 때문이다. 덕분에 조지아 시민들은 자신의 땅에 대한 소유권을 훨씬 더 안전하게 지킬 수 있게 되었다. 이는 블록체인이 기술적인 장점을 넘어 사회 전체의 신뢰도를 높이고 부패를 막는 데 큰 역할을 할 수 있다는 것을 보여 준다.

5.3. 국내의 시도와 미래 과제

한국 역시 블록체인 기술의 잠재력에 주목하고 부동산 거래 시스템에 이를 접목하려는 다양한 시도를 진행해 왔다. 특히 과학기술정보통신부와 국토교통부는 2017년부터 블록체인 기반의 '부동산 종합 공부 시스템' 시범 사업을 추진하며 기술의 실효성을 검증해 왔다. 이는 블록체인 기술을 공공 서비스에 적용하려는 정부 주도의 대표적인 노력 중 하나다.

이 시범 사업의 핵심 목표는 토지대장, 등기부등본, 건축물대장 등 각기 다른 기관이 관리하는 부동산 관련 공적 장부를 블록체인 플랫폼 위에서 하나로 연계하고, 정보를 실시간으로 공유하는 것이다. 현재는 부동산 거래를 할 때, 매수인이 은행에서 대출을 받거나 등기소에 소유권 이전을 신청하기 위해 각 기관의 종이 문서를 발급받아 제출해야 하는 번거로움이 있다. 이 과정에서 정보의 불일치가 발생하거나 위변조된 문서가 사용될 위험도 존재한다.

블록체인 기반 시스템은 이러한 문제를 해결할 수 있다. 예를 들어, 은행이 블록체인 플랫폼에 접속하면, 별도의 서류 제출 없이도 해당 부동산의 모든 권리 관계와 공적 정보를 위변조 불가능한 형태로 즉시 확인할 수 있다. 이를 통해 대출 심사 과정이 획기적으로 단축되고, 금융사고의 위험도 크게 줄일 수 있다. 또한, 거래가 완료되면 소유권 이전 정보가 관련 기관에 실시간으로 자동 공유되어, 수작업으로 인한 행정 착오나 누락을 방지할 수 있다.

실제로 2021년에는 제주도의 특정 지역을 대상으로, 부동산 거래 당사자와 중개사, 은행 등이 참여하는 블록체인 기반 부동산 거래 서비스가 시범 운영되기도 했다. 이 서비스는 스마트폰 앱을 통해 매물 검색부터 전자 계약, 대출 신청, 등기 신청까지 원스톱으로 처리하는 것을 목표로 했다. 이는 미래 부동산 거래가 얼마나 간편하고 안전해질 수 있는지를 보여 주는 청사진과 같았다.

하지만 국내에서 블록체인 기반 부동산 시스템이 전면적으로 도입되기까지는 스웨덴의 사례와 마찬가지로 여러 현실적인 과제들이 남아 있다. 가장 큰 장벽은 역시 '법과 제도'의 문제다. 현행 '부동산등기법'은 서면 신청주의와 등기관의 심사 권한을 기반으로 하고 있어, 탈중앙화되고 자동화된 블록체인 시스템과는 충돌하는 지점이 많다. 전자문서 및 전자거래 기본법, 전자서명법 등 관련 법규와의 정합성을 확보하고, 필요하다면 부동산등기법 자체를 개정하는 사회적 합의 과정이 필요하다.

두 번째는 '기술 표준화와 상호운용성' 문제다. 국토교통부, 법원행정처(등기소), 행정안전부, 국세청 등 수많은 정부 기관과 시중 은행, 법무법인 등이 각기 다른 전산 시스템을 운영하고 있다. 이 모든 시스템을 하나의 블록체인 플랫폼으로 통합하거나, 서로 다른 블록체인 플랫폼 간에 원활하게 데이터를 교환할 수 있는 표준 기술(Interoperability Protocol)을 마련하는 것은 매우 복잡하고 어려운 과제다.

세 번째는 '데이터 거버넌스' 문제다. 블록체인이라는 공유 원장에 기록될 데이터의 정합성을 누가 최종적으로 책임질 것인지, 데이터에 오류가 발생했을 때 어떻게 수정할 것인지(수정 이력 또한 블록체인에 기록하는 방식으로), 그리고 민감한 개인정보를 어떻게 안전하게 관리하고 통제할 것인지에 대한 명확한 거버넌스 체계를 수립해야 한다.

이러한 과제들은 결코 단기간에 해결될 수 있는 문제가 아니다. 기술 개발과 함께 법률, 행정, 산업계의 긴밀한 협력과 장기적인 로드맵이 필수적이다. 하지만 분명한 것은, 블록체인이 가져올 투명성과 효율성의 가치는 이미 충분히 입증되었으며, 한국의 부동산 시스템 역시 점진적으로 블록체인 기술을 수용하는 방향으로 나아갈 것이라는 점이다. 그 과정에서 겪는 시행착오와 도전들은, 더 안전하고 신뢰할 수 있는 미래의 디지털 부동산 인프라를 구축하기 위한 값진 자산이 될 것이다.

블록체인 기반 부동산 거래 시스템의 현황 및 과제

1. 블록체인 기술과 부동산금융의 만남

부동산 거래 시스템은 블록체인 기술을 만나 디지털화됩니다. 이로 인해 계약부터 등기까지의 모든 과정이 원스톱(One-stop)으로 처리될 수 있습니다.

- 예시: 기존에는 부동산 매매 계약 후 은행 대출, 법무사 서류 준비, 등기소 방문 등 복잡한 절차를 거쳐야 했습니다. 하지만 블록체인 기반 시스템은 이 모든 과정을 하나의 플랫폼에서 처리하여 시간과 비용을 절약합니다.

2. 부동산 금융 시장의 혁신과 과제

블록체인 기반 부동산 거래는 부동산 금융 시장에 새로운 기회를 제공합니다. 기존 부동산을 토큰화(Tokenization)하여 소액 투자가 가능해지면서 유동성을 높일 수 있습니다.

- 예시: 100억 원짜리 빌딩을 블록체인 기반으로 100만 개의 토큰으로 나눕니다. 개인 투자자는 이 토큰을 1만 원씩 구매하여 10만 원만으로도 해당 빌딩에 투자할 수 있습니다. 이는 부동산 투자 시장의 진입 장벽을 낮추고, 자금 조달 방식을 다양화합니다.

하지만 이 기술을 실제 시장에 적용하기 위해서는 여러 과제를 해결해야 합니다. 기존 법규(전자증권법 등)와의 충돌 문제, 개인 정보 보호 문제, 그리고 기존 시스템과의 연동 문제 등이 대표적인 과제입니다. 성공적인 도입을 위해서는 기술 개발과 함께 제도적 기반을 마련하는 노력이 필요합니다.

- **적용 예시**

공인중개사 A씨는 블록체인 기반 전자계약 시스템을 통해 매도인과 매수인이 직접 만나지 않고도 안전하게 계약을 체결하고, 자동으로 등기까지 처리되는 편리함을 경험했다. 이전에는 복잡했던 서류 작업과 등기 절차가 간소화되어 시간과 비용을 크게 절약할 수 있었다.

6장

스마트 계약: 코드로 실행되는 자동화된 부동산 거래

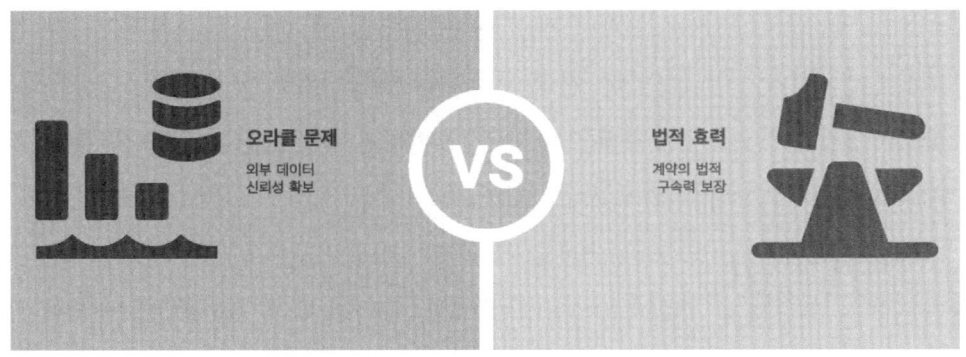

스마트 계약의 과제를 해결하는 방법은 무엇인가?
(How to Solve the Challenges of Smart Contracts?)

블록체인이 신뢰할 수 있는 '기록의 장(Ledger)'을 제공한다면, '스마트 계약(Smart Contract)'은 그 기록의 장 위에서 약속이 자동으로 실행되게 만드는 '지능형 에이전트(Intelligent Agent)'다. 이는 중개인이나 법원의 개입 없이도 계약 조건을 코드의 논리에 따라 강제적으로 이행시키는 혁신적인 개념이다. 스마트 계약은 복잡하고 시간이 많이 소요되는 부동산 거래의 전 과정을 자동화하고, 거래 당사자 간의 신뢰 문제를 근본적으로 해결할 수 있는 잠재력을 가지고 있다.

6.1. 스마트 계약의 원리: "If-Then" 로직

'스마트 계약'이라는 용어는 암호학자이자 법학자인 닉 재보(Nick Szabo)가 1994

년에 처음으로 제안한 개념이다. 그는 스마트 계약을 "계약 조건을 실행하는 전산화된 거래 프로토콜"이라고 정의하며, 일상적인 예로 자판기를 들었다. 자판기는 "만약(If) 사용자가 정확한 금액의 동전을 투입하면, 그러면(Then) 해당 음료수를 내어 준다"는 단순한 계약 조건을 기계적으로 실행한다. 여기에는 판매원의 개입도, 신뢰도 필요 없다. 오직 정해진 규칙만이 존재할 뿐이다.

스마트 계약은 바로 이 자판기의 원리를 디지털 세계로 확장한 것이다. 즉, 계약 당사자 간의 합의 사항(예: 매매 조건, 임대차 조건)을 컴퓨터 프로그래밍 언어로 작성하여 블록체인에 업로드한다. 블록체인에 배포된 스마트 계약 코드는 그 누구도 임의로 수정하거나 삭제할 수 없으며, 사전에 정의된 특정 조건이 충족되면 해당 계약 내용이 네트워크에 의해 자동으로 실행된다.

이더리움(Ethereum)과 같은 스마트 계약 플랫폼의 등장은 이러한 개념을 현실로 만들었다. 이더리움은 개발자들이 '솔리디티(Solidity)'와 같은 프로그래밍 언어를 사용하여 자신만의 스마트 계약(DApp, Decentralized Application)을 만들고 배포할 수 있는 환경을 제공했다. 이는 블록체인을 단순한 화폐 거래 기록장을 넘어, 다양한 애플리케이션을 구동할 수 있는 '세계 컴퓨터(World Computer)'로 진화시켰다.

스마트 계약의 핵심적인 장점은 '신뢰 최소화(Trust Minimization)'와 '자동 실행(Automatic Execution)'이다. 전통적인 계약은 계약서의 문구를 해석하고 이행하는 과정에서 변호사나 법원과 같은 제3의 신뢰 기관에 의존해야 한다. 또한, 상대방이 계약을 이행하지 않을 위험, 즉 '상대방 위험(Counterparty Risk)'이 항상 존재한다.

하지만 스마트 계약은 이러한 신뢰 기관과 상대방 위험을 코드의 논리로 대체한다. 계약 조건이 명확한 코드로 작성되어 오해의 소지가 적으며, 블록체인 네트워크에 의해 그 실행이 강제되므로 어느 한쪽이 임의로 계약을 파기하거나 불이행할 수 없다. 이는 거래의 확실성을 극적으로 높여 주고, 계약 이행을 강제하기 위한 분쟁 해결 비용이나 소송 비용과 같은 사회적 비용을 크게 절감시킨다.

부동산 매매 계약을 예로 들어 보자. 스마트 계약은 매수인의 매매 대금과 매도인의 소유권(디지털화된)을 일종의 '디지털 에스크로' 계정에 보관한다. 그리고 "만약(If) 매수인이 약속된 잔금을 스마트 계약에 입금하고, 동시에(And) 매도인이 소유권 이전 서명(개인키)을 하면, 그러면(Then) 스마트 계약은 대금을 매도인에게 전송하고 소유권을 매수인에게 이전시킨다"는 규칙을 설정할 수 있다. 이 모든 과정이 원자적(Atomic)으로, 즉 동시에 일어나거나 아예 일어나지 않도록 설계하여 어느 한쪽도 손해 볼 위험이 없게 만든다.

이처럼 스마트 계약은 '만약 ~하면, ~하라'는 단순한 'If-Then' 논리를 기반으로, 복잡한 부동산 거래 및 계약 관계를 자동화하고 신뢰를 부여하는 강력한 도구다. 이는 거래의 속도를 높이고 비용을 절감하는 것을 넘어, 인간의 개입과 주관적 판단으로 인해 발생했던 수많은 비효율과 분쟁의 가능성을 원천적으로 줄여 주는 패러다임의 전환을 의미한다.

스마트 계약의 If-Then 논리 기반 자동화 및 P2P 실행 원리

스마트 계약은 부동산금융 거래의 자동화를 가능하게 합니다. 특정 조건이 충족되면 미리 정해진 계약 내용이 자동으로 이행됩니다. 이는 전통적인 거래에서 발생할 수 있는 복잡성과 시간 소모를 크게 줄여 줍니다.

<부동산금융론 관점에서의 예시>

1. 임대료 납부 자동화
- 기존 방식: 임차인이 매달 1일 임대인 계좌로 월세를 송금합니다. 임대인은 입금 여부를 확인하고, 임대차 계약을 유지합니다.
- 스마트 계약 적용: 임차인이 월세를 납부하면, 자동으로 임대인에게 송금되고, 임차인은 해당 건물의 디지털 도어락 접근 권한을 유지합니다. 만약 월세가 연체되면, 계약 조건에 따라 자동으로 도어락 접근 권한이 정지되거나 연체료가 부과됩니다.

2. 부동산 담보 대출

- **기존 방식**: 대출자가 매달 이자와 원금을 상환합니다. 상환이 지연되면, 은행은 법적 절차를 거쳐 담보물을 처분합니다.
- **스마트 계약 적용**: 대출자가 대출금을 상환하면, 블록체인 상의 담보물 소유권 정보가 자동으로 갱신됩니다. 만약 대출금을 연체하면, 스마트 계약에 따라 정해진 절차대로 담보물 소유권이 자동으로 은행으로 이전됩니다.

이러한 스마트 계약은 중개기관(제3자) 없이 당사자 간의 신뢰를 바탕으로 거래가 이루어지도록 합니다. 모든 과정이 코드로 실행되므로 투명하고 안전하게 부동산금융 거래를 처리할 수 있습니다.

- **적용 예시**

부동산 임대차 계약에서 "만약(If) 임차인이 매월 1일 자정에 월세를 납부하면, 그러면(Then) 임차인의 디지털 도어락 접근 권한을 유지시킨다"는 스마트 계약을 코드로 구현할 수 있다.

이 경우, 임대료가 제때 납부되면 문이 계속 열리지만, 납부되지 않으면 자동으로 문이 잠겨 접근이 제한될 수 있다. 이 모든 과정은 중개인 없이 P2P(개인 대 개인)로 자동 실행된다.

6.2. 사례: 임대차 계약의 자동화

부동산 분야에서 스마트 계약의 잠재력이 가장 명확하게 드러나는 영역 중 하나는 바로 '임대차 계약'이다. 매월 반복되는 임대료 지급, 보증금 관리, 계약 만료 및 갱신 등 임대차 관계에는 표준화되고 자동화할 수 있는 요소가 많기 때문이다. 스마트 계약을 활용한 자동화된 임대차 계약의 시나리오는 다음과 같이 구체화할 수 있다.

먼저, 임대인과 임차인은 임대 기간, 보증금 액수, 월세 금액, 지급일, 연체 시 이

자율 등 계약의 모든 조건을 합의하여 스마트 계약 코드로 작성한다. 이 스마트 계약은 블록체인에 배포되어 양측 모두의 동의 없이는 수정이 불가능한 '디지털 임대차 계약서'가 된다.

계약이 시작되면, 임차인은 약속된 보증금을 스마트 계약의 주소로 전송한다. 스마트 계약은 이 보증금을 계약 기간 동안 안전하게 보관하는 '디지털 에스크로' 역할을 한다. 이는 임대인이 보증금을 개인적인 용도로 유용하거나, 계약 만료 시 반환을 거부하는 문제를 원천적으로 방지해 준다.

매월 약속된 날짜가 되면, 스마트 계약은 임차인에게 월세 지급을 요청한다. 임차인이 자신의 디지털 지갑을 통해 약속된 금액의 디지털 화폐(예: 스테이블코인 또는 CBDC)를 스마트 계약 주소로 이체하면, 계약은 자동으로 이를 임대인의 지갑으로 전송하고 해당 월의 임대료가 정상적으로 지급되었음을 블록체인에 기록한다. 모든 과정은 투명하게 기록되며, 임대료 수납을 위한 별도의 행정 업무가 필요 없게 된다.

만약 임차인이 월세를 연체하게 되면 어떻게 될까? 스마트 계약은 사전에 코딩된 규칙에 따라 작동한다. 예를 들어, "만약(If) 지급일로부터 3일이 지나도 월세가 입금되지 않으면, 그러면(Then) 사전에 합의된 연체 이자율에 따라 연체료를 자동으로 계산하여 부과한다"는 로직을 실행할 수 있다.

더 나아가, 스마트 계약을 IoT(사물인터넷) 기기와 연동하면 더 강력한 자동화가 가능해진다. 예를 들어, 건물의 디지털 도어락을 스마트 계약과 연결하여, "만약(If) 월세가 5일 이상 연체되면, 그러면(Then) 임차인의 디지털 도어락 접근 권한을 일시적으로 제한한다"는 규칙을 설정할 수도 있다. 물론 이러한 기능은 법적, 윤리적 논쟁의 소지가 있지만, 기술적으로는 충분히 구현 가능한 시나리오다.

계약 기간이 만료되면, 스마트 계약은 종료 절차를 자동으로 개시한다. 이때, 건물의 상태를 확인하는 과정이 필요하다. 이는 사전에 지정된 신뢰할 수 있는 수리업체나 감정인이 현장을 확인하고, '건물에 이상 없음'이라는 데이터를 스마트 계약에 전송하는 방식으로 이루어질 수 있다.

"만약(If) 계약 기간이 만료되었고, 그리고(And) 건물 상태에 이상이 없다는 확인 데이터가 수신되면, 그러면(Then) 스마트 계약은 보관하고 있던 보증금 전액을 임차인의 지갑으로 즉시 반환한다." 이처럼 보증금 반환을 둘러싼 임대인과 임차인 간의 고질적인 분쟁을 코드가 공정하게 중재하고 해결해 줄 수 있다.

이러한 자동화된 임대차 계약 시스템은 모든 당사자에게 이익을 가져다준다. 임대인은 임대료 연체와 명도 소송의 리스크를 줄이고 관리 비용을 절감할 수 있다. 임차인은 보증금을 떼일 염려 없이 안전하게 보호받고, 투명한 규칙에 따라 계약 관계를 유지할 수 있다. 사회 전체적으로는 임대차 분쟁으로 인한 막대한 사회적 비용을 줄이는 효과를 기대할 수 있다. 이것이 바로 스마트 계약이 그리는 미래의 부동산 계약 풍경이다.

스마트 계약과 부동산 금융의 결합

스마트 계약은 임대차 계약 과정을 획기적으로 자동화합니다. 임대인과 임차인은 임대 기간, 보증금, 월세 등의 조건을 코딩하여 블록체인에 올립니다.

- 자동 월세 지급: 임차인이 약속된 날짜에 월세를 암호화폐나 CBDC(중앙은행 디지털 화폐)로 지불하면, 계약이 자동으로 이행됩니다.
- 예시: 매달 25일에 월세 100만 원이 임차인의 디지털 지갑에서 임대인의 지갑으로 자동 송금됩니다.

- 연체 관리: 만약 월세가 연체되면, 사전에 합의된 대로 디지털 도어락 접근이 제한되거나 연체료가 자동으로 부과됩니다.
- 예시: 월세 납기일인 25일을 넘기면, 26일부터는 스마트 도어락 비밀번호가 자동으로 잠기게 됩니다.

> - 보증금 반환: 계약 기간이 끝나면, IoT 센서 데이터 연동으로 건물의 상태에 이상이 없을 시 보증금을 임차인에게 자동으로 반환합니다.
> - 예시: 계약 만료일인 10월 31일, IoT 센서가 실내 파손 흔적이 없음을 감지하면, 보증금 1,000만 원이 임차인에게 즉시 반환됩니다.
>
> 이처럼 스마트 계약은 임대차 계약의 전 과정을 자동화하여 분쟁의 소지를 줄이고 관리 비용을 절감합니다. 이를 통해 부동산 금융 시장의 효율성을 높일 수 있습니다.

- **적용 예시**

어떤 건물의 주인(임대인)과 세입자(임차인)가 스마트 계약으로 임대차 계약을 맺었다고 가정해 보자.

- 계약 조건 입력: 임대인과 임차인은 임대 기간, 보증금, 월세, 월세 납부일 등의 계약 조건을 스마트 계약에 코딩하여 블록체인에 기록한다.
- 월세 자동 납부: 세입자가 약속된 날짜에 월세를 암호화폐나 CBDC(중앙은행 디지털 화폐)로 지불하면, 계약은 자동으로 이행된다.
- 연체 시 자동 조치: 만약 세입자가 월세를 연체하면, 스마트 계약에 따라 디지털 도어락 접근이 자동으로 제한되거나 연체료가 자동으로 부과된다.
- 계약 만료 시 자동 보증금 반환: 계약 기간이 끝나고, IoT 센서 등으로 건물 상태에 이상이 없음이 확인되면, 스마트 계약이 자동으로 보증금을 세입자에게 반환한다.

스마트 계약은 임대차 계약의 모든 과정을 자동으로 처리하여 분쟁의 소지를 줄이고 관리 비용을 절감할 수 있게 해 준다.

6.3. 오라클 문제와 법적 과제

스마트 계약이 가진 자동화의 잠재력은 무한해 보이지만, 현실 세계의 복잡한 계약을 완벽하게 대체하기까지는 몇 가지 중요한 기술적, 법적 허들을 넘어야 한다. 그중 가장 핵심적인 기술적 난관이 바로 '오라클 문제(The Oracle Problem)'이다.

블록체인과 그 위에서 실행되는 스마트 계약은 '결정론적(Deterministic)'인 시스템이다. 즉, 동일한 입력값에 대해서는 언제나 동일한 결과값을 내놓아야만 네트워크 전체가 합의를 이룰 수 있다. 이러한 특성 때문에 블록체인은 기본적으로 외부 세계와 단절된, 자신만의 폐쇄적인 시스템 안에서만 작동한다. 블록체인 스스로 외부 웹사이트의 데이터를 가져오거나, 현실 세계의 사건(예: 건물의 실제 파손 여부, 금리 변동)을 인지할 수 없다.

바로 이 지점에서 '오라클'의 역할이 필요해진다. 오라클은 블록체인 외부의 현실 세계 데이터를 블록체인 내부의 스마트 계약으로 가져와 전달해 주는 '데이터 중개자' 역할을 한다. 예를 들어, 부동산 가격에 연동된 파생상품 스마트 계약이 있다면, 오라클은 신뢰할 수 있는 기관의 부동산 시세 데이터를 스마트 계약에 주기적으로 제공해야 한다. 앞서 임대차 계약 사례에서 '건물 상태 확인 데이터'를 전송해 주는 감정인 역시 일종의 오라클 역할을 하는 셈이다.

문제는 이 오라클이 다시 '중앙화된 신뢰'의 지점이 된다는 역설에 있다. 만약 오라클이 해킹을 당하거나, 악의적인 목적으로 잘못된 데이터를 스마트 계약에 전달한다면 어떻게 될까? 스마트 계약 자체는 코드대로 완벽하게 실행되겠지만, 그 결과는 실제 현실과 동떨어진 재앙적인 결과를 낳을 수 있다. 탈중앙화된 시스템을 만들기 위해 도입한 기술이, 결국 중앙화된 데이터 공급자에 의존하게 되는 딜레마, 이것이 바로 오라클 문제의 본질이다.

이 문제를 해결하기 위해, '체인링크(Chainlink)'와 같은 '탈중앙화된 오라클 네트워크(Decentralized Oracle Network)'가 등장했다. 이는 단일 오라클에 의존하는 대신, 여러 개의 독립적인 오라클 노드로부터 데이터를 공급받고, 이를 교차 검증하여 데이터의 신뢰성을 높이는 방식이다. 이를 통해 오라클이라는 단일 실패 지점(Single Point of Failure)을 제거하고, 스마트 계약 생태계의 안정성을 높이려는 시도가 계속되고 있다.

기술적 문제와 더불어, '법적 과제' 또한 스마트 계약의 대중화를 위해 반드시 해결되어야 할 문제다. 첫째, '코드의 버그' 문제다. 인간이 만든 모든 소프트웨어와 마찬가지로, 스마트 계약 코드에도 버그가 존재할 수 있다. 블록체인의 불변성 때문에 한번 배포된 스마트 계약은 수정이 거의 불가능한데, 만약 코드에 심각한 결함이 발견된다면 막대한 금전적 피해로 이어질 수 있다. 2016년 발생한 '더 다오(The DAO)' 해킹 사건은 코드의 취약점이 어떻게 악용될 수 있는지를 보여 준 대표적인 사례다.

둘째, '법적 효력' 문제다. 프로그래밍 코드로 작성된 스마트 계약이 현행법상 실제 계약서와 동일한 법적 효력을 가질 수 있는가? 계약 당사자의 의사가 코드에 정확하게 반영되었음을 어떻게 입증할 것인가? 계약 내용에 대한 해석이 달라 분쟁이 발생했을 때, 어느 법원의 관할하에 어떤 법을 적용하여 해결할 것인가? 이러한 질문들에 대한 법적, 제도적 기틀은 아직 명확하게 마련되지 않은 상태다.

미국의 와이오밍, 애리조나 주 등 일부 지역에서는 스마트 계약의 법적 지위를 인정하는 법안을 통과시키는 등 선도적인 움직임을 보이고 있지만, 전 세계적으로 통용되는 표준화된 법률 체계가 만들어지기까지는 상당한 시간이 걸릴 것으로 예상된다. '코드는 법이다(Code is Law)'라는 블록체인 세계의 이상과, 수백 년간 발전해 온 현실 세계의 법체계(Law is Law)를 어떻게 조화시킬 것인가는 앞으로 풀어야 할 가장 큰 숙제 중 하나다.

결론적으로 스마트 계약은 부동산 거래를 자동화하고 신뢰를 부여하는 혁신적인 도구임에 틀림없다. 하지만 오라클 문제라는 기술적 한계와 법적 불확실성이라는 현실적 과제를 해결하기 위한 노력이 병행될 때, 비로소 그 잠재력을 온전히 꽃피울 수 있을 것이다.

표 6-1: 스마트 계약의 장점과 도전과제

구분	내용	세부 설명
장점 (Pros)	자동화 및 효율성	계약 조건 충족 시 자동으로 이행되어 시간과 행정 비용 절감
	투명성 및 신뢰성	모든 거래 내역과 규칙이 블록체인에 공개되어 분쟁 소지 감소
	보안성 및 확실성	중개인 없는 P2P 거래로 상대방 위험(Counterparty Risk) 제거
	비용 절감	에스크로, 공증, 소송 등 제3자 개입에 따른 비용 감소
도전과제 (Cons)	오라클 문제	외부 데이터의 신뢰성 확보 및 중앙화된 오라클 의존성 문제
	법적 불확실성	스마트 계약의 법적 지위, 효력, 분쟁 해결 방안 등 미비
	코드의 취약성	수정 불가능한 코드의 버그나 해킹으로 인한 대규모 피해 가능성
	기술적 복잡성	일반인이 스마트 계약을 이해하고 작성하기 어려워 전문가 의존

스마트 계약과 부동산 금융의 연결

스마트 계약이 부동산 금융에 성공적으로 적용되려면 해결해야 할 몇 가지 중요한 과제가 있습니다.

1. 현실 세계와 블록체인 간의 연동(오라클 문제)
스마트 계약은 블록체인 내부의 데이터만으로는 한계가 있습니다. 부동산 매매, 대출 실행 등 현실 세계의 금융 거래를 자동화하기 위해서는 외부 데이터가 필수적입니다. 이 외부 데이터를 블록체인으로 가져오는 역할을 하는 것이 오라클입니다.

- 문제점: 오라클이 제공하는 데이터의 정확성과 신뢰성을 어떻게 보장할지가 중요합니다. 오라클의 오류는 곧바로 스마트 계약의 오류로 이어져 금융 손실을 유발할 수 있습니다.

부동산 금융 예시
- 담보대출: 대출 실행을 위해 스마트 계약이 실시간 부동산 시세 정보를 받아야 합니다. 오라클이 부정확한 시세 데이터를 제공하면 대출 금액이 잘못 산정될 수 있습니다.
- 부동산 소유권 이전: 소유권 이전을 위한 스마트 계약은 등기 정보를 정확하게 받아야 합니다. 오라클이 잘못된 등기 정보를 전달하면 계약이 실패하거나 소유권 분쟁이 발생할 수 있습니다.

> ## 2. 기술적 안정성과 법적 효력
> 스마트 계약은 기존의 법률 체계와 충돌할 수 있습니다. 특히 코드에 버그나 해킹 가능성이 존재하면, 이로 인한 피해를 법적으로 어떻게 해결할지가 모호합니다.
>
> - 문제점: 스마트 계약 코드가 해킹되거나 오류를 일으키면, 계약의 효력이나 책임 소재가 불분명해집니다. 기존 법률에 없는 새로운 형태의 계약이기 때문에 법적, 제도적 논의가 필요합니다.
>
> **부동산 금융 예시**
> - 부동산 펀드: 스마트 계약 기반의 부동산 펀드에서 코드의 버그로 인해 투자금 분배가 잘못 이루어졌습니다. 기존 법률로는 투자자 보호나 손해 배상에 대한 명확한 근거를 찾기 어렵습니다.
> - 공유 부동산: 여러 명의 소유자가 스마트 계약을 통해 부동산을 공동으로 소유하고 관리합니다. 해킹으로 인해 스마트 계약이 무력화되면, 소유권 관계가 엉켜 복잡한 법적 분쟁으로 이어질 수 있습니다.

- 적용 예시

스마트 계약이 현실 세계의 계약을 완전히 대체하려면, 외부 정보를 정확하게 가져오는 '오라클' 문제가 해결되어야 한다. 또한, 스마트 계약 자체가 법적 효력을 가질 수 있는지도 중요하다.

예)

부동산 매매 계약을 스마트 계약으로 한다고 가정해 보자.

오라클 문제: 잔금을 치르는 시점에 등기부등본상의 소유권이 이전되었는지 여부를 스마트 계약이 자동으로 확인할 수 있어야 한다. 하지만 블록체인 내부에서는 등기 정보를 직접 알 수 없으므로, '오라클'이라는 외부 정보 제공자가 등기 완료 여부를 정확히 스마트 계약에 알려 주어야 한다. 만약 오라클이 잘못된 정보를 주거나

해킹당하면, 스마트 계약은 오작동하여 예상치 못한 결과를 초래할 수 있다.

법적 과제: 부동산 매매와 같은 중요한 계약은 현행법상 복잡한 절차와 요건을 따른다. 스마트 계약으로 작성된 코드가 과연 기존 민법이나 부동산 관련 법률 체계 내에서 유효한 법적 효력을 가질 수 있는지, 분쟁 발생 시 어떻게 해결할 것인지에 대한 제도적, 법률적 논의가 아직 진행 중이다.

결론적으로, 스마트 계약이 실제 거래에 활용되기 위해서는 외부 정보의 정확성을 보장하는 기술(오라클)과 더불어, 기존 법률 체계와의 정합성을 확보하는 노력이 필요하다.

| 제3부 |

자산 혁명: 부동산의 토큰화

7장
증권형 토큰 발행(STO)이란 무엇인가
8장
조각 투자: 빌딩을 커피 한 잔 값에 소유하는 법
9장
해외 사례 연구: 애스펜 코인
(Aspen Coin)

2부에서 우리는 블록체인이라는 디지털 신뢰 혁명의 기술적 토대를 살펴보았다. 이제 우리는 그 단단한 기초 위에, 부동산 금융의 패러다임을 송두리째 바꿀 혁명적인 구조물을 세우는 과정으로 나아간다. 바로 '자산의 토큰화(Tokenization)'다. 이는 수백 년간 '움직이지 않는 자산'의 족쇄에 묶여 있던 부동산을, 주식처럼 잘게 쪼개고 전 세계를 무대로 24시간 거래할 수 있는 유동성 높은 디지털 자산으로 재탄생시키는 과정이다. 3부는 고가의 빌딩을 커피 한 잔 값으로 소유하는 '소유의 민주화'가 어떻게 현실이 되는지, 그 원리와 실제 사례를 통해 생생하게 목격하는 여정이 될 것이다.

7장

증권형 토큰 발행(STO)이란 무엇인가

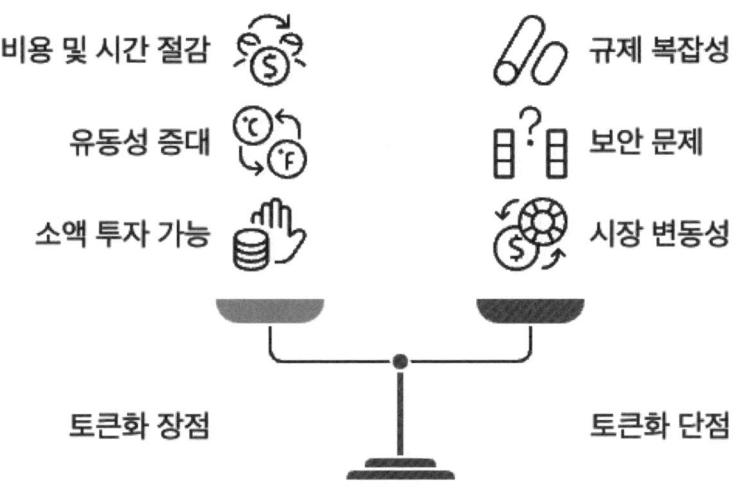

토큰화의 장점과 단점 비교
(Comparing the Pros and Cons of Tokenization)

'토큰화'는 디지털 자산 혁명의 핵심 키워드이자, 비유동성 자산에 새로운 생명을 불어넣는 연금술과도 같다. 특히 투자 계약의 성격을 지닌 '증권형 토큰'과 이를 발행하는 'STO(Security Token Offering)'는, 2017년 투기적 광풍으로 얼룩졌던 ICO(Initial Coin Offering)의 대안을 넘어, 규제와 기술이 만나는 가장 현실적인 지점에서 제도권 금융의 미래를 열고 있다. 이 장에서는 STO의 가장 기본적인 개념부터 그 법적, 경제적 의미까지 명확하게 정의한다.

7.1. 토큰화(Tokenization)의 개념

토큰화는 특정 자산이 가진 가치 또는 그 자산에 대한 권리를 블록체인 상에서 거래 가능한 디지털 '토큰(Token)'으로 변환하는 과정을 의미한다. 여기서 토큰은 단순히 디지털상의 점수가 아니라, 특정 자산에 대한 소유권, 수익을 분배받을 권리, 의결권을 행사할 권리 등 구체적인 법적 권리가 암호학적으로 기록된 '디지털 권리 증서'다. 이는 부동산, 미술품, 채권, 주식, 지적재산권 등 유무형의 거의 모든 자산에 적용될 수 있다.

이 개념은 전통적인 금융의 '증권화(Securitization)'와 유사한 맥락을 가진다. 증권화는 비유동성 자산(예: 주택담보대출 채권, 매출채권)을 한데 모아 이를 기반으로 유가증권(예: MBS, ABS)을 발행하여 유동성을 창출하는 기법이다. 토큰화는 이 증권화의 아이디어를 블록체인 기술과 결합하여 한 단계 발전시킨 '디지털 증권화'라고 할 수 있다.

전통적 증권화가 중앙화된 금융기관(투자은행, 신탁회사)과 복잡한 법적 절차에 의존했다면, 토큰화는 탈중앙화된 블록체인 원장과 자동화된 스마트 계약을 통해 그 과정을 더 효율적이고 투명하게 만든다. 증권의 발행, 명의개서(소유자 변경 기록), 배당금 지급, 의결권 행사 등 증권과 관련된 모든 절차가 스마트 계약 코드를 통해 자동화될 수 있다.

토큰화의 가장 큰 힘은 '분할 가능성(Fractionalization)'에 있다. 수백억 원짜리 강남 빌딩처럼 거대하고 나눌 수 없었던(indivisible) 자산을, 소수점 단위까지 나눌 수 있는 수백만, 수천만 개의 디지털 토큰으로 쪼갤 수 있다. 이는 자산에 대한 접근성을 극적으로 높여, 과거에는 상상할 수 없었던 소액 투자를 가능하게 한다. 단돈 1만 원으로도 글로벌 우량 자산의 주주가 될 수 있는 시대가 열리는 것이다.

또한, 블록체인에 기록된 토큰의 소유권은 국경의 제약을 받지 않는다. 인터넷에 연결된 사람이라면 누구나 전 세계의 다양한 자산에 투자하고, P2P 방식으로 24시간 내내 자유롭게 거래할 수 있는 '글로벌 유동성 풀(Global Liquidity Pool)'이 형성될 수 있다. 이는 특정 국가의 증권거래소라는 물리적, 제도적 장벽에 갇혀 있던 자본의 흐름을 전 세계로 확장시키는 효과를 가져온다.

토큰의 종류는 그 기반이 되는 권리의 성격에 따라 다양하게 나뉜다. 이더리움의 'ERC-20'은 대체 가능한(Fungible) 토큰의 표준으로, 각 토큰이 동일한 가치를 지녀 화폐나 주식 지분처럼 사용된다. 반면, 'ERC-721'은 대체 불가능한(Non-Fungible) 토큰, 즉 NFT의 표준으로, 각 토큰이 고유한 값을 가져 예술품이나 부동산 한 채의 완전한 소유권을 증명하는 데 사용된다.

최근에는 증권형 토큰의 복잡한 특성을 담기 위한 새로운 표준인 'ERC-1400' 등이 등장했다. 이 표준은 특정 조건을 만족하는 투자자에게만 토큰 전송을 허용하거나, 배당금 지급, 의결권 행사 등의 기능을 코드에 내장할 수 있어, 규제 준수와 자산 관리의 효율성을 높이는 데 기여한다.

이처럼 토큰화는 단순히 자산을 디지털로 복제하는 것을 넘어, 자산의 소유, 거래, 관리 방식을 근본적으로 재편하는 기술이다. 이는 비유동성 자산 시장의 규모를 폭발적으로 성장시키고, 금융의 민주화를 앞당기며, 자본 시장의 효율성을 한 차원 높이는 거대한 잠재력을 내포하고 있다.

결론적으로 토큰화는 실물 세계의 가치를 디지털 세계로 옮겨와, 블록체인이라는 새로운 레일 위에서 더 빠르고, 더 저렴하며, 더 투명하게 흐르도록 만드는 과정이다. 이 마법 같은 과정을 이해하는 것이 STO와 디지털 자산 투자의 세계로 들어서는 첫걸음이다.

부동산 토큰화의 특징

부동산 토큰화는 기존의 부동산 투자를 블록체인 기반의 디지털 '토큰'으로 바꾸는 과정입니다. 이로써 부동산이라는 자산을 더 쉽게 거래하고, 관리할 수 있게 됩니다.

- 투자 방식의 변화: 고가의 부동산을 여러 조각으로 나누어 토큰화함으로써 소액 투자도 가능해졌습니다. 이는 마치 큰 건물을 여러 명이 함께 소유하는 것과 같습니다. 예를 들어, 수백억 원짜리 빌딩을 1,000만 원짜리 토큰 여러 개로 쪼개어 판매하는 것입니다.
- 유동성 증가: 부동산 거래는 절차가 복잡하고 시간이 오래 걸립니다. 하지만 토큰화는 이 과정을 디지털로 바꾸어 거래를 빠르게 합니다. 주식처럼 실시간으로 사고팔 수 있게 되어 부동산 시장의 유동성이 높아지는 효과를 가져옵니다.
- 투명성 확보: 블록체인 기술 덕분에 모든 거래 내역이 투명하게 기록됩니다. 누가 언제, 얼마에 토큰을 사고팔았는지 모든 참여자가 확인할 수 있어 신뢰도를 높입니다.

부동산 토큰화는 블록체인 기술을 활용해 부동산을 디지털 자산으로 만들고, 소액 투자와 빠른 거래를 가능하게 해 투자 문턱을 낮추는 새로운 금융 방식입니다.

- **적용 예시**

아주 비싼 건물(예: 강남의 빌딩)을 사고 싶지만, 개인이 통째로 사기에는 너무 비싸다.

- 토큰화 적용: 이 건물의 소유권을 잘게 쪼개어 수많은 '디지털 토큰'으로 만든다. 이 토큰 하나하나가 건물의 아주 작은 지분(예: 1만 원어치)을 나타내는 것이다.

이제 일반인들도 1만 원, 10만 원 등 소액으로 이 건물의 지분을 살 수 있게 된다. 이렇게 토큰을 구매하면 건물에서 발생하는 임대 수익 등을 토큰 보유량에 비례하여 받을 수 있다. 모든 거래 내역은 블록체인에 기록되어 투명하고 안전하게 관리된다.

토큰화는 비싼 자산(부동산, 미술품 등)을 작게 쪼개 디지털화하여 누구나 소액으로 투자하고 쉽게 사고팔 수 있게 만드는 기술이다. 이를 통해 자산의 유동성이 높아지고 더 많은 사람이 투자에 참여할 수 있게 된다.

7.2. 증권형 토큰 vs. 유틸리티 토큰

블록체인 기반의 모든 토큰이 동일한 성격을 갖는 것은 아니다. 토큰은 그 법적, 경제적 성격에 따라 크게 '증권형 토큰(Security Token)'과 '유틸리티 토큰(Utility Token)', 그리고 이 둘의 성격을 모두 가진 '하이브리드 토큰(Hybrid Token)'으로 구분된다. 이 둘을 구분하는 것은 투자자 보호와 규제 적용의 기준이 되기 때문에 매우 중요하다. 특히 미국 증권거래위원회(SEC)는 '하위 테스트(Howey Test)'라는 오랜 판례를 기준으로 이 둘을 엄격하게 구분하고 있다.

유틸리티 토큰은 특정 플랫폼이나 서비스 생태계 내에서 재화나 용역을 구매하거나, 특정 기능에 접근할 수 있는 '사용권'의 성격을 가진다. 이는 놀이공원의 자유이용권이나 게임 속의 사이버 머니와 유사하다. 투자자들은 해당 플랫폼의 미래 성장 가능성을 보고 유틸리티 토큰을 구매할 수는 있지만, 토큰 보유 자체가 기업의 지분이나 배당금을 요구할 수 있는 법적 권리를 의미하지는 않는다. 2017년 열풍을 일으켰던 대부분의 ICO(Initial Coin Offering) 프로젝트들이 발행한 것이 바로 이 유틸리티 토큰이었다.

반면, 증권형 토큰은 토큰의 이름에서 알 수 있듯이 '증권(Security)'의 성격을 가진다. 즉, 특정 자산에 대한 소유권, 회사의 지분, 부채에 대한 권리, 또는 그 자산에서 발생하는 미래 수익(임대료, 배당금, 이자 등)에 대한 청구권을 나타내는 투자 계약의 증서다. 이는 우리가 흔히 아는 주식이나 채권과 본질적으로 동일하며, 단지 그 형태가 블록체인 기반의 디지털 토큰일 뿐이다.

미국 SEC가 증권 여부를 판단하기 위해 사용하는 '하위 테스트'는 다음 네 가지 조건을 기준으로 한다. 첫째, 돈을 투자했는가(An investment of money). 둘째, 공동의 사업에 투자했는가(In a common enterprise). 셋째, 타인의 노력으로 인한 수익을 기대하는가(With an expectation of profits to be derived from the efforts of others). 넷째, 그 기대가 합리적인가. 만약 어떤 토큰이 이 네 가지 조건을 모두 만족시킨다면, 그것은 형태와 상관없이 '증권'으로 간주되어 자본시장법의 엄격한 규제를 받아야 한다.

부동산 STO에서 발행되는 토큰은 이 하위 테스트의 모든 조건을 명백하게 만족시킨다. 투자자들은 돈을 투자하여(조건 1), 특정 부동산 개발 또는 운영이라는 공동사업에 참여하며(조건 2), 사업자의 노력(건물 관리, 임차인 유치 등)을 통해 발생하는 임대수익이나 매각차익을 기대한다(조건 3, 4). 따라서 부동산 토큰은 거의 예외 없이 증권형 토큰으로 분류된다.

이러한 구분은 투자자에게 매우 중요한 의미를 가진다. 유틸리티 토큰은 발행과 유통에 대한 명확한 규제가 없어 투자자 보호 장치가 미미한 반면, 증권형 토큰은 해당 국가의 자본시장법에 따라 엄격한 공시 의무, 발행 자격 요건, 불공정 거래 금지 등의 규제를 받는다. 이는 투자자들이 허위 공시나 시세 조작 등으로부터 보호받을 수 있음을 의미한다.

또한, 증권형 토큰은 기초자산이라는 명확한 가치의 근거를 가진다. 토큰의 가치가 단순히 시장의 기대감이나 투기적 수요에 의해 결정되는 것이 아니라, 그 토큰이 표상하는 부동산의 실질적인 가치(임대 수익률, 자산 가격 등)에 의해 뒷받침된다. 이는 극심한 변동성을 보이는 유틸리티 토큰에 비해 상대적으로 안정적인 가치 평가를 가능하게 한다.

STO(Security Token Offering)는 바로 이러한 증권형 토큰을 대중에게 발행하여 자금을 조달하는 행위를 말한다. 이는 ICO가 규제 없는 무법지대에서 이루어졌던 것과 달리, 처음부터 증권법의 규제 틀 안에서 이루어지는 합법적이고 제도화된 자금 조달 방식이다. 따라서 STO는 투자자에게는 더 높은 수준의 보호를, 발행 기업에게는 제도권 금융 시장에 접근할 수 있는 기회를 제공한다.

결론적으로 증권형 토큰과 유틸리티 토큰의 구분은 디지털 자산 투자의 성패를 가르는 첫 번째 관문이다. 자신이 투자하려는 토큰이 어떤 법적 성격을 가지는지, 어떤 권리와 의무를 담고 있는지를 명확히 이해하는 것이 현명한 투자자의 기본자세다. 증권형 토큰은 블록체인 기술의 혁신성과 전통 금융의 안정성을 결합하여, 디지털 자산 시장을 한 단계 성숙시키는 중요한 교두보 역할을 하고 있다.

증권형 토큰과 유틸리티 토큰의 특성 및 차이점

1. 증권형 토큰
- 정의: 부동산 자산에서 발생하는 경제적 이익에 대한 청구권을 나타내는 토큰입니다.
- 특징: 토큰을 소유하는 것만으로도 투자 수익을 기대할 수 있습니다.
- 예시:
- 부동산 조각 투자: 고가의 빌딩이나 상가를 작은 단위의 토큰으로 나누어 판매합니다. 토큰 보유자는 빌딩에서 발생하는 임대료 수익이나 매각 차익을 배당받습니다. 이는 마치 부동산 펀드나 리츠(REITs)의 수익증권을 토큰화한 것과 같습니다.
- 프로젝트 지분 투자: 특정 부동산 개발 프로젝트의 지분을 토큰으로 발행합니다. 개발 사업이 성공하면 토큰 가치가 상승하거나 수익금을 배분받을 수 있습니다.

2. 유틸리티 토큰
- 정의: 특정 부동산 서비스나 플랫폼에 접근하고 사용할 수 있는 권한을 제공하는 토큰입니다.
- 특징: 토큰 자체를 투자 목적으로 보유하기보다는, 서비스 이용권이나 할인 혜택을 얻기 위해 사용합니다.
- 예시:
- 부동산 플랫폼 이용권: 부동산 정보 제공 플랫폼에서 유료 정보를 열람하거나, 매물 광고를 올릴 때 유틸리티 토큰을 사용합니다.
- 공유 오피스 멤버십: 특정 공유 오피스 체인에서 유틸리티 토큰을 구매하여 사무 공간을 예약하거나 부대시설을 이용하는 데 사용합니다.

> ### 3. 핵심 차이점
> - 증권형 토큰은 '소유권' 또는 '수익 청구권'에 가깝습니다. 금융 투자 상품의 성격을 가지므로 관련 법규를 준수해야 합니다.
> - 유틸리티 토큰은 '이용권' 또는 '서비스 접근권'에 가깝습니다. 토큰을 이용해 특정 행위를 할 수 있는 권한을 얻는 데 초점을 둡니다.
>
> 즉, 증권형 토큰은 투자를 위한 것이고, 유틸리티 토큰은 사용을 위한 것입니다.

- **적용 예시**

- 유틸리티 토큰: 특정 서비스나 플랫폼을 이용할 수 있는 권한을 준다. 투자 수익을 기대하지 않는다.
  예) 어떤 게임 회사에서 '게임 아이템 구매 및 특별 이벤트 참여'에만 쓸 수 있는 토큰을 발행했다고 가정해 보자.
  이 토큰은 게임 내에서만 유용하고, 토큰을 가진다고 해서 회사의 이익을 배당받거나 하는 건 아니다.

- 증권형 토큰: 부동산 임대 수익, 기업 지분, 배당금 등 실제 자산에서 발생하는 경제적 이익에 대한 청구권을 나타낸다. 따라서 증권 관련 법규를 준수해야 한다.
  예) 어떤 건설 회사가 건물을 짓기 위해 필요한 자금을 모으려고, 완공 후 발생하는 임대 수익의 일정 부분을 받을 수 있는 권리를 디지털 토큰 형태로 발행했다고 가정해 보자.
  이 토큰은 실제 건물의 수익과 연결되어 있으므로, 주식처럼 금융 당국의 규제를 받게 된다.

7.3. STO(증권형 토큰 발행)의 장점

증권형 토큰 발행(STO)은 전통적인 기업공개(IPO)나 증권 발행 방식에 비해 발행자와 투자자 모두에게 여러 가지 매력적인 장점을 제공한다. 이는 블록체인 기술이 가진 효율성과 투명성, 그리고 글로벌 연결성에서 비롯된다. STO의 장점은 크게 유동성 증대, 비용 절감, 금융 포용성 확대, 그리고 프로그래밍 가능한 자산이라는 네 가지 측면에서 살펴볼 수 있다.

첫 번째이자 가장 중요한 장점은 '유동성 증대(Enhanced Liquidity)'이다. 부동산, 미술품, 비상장주식과 같은 전통적인 대체 자산들은 가치는 높지만 현금화가 어렵다는 치명적인 비유동성 문제를 안고 있었다. STO는 이러한 자산을 소액의 디지털 토큰으로 분할하여, 24시간 운영되는 글로벌 디지털 자산 거래소에서 주식처럼 쉽게 거래할 수 있게 만든다. 이는 '비유동성 프리미엄(Illiquidity Premium)'으로 인해 저평가되었던 자산의 가치를 재평가받게 하는 효과를 가져온다.

두 번째 장점은 '비용 및 시간 절감(Cost & Time Efficiency)'이다. 전통적인 IPO 과정은 주관사, 증권사, 신탁사, 법무법인, 회계법인 등 수많은 중개 기관의 참여와 복잡한 서류 작업으로 인해 막대한 비용과 시간이 소요된다. 반면, STO는 스마트 계약을 통해 증권 발행, 청약, 배정, 명의개서 등 많은 과정을 자동화할 수 있다. 이는 중개 기관의 역할을 최소화하여 발행 비용을 크게 절감하고, 전체 자금 조달에 걸리는 시간을 획기적으로 단축시킨다.

명의개서, 배당, 의결권 행사 등 증권 관리와 관련된 후속 업무 역시 스마트 계약으로 자동화할 수 있다. 예를 들어, 배당 기준일에 토큰을 보유하고 있는 투자자들의 지갑으로 배당금이 자동으로 이체되도록 프로그래밍할 수 있다. 이는 한국예탁결제원과 같은 중앙 예탁결제기관의 역할을 기술이 대체함으로써, 지속적인 관리 비용을 절감하는 효과를 낳는다.

세 번째 장점은 '금융 포용성 확대(Greater Financial Inclusion)'이다. 앞서 언급했듯이, 토큰화는 고가의 자산을 잘게 쪼개는 '소유권의 분할(Fractional Ownership)'을 가능하게 한다. 이는 최소 투자 금액의 장벽을 극적으로 낮춰, 과거에는 소수의 고액 자산가나 기관 투자자들만 접근할 수 있었던 우량 자산에 일반 개인 투자자들도 참여할 수 있는 길을 열어 준다.

이는 단순히 새로운 투자 기회를 제공하는 것을 넘어, 부의 분배 구조를 개선하고 자본 시장의 민주화를 촉진하는 사회적 의미를 가진다. 또한, 국경을 초월한 P2P 거래는 개발도상국의 투자자들이 선진국의 우량 자산에 투자하거나, 선진국의 자본이 개발도상국의 유망한 프로젝트로 흘러 들어갈 수 있는 통로를 열어 준다. 이는 글로벌 자본의 효율적인 재분배에 기여할 수 있다.

네 번째 장점은 '프로그래밍 가능한 자산(Programmable Assets)'이라는 점이다. 증권형 토큰은 단순한 소유권 증서를 넘어, 스마트 계약을 통해 다양한 규칙과 로직을 내장할 수 있다. 예를 들어, 특정 국가의 투자자에게만 토큰 거래를 허용하거나, 1인당 투자 한도를 설정하는 등 복잡한 규제 요건을 코드 수준에서 자동으로 준수하도록 설계할 수 있다. 이를 '자동화된 컴플라이언스(Automated Compliance)'라고 한다.

또한, 자산의 특성에 맞는 다양한 수익 모델을 프로그래밍할 수 있다. 예를 들어, 특정 수익 목표를 달성하면 투자자에게 추가 보너스 토큰을 지급하거나, 토큰 보유 기간에 따라 차등적으로 의결권을 부여하는 등 기존의 증권으로는 구현하기 어려웠던 복잡하고 창의적인 금융 상품 설계가 가능해진다. 이는 금융 혁신의 새로운 가능성을 열어 주는 중요한 특징이다.

물론 STO가 장점만 있는 것은 아니다. 새로운 기술에 대한 규제 불확실성, 플랫폼의 해킹이나 보안 문제, 그리고 아직 충분히 형성되지 않은 초기 시장의 낮은 실제 유동성 등은 여전히 해결해야 할 과제로 남아 있다.

하지만 이러한 도전과제에도 불구하고, STO가 제공하는 명백한 이점들은 전 세계의 수많은 기업과 투자자들을 끌어들이고 있다. STO는 블록체인 기술이 가진 혁신적인 잠재력을 현실 세계의 규제와 결합하여, 더 효율적이고, 더 개방적이며, 더 지능적인 미래의 자본 시장을 만들어 가는 핵심적인 동력이 될 것이다.

표 7-1: STO와 IPO의 비교

구분	STO(증권형 토큰 발행)	IPO(기업공개)
기반 기술	블록체인, 스마트 계약	전통적인 중앙집권형 전산 시스템
자산 형태	디지털 토큰 (프로그래밍 가능)	실물 또는 전자 등록 주식 (표준화)
유동성	글로벌 24시간 거래소, 즉각적 결제	특정 국가 증권거래소, 장 마감 시간 존재
접근성	소액 분할 투자 가능, 글로벌 투자자 접근 용이	최소 청약 단위 존재, 국가별 규제로 접근 제한
비용 및 시간	중개인 최소화로 비용 저렴, 신속한 발행	주관사 등 다수 중개인 참여로 비용 높고 시간 오래 걸림
투명성	모든 거래 내역이 블록체인에 기록	제한된 정보만 정기적으로 공시
규제	자본시장법 등 증권 관련법 준수	증권거래법, 상법 등 엄격한 상장 규정 준수

STO의 장점(주택금융론 관점)

- **비용 및 시간 절감**: 부동산 소유권의 일부를 디지털 토큰화합니다. 블록체인과 스마트 계약을 활용해 중개인을 거치지 않고도 소유권 이전 및 결제 과정을 자동화할 수 있어요. 예를 들어, 부동산 매매 시 발생하는 법무사 수수료나 중개 수수료를 절약하고, 계약 및 등기 절차에 걸리는 시간을 크게 줄일 수 있습니다.
- **유동성 증대**: 고가의 단일 부동산을 토큰으로 잘게 쪼갭니다. 이로써 투자자들은 소액으로도 부동산에 투자할 수 있게 되죠. 예를 들어, 10억 원짜리 아파트를 100만 개의 토큰으로 나누면, 100만 원만으로도 해당 아파트에 대한 투자 기회를 얻을 수 있습니다. 토큰은 24시간 거래가 가능해 필요할 때 언제든 팔아 현금화하기 쉽다는 장점도 있습니다.
- **소액 투자 가능**: 자산을 소액 단위로 분할할 수 있습니다. 이는 개인 투자자들의 진입 장벽을 낮추는 효과가 있어요. 예를 들어, 기존에는 수억 원의 자금이 있어야만 투자할 수 있었던 고가 상업용 건물이나 빌딩에 소액으로도 투자할 수 있게 되어, 금융의 민주화에 기여합니다.

• **적용 예시**

당신이 100억짜리 빌딩을 소유하고 있는데, 급하게 1억이 필요하다고 가정해 보자. 기존 방식으로는 빌딩 전체를 팔거나 담보 대출을 받아야 하지만, STO를 활용하면 빌딩의 소유권을 100만 개로 쪼개서 개당 1만 원짜리 토큰으로 발행할 수 있다.

- 비용 및 시간 절감: 중개인 없이 직접 토큰을 발행하고 판매하여 수수료와 시간을 아낄 수 있다.
- 유동성 증대: 작은 단위로 쪼개진 토큰은 24시간 언제든 사고팔 수 있어, 필요할 때 빠르게 현금화가 가능하다. (예: 100개 토큰만 팔아 100만 원 확보)
- 소액 투자 가능: 일반인도 1만원이라는 소액으로 빌딩에 투자할 수 있게 되어, 소액 투자자들에게도 고가 자산 투자의 기회가 열린다.

이처럼 STO는 큰 자산을 쪼개어 유통함으로써 자산의 유동성을 높이고, 소액 투자자도 참여할 수 있게 하여 금융 시장의 문턱을 낮추는 역할을 한다.

8장

조각 투자: 빌딩을 커피 한 잔 값에 소유하는 법

부동산 투자의 혁신
(Innovation in Real Estate Investment)

'조각 투자'는 STO(증권형 토큰 발행)라는 다소 기술적인 개념을 일반 대중이 가장 쉽게 이해하고 체감할 수 있도록 만든 용어다. 말 그대로, 고가의 자산을 마치 피자 조각처럼 잘게 나누어 누구나 소액으로 그 자산의 일부를 소유할 수 있게 하는 새로운 투자 방식이다. 특히 접근이 불가능해 보였던 수백억 원짜리 상업용 빌딩에 대한 조각 투자는, '건물주'라는 꿈을 현실로 만들며 많은 이들의 관심을 끌고 있다. 이 장에서는 부동산 조각 투자의 구체적인 작동 원리와 수익 구조, 그리고 전통적인 부동산 간접 투자 방식인 리츠(REITs)와의 차이점을 명확히 비교 분석한다.

8.1. 부동산 조각 투자의 작동 원리

부동산 조각 투자는 하나의 고가 부동산 자산을 기반으로 다수의 투자자가 참여할 수 있는 수익증권을 발행하고, 이를 블록체인 기반의 디지털 토큰으로 만들어 거래하는 구조를 가진다. 이 복잡해 보이는 과정은 크게 '자산 유동화 단계'와 '디지털 증권 발행 및 거래 단계'로 나눌 수 있다. 이는 국내 최초로 금융위원회의 혁신금융 서비스로 지정된 '카사(Kasa)'의 비즈니스 모델을 통해 구체적으로 이해할 수 있다.

첫 번째 단계는 '자산 유동화'다. 먼저, 조각 투자 플랫폼(카사)은 투자자들에게 매력적인 상업용 부동산(빌딩)을 발굴하고 실사를 통해 투자 적격성을 판단한다. 투자 대상이 결정되면, 건물주(자산 보유자)는 해당 건물을 신탁회사에 맡긴다(신탁). 법적으로 건물의 소유권은 신탁사로 이전되며, 신탁사는 이를 안전하게 보관하고 관리하는 역할을 한다.

다음으로 신탁사는 이 신탁된 부동산을 기초자산으로 하여 '부동산 유동화 수익증권(ABS, Asset-Backed Securities)'을 발행한다. 이 수익증권은 해당 건물에서 발생하는 미래의 임대수익과 건물 매각 시의 처분 이익을 받을 수 있는 권리를 증명하는 증서다. 여기까지의 과정은 전통적인 부동산 자산유동화와 동일한 법적 절차를 따른다. 이는 투자자들의 권리를 '자본시장법'의 테두리 안에서 안전하게 보호하기 위한 필수적인 장치다.

두 번째 단계는 '디지털 증권 발행 및 거래'다. 조각 투자 플랫폼은 신탁사가 발행한 이 수익증권을 매입한 뒤, 이를 기반으로 블록체인 상에서 거래 가능한 디지털 증권, 즉 '댑스(DABS, Digital Asset Backed Securities)'를 발행한다. 1개의 수익증권을 1만 개의 DABS로 쪼개는 등, 소액 투자가 가능하도록 잘게 나누는 과정이 여기서 이루어진다.

플랫폼은 투자자들을 대상으로 이 DABS에 대한 공모(청약)를 진행한다. 투자자들은 플랫폼의 앱을 통해 주식 공모주를 청약하듯이, 원하는 수량만큼 DABS를 구매할 수 있다. DABS 1개의 가격은 통상 5,000원이나 10,000원 등 소액으로 책정되어, 누구나 부담 없이 강남 빌딩의 공동 소유주가 될 수 있는 기회를 제공한다.

공모가 성공적으로 완료되면, 이 DABS는 플랫폼 내에 개설된 자체 거래소에 상장된다. 이때부터 투자자들은 마치 주식거래 앱(MTS)에서 주식을 사고팔듯, 다른 투자자들과 실시간으로 DABS를 자유롭게 거래할 수 있다. DABS의 가격은 건물의 가치 변화나 시장의 수급에 따라 실시간으로 변동하며, 투자자들은 이 과정에서 시세 차익을 노릴 수도 있다.

이 모든 거래 기록과 소유권 변동 내역은 블록체인 원장에 투명하게 기록된다. 이는 주주명부를 분산원장에 기록하는 것과 같은 효과를 가져, 해킹이나 데이터 위변조의 위험 없이 투자자의 자산을 안전하게 보호한다. 또한, 블록체인을 통해 거래 및 결제 과정이 간소화되어, 전통적인 증권 거래에 비해 더 빠르고 효율적인 거래가 가능해진다.

이처럼 부동산 조각 투자는 '신탁'이라는 전통적인 금융 제도를 통해 투자자 권리의 안정성을 확보하고, 그 위에 '블록체인'이라는 신기술을 접목하여 유동성과 접근성을 극대화한 혁신적인 융합 모델이다. 이는 복잡한 법률과 기술이 어떻게 시너지를 내어 새로운 금융 시장을 창출하는지를 보여 주는 대표적인 사례라고 할 수 있다.

부동산 조각 투자 과정

1. 신탁
건물주가 자신의 부동산을 신탁 회사에 맡깁니다. 이 과정에서 건물 소유권은 신탁 회사로 넘어갑니다.

2. 수익증권 발행
신탁 회사는 해당 부동산에서 발생하는 임대 수익이나 매각 차익을 받을 권리인 '부동산 유동화 수익증권(ABS)'을 발행합니다.

3. 디지털화(DABS 발행)

STO(Security Token Offering) 플랫폼은 이 수익증권을 '블록체인 기반의 디지털 증권', 즉 'DABS(Digital Asset Backed Securities)'로 발행합니다.

4. 공모 및 거래

투자자들은 STO 플랫폼 앱을 통해 주식을 사듯 DABS를 소액으로 구매합니다. 이 증권은 플랫폼 내 거래소에서 다른 투자자들과 자유롭게 거래할 수 있습니다.

예시: '강남역 랜드마크 빌딩' 조각 투자
- 주인공: 강남역에 위치한 1000억 원짜리 랜드마크 빌딩의 건물주
- 목표: 건물주는 빌딩을 매각하지 않고도 자금을 확보하고 싶습니다.
- 과정:
  1) 신탁: 건물주는 빌딩을 신탁 회사에 맡깁니다. 소유권은 신탁 회사로 이전됩니다.
  2) 수익증권 발행: 신탁 회사는 이 빌딩에서 나오는 임대료와 미래 매각 차익을 받을 권리가 있는 수익증권을 발행합니다.
  3) 디지털화: STO 플랫폼은 이 수익증권을 10만 개로 쪼개어 DABS를 만듭니다. 투자자들은 1개당 100만 원에 이 DABS를 살 수 있습니다.
  4) 거래: 이제 일반인들도 STO 플랫폼 앱을 통해 100만 원만 있으면 이 빌딩의 지분 일부를 소유한 것과 같은 효과를 누립니다. 투자자는 매달 임대료를 배당으로 받고, 빌딩 가치가 오르면 DABS를 다른 투자자에게 더 높은 가격에 팔아 차익을 얻을 수도 있습니다.

부동산 조각 투자는 고가의 부동산을 여러 투자자가 함께 소유하고, 수익을 나누며, 유동성을 확보하는 새로운 금융 모델입니다.

- 적용 예시

철수 씨는 서울 강남의 꼬마빌딩 주인이다. 이 빌딩은 월세 수입이 꾸준하지만, 급하게 돈이 필요해 전체 건물을 팔기는 아깝다. 이때 부동산 STO를 활용한다.

- 자산 신탁: 철수 씨는 빌딩 소유권을 A 신탁회사에 넘긴다.
- 수익증권 발행: A 신탁회사는 이 빌딩에서 나오는 월세 수익과 나중에 건물을 팔 때 발생하는 차익을 받을 수 있는 '부동산 유동화 수익증권(ABS)'을 발행한다.
- 디지털화(DABS 발행): 이 ABS는 B STO 플랫폼에서 블록체인 기반의 디지털 증권인 'DABS(Digital Asset Backed Securities)'로 발행된다.
- 공모 및 거래: 이제 투자자들은 B STO 플랫폼 앱을 통해 주식 사듯이 DABS를 소액으로 사거나 팔 수 있다. 철수 씨는 빌딩 전체를 팔지 않고도 필요한 자금을 조달하고, 투자자들은 소액으로 강남 빌딩의 수익을 공유할 수 있게 된다.

8.2. 투자자의 수익 구조

부동산 조각 투자에 참여한 투자자가 얻을 수 있는 수익은 크게 두 가지로 나뉜다. 첫째는 주식의 배당금과 유사한 '운영수익(배당 수익)'이고, 둘째는 주식의 시세차익과 같은 '자본수익(매각 차익)'이다. 이는 부동산이라는 실물 자산이 가진 고유한 수익 창출 능력에서 비롯된다.

가장 안정적이고 예측 가능한 수익원은 '운영수익'이다. 투자 대상이 된 건물은 대부분 유명 브랜드나 안정적인 기업이 장기 임차한 상업용 부동산이다. 조각 투자 플랫폼은 이 건물에서 매월 발생하는 임대료 수입에서 건물 관리비, 신탁 수수료, 플랫폼 이용료 등 제반 비용을 공제한 후, 남은 순이익을 투자자들이 보유한 DABS(디지털 증권) 수량에 비례하여 정기적으로(통상 3개월 또는 6개월마다) 배당금 형태로 지급한다.

이는 마치 배당주에 투자하여 정기적으로 현금 흐름을 창출하는 것과 같다. 투자자들은 플랫폼 앱을 통해 예상 배당수익률, 실제 임대차 계약 현황, 건물 관리 내역 등을 투명하게 확인할 수 있어, 자신의 투자 성과를 지속적으로 모니터링할 수 있다. 이러한 안정적인 배당 수익은 특히 저금리 시대에 은행 예금을 대체할 매력적인 인컴형 투자 대안이 될 수 있다.

두 번째 수익원은 건물의 가치 상승에 따른 '자본수익'이다. 이는 다시 두 가지 형태로 실현될 수 있다. 첫 번째는 DABS 자체의 '시세 차익'이다. 플랫폼 내 거래소에 상장된 DABS의 가격은 주식처럼 실시간으로 변동한다. 해당 건물의 가치가 상승할 것으로 기대되거나, 배당 매력이 부각되면 DABS를 사려는 수요가 늘어나 가격이 오를 수 있다. 투자자는 낮은 가격에 DABS를 매수하여 높은 가격에 매도함으로써 시세 차익을 얻을 수 있다.

궁극적인 자본수익은 건물을 실제로 '매각'할 때 발생한다. 조각 투자 플랫폼은 공모 시 정해진 목표 기간(통상 5년~10년)이 지나거나, 시장 상황이 유리하다고 판단될 때 투자자들의 동의를 얻어 건물을 매각할 수 있다. 이때 매각 가격이 최초 공모 당시의 건물 가격보다 높다면, 그 차익에서 각종 비용을 제외한 순수익을 DABS 보유 지분에 따라 투자자들에게 최종적으로 분배한다.

예를 들어, 100억 원에 공모한 건물이 5년 후 130억 원에 매각되었다면, 30억 원의 매각 차익이 발생한다. 이 차익은 DABS를 보유한 모든 투자자에게 지분율대로 나누어 지급되는 것이다. 이는 부동산 투자의 가장 큰 매력인 자산 가치 상승의 과실을 소액 투자자들도 온전히 누릴 수 있게 함을 의미한다.

물론 모든 투자에는 위험이 따른다. 부동산 경기가 침체되어 공실이 발생하면 예상했던 배당수익률이 하락할 수 있다. 또한, 건물 가격이 하락하여 공모가보다 낮은 가격에 매각될 경우 원금 손실이 발생할 수도 있다. DABS의 가격 역시 시장 상황에 따라 변동하므로, 투자 시점에 따라 손실을 볼 위험도 존재한다.

따라서 투자자는 플랫폼이 제공하는 투자설명서를 꼼꼼히 읽고, 대상 건물의 입지, 임차인 구성, 예상 수익률, 그리고 잠재적 리스크를 충분히 검토한 후 신중하게 투자를 결정해야 한다. 부동산 조각 투자는 높은 수익을 기대할 수 있는 매력적인 기회인 동시에, 실물 자산의 시장 위험에 노출된 투자 상품임을 명심해야 한다.

> **부동산 투자 수익의 두 가지 방법**
>
> **1. 배당 수익**
> 부동산 투자자는 임대료처럼 정기적으로 수익을 얻을 수 있다.
>
> - 예시: 건물을 보유한 투자자가 매달 임차인으로부터 월세를 받는 경우가 여기에 해당한다. 이는 마치 주식의 배당금처럼 부동산을 소유함으로써 발생하는 꾸준한 수입이다.
>
> **2. 매각 차익**
> 부동산 투자자는 부동산을 팔아 이익을 얻을 수 있다.
>
> - 예시: 투자자가 5억 원에 산 건물을 나중에 7억 원에 팔아 2억 원의 이익을 얻는 경우가 매각 차익이다. 이는 주식 투자에서 싸게 사서 비싸게 파는 것과 같은 원리이다.
>
> 이 두 가지 수익 방식은 부동산 금융 상품인 DABS(Debt-backed Asset Securitization)를 통해서도 발생해요. DABS는 부동산을 담보로 발행된 증권으로, 투자자는 이 증권에 투자하여 배당 수익과 매각 차익을 모두 얻을 수 있다.

- **적용 예시**

김씨는 100억 원짜리 강남 건물에 1억 원을 투자하여 DABS 1%를 보유했다.

배당 수익(Dividend Income): 이 건물에서 월 1,000만 원의 임대 수익이 발생하면, 김씨는 자신의 지분 1%에 해당하는 10만 원을 매달 배당으로 받는다.

매각 차익(Capital Gains): 5년 후 건물이 120억 원에 매각되었다면, 김씨는 자신의 1% 지분에 해당하는 2억 원을 돌려받게 되어 1억 원의 매각 차익을 얻는다. 또한, DABS는 주식처럼 사고팔 수 있으므로, 건물이 오를 것 같을 때 DABS를 싸게 사서 비싸게 팔아 시세 차익을 얻을 수도 있다.

8.3. 전통적 리츠(REITs)와의 차이점

부동산에 소액으로 간접 투자할 수 있다는 점에서, 조각 투자는 '리츠(REITs, Real Estate Investment Trusts)'와 자주 비교된다. 리츠는 다수의 투자자로부터 자금을 모아 부동산이나 관련 증권에 투자하고, 그 수익을 투자자에게 배당하는 부동산 투자 신탁 또는 회사를 말한다. 수십 년의 역사를 가진 성숙한 금융 상품인 리츠와 신생 상품인 부동산 조각 투자는 여러 공통점을 가지지만, 그 구조와 특징에는 몇 가지 중요한 차이점이 존재한다.

가장 큰 차이점은 '투자 대상의 특정성'이다. 리츠는 일반적으로 여러 개의 부동산을 묶어 하나의 포트폴리오를 구성한다. 투자자는 특정 건물 하나가 아닌, 리츠가 운용하는 수십, 수백 개의 부동산 자산 전체에 간접적으로 투자하는 셈이다. 이는 개별 자산의 리스크를 분산시키는 효과가 있지만, 반대로 내가 원하는 특정 건물에만 집중적으로 투자할 수는 없다는 한계를 가진다.

반면, 부동산 조각 투자는 대부분 '단일 자산(Single Asset)'을 기초로 발행된다. 투자자는 '강남역 A빌딩', '성수동 B팩토리' 등 자신이 직접 선택한 특정 건물 하나에 대한 수익증권을 구매하게 된다. 이는 투자자가 자신의 판단과 분석에 따라 투자 대상을 직접 고를 수 있다는 장점을 제공한다. 내가 잘 아는 지역의 유망한 건물에 직접 투자하고, 그 건물의 성과를 직접적으로 공유하는 '직접 소유'의 경험을 제공하는 것이다.

두 번째 차이는 '거래 방식과 유동성'에 있다. 리츠는 한국거래소와 같은 제도권 증권거래소에 상장되어 주식과 동일한 방식으로 거래된다. 이는 높은 수준의 유동성과 시장의 신뢰를 보장하는 장점이 있다. 하지만 상장까지의 절차가 매우 복잡하고 엄격하여, 새로운 리츠 상품이 시장에 공급되기까지는 오랜 시간이 걸린다.

부동산 조각 투자는 금융위원회의 규제 샌드박스 아래에서 운영되는 '소규모 장외거래 시장'의 형태를 띤다. 플랫폼 자체적으로 개설한 거래소에서 DABS가 거래되므로, 리츠에 비해 상대적으로 신속하고 유연하게 새로운 상품을 상장하고 공급할 수 있다. 블록체인 기술을 활용하여 거래 및 결제 시간을 단축할 수 있다는 장점도 있다. 다만, 아직 시장 초기 단계이므로 제도권 거래소에 비해 거래량이 적어 실제 유동성은 제한적일 수 있다.

세 번째 차이점은 '투명성과 정보 제공' 방식이다. 상장 리츠는 분기 또는 반기마다 정기적으로 사업보고서와 재무제표를 공시하여 투자자에게 정보를 제공한다. 이는 표준화된 형식의 신뢰도 높은 정보지만, 실시간 정보라고 보기는 어렵다.

부동산 조각 투자 플랫폼은 블록체인 기술을 활용하여 거래 내역과 소유권 현황을 실시간으로 투명하게 공개할 수 있다. 또한, 플랫폼 앱을 통해 해당 건물의 임대차 현황, 관리 내역, 주변 시세 변화 등 더 상세하고 시의성 있는 정보를 투자자에게 수시로 제공하는 경향이 있다. 이는 투자자가 자신의 자산을 더 능동적으로 관리하고 있다는 느낌을 받게 한다.

마지막으로 '최소 투자 금액과 접근성'이다. 리츠 역시 주식처럼 1주 단위로 투자가 가능하여 소액 투자의 길을 열었지만, 부동산 조각 투자는 DABS 1개의 가격을 5,000원 등으로 더 낮게 설정하여 진입 장벽을 한 단계 더 낮추었다. 또한, 복잡한 증권 계좌 개설 없이 플랫폼 앱만 설치하면 쉽게 투자에 참여할 수 있도록 하여, 특히 모바일 환경에 익숙한 젊은 세대의 투자 참여를 이끌어 내고 있다.

결론적으로 리츠와 부동산 조각 투자는 상호 보완적인 관계에 있다. 안정적인 분산 투자를 선호하는 투자자에게는 여러 자산을 담고 있는 리츠가 적합할 수 있으며, 특정 자산에 대한 확신을 가지고 더 높은 수준의 참여와 투명성을 원하는 투자자에게는 부동산 조각 투자가 더 매력적인 선택이 될 수 있다. 이 두 가지 방식의 등장은 투자자들에게 더 넓은 선택의 폭을 제공하며, 부동산 간접 투자 시장 전체의 성장을 견인하고 있다.

표 8-1: 부동산 조각 투자와 리츠(REITs)의 비교

구분	부동산 조각 투자(STO 기반)	리츠(REITs)
투자 대상	특정 단일 건물(예: 강남역 A빌딩)	다수의 부동산으로 구성된 포트폴리오
소유 형태	수익증권 기반의 디지털 증권(DABS) 보유	부동산 투자회사 또는 신탁의 주식 보유
거래 시장	플랫폼 자체 장외거래소(소규모)	제도권 증권거래소(KRX 등)
유동성	시장 초기 단계로 다소 제한적	상대적으로 높고 안정적
투명성	블록체인 기반 실시간 거래 기록 공개	분기/반기별 정기 보고서 공시
최소 투자금	매우 낮음(통상 5천원~1만원)	낮음(1주 단위, 통상 수천 원~수만 원)
장점	투자 대상 직접 선택, 높은 정보 투명성	높은 유동성, 리스크 분산 효과, 시장 신뢰도
단점	단일 자산 리스크, 초기 시장의 낮은 유동성	투자 대상 직접 선택 불가, 개별 자산 정보 제한적

조각 투자와 전통적 리츠(REITs)의 차이점

1. 부동산 조각 투자의 개념과 특징

부동산 조각 투자는 부동산을 소액으로 나누어 투자하는 방식입니다.

- 투자 대상: 특정 건물 하나에 직접 투자합니다.
- 예시: 서울 강남의 A 빌딩을 100만 원씩 쪼개어 여러 명이 함께 소유하는 경우를 들 수 있습니다. 각 투자자는 100만 원어치의 A 빌딩 지분을 갖게 됩니다.

2. 전통적 리츠(REITs)의 개념과 특징

리츠는 여러 부동산을 묶어 포트폴리오를 구성하고, 그 지분을 주식처럼 사고팔 수 있게 만든 상품입니다.

- 투자 대상: 다양한 부동산(오피스, 호텔, 상가 등)으로 구성된 포트폴리오에 간접 투자합니다.
- 예시: '코람코자산신탁'과 같은 리츠는 여러 오피스 빌딩, 물류센터, 호텔 등을 한데 묶어 하나의 펀드로 만들고, 투자자는 이 펀드의 주식을 사서 수익을 얻습니다.

3. STO(토큰 증권 발행)의 개념과 특징

STO는 부동산 같은 실물 자산을 토큰화하여 거래하는 방식입니다. 블록체인 기술을 활용해

> 투명하고 빠르게 거래가 이루어지는 것이 특징입니다.
>
> • 거래 방식: 부동산 자산을 토큰으로 발행해 디지털 플랫폼에서 거래합니다.
> • 예시: 특정 빌딩의 소유권을 토큰으로 만들어 온라인 플랫폼에서 실시간으로 사고팔 수 있습니다. 투자자는 토큰을 통해 해당 빌딩의 소유권을 일부 가지며, 가격 변동을 실시간으로 확인 가능합니다.

- **적용 예시**
- REITs: "서울역 앞 빌딩, 강남 오피스텔, 제주도 호텔" 등 여러 부동산에 조금씩 투자하는 펀드에 가입하는 것과 비슷하다. 큰 돈 없이 여러 부동산에 분산 투자할 수 있다.
- 조각 투자: "우리 동네 A상가 1층 스타벅스 건물"의 소유권을 쪼개어 일부 지분만 직접 구매하는 것과 비슷하다. 특정 건물의 가치 상승에 집중하여 투자할 수 있고, 거래가 빠르고 투명하게 이루어진다.

9장

해외 사례 연구: 애스펜 코인(Aspen Coin)

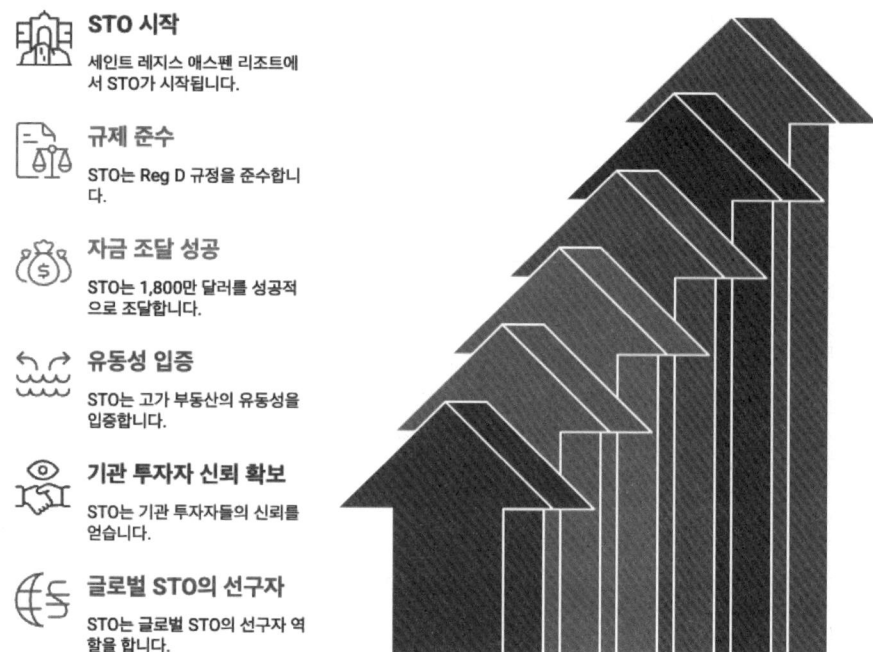

최초의 규제 준수 부동산 STO
(The First Regulated Real Estate STO)

 이론과 개념만으로는 혁신의 실제 모습을 체감하기 어렵다. 부동산 STO의 잠재력과 가능성을 가장 극적으로 보여 준 사례는 바로 2018년 등장한 '애스펜 코인(Aspen Coin)'이다. 이는 단순한 하나의 프로젝트를 넘어, 미국 증권법의 규제 안에서 실제 우량 부동산 자산이 성공적으로 토큰화된 최초의 사례라는 점에서 디지털 자산의 역사에 중요한 이정표를 세웠다. 애스펜 코인은 STO가 나아갈 방향을 제시한 선구자이자, 이후 수많은 프로젝트에 영감을 준 교과서와도 같다.

9.1. 최초의 부동산 STO, 그 상징성

2018년은 디지털 자산 시장의 역사에서 중요한 변곡점이었다. 2017년 ICO(Initial Coin Offering) 광풍이 절정에 달했다가 거품이 꺼지면서, '백서' 한 장만으로 수백억 원을 모으던 무분별한 자금 조달 방식에 대한 회의와 규제의 칼날이 시장을 지배하기 시작했다. 수많은 프로젝트들이 사기(스캠)로 판명되거나 실패로 돌아가면서, 블록체인 기술 자체에 대한 불신이 팽배해지던 시기였다.

바로 이러한 혼돈 속에서 '애스펜 코인'의 등장은 시장에 새로운 희망과 방향을 제시했다. 애스펜 코인은 처음부터 ICO와는 다른 길을 걸었다. 명확한 실물 자산을 기반으로 했으며, 무엇보다 미국 증권거래위원회(SEC)의 규제 틀 안에서 합법적으로 자금을 조달하는 'STO(증권형 토큰 발행)' 방식을 택했다. 이는 블록체인 기술이 더 이상 규제 밖의 무법지대에 머무는 것이 아니라, 제도권 금융 시스템과 결합하여 신뢰할 수 있는 투자 자산을 만들어 낼 수 있음을 증명한 첫 번째 공식적인 사례였다.

애스펜 코인의 상징성은 크게 세 가지로 요약할 수 있다. 첫째, '실물 자산과의 결합'이다. 내재가치가 불분명했던 기존의 수많은 암호화폐와 달리, 애스펜 코인은 누구나 가치를 인정하는 우량 상업용 부동산이라는 명확한 기초자산을 가지고 있었다. 이는 디지털 자산이 현실 세계의 가치와 어떻게 연결될 수 있는지를 보여 주었으며, 보수적인 투자자들에게 심리적 안정감을 제공했다.

둘째, '규제 준수(Regulatory Compliance)'이다. 애스펜 코인은 변호사들과 긴밀하게 협력하여, 미국 증권법의 예외 조항인 '레귤레이션 D(Regulation D)'에 따라 STO를 진행했다. 이는 공인된 기관 투자자나 고액 자산가들을 대상으로 사모 발행을 허용하는 규정이다. 규제를 회피하는 대신 정면으로 준수하는 방식을 택함으로써,

STO가 합법적이고 신뢰할 수 있는 자금 조달 수단임을 시장에 각인시켰다.

셋째, '기관 투자자의 참여'다. ICO 시장이 대부분 개인 투자자들의 투기적 수요에 의해 움직였다면, 애스펜 코인의 성공적인 자금 조달에는 다수의 기관 투자자들이 참여한 것으로 알려졌다. 이는 보수적인 기관 투자자들도 명확한 법적 구조와 신뢰할 수 있는 기초자산을 갖춘다면, 디지털 자산 시장에 진입할 의사가 있음을 보여주는 중요한 신호였다.

결국 애스펜 코인은 ICO의 시대가 저물고 STO의 시대가 열리고 있음을 알리는 신호탄과도 같았다. 투기적 열풍이 걷히고 기술의 본질적 가치에 집중하는 '옥석 가리기'가 시작되는 시점에서, 애스펜 코인은 실물 자산, 규제 준수, 그리고 기관 참여라는 성공적인 STO의 핵심 요소를 명확하게 제시했다. 이 프로젝트의 성공은 이후 전 세계의 수많은 기업들이 부동산을 비롯한 다양한 실물 자산을 토큰화하려는 시도를 촉발하는 기폭제가 되었다.

부동산 STO의 서막

부동산 STO는 기존 부동산 금융의 한계를 극복하는 혁신적인 수단입니다. 소유권을 토큰화하여 부동산의 유동성을 높이고, 소액 투자를 가능하게 만듭니다.

1. 유동성 문제 해결
기존 부동산 투자는 자산의 규모가 커 거래에 긴 시간이 걸렸습니다. STO는 부동산의 소유권(또는 수익권)을 디지털 토큰으로 분할합니다.

- 예시: 수백억 원짜리 빌딩을 수만 개의 토큰으로 쪼갭니다. 투자자는 주식처럼 이 토큰을 사고팔며 쉽게 유동화할 수 있습니다.

2. 소액 투자 활성화
고가의 부동산은 소수의 자산가만 투자할 수 있었습니다. STO는 투자 진입 장벽을 낮추어 일반 투자자도 참여할 수 있게 합니다.

- 예시: 500만 원으로도 강남 빌딩의 일부 소유권을 가진 토큰을 구매할 수 있습니다. 이를 통해 자본이 적은 개인도 부동산에 투자할 수 있습니다.

3. 투자 방식의 투명성
부동산 거래 과정은 복잡하고 불투명한 경우가 많았습니다. STO는 블록체인 기술을 활용해 거래 기록을 위변조 불가능하게 만듭니다.

- 예시: 모든 투자자의 토큰 보유 현황과 거래 내역이 블록체인에 투명하게 기록됩니다. 이는 신뢰를 높여 투자자를 보호하는 효과가 있습니다.

9.2. 기초자산: 세인트 레지스 애스펜 리조트

성공적인 부동산 STO의 핵심은 투자자들에게 매력적인 '기초자산(Underlying Asset)'을 제시하는 것이다. 애스펜 코인이 선택한 기초자산은 미국 콜로라도 주에 위치한 세계적인 최고급 호텔인 '세인트 레지스 애스펜 리조트(The St. Regis Aspen Resort)'였다. 이 선택은 매우 전략적이었으며, 프로젝트의 신뢰도를 높이는 데 결정적인 역할을 했다.

세인트 레지스 애스펜 리조트는 단순한 호텔이 아니다. 이곳은 세계적인 부호들과 유명인사들이 즐겨 찾는 최고급 스키 휴양지인 애스펜의 중심부에 위치한 상징적인 랜드마크다. 179개의 객실, 유명 셰프의 레스토랑, 고급 스파, 그리고 리츠칼튼, JW메리어트 등과 함께 메리어트 그룹의 최상위 럭셔리 브랜드인 '세인트 레지스'라는 강력한 브랜드 파워를 가지고 있다. 이는 안정적인 운영 수익과 높은 자산 가치를 기대할 수 있는 우량 자산임을 의미한다.

만약 애스펜 코인의 기초자산이 위치나 수익성이 불분명한 중소형 빌딩이었다면,

투자자들의 신뢰를 얻기 어려웠을 것이다. 하지만 누구나 이름만 들으면 알 수 있는 최고급 럭셔리 리조트를 기초자산으로 내세움으로써, 프로젝트의 가치와 안정성을 직관적으로 전달할 수 있었다. 이는 최초의 시도라는 불확실성을 상쇄하고, 투자자들의 참여를 이끌어 내는 강력한 마케팅 포인트가 되었다.

자산의 소유 구조 역시 명확하게 설계되었다. 리조트의 소유주인 '엘리베이티드 리턴즈(Elevated Returns)'라는 자산운용사는 이 리조트 자산에 대한 단일 지분을 소유하고 있었다. STO는 바로 이 단일 자산에 대한 지분을 토큰화하여 투자자들에게 판매하는 방식이었다. 즉, 투자자들은 애스펜 코인 1개를 구매함으로써, 세인트 레지스 애스펜 리조트의 지분 일부를 간접적으로 소유하게 되는 것이다.

토큰의 발행과 거래는 당시 STO 전문 플랫폼으로 떠오르던 '템플럼 마켓(Templum Markets)'을 통해 이루어졌다. 템플럼은 SEC로부터 대체거래시스템(ATS, Alternative Trading System) 라이선스를 취득한 규제된 거래소로, 투자자들에게 합법적이고 안전한 2차 거래 시장을 제공할 수 있다는 점이 큰 강점이었다. 이는 토큰의 유동성에 대한 신뢰를 주어, 투자자들이 안심하고 자금을 투입할 수 있게 만들었다.

토큰 보유자에게 주어지는 권리 또한 명확했다. 애스펜 코인 보유자들은 리조트의 운영 수익에 따른 배당을 받을 권리를 가졌다. 자산 소유주인 엘리베이티드 리턴즈는 리조트의 총수익에서 운영 비용을 제외한 순이익의 일정 부분을 토큰 보유자들에게 분배하겠다고 약속했다. 이는 투자자들이 코인의 시세 차익뿐만 아니라, 안정적인 현금 흐름을 기대할 수 있게 만들었다.

이처럼 애스펜 코인은 '우량한 실물 자산', '명확한 소유 구조', '신뢰할 수 있는 거래 플랫폼', 그리고 '구체적인 수익 모델'이라는 성공적인 부동산 STO의 모든 요소를 갖추고 있었다. 이는 이후 등장하는 수많은 부동산 STO 프로젝트들이 벤치마킹하는 표준 모델이 되었다. 기초자산의 질이 프로젝트의 성패를 가른다는 단순하지만 중요한 원칙을 명확하게 보여 준 사례다.

애스펜 리조트의 토큰화 투자 방식

애스펜 리조트의 사례는 부동산 자산의 유동화와 증권화를 보여줍니다. 기존에는 고가의 상업용 부동산에 투자하려면 많은 자본이 필요했습니다. 하지만 이 프로젝트는 리조트의 소유권을 쪼개서(분할) 투자자들에게 판매했습니다.

즉, 고가의 부동산 자산에 대한 투자 진입 장벽을 낮추고, 일반 투자자들도 소액으로 투자할 수 있게 한 것입니다. 이는 부동산 자산을 유동성이 낮은 상태에서 유동성이 높은 상태로 전환하는 과정이라고 볼 수 있습니다.

1. 부동산 자산의 증권화
애스펜 리조트 소유권은 토큰으로 증권화됩니다. 이 토큰은 주식처럼 사고팔 수 있는 금융 상품이 됩니다. 투자자는 토큰을 소유함으로써 리조트의 지분을 갖게 되는 것입니다.

2. 소액 투자
고가의 부동산은 개인이 사기 어렵습니다. 하지만 이 방식은 리조트의 가치를 100만 개의 토큰으로 나눕니다. 토큰 1개당 100달러라고 가정해 봅시다. 투자자는 100달러만 있어도 리조트의 일부 지분을 소유할 수 있습니다.

3. 투자자 수익
투자자는 리조트 운영 수익을 토큰 보유량에 따라 배당받습니다. 예를 들어, 리조트가 1년 동안 100만 달러의 수익을 냈다고 가정합니다. 한 토큰당 1달러씩 배당금을 받게 됩니다. 또한, 리조트의 가치가 오르면 토큰의 가격도 올라 매매 차익도 얻을 수 있습니다.

4. 유동성 확보
기존 부동산은 팔기까지 시간이 오래 걸립니다. 하지만 토큰은 플랫폼에서 실시간으로 거래됩니다. 필요할 때 즉시 팔아 현금화할 수 있어 유동성이 높습니다.

• 적용 예시

어떤 고급 호텔(예: '세인트 레지스 애스펜 리조트')을 소유하고 있는데, 이 호텔의 지분을 여러 투자자에게 판매하고 싶다고 가정해 보자.

기존에는 호텔 지분을 잘게 나누어 파는 것이 어려웠지만, '템플럼(Templum)'과 같은 STO(증권형 토큰 발행) 플랫폼을 이용하면 호텔 소유권을 '토큰'이라는 작은 단위로 쪼개서 투자자들에게 쉽게 팔 수 있게 된다.

이렇게 하면 소액 투자자들도 고가의 상업용 부동산 자산에 투자할 수 있게 되어, 마치 주식처럼 호텔의 작은 지분을 사고팔 수 있게 된다. 즉, '호텔 조각 투자'가 가능해지는 것이다.

9.3. 자금 조달 성과와 시사점

애스펜 코인 STO는 2018년 8월에 시작되어, 목표했던 1,800만 달러(당시 환율로 약 200억 원)의 자금을 성공적으로 조달하며 마무리되었다. 이는 당시 침체되어 있던 디지털 자산 시장 분위기를 고려할 때 매우 인상적인 성과였으며, STO의 실질적인 가능성을 시장에 증명하는 계기가 되었다.

앞서 언급했듯이, 이 STO는 미국 증권법의 '레귤레이션 D(Regulation D)' 506(c) 조항에 따라 진행되었다. 이는 일반 대중을 대상으로 하는 공모(Public Offering)가 아니라, SEC가 정한 기준을 충족하는 '공인 투자자(Accredited Investors)'만을 대상으로 하는 사모(Private Placement) 방식이다. 당시 공인 투자자의 기준은 연 소득 20만 달러 이상 또는 순자산 100만 달러 이상의 개인, 또는 총자산 500만 달러 이상의 기관이었다. 이러한 제한은 일반 개인 투자자들의 참여를 막는다는 한계가 있었지만, 동시에 투자자 보호 규제를 엄격하게 준수했다는 점에서 시장의 신뢰를 얻는 데는 오히려 긍정적으로 작용했다.

애스펜 코인의 성공은 시장에 여러 가지 중요한 시사점을 남겼다. 첫째, '비유동

자산의 유동화'라는 STO의 핵심 가치가 현실에서 작동함을 입증했다. 전통적인 방식으로는 거대 기관이나 소수의 부호들만 소유할 수 있었던 수천억 원 가치의 랜드마크 자산이, 토큰화를 통해 다수의 투자자가 참여할 수 있는 투자 상품으로 재탄생했다. 이는 전 세계에 존재하는 막대한 규모의 비유동성 자산(부동산, 인프라, 사모 펀드 등)이 새로운 유동성을 얻을 수 있는 거대한 시장이 열릴 수 있음을 의미했다.

둘째, '규제 준수의 중요성'을 다시 한번 확인시켜 주었다. ICO 시장이 실패한 가장 큰 이유 중 하나는 규제를 무시하고 회색지대에서 자금을 조달하려 했기 때문이다. 반면 애스펜 코인은 처음부터 변호사, 규제 전문가들과 협력하여 증권법의 틀 안으로 들어왔다. 이는 단기적으로는 더 많은 비용과 시간이 소요되는 길이었지만, 장기적으로는 투자자들의 신뢰를 얻고 기관 자금을 유치하며 지속 가능한 성장을 이루는 유일한 길임을 보여 주었다.

셋째, '디지털 자산 생태계의 필요성'을 보여 주었다. 애스펜 코인의 성공은 단순히 자산을 토큰화하는 기술만으로 이루어진 것이 아니다. 자산을 발굴하고 구조를 설계하는 자산운용사(엘리베이티드 리턴즈), 토큰의 발행과 거래를 지원하는 규제된 플랫폼(템플럼 마켓), 법률 자문을 제공하는 로펌, 그리고 투자에 참여하는 투자자 등 하나의 '생태계'가 유기적으로 작동했기에 가능했다. 성공적인 STO를 위해서는 기술, 금융, 법률, 규제가 모두 조화를 이루는 종합적인 생태계 구축이 필수적이라는 교훈을 남겼다.

물론 애스펜 코인의 여정이 항상 순탄했던 것만은 아니다. STO 이후 2차 거래 시장에서의 거래량은 기대만큼 활성화되지 않았고, 토큰의 가격 역시 시장 상황에 따라 등락을 거듭했다. 이는 STO가 자산에 유동성을 부여할 '가능성'을 열어 준 것이지, 유동성 자체를 '보장'하는 것은 아니라는 점을 보여 준다. 실제 유동성은 결국 해당 자산의 본질적인 가치와 시장 참여자들의 지속적인 관심에 의해 결정된다.

그럼에도 불구하고 애스펜 코인이 디지털 자산의 역사에 남긴 족적은 지워지지 않는다. 그것은 어두운 터널 속에서 희미하게 빛나던 하나의 불빛과 같았다. 블록체인 기술이 투기적 수단을 넘어, 실물 경제와 결합하여 새로운 가치를 창출하고 자본 시장을 혁신할 수 있다는 믿음을 심어 준 선구적인 사례로, 애스펜 코인은 오랫동안 기억될 것이다.

표 9-1: 애스펜 코인(Aspen Coin) STO 프로젝트 요약

항목	내용
프로젝트명	애스펜 코인(Aspen Digital)
기초자산	세인트 레지스 애스펜 리조트(St. Regis Aspen Resort)
자산 가치	약 2억 2,400만 달러(당시 기준)
자금 조달 목표	1,800만 달러
발행 방식	STO(증권형 토큰 발행)
적용 규제	미국 증권법 Regulation D 506(c)(공인 투자자 대상 사모)
발행/거래 플랫폼	템플럼 마켓(Templum Markets LLC)
토큰의 권리	리조트 순수익에 대한 배당 청구권
주요 특징	- 미국 최초의 규제 준수 부동산 STO - 랜드마크급 우량 실물 자산 기반 - 기관 투자자 참여 유도

애스펜 코인을 중심으로

애스펜 코인은 부동산 금융의 새로운 가능성을 제시한 사례입니다. 전통적인 부동산 투자 방식에서 벗어나, 부동산 자산의 유동화를 성공적으로 실현했기 때문입니다.

- 투자 접근성 확대: 애스펜 코인은 미국 증권거래위원회(SEC)의 규정을 준수하며 공모를 진행했습니다. 이를 통해 소액 투자자들도 고가 부동산에 투자할 수 있는 기회를 얻게 되었습니다. 이는 부동산 투자의 대중화를 이끈 중요한 시사점입니다.
- STO(증권형 토큰)의 선구자: 애스펜 코인은 STO를 통해 부동산을 증권화하고, 이를 토큰으로 발행했습니다. 이 과정에서 투명한 규제 준수로 투자자들의 신뢰를 얻었고, 전 세계적으로 확산된 부동산 STO 프로젝트의 성공적인 모델이 되었습니다.

> 예시:
> 기존에는 수십억 원이 필요한 고가의 상업용 빌딩에 투자하려면 극소수의 기관 투자자나 자산가만 참여할 수 있었습니다. 하지만 애스펜 코인과 같은 부동산 STO는 해당 빌딩의 소유권을 1만 개 이상의 토큰으로 나누어 판매합니다. 이렇게 되면 100만 원만 있어도 그 빌딩의 일부 지분을 소유할 수 있게 되어, 일반 투자자들도 참여가 가능해집니다. 이처럼 부동산 자산을 토큰화하여 거래하는 방식은 부동산 시장의 문턱을 낮추고, 자금 조달의 효율성을 높이는 중요한 변화를 가져왔습니다.

- **적용 예시**

어떤 회사가 100억 원짜리 빌딩을 가지고 있다고 가정해 보자.

이 회사는 빌딩 전체를 팔기 어려워, 이 빌딩의 소유권을 100만 개의 '디지털 증서(STO 토큰)'로 나누어 개당 1만 원에 판매한다.

- 투자자 입장: 소액으로도 빌딩에 투자할 수 있게 되어 접근성이 높아진다. 나중에 빌딩 가치가 오르면 토큰 가격도 올라 수익을 얻거나, 토큰을 다른 사람에게 쉽게 팔 수 있다.
- 회사 입장: 빌딩을 통째로 팔지 않고도 필요한 자금을 쉽게 모을 수 있으며, 더 많은 투자자를 유치할 수 있다.

이처럼 STO는 큰 자산을 작은 단위로 쪼개 디지털화하여, 더 많은 사람이 쉽게 투자하고 거래할 수 있도록 돕는 방식이다.

| 제4부 |

국내의 개척자들: 한국형 부동산 STO 플랫폼

10장
법적 기반: 대한민국의 증권형 토큰 (STO) 가이드라인

11장
사례 연구: 카사(Kasa) - 빌딩을 주식처럼 사고팔다

12장
사례 연구: 루센트블록 '소유' - 모두에게 소유의 기회를

3부에서 우리는 STO가 가진 혁명적인 잠재력을 글로벌 선구자인 '애스펜 코인'을 통해 확인했다. 이제 우리의 시선은 대한민국, 바로 우리가 발 딛고 선 이 땅으로 향한다. 해외의 사례가 아무리 혁신적이라도, 그것이 국내의 굳건한 규제와 독특한 시장 환경 속에서 어떻게 뿌리내리고 꽃피우는지는 전혀 다른 차원의 이야기다. 4부는 세계적으로도 가장 엄격한 금융 규제 환경 속에서, 불가능해 보였던 '부동산 조각투자'를 현실로 만들어 낸 국내 개척자들의 치열한 분투와 빛나는 성과를 기록한 역사다. 금융 당국의 결단부터, 두 선구적인 플랫폼 '카사'와 '소유'의 탄생과 성공 스토리를 통해, 한국형 STO의 현재와 미래를 가장 생생하게 목격하게 될 것이다.

10장

법적 기반: 대한민국의 증권형 토큰(STO) 가이드라인

토큰 증권 규제 프레임워크
(Token Securities Regulatory Framework)

모든 금융 혁신은 규제라는 단단한 땅 위에 발을 딛고서야 비로소 성장할 수 있다. 특히 보수적인 규제 환경으로 이름 높은 한국에서 STO와 같은 새로운 금융 모델이 싹을 틔우기 위해서는, 정부의 명확한 정책적 시그널과 제도적 뒷받침이 필수적이었다. 2023년 2월, 금융위원회가 발표한 '토큰 증권 발행·유통 규율체계 정비방안'은 바로 그 역사적인 신호탄이었다. 이는 혼란스러웠던 디지털 자산 시장에 질서를 부여하고, 혁신을 위한 길을 터준 대한민국 STO 시장의 '헌법'과도 같은 역할을 한다.

10.1. 금융위원회의 입장: "그릇이 바뀌어도 음식은 그대로"

2017년 ICO 광풍 이후, 한국 금융 당국은 암호화폐에 대해 일관되게 신중하고 보수적인 입장을 유지해 왔다. 하지만 기술의 발전과 함께 실물 자산을 기반으로 하는 새로운 형태의 디지털 자산이 등장하면서, 더 이상 이를 외면할 수만은 없는 상황이 되었다. 금융위원회는 무조건적인 금지가 아닌, '혁신은 포용하되 투자자는 보호한다'는 대원칙 아래, STO를 제도권 금융으로 편입하기 위한 깊이 있는 고민을 시작했다.

그 결과물로 탄생한 '토큰 증권 발행·유통 규율체계 정비방안'의 핵심 철학은 한 문장으로 요약된다. "담는 그릇이 '토큰'이라는 새로운 형태로 바뀌더라도, 그 내용물이 '증권'이라면 본질은 변하지 않으며, 따라서 기존의 '자본시장법' 규제를 동일하게 적용한다." 이는 기술의 형태가 아닌 실질적인 경제적 권리 관계를 기준으로 법을 적용하겠다는 '실질 규제(Substance over Form)' 원칙을 명확히 한 것이다.

금융위는 이를 통해 시장에 두 가지의 명확한 메시지를 전달했다. 첫째, STO를 더 이상 규제 밖의 회색지대에 방치하지 않고, 자본시장법의 테두리 안으로 끌어들여 합법적인 금융 상품으로 인정하겠다는 것이다. 이는 수많은 기업과 투자자들이 느꼈던 규제 불확실성을 해소하고, 시장의 예측 가능성을 높이는 결정적인 조치였다.

둘째, ICO와 STO를 명확히 구분하겠다는 의지를 보였다. 내재가치 없이 투기적 목적으로 발행되는 암호화폐(유틸리티 토큰)와 달리, 실물 자산의 가치에 기반하고 투자자의 권리를 보장하는 토큰 증권은 자본시장법의 엄격한 투자자 보호 장치 아래에서 건전하게 육성하겠다는 정책 방향을 제시한 것이다.

이를 위해 금융위는 어떤 토큰이 '증권'에 해당하는지를 판단하는 구체적인 기준을 제시했다. 이는 미국의 '하위 테스트'와 유사하게, 토큰이 표상하는 권리의 내용을 중심으로 판단한다. 투자자가 타인의 공동사업에 자금을 투자하고, 그 사업 결과에 따른 손익을 귀속받는 '투자계약증권'의 요건을 충족한다면, 그 명칭이나 기술 형식과 관계없이 증권으로 간주된다. 부동산 조각 투자에서 발행하는 토큰은 임대수익과 매각차익에 대한 권리를 담고 있으므로, 전형적인 투자계약증권, 즉 '토큰 증권'에 해당한다.

금융 당국의 이러한 접근 방식은 매우 현명하고 균형 잡힌 것으로 평가받는다. 새로운 기술의 잠재력을 억누르지 않으면서도, 기존 법체계와의 정합성을 유지하고, 무엇보다 투자자 보호라는 금융 규제의 가장 중요한 목표를 지켜 냈기 때문이다.

이 가이드라인의 발표는 한국의 프롭테크 및 핀테크 산업에 새로운 활기를 불어넣었다. 조각 투자 플랫폼들은 더 이상 규제 샌드박스라는 제한된 환경에 머무르지 않고, 제도권 금융기관으로서 본격적인 사업 확장을 준비할 수 있게 되었다. 증권사, 은행, 신탁사 등 전통 금융기관들 역시 STO 시장을 미래의 새로운 먹거리로 인식하고, 관련 기술 기업과의 협력 및 자체 플랫폼 구축에 적극적으로 뛰어들기 시작했다.

"그릇이 바뀌어도 음식은 그대로"라는 금융위의 명쾌한 비유는, 기술의 변화에 흔들리지 않고 원칙을 지키려는 규제 당국의 확고한 의지를 보여 준다. 이 철학은 앞으로 한국 STO 시장이 나아갈 방향을 제시하는 등대가 되어, 시장 참여자들이 안심하고 혁신의 바다를 항해할 수 있도록 이끌어 줄 것이다.

금융위원회의 STO 제도권 금융 포섭을 통한 투자자 보호 강조

2023년 2월, 금융위원회는 '토큰 증권(STO)' 발행·유통 규율 체계를 발표했어요. 이는 STO를 제도권 금융으로 편입하여 투자자를 보호하겠다는 명확한 정책 방향을 제시한 것입니다. 부동산금융론 관점에서 보면, 이 정책은 부동산 자산의 유동성을 높이고 투자 기회를 확대하는 중요한 전환점이 될 수 있습니다.

- 부동산 조각 투자: 기존에는 고가로 인해 소수의 투자자만 참여 가능했던 부동산 투자가 STO를 통해 소액으로도 가능해집니다. 이는 부동산의 지분을 토큰화하여 여러 투자자에게 판매하는 방식입니다.

> • 예시: 100억 원짜리 강남 빌딩을 10만 개의 토큰으로 나눌 수 있습니다. 각 토큰의 가치는 10만 원이 되고, 개인 투자자는 1개 이상의 토큰을 매수하여 빌딩 소유권을 일부 가질 수 있습니다. 이렇게 되면 월세 수익이나 매각 차익을 토큰 보유량에 비례하여 받을 수 있습니다.

- 적용 예시

상황: A씨는 본인이 소유한 고가 미술품을 여러 사람에게 나누어 팔고 싶다.

- 과거(규제 미비): A씨는 미술품을 잘게 쪼개 '미술품 코인'을 만들고, "이 코인을 사면 나중에 미술품 가치가 오르면 수익을 나눠 주겠다"며 사람들에게 팔았다. 하지만 이 '미술품 코인'은 법적 규제가 없어 투자자를 보호할 장치가 거의 없었다. 미술품 가치가 떨어지거나 A씨가 약속을 지키지 않아도 투자자는 손해를 감수해야 했다.
- 현재(STO 제도 도입 후): A씨는 미술품을 '토큰증권(STO)' 형태로 발행한다. 이 토큰증권은 미술품 소유권의 일부를 나타내며, 금융당국에 신고하고 자본시장법의 규제를 받는다. 따라서 투자자는 이 토큰증권을 구매할 때 정해진 공시 의무, 투자자 보호 장치 등의 법적 테두리 안에서 보호를 받게 된다. 미술품 가치 변동에 대한 정보가 투명하게 공개되고, 만약 A씨가 투자자에게 손해를 입히면 법적인 책임을 져야 한다.

결론적으로, 미술품처럼 기존에는 분할 판매가 어려웠던 자산들을 '토큰증권' 형태로 발행하여 소액으로도 여러 투자자가 참여할 수 있게 되었지만, 동시에 무분별한 발행을 막고 투자자를 보호하기 위해 증권과 동일한 규제를 적용하는 것이 STO 제도의 핵심이다.

10.2. 제도 개선의 3가지 핵심 내용

금융위원회는 토큰 증권, 즉 STO가 현실에서 원활하게 발행되고 유통될 수 있도록, 기존의 법체계를 손보는 구체적인 제도 개선 방안을 함께 제시했다. 이는 크게 세 가지 핵심적인 기둥으로 이루어져 있으며, 각각 발행, 관리, 유통의 단계를 담당한다. 이 세 가지 제도 개선은 STO 생태계가 작동하기 위한 필수적인 인프라를 구축하는 작업이다.

첫 번째 기둥은 '토큰 증권의 법적 수용'이다. 기존에는 주식이나 채권과 같은 증권을 디지털 형태로 발행할 때, '전자증권법'에 따라 한국예탁결제원의 전자등록부에 등록해야만 했다. 하지만 블록체인의 분산원장은 예탁결제원의 중앙집중식 원장과는 작동 방식이 달라, 이를 전자증권으로 인정해야 할지에 대한 법적 논란이 있었다.

금융위는 이 문제를 해결하기 위해, 일정 요건을 갖춘 발행인이 사용하는 분산원장을 전자증권법상의 '계좌관리기관'이 사용하는 전자등록부와 동등한 것으로 인정하기로 했다. 즉, 블록체인 원장 자체를 합법적인 '디지털 주주명부'로 인정하여, 토큰 증권이 법의 테두리 안에서 효력을 가질 수 있도록 길을 열어 준 것이다. 이는 STO가 제도권에 안착하기 위한 가장 근본적인 법적 토대를 마련한 조치다.

두 번째 기둥은 '발행인 계좌관리기관 신설'이다. 기존 전자증권법에서는 증권사나 은행과 같이 라이선스를 가진 소수의 금융기관만이 계좌관리기관으로서 증권을 등록하고 관리할 수 있었다. 이는 다양한 기술 기업들이 STO 플랫폼을 운영하는 데 큰 장벽으로 작용했다.

이에 금융위는 일정 수준의 물적 설비와 전문 인력을 갖춘 기업이라면, 금융 당국의 승인을 받아 직접 '발행인 계좌관리기관'이 될 수 있도록 허용했다. 이는 STO 플랫폼 운영사가 직접 투자자들의 계좌(디지털 지갑)를 개설하고, 토큰 증권을 발행 및 관리할 수 있는 자격을 부여한 것이다. 이를 통해 STO 시장에 다양한 플레이어들이 진입하여 경쟁하고, 혁신적인 서비스를 제공할 수 있는 기반이 마련되었다.

세 번째 기둥은 '장외거래중개업 신설'이다. 증권을 유통(거래)하기 위해서는 한국거래소(KRX)와 같은 정규 거래소에 상장하거나, 증권사가 운영하는 장외시장(OTC)을 이용해야 했다. 하지만 부동산 수익증권과 같이 비정형적이고 소량으로 발행되는 토큰 증권을 위해 새로운 시장의 필요성이 대두되었다.

금융위는 이 문제를 해결하기 위해, 다자간 상대매매 방식으로 다양한 종류의 토큰 증권을 유통할 수 있는 '장외거래중개업' 라이선스를 신설하기로 했다. 이는 STO 플랫폼이 합법적인 '소규모 증권거래소'의 역할을 할 수 있도록 허용한 것이다. 투자자들은 이 장외거래중개업자의 플랫폼을 통해, 다양한 종류의 부동산 및 실물 자산 토큰을 주식처럼 편리하게 사고팔 수 있게 된다.

또한, 금융위는 이 장외거래중개업 시장이 일정 규모 이상으로 성장하면, 이를 한국거래소가 운영하는 '디지털 증권 시장'으로 이전하여 상장하는 방안도 검토하겠다고 밝혔다. 이는 스타트업이 코스닥에 상장하여 성장하는 것처럼, STO 시장에도 '성장의 사다리'를 만들어 주어, 시장의 규모와 유동성을 장기적으로 확대하려는 계획이다.

이 세 가지 제도 개선 방안은 매우 구체적이고 실질적이다. 이는 금융 당국이 단순히 원칙을 선언하는 데 그치지 않고, STO 생태계가 실제로 작동할 수 있도록 '판'을 깔아 주겠다는 강력한 의지를 보여 준다. 발행부터 유통까지 전 과정에 걸친 규제적 불확실성을 해소함으로써, 한국의 STO 시장은 이제 막 성장을 위한 활주로에 올라섰다고 할 수 있다.

금융위는 STO의 발행과 유통을 허용하기 위해 핵심적인 제도 개선을 추진한다

부동산금융은 자산의 유동화와 투자자 확보를 통해 시장을 활성화합니다. 이 과정에서 '증권형 토큰(STO)'은 중요한 역할을 합니다. STO는 기존 부동산금융의 한계를 극복하고 새로운 기회를 창출하는 혁신적인 수단으로 주목받고 있습니다.

1. 부동산 자산의 증권화
- 핵심: 부동산을 토큰으로 쪼개어 증권으로 만듭니다.
- 예시: 수백억 원짜리 빌딩을 1만 개의 토큰으로 나눕니다. 투자자는 소액으로도 이 빌딩의 지분을 소유할 수 있습니다.

2. 투자자 접근성 확대
- 핵심: 소액 투자자도 부동산에 투자할 수 있습니다.
- 예시: 개인이 500만 원으로 강남 오피스텔 토큰을 삽니다. 이는 이전에는 불가능했던 소액 투자를 가능하게 합니다.

3. 유통 시장의 활성화
- 핵심: 토큰화된 증권이 자유롭게 거래되는 시장을 만듭니다.
- 예시: 투자자가 보유한 오피스텔 토큰을 주식처럼 실시간으로 사고팔 수 있습니다.

4. 법적 안정성 확보
- 핵심: 전자증권법을 통해 토큰에 법적 지위를 부여합니다.
- 예시: 토큰이 법적으로 증권으로 인정받아 투자자 권리를 보호받습니다.

STO는 부동산금융의 패러다임을 바꿉니다. 부동산 자산은 유동성을 얻고, 시장은 확장됩니다. 소액 투자자도 시장에 참여합니다. 이는 부동산 시장에 새로운 활력을 불어넣을 것입니다.

• **적용 예시**

어떤 스타트업이 새로운 아이디어를 구현하기 위해서는 자금이 필요하다. 기존에는 주식 발행이나 은행 대출을 고려했지만, 이제는 '부동산 조각 투자'와 같이 특정 자산의 소유권을 디지털 토큰 형태로 나누어 발행하고, 이를 투자자들에게 판매하여 자금을 모을 수 있다. 이 경우, 이 토큰은 단순한 암호화폐가 아니라 '증권'으로 간주되어 자본시장법의 규제를 받게 되므로, 투자자들은 발행 기업의 투명한 정보 공개와 법적 보호를 받으며 투자할 수 있게 된다.

10.3. 투자자 보호와 시장의 미래

금융위원회가 발표한 STO 가이드라인의 가장 중요한 기조는 바로 '강력한 투자자 보호'이다. 기술 혁신을 포용하는 것과 별개로, 투자 계약의 성격을 지닌 토큰 증권은 자본시장법상의 모든 투자자 보호 규제를 예외 없이 적용받아야 한다는 원칙을 명확히 했다. 이는 과거 무분별한 ICO로 인해 수많은 피해자가 발생했던 과오를 되풀이하지 않겠다는 단호한 의지의 표현이다.

이에 따라, STO를 통해 자금을 조달하려는 발행인은 투자자에게 사업 내용, 재무 상태, 잠재적 리스크 등을 상세히 설명하는 '증권신고서' 또는 '소액공모 공시서류'를 제출하고 공시해야 할 의무를 진다. 이는 투자자들이 충분한 정보를 바탕으로 합리적인 투자 결정을 내릴 수 있도록 돕는 가장 기본적인 장치다. 만약 허위 사실을 기재하거나 중요한 정보를 누락할 경우, 발행인은 엄중한 법적 책임을 지게 된다.

또한, 토큰 증권의 유통 과정에서도 자본시장법상의 '불공정 거래 규제'가 동일하게 적용된다. 미공개 정보를 이용한 내부자 거래, 허위 정보를 퍼뜨려 주가를 조작하는 시세조종 행위, 타인 명의의 계좌를 이용한 부정거래 등은 모두 엄격하게 금지되며, 위반 시 형사 처벌을 받게 된다. 이는 시장의 건전성과 신뢰를 유지하기 위한 필수적인 안전장치다.

금융위는 또한 투자자들의 예치금을 안전하게 보호하기 위한 장치도 마련했다. 투자자들이 토큰 증권을 구매하기 위해 플랫폼에 예치한 자금은, 플랫폼의 고유 자산과 분리하여 은행 등 신뢰할 수 있는 외부 기관에 별도로 예치하도록 의무화했다. 이는 만에 하나 플랫폼이 파산하더라도 투자자들의 자산이 안전하게 보호될 수 있도록 하기 위함이다.

이러한 다층적인 투자자 보호 장치는 STO 시장이 단기적인 투기 열풍에 휩쓸리지 않고, 장기적으로 건전하게 성장할 수 있는 튼튼한 기반이 된다. 투자자들은 '묻지마 투자'가 아닌, 기업의 가치와 자산의 본질을 분석하는 합리적인 투자를 하게 될 것이며, 이는 시장 전체의 성숙도를 높이는 선순환 구조를 만들 것이다.

한국 STO 시장의 미래는 매우 밝을 것으로 전망된다. 부동산뿐만 아니라, 미술품, 음악 저작권, 선박, 항공기, 인프라 자산, 비상장기업 주식 등 지금까지 유동화되기 어려웠던 수많은 종류의 자산들이 토큰화되어 새로운 투자 기회를 제공할 것이다. 이는 기업에게는 새로운 자금 조달의 길을, 투자자에게는 다채로운 포트폴리오 구성의 가능성을 열어 준다.

특히, 증권사, 은행, 자산운용사 등 전통 금융기관들의 본격적인 시장 참여는 STO 시장의 성장을 가속화할 전망이다. 이들은 풍부한 자본력, 폭넓은 고객 네트워크, 그리고 자산 발굴 및 리스크 관리 노하우를 바탕으로, 기술 기반의 스타트업들과 경쟁 또는 협력하며 시장의 파이를 키워 나갈 것이다. 한국거래소(KRX) 역시 장기적으로 디지털 증권 시장을 개설할 계획을 밝히고 있어, 시장의 유동성과 신뢰도는 더욱 높아질 것으로 기대된다.

물론, 시장이 성숙하기까지는 시간이 필요하다. 초기 시장의 낮은 거래량, 투자자들의 인식 부족, 그리고 실제 운영 과정에서 발생할 수 있는 예상치 못한 기술적, 법적 문제들 등 해결해야 할 과제는 여전히 존재한다.

하지만 분명한 것은, 금융위원회의 가이드라인 발표를 통해 한국의 STO 시장은 더 이상 '가능성'의 단계가 아닌, '현실'의 단계로 진입했다는 사실이다. 투자자 보호라는 단단한 안전망 위에서, 기술 혁신이라는 강력한 엔진이 작동하기 시작했다. 대한민국 STO 시장은 이제 막 그 위대한 첫걸음을 떼었다.

STO 시장의 규율체계 확립을 통한 투자자 보호와 시장 활성화 전망

1. 유동성 확보
부동산은 큰 규모의 자본이 필요해 거래가 쉽지 않습니다. 하지만 STO는 부동산의 소유권을 증권형 토큰으로 나누어 팝니다. 덕분에 투자자는 소액으로도 부동산에 투자할 수 있습니다. 이는 부동산이라는 비유동성 자산에 유동성을 불어넣는 효과를 냅니다.

- 예시: 수십억 원짜리 빌딩에 투자하려면 많은 돈이 필요했습니다. 하지만 STO를 통해 이 빌딩을 1만 개의 증권형 토큰으로 쪼개면, 투자자는 1개의 토큰만 사서 소유권을 나눠 가질 수 있습니다. 이렇게 되면 필요한 투자금액이 줄어들어 더 많은 사람이 쉽게 투자에 참여할 수 있습니다.

2. 투자 방식의 혁신
기존에는 주로 펀드나 리츠(REITs)를 통해 간접적으로 부동산에 투자했습니다. 하지만 STO는 블록체인 기술을 활용해 부동산의 소유권을 직접 토큰화합니다. 이를 통해 투자자는 자신이 투자하는 자산과 수익 구조를 더 명확하게 알 수 있습니다.

- 예시: 서울의 한 오피스텔에 투자한다고 가정해 보겠습니다. 기존에는 부동산 펀드를 통해 여러 부동산에 분산 투자하는 방식이었습니다. 하지만 STO를 활용하면 '서울 마포구 A 오피스텔'에 직접 투자하는 토큰을 구매할 수 있습니다. 토큰을 보유한 투자자는 오피스텔에서 발생하는 임대 수익이나 매각 차익을 배당으로 받게 됩니다.

3. 투자자 보호 강화
STO는 자본시장법의 규제를 받습니다. 덕분에 투자자는 법적 테두리 안에서 안전하게 거래할 수 있습니다. 발행사는 투명하게 정보를 공개하고, 투자자는 보호 장치를 통해 안심하고 투자

> 할 수 있습니다. 이는 시장의 건전성을 높이는 중요한 역할을 합니다.
>
> - 예시: 허위 정보를 제공하거나 투자금을 가로채는 등의 불법적인 행위는 자본시장법에 따라 처벌받게 됩니다. STO를 통해 투자자는 투자 자산에 대한 모든 정보를 정기적으로 보고받을 수 있어, 더 신뢰할 수 있는 환경에서 투자할 수 있습니다.
>
> STO는 부동산금융 시장의 새로운 흐름을 만들고 있습니다. 기존의 투자 방식을 보완하고, 더 많은 사람에게 투자 기회를 제공하며, 시장의 투명성을 높이는 중요한 역할을 하고 있습니다.

- **적용 예시**

예를 들어, 어떤 회사가 새로운 프로젝트를 위해 투자금을 모으려 한다고 가정해 보자.

과거에는 투자자들이 회사에 대한 정보가 부족하거나 투자금 보호 장치가 미흡하여 손실을 입는 경우가 많았다. 하지만 이제 STO 시장에서는 다음과 같이 진행된다.

- 정보 공개 의무: 회사는 '증권신고서' 등을 통해 사업 내용, 재무 상태, 잠재적 리스크 등을 상세히 설명해야 한다. 만약 허위 사실을 기재하면 엄중한 법적 책임을 지게 된다.
- 안전한 자금 보호: 투자자들이 토큰 증권을 구매하기 위해 플랫폼에 예치한 자금은 은행 등 신뢰할 수 있는 외부 기관에 별도로 예치되어 안전하게 보호된다.
- 시장 참여 확대: 증권사, 은행, 자산운용사 등 전통 금융기관들이 적극적으로 시장에 참여하여 시장 성장을 가속화할 것이다. 또한, 한국거래소(KRX)는 디지털 증권 시장을 위한 계획을 밝히고 있다.

이러한 변화를 통해 투자자들은 회사의 가치와 자산의 본질을 분석하여 합리적인 투자를 할 수 있게 되며, 이는 시장 전체의 성장을 이끄는 선순환 구조를 만들 것이다. 즉, 한국의 STO 시장은 이제 막 그 위대한 첫걸음을 뗀 셈이다.

11장

사례 연구: 카사(Kasa) - 빌딩을 주식처럼 사고팔다

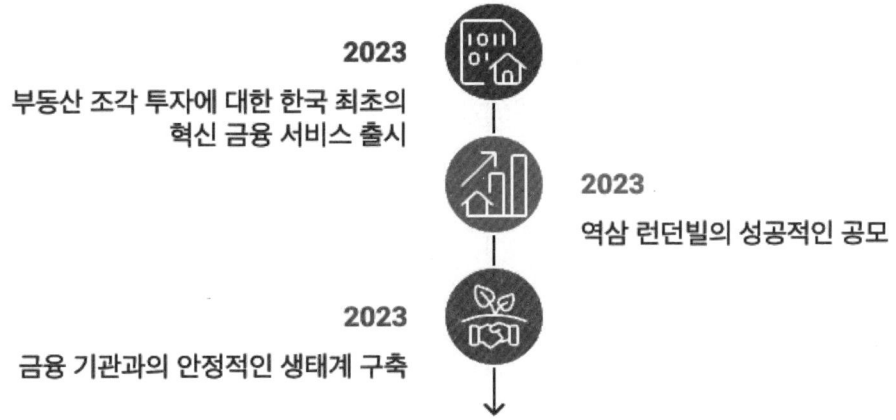

한국의 디지털 부동산 투자 선도
(Leading Korea's Digital Real Estate Investment)

대한민국 STO의 역사를 이야기할 때, '카사(Kasa)'라는 이름은 결코 빼놓을 수 없다. 카사는 2019년 12월, 금융위원회로부터 국내 최초로 '부동산 수익증권 유통 플랫폼'에 대한 혁신금융서비스(금융규제 샌드박스) 인가를 획득한 선구자다. 이는 아무도 가지 않았던 길을 가장 먼저 개척하며, 우리나라에서 부동산 조각 투자가 현실이 될 수 있음을 증명한 상징적인 사건이었다. 카사의 비즈니스 모델과 성공 사례는 이후 등장하는 모든 후발 주자들에게 중요한 교과서가 되었다.

11.1. 비즈니스 모델: DABS와 신탁 기반 구조

카사가 설계한 비즈니스 모델의 핵심은 '안정성'과 '혁신성'의 절묘한 결합에 있다. 즉, 전통적인 금융 제도인 '신탁'을 통해 투자자 자산의 법적 안정성을 완벽하게 확보하고, 그 위에 '블록체인'이라는 신기술을 접목하여 유동성과 접근성을 극대화하는 하이브리드 모델을 구축한 것이다.

카사의 조각 투자 구조는 다음과 같은 단계로 이루어진다. 먼저, 카사는 투자 가치가 높은 우량 상업용 빌딩을 발굴하고, 감정평가 및 법률 실사를 통해 자산의 안정성을 검증한다. 투자 대상이 확정되면, 해당 건물의 소유주(건물주)는 건물을 신탁회사(주로 하나은행과 같은 1금융권 은행)에 맡기고 소유권을 이전한다(부동산 담보 신탁). 이 순간부터 건물의 법적인 소유주는 신탁사가 되며, 투자자들의 자산은 건물주의 개인적인 채무나 파산 위험으로부터 완전히 분리되어 안전하게 보호받는다.

다음으로, 신탁사는 이 건물을 기초자산으로 하여 '수익증권'을 발행한다. 이 수익증권은 해당 건물에서 발생하는 임대수익과 향후 건물 매각 시의 처분 이익을 받을 수 있는 권리를 나타내는 '자본시장법'상의 증권이다. 카사는 이 수익증권을 매입하여, 이를 다시 잘게 쪼갠 디지털 증권, 즉 '댑스(DABS, Digital Asset Backed Securities)'를 발행한다. 1 DABS의 가격은 5,000원으로 고정되어, 누구나 소액으로 빌딩의 지분을 소유할 수 있게 된다.

이렇게 발행된 DABS는 카사 앱을 통해 투자자들에게 공모(청약)된다. 투자자들은 원하는 수량만큼 DABS를 구매하여 빌딩의 공동 소유주가 되며, 모든 투자자의 소유권 내역(디지털 주주명부)은 카사가 자체적으로 구축한 분산원장(블록체인)에 안전하게 기록된다. 이는 데이터의 위변조를 방지하고 거래의 투명성을 확보하는 핵심적인 기술 장치다.

공모가 완료된 DABS는 카사 앱 내의 자체 거래소에 상장되어, 투자자들 간에 주식처럼 자유롭게 거래될 수 있다. 카사는 이 거래소의 운영 주체로서, 안정적인 거래 시스템을 제공하고 시장을 관리하는 역할을 한다. 이를 통해 과거에는 수년씩 묶여 있던 부동산 자산에 실시간 유동성이 부여되는 것이다.

이 비즈니스 모델의 가장 큰 강점은 법적 안정성이다. 투자자의 권리는 실체가 불분명한 '코인'이 아니라, 자본시장법의 보호를 받는 '신탁 수익증권'이라는 명확한 법적 권리에 기반한다. 만약 카사가 파산하더라도, 기초자산인 건물은 신탁사에 안전하게 보관되어 있으므로 투자자의 자산은 보호받을 수 있다.

또한, 투자자들이 거래하는 것은 수익증권에 대한 권리이므로, 부동산을 직접 거래할 때 발생하는 복잡한 등기 절차나 높은 취득세 부담이 없다. 주식을 거래하듯 간편하게 빌딩 지분을 사고팔 수 있게 되는 것이다.

결론적으로 카사는 '신탁'이라는 검증된 제도를 통해 규제의 문턱을 넘고, '블록체인'이라는 혁신 기술을 통해 새로운 가치를 창출하는 영리한 전략을 구사했다. 이는 한국과 같이 보수적인 규제 환경에서 신사업을 추진하려는 많은 스타트업에 중요한 성공 방정식을 제시했다.

DABS 기반의 부동산 조각 투자 플랫폼 카사(Kasa)

1. 부동산 자산 유동화
부동산은 고가입니다. 이는 자금 조달에 제약이 됩니다. 카사는 이러한 부동산을 소액으로 나눕니다. 이를 통해 유동성이 낮은 부동산을 유동성이 높은 금융자산으로 변환합니다.

- 예시: 100억 원짜리 빌딩을 100만 원씩 나눠 1만 개의 수익증권으로 만듭니다. 투자자들은 소액으로 빌딩의 소유권을 가질 수 있습니다.

2. 새로운 자금 조달 방식
전통적인 부동산 투자 방식은 직접적인 자금 조달이 필요합니다. 카사는 DABS 발행을 통해 새로운 자금 조달 방식을 제시합니다. 건물주는 부동산을 신탁하고 수익증권을 발행합니다. 이를 통해 다수의 투자자로부터 자금을 모읍니다.

- 예시: 건물주는 은행 대출 대신 DABS를 발행합니다. 이는 금융 비용을 낮추고 자금 조달을 효율적으로 만듭니다.

3. 투자 포트폴리오 다각화

기존의 부동산 투자는 고액 자산가만의 전유물이었습니다. 소액 투자자들은 참여가 어려웠습니다. 카사는 소액으로 부동산 투자를 가능하게 합니다. 이는 개인 투자자의 투자 포트폴리오를 다각화합니다.

- 예시: 소액 투자자가 100만 원으로 강남 빌딩의 일부에 투자합니다. 이는 주식, 채권 외에 부동산 투자라는 선택지를 추가합니다.

4. 위험 분산 효과

부동산 투자는 큰 위험을 수반합니다. 카사는 부동산을 여러 투자자에게 분산합니다. 이를 통해 개인이 부담하는 위험을 줄여 줍니다.

- 예시: 100억 원 빌딩에 100명이 공동 투자합니다. 한 명이 모든 위험을 부담하는 것보다 위험이 분산됩니다.

- **적용 예시**

건물주 A씨는 자신의 부동산을 Kasa에 맡기고, Kasa는 이를 바탕으로 'DABS(디지털 자산 유동화 증권)'를 발행한다. 투자자들은 Kasa 앱을 통해 주식처럼 DABS를 실시간으로 거래할 수 있다. 투자자들은 DABS 보유 지분에 따라 임대 수익을 배당받고, 건물 매각 시 시세 차익도 얻을 수 있다.

예)

김 씨가 100만 원으로 Kasa 앱을 통해 강남의 상업용 건물 DABS를 구매했다. 해당 건물이 매달 1,000만 원의 임대료를 얻고, 김 씨가 0.1%의 지분을 가지고 있다면, 매달 1만 원의 임대 수익을 배당받는다. 1년 후 건물이 10% 상승하여 매각될 경우, 김 씨는 자신의 지분만큼의 매각 차익도 추가로 얻을 수 있다.

11.2. 첫 공모 사례: 역삼 런던빌

새로운 비즈니스 모델의 성공 여부는 결국 시장에서 증명되어야 한다. 카사의 첫 번째 시험대는 2020년 11월에 진행된 '역삼 런던빌' 공모였다. 이는 대한민국 역사상 최초로, 개인이 소액으로 강남의 상업용 빌딩에 투자할 수 있게 된 기념비적인 사건이었으며, 시장의 모든 관심이 집중되었다.

'역삼 런던빌'은 서울 강남의 핵심 업무지구인 역삼동에 위치한 지하 1층, 지상 8층 규모의 상업용 빌딩이었다. 당시 안정적인 임차인이 입주해 있어 꾸준한 임대수익이 기대되는 우량 자산으로 평가받았다. 카사는 이 건물을 총 101억 8천만 원에 매입하기로 하고, 이 중 51억 8천만 원은 은행 대출로, 나머지 50억 원을 DABS 공모를 통해 조달할 계획이었다. 총 발행 DABS는 100만 DABS(50억 원/5,000원)였다.

결과는 대성공이었다. 공모 시작 단 2시간 30분 만에 100만 DABS가 모두 완판되며, 부동산 조각 투자에 대한 시장의 뜨거운 관심을 입증했다. 수많은 개인 투자자들이 단돈 5,000원으로 강남 빌딩의 공동 소유주가 되는 역사적인 순간에 동참했다. 이는 그동안 부동산 투자에서 소외되었던 개인들의 투자 욕구가 얼마나 컸는지를 보여 주는 상징적인 장면이었다.

공모 이후, '역삼 런던빌' DABS는 카사 거래소에 상장되었다. 투자자들은 약 2년의 보유 기간 동안, 연 3% 수준의 안정적인 임대수익을 정기적으로 배당받았다. 이는 저금리 시대에 은행 예금보다 높은 수익률을 제공하며 인컴형 투자자들에게 매력적인 투자처가 되었다. DABS의 가격 또한 꾸준히 상승하여, 공모가인 5,000원을 넘어 6,000원대에서 거래되기도 했다.

그리고 2022년 9월, 카사는 '역삼 런던빌' 건물을 117억 원에 성공적으로 매각했다. 이는 최초 매입가 대비 약 15% 상승한 가격이었다. 카사는 매각 대금으로 은행 대출금을 상환하고 각종 비용을 정산한 후, 남은 차익을 DABS 보유자들에게 최종 분배했다.

최종적으로 '역삼 런던빌' 투자자들은 보유 기간 동안의 배당수익과 매각차익을 합산하여, 연 환산 약 10.21%라는 높은 누적 수익률을 기록하게 되었다. 이는 첫 공모 프로젝트가 성공적인 자산 운용과 '엑시트(Exit)'까지 완벽하게 마무리되었음을 의미하며, 카사의 비즈니스 모델이 이론뿐만 아니라 현실에서도 성공적으로 작동함을 증명한 것이다.

이 첫 성공 사례는 시장에 강력한 신뢰를 심어 주었다. 이후 카사는 '서초 지웰타워', '여의도 스트리트 빌딩' 등 후속 공모를 연이어 성공시키며, 국내 대표 부동산 조각 투자 플랫폼으로서의 입지를 굳혔다.

'역삼 런던빌'의 성공은 단순한 하나의 투자 성공 사례를 넘어선다. 이는 대한민국에서 부동산 조각 투자가 단순한 아이디어가 아닌, 투자자에게 실질적인 수익을 안겨 줄 수 있는 검증된 투자 방식임을 보여 준 역사적 사건이다. 이 작은 성공의 경험이 있었기에, 한국의 STO 시장은 다음 단계로 나아갈 수 있는 동력을 얻게 되었다.

STO(증권형 토큰)를 통한 부동산 유동화

- **자산 유동화**: 고가의 상업용 부동산을 작은 단위의 증권형 토큰(DABS)으로 쪼개서 일반 투자자에게 판매했습니다. 이는 비유동적인 부동산 자산을 유동성 높은 금융상품으로 전환하는 전형적인 자산 유동화 사례입니다.
- **투자 기회 확대**: 기존에는 소수 고액 자산가들만 투자할 수 있었던 고가 부동산에 일반인도 5,000원 단위로 소유권을 가질 수 있게 되었습니다. 이는 부동산 투자 시장의 진입 장벽을

낮춰 개인 투자자에게 새로운 투자 기회를 제공한 것입니다.
- 수익 실현: 투자자들은 건물의 임대 수익을 정기적으로 배당받았습니다. 약 2년 후 건물을 매각하여 연 환산 10%가 넘는 최종 수익률을 기록했습니다. 이는 성공적인 수익 증권화와 투자 회수가 이루어졌음을 보여 줍니다.

카사(Kasa)는 서울 강남구 역삼동에 위치한 '역삼 런던빌' 빌딩을 증권형 토큰(STO)으로 만들었습니다.

이 사례는 부동산 금융 시장에서 기술(블록체인)을 활용해 고가의 부동산 투자를 대중화하고, 성공적인 수익 모델을 증명한 대표적인 예시입니다.

- 적용 예시

카사(Kasa)는 서울 역삼동 건물을 STO(증권형 토큰) 방식으로 공동 소유화하여 101억 8천만 원 규모의 공모를 성공적으로 마쳤다. 투자자들은 5천 원 단위로 DABS를 구매하여 건물 지분을 갖고, 임대 수익을 배당받았다. 2년 후 건물 매각 시 연 환산 10%가 넘는 최종 수익률을 기록하며, 고가 상업 부동산의 STO를 통한 유동화와 개인 투자 기회 제공 가능성을 입증했다.

11.3. 생태계 구축과 확장 전략

카사는 단순히 하나의 투자 상품을 만드는 데 그치지 않고, 안정적이고 지속 가능한 '부동산 디지털 유동화 생태계'를 구축하는 데 많은 노력을 기울였다. 이는 STO 비즈니스의 성공이 단일 기업의 힘만으로는 불가능하며, 신뢰할 수 있는 파트너들과의 긴밀한 협력이 필수적이라는 사실을 잘 이해하고 있었기 때문이다.

카사 생태계의 핵심 파트너는 신탁과 예치금 관리를 담당하는 금융기관이다. 카사는 사업 초기부터 하나은행, 우리은행 등 국내 대표 은행들과 강력한 파트너십을 맺었다. 하나은행은 부동산 담보 신탁의 수탁자이자 DABS 발행의 공동 관리자로서, 투자자 자산의 법적 안정성을 보장하는 핵심적인 역할을 수행했다. 또한, 투자자들이 입금한 예치금은 카사의 운영 자금과 분리되어 은행의 특정금전신탁 계좌에 안전하게 보관되었다. 이는 플랫폼의 신뢰도를 높이는 데 결정적인 기여를 했다.

자산 발굴과 관리를 위해서는 국내 유수의 부동산 자산운용사, 감정평가법인, 법무법인 등과 협력 체계를 구축했다. 전문적인 파트너사들의 역량을 활용하여 우량 자산을 발굴하고, 공정하고 객관적인 가치 평가를 수행하며, 모든 법적 절차를 투명하게 진행함으로써 투자 리스크를 최소화했다.

기술적으로도 블록체인 기반의 분산원장 시스템을 안정적으로 운영하고, 해킹 등의 외부 위협으로부터 투자자 정보를 안전하게 보호하기 위해 지속적인 투자를 아끼지 않았다. 이는 기술 기반 핀테크 기업으로서의 핵심 경쟁력을 유지하기 위한 필수적인 노력이었다.

이러한 안정적인 생태계를 바탕으로, 카사는 사업 확장을 위한 다양한 전략을 추진했다. 초기에는 서울 핵심 지역의 중소형 상업용 빌딩을 중심으로 상품을 출시했지만, 향후에는 물류센터, 데이터센터, 해외 우량 부동산 등 기초자산을 다각화하여 투자자들에게 더 넓은 선택의 폭을 제공할 계획을 밝혔다.

특히 해외 부동산 시장 진출은 카사의 중요한 목표 중 하나였다. 싱가포르 통화청(MAS)으로부터 라이선스를 획득하여, 싱가포르를 거점으로 글로벌 부동산 자산을 토큰화하고 국내외 투자자들에게 공급하려는 계획을 추진했다. 이는 국경을 넘어 자본과 자산이 자유롭게 흐르는 글로벌 STO 시장의 비전을 현실화하려는 시도였다.

최근 카사의 행보에서 가장 주목할 만한 변화는 2023년, 국내 최초의 인터넷 전문 은행인 '케이뱅크(K-Bank)'에 인수된 것이다. 이는 STO 플랫폼이 제도권 금융, 특히 혁신적인 인터넷 은행과 결합하여 어떤 시너지를 낼 수 있는지 보여 주는 중요한 사례다.

케이뱅크는 카사의 조각 투자 서비스를 은행 앱 내에 탑재하여, 수백만 명에 달하는 기존 고객들에게 새로운 비예금 투자 상품을 제공할 수 있게 되었다. 반면 카사는 케이뱅크의 강력한 자본력과 고객 기반, 그리고 브랜드 신뢰도를 바탕으로 더 안정적으로 사업을 확장할 수 있는 발판을 마련했다.

이러한 결합은 미래 금융의 방향을 시사한다. 은행은 더 이상 예금과 대출이라는 전통적인 업무에만 머무르지 않고, STO와 같은 혁신적인 상품을 포용하여 종합 자산 관리 플랫폼으로 진화해야 한다. STO 플랫폼 역시 독립적으로 생존하기보다는, 강력한 금융 파트너와의 결합을 통해 더 큰 시장으로 나아가는 전략이 유효할 수 있다. 카사의 사례는 기술 기반의 핀테크와 전통 금융이 어떻게 서로의 부족한 점을 보완하며 함께 성장할 수 있는지 보여 주는 성공적인 상생 모델이라고 평가할 수 있다.

카사(Casa)의 부동산 금융 전략: 혁신과 안전성

카사는 부동산 조각 투자를 통해 새로운 부동산 금융 생태계를 구축하고 있습니다. 단순히 플랫폼을 제공하는 것을 넘어, 투자자 보호와 사업 확장을 동시에 추구하는 전략입니다.

1. 안정성을 위한 금융기관과의 협력
카사는 하나은행, 신탁사, 증권사, 감정평가법인 등 다수의 금융 전문기관과 협력합니다.

- 예시: 투자자가 카사 플랫폼에서 빌딩을 구매하면, 소유권은 신탁사가 관리하고, 투자금은 은행에 안전하게 보관됩니다. 이는 투자자의 자산을 외부 위험으로부터 보호하는 핵심 장치입니다.

2. 기술을 활용한 투명성 확보
블록체인 기술을 활용하여 증권의 위변조를 방지하고 거래의 투명성을 높입니다.

- 예시: 블록체인에 기록된 소유권 정보는 위조나 변조가 불가능합니다. 따라서 투자자는 자신이 가진 수익증권의 가치를 신뢰할 수 있습니다.

> **3. 사업 확장을 통한 투자 기회 확대**
> 국내 우량 빌딩뿐만 아니라 해외 부동산, 물류센터 등 다양한 자산을 기반으로 상품을 출시할 계획입니다.
>
> - 예시: 기존에는 소수 대규모 투자자만 접근할 수 있었던 뉴욕의 상업용 빌딩이나 유럽의 물류센터를 이제는 카사 플랫폼을 통해 소액으로도 투자할 수 있게 됩니다. 이는 투자자들에게 더 넓은 투자 포트폴리오를 구성할 기회를 제공합니다.
>
> 카사는 이처럼 금융기관 협력, 기술 도입, 사업 확장이라는 세 가지 축을 통해, 기존의 대규모 투자만 가능했던 부동산 시장을 개인 투자자에게도 열어 주는 혁신적인 부동산 금융 모델을 만들어 가고 있습니다.

- **적용 예시**

투자자가 카사 플랫폼을 통해 강남의 유망 빌딩 조각 투자 상품에 투자한다고 가정해 보자.

- 신뢰 확보: 카사는 하나은행과 협력하여 투자자의 자금이 안전하게 관리되도록 예치금을 별도 보관하고, 빌딩의 소유권 등기는 신탁사를 통해 투명하게 관리된다.
- 안전한 거래: 빌딩의 가치 평가는 감정평가법인을 통해 공정하게 이루어지고, 투자 증권은 블록체인 기술로 발행되어 위변조 위험 없이 안전하게 거래된다.
- 수익 창출: 투자자는 빌딩 임대 수익을 배당받거나, 추후 빌딩 가치 상승 시 매각을 통해 시세 차익을 얻을 수 있다.

카사는 이처럼 국내 우량 빌딩뿐만 아니라 해외 부동산, 물류 센터 등 다양한 자산을 기반으로 상품을 출시하여 사업을 확장해 나갈 계획이다. 즉, 투자자들은 안전하고 투명한 시스템을 통해 소액으로도 다양한 실물 자산에 투자하여 수익을 창출할 수 있게 된다.

12장

사례 연구: 루센트블록 '소유' - 모두에게 소유의 기회를

소유 플랫폼의 핵심 요소
(Core Elements of the Souyoo Platform)

 카사가 강남의 우량 오피스 빌딩을 중심으로 안정적인 투자의 길을 개척했다면, 대전에서 탄생한 또 다른 혁신금융사업자 '루센트블록'은 조금 다른 접근 방식으로 시장에 새로운 활기를 불어넣었다. 그들이 운영하는 플랫폼 '소유(Souyoo)'는 '모든 이에게 소유의 기회를 준다'는 따뜻한 철학을 바탕으로, 젊은 감각의 트렌디한 상업 시설에 집중하며 MZ세대의 마음을 사로잡는 데 성공했다. '소유'의 등장은 한국 STO 시장이 단 하나의 정답만이 아닌, 다채로운 색깔을 가질 수 있음을 보여 주었다.

12.1. 비즈니스 모델: 임차인도 이익을 공유하는 상생 구조

'소유'의 비즈니스 모델 역시 카사와 마찬가지로 신탁 수익증권을 기반으로 한다는 점에서는 동일한 법적 구조를 따른다. 건물주가 부동산을 신탁사에 맡기고, 신탁사는 이를 기초로 수익증권을 발행하며, '소유'는 이 수익증권을 기반으로 소액으로 나눈 '토큰(SO)'을 발행하여 투자자에게 공모한다. 투자자들은 토큰 보유 수량에 따라 임대수익을 배당받고, 향후 매각 차익을 공유하며, 플랫폼 내에서 토큰을 자유롭게 거래할 수 있다.

하지만 '소유'는 여기에 그들만의 독특한 철학과 비전을 더했다. 바로 '상생'이라는 키워드다. '소유'는 건물의 가치를 높이는 데 가장 중요한 기여를 하는 주체 중 하나인 '임차인(상점주)' 역시 그 건물의 가치 상승 이익을 함께 공유해야 한다고 생각했다. 이는 전통적으로 대립 관계로 여겨졌던 건물주와 임차인의 관계를, 함께 성장하는 파트너 관계로 재정의하려는 혁신적인 시도였다.

이를 위해 '소유'는 '임차인 스톡옵션'과 유사한 제도를 도입했다. 건물을 공모할 때, 전체 토큰의 일부를 해당 건물에 입점한 임차인에게 우선적으로 배정하거나 저렴한 가격에 매입할 수 있는 권리를 부여하는 것이다. 이를 통해 임차인은 단순히 월세를 내는 입장을 넘어, 자신이 장사하는 건물의 공동 소유주가 된다.

이러한 구조는 강력한 선순환 효과를 만들어 낸다. 공동 소유주가 된 임차인은 자신의 가게를 더 열심히 운영하여 건물의 가치를 높이려는 강력한 동기를 가지게 된다. 예를 들어, 유명 맛집으로 입소문이 나면서 건물의 유동인구가 늘어나면, 이는 건물 전체의 가치 상승으로 이어진다. 그리고 그 가치 상승의 과실은 토큰의 가격 상승을 통해 다시 임차인 자신에게 돌아온다.

또한, 이는 투자자들에게도 긍정적인 효과를 가져온다. 건물의 핵심 임차인이 건물의 지분을 함께 보유하고 있다는 사실은, 그들이 쉽게 가게를 빼지 않고 장기적으로 안정적인 영업을 할 것이라는 강력한 신호가 된다. 이는 공실 리스크를 줄이고 안정적인 임대수익을 보장하는 중요한 안전장치가 되어, 투자 자산으로서의 매력도를 높여 준다.

'소유'의 이러한 상생 모델은 단순한 금융 플랫폼을 넘어, 건물주, 투자자, 그리고 임차인이 함께 성장하는 건강한 '부동산 생태계'를 만들려는 시도라는 점에서 높은 평가를 받는다. 이는 ESG(환경·사회·지배구조) 경영의 가치 중 '사회적 책임(Social)'을 비즈니스 모델에 자연스럽게 녹여낸 사례이기도 하다.

자산 선정 전략에서도 '소유'는 카사와 차별화된 모습을 보인다. 카사가 주로 강남 핵심 업무지구의 대형 오피스 빌딩에 집중했다면, '소유'는 젊은 세대, 특히 MZ세대가 즐겨 찾는 '핫플레이스'의 트렌디한 상업 시설을 주요 투자 대상으로 삼았다. 이는 안정성보다는 성장성과 화제성에 더 무게를 두는 전략이라고 할 수 있다.

이러한 전략은 젊은 투자자들에게 더 친숙하고 직관적으로 다가갈 수 있었다. 자신이 직접 방문하고 소비하는 공간의 주인이 된다는 경험은, 투자에 재미와 스토리를 더하며 강력한 팬덤을 형성하는 효과를 가져왔다. '소유'는 투자를 딱딱한 재무 활동이 아닌, 자신의 라이프스타일을 표현하고 문화적 경험을 공유하는 행위로 확장시킨 것이다.

건물주 상생 비즈니스 모델

'소유'는 부동산 증권화를 통해 개인 투자자에게 기회를 제공합니다. 이는 소액으로도 대형 부동산에 투자할 수 있게 만드는 유동화(Securitization)의 한 형태입니다.

- 전통적 방식: 대형 부동산 투자는 막대한 자본이 필요해 소수의 자산가만 참여할 수 있었습니다.
- '소유' 플랫폼: 건물 가치를 소액 단위의 증권으로 쪼개어 다수의 일반 투자자(임차인 포함)가 공동으로 소유하게 합니다.

이러한 접근은 부동산 투자의 진입 장벽을 낮춥니다. 또한, 임차인에게는 단순히 건물을 사용하는 것 이상의 경제적 인센티브를 제공하여, 건물 가치 상승에 직접적으로 기여하게 합니다.

상가 건물의 경우 카페를 운영하는 임차인 '김소유' 씨가 있다고 가정해 봅시다.
1. 건물 가치 상승에 기여: 김소유 씨는 인테리어에 투자하고, 마케팅을 성공적으로 진행하여 카페를 유명하게 만듭니다. 이로 인해 건물 전체의 유동 인구가 늘어나고, 건물 가치가 상승합니다.
2. '소유' 플랫폼 투자: 김소유 씨는 '소유' 플랫폼을 통해 본인이 운영하는 건물의 수익증권 일부를 구매합니다.
3. 수익 공유: 시간이 흘러 건물 가치가 10% 상승하면, 김소유 씨는 임차인으로서 건물 가치를 올린 것에 대한 기여는 물론, 수익증권 투자자로서 이 상승분 10%에 해당하는 배당 수익을 받게 됩니다.

오피스텔 건물의 경우, 주거용 오피스텔에 거주하는 임차인 '박주민' 씨가 있다고 가정해 봅시다.
1. 건물 가치 상승에 기여: 박주민 씨가 건물의 커뮤니티 활동에 적극적으로 참여하고, 건물의 관리에 대한 좋은 의견을 제시합니다. 입주민 만족도가 높아져 공실률이 줄어들고, 건물 가치가 오릅니다.
2. '소유' 플랫폼 투자: 박주민 씨도 '소유' 플랫폼을 통해 본인이 거주하는 오피스텔의 수익증권을 구매합니다.
3. 수익 공유: 건물 가치가 상승함에 따라 박주민 씨는 임차인으로서 만족도 높은 거주 환경을 누리고, 투자자로서도 건물 가치 상승에 따른 시세 차익을 얻습니다.

'소유'는 부동산 가치를 높이는 활동에 참여하는 임차인이 그 이익을 투자 수익으로 돌려받는 구조를 만들어 건물주와 임차인이 함께 성장하는 새로운 금융 모델을 제시하고 있습니다.

- **적용 예시**

어떤 상가 건물의 가치가 상승했을 때, 단순히 건물주만 이익을 보는 것이 아니다. 이 건물에 입점하여 장사를 잘해서 건물의 인기를 높이고 가치 상승에 기여한 임차인도 "소유" 플랫폼을 통해 그 이익의 일부를 함께 나눌 수 있는 구조이다. 즉, 임차인의 노력도 건물 가치에 반영되어 수익으로 돌아오는 방식이다.

12.2. 첫 공모 사례: 안국 다운타우너

'소유'의 철학과 전략이 시장에서 어떤 반응을 얻었는지는 그들의 첫 번째 공모 사례인 '안국 다운타우너'에서 극명하게 드러난다. 2022년 6월 진행된 이 공모는, 시작과 동시에 완판되는 기염을 토하며 '소유'라는 브랜드를 시장에 화려하게 각인시켰다.

'안국 다운타우너'는 서울의 대표적인 핫플레이스 중 하나인 안국역 인근에 위치한 건물로, 유명 수제버거 브랜드인 '다운타우너(DOWNTOWNER)'가 건물 전체를 장기 임차하여 사용하고 있었다. 다운타우너는 맛과 트렌디한 인테리어로 MZ세대 사이에서 폭발적인 인기를 끌고 있는 F&B 브랜드로, 항상 긴 대기 줄이 늘어서 있는 것으로 유명하다.

'소유'는 바로 이 '힙한' 건물을 첫 번째 공모 대상으로 선정했다. 이는 투자자들에게 단순히 '안국동 건물'에 투자하는 것이 아니라, '내가 좋아하는 다운타우너 버거 가게의 주인이 된다'는 매력적인 스토리를 제공했다. 총 공모 금액은 약 50억 원이었으며, 토큰(SO) 1개의 가격은 카사와 마찬가지로 5,000원으로 책정되었다.

결과는 예상을 뛰어넘었다. 공모 시작 3분 만에 준비된 물량이 모두 소진되며, 부동산 조각 투자에 대한 젊은 세대의 폭발적인 관심을 증명했다. 이는 카사의 첫 공모 성공 이후, 시장의 저변이 더욱 넓어지고 있음을 보여 주는 긍정적인 신호였다. 투자자들은 5,000원이라는 소액으로, 평소에는 가기 힘든 '오픈런 맛집'의 건물주가 되는 특별한 경험을 하게 된 것이다.

'소유'는 이 과정에서 '임차인 상생 모델'을 실제로 적용했다. 다운타우너 측에도 건물 토큰의 일부를 배정하여, 그들이 단순한 임차인을 넘어 건물의 가치를 함께 키워 나가는 파트너가 되도록 했다. 이는 다운타우너가 앞으로도 안정적으로 해당 지점을 운영하며 브랜드 가치를 높여 갈 것이라는 믿음을 투자자들에게 심어 주었다.

'안국 다운타우너' 공모의 성공은 몇 가지 중요한 시사점을 남겼다. 첫째, STO의 성공은 기초자산의 재무적 안정성뿐만 아니라, 그 자산이 가진 '스토리'와 '문화적 가치'에도 크게 좌우될 수 있음을 보여 주었다. 특히 젊은 세대는 단순히 수익률만 따지는 것이 아니라, 자신의 정체성과 취향을 드러낼 수 있는 투자에 더 큰 매력을 느낀다는 점을 입증했다.

둘째, F&B(식음료) 브랜드를 중심으로 한 리테일 자산이 STO 시장에서 매우 매력적인 기초자산이 될 수 있음을 보여 주었다. 안정적인 임대수익과 함께, 브랜드의 인기에 따른 화제성과 집객 효과가 건물 가치에 긍정적인 영향을 미칠 수 있기 때문이다. 이후 '소유'는 성수동의 유명 카페 '이페메라' 등을 연이어 공모하며, 이러한 '리테일 특화' 전략을 성공적으로 이어 갔다.

'소유'의 등장은 한국 부동산 STO 시장을 더욱 풍요롭게 만들었다. 안정적인 대형 오피스 빌딩에 투자하는 카사와, 트렌디한 상업 시설에 투자하는 소유. 투자자들은 자신의 투자 성향과 취향에 따라 서로 다른 색깔을 가진 플랫폼을 선택할 수 있게 되었다. 이러한 건전한 경쟁과 차별화는 시장 전체의 건강한 발전에 기여하는 중요한 요소다. '안국 다운타우너'는 그 시작을 알린 상징적인 성공 사례로 기억될 것이다.

MZ세대를 사로잡은 '소유'의 STO 공모 전략

- 투자 방식의 혁신: '소유'는 증권형 토큰 공모(STO) 방식을 통해 투자 진입 장벽을 낮춥니다. 즉, 고가의 부동산을 여러 개의 디지털 증권으로 쪼개어 판매합니다. 이는 개인이 직접 부동산을 매입하기 어려운 상황에서, 소액으로도 부동산 자산에 대한 소유권(정확히는 수익권)을 가질 수 있게 합니다.

- 예시: 서울 안국역 인근의 '안국 다운타우너' 건물에 투자한 사례를 볼 수 있습니다. 유명 수제버거 브랜드가 입점한 이 건물은 '소유'를 통해 5,000원 단위의 증권으로 나뉘어 판매되었습니다. 투자자들은 이 증권을 구매함으로써 건물의 공동 소유주가 되고, 건물의 임대 수익과 향후 매각 차익에 대한 권리를 얻게 됩니다.

- 자금 조달의 다변화: '소유'는 부동산 개발이나 매입을 위한 새로운 자금 조달 수단이 됩니다. 전통적인 방식으로는 은행 대출이나 기관 투자에 의존해야 했지만, 이제는 일반 대중으로부터 직접 자금을 모을 수 있게 된 것입니다. 이는 부동산 개발사나 소유주에게 더 유연한 자금 조달 기회를 제공합니다.

- 부동산 유동화의 확장: '소유'는 부동산의 유동성을 높이는 효과를 가져옵니다. 일반적으로 부동산은 현금화하기 어려운 자산으로 여겨집니다. 하지만 '소유'와 같은 플랫폼을 통해 거래 가능한 디지털 증권 형태로 전환되면, 투자자들은 언제든 사고팔 수 있게 되어 부동산의 유동성이 크게 향상됩니다.

- 투자 대상의 전문화: '소유'는 젊은 투자자들이 선호하는 트렌디한 상업용 건물을 중심으로 상품을 구성합니다. 이는 투자 상품의 매력을 높이는 동시에, 특정 시장 트렌드를 반영하는 부동산에 대한 투자를 용이하게 합니다. 이를 통해 부동산 투자가 단순히 자산 증식을 넘어, 라이프스타일이나 트렌드를 반영하는 경험으로 확장될 수 있습니다.

- **적용 예시**

'소유'라는 플랫폼이 MZ세대를 타겟으로, 소액(5,000원)으로도 서울 안국동의 유명 건물주가 되어 임대 수익과 시세차익을 얻을 수 있게 해 주는 투자 상품을 제공하여 큰 인기를 얻고 있다. 이는 실제로 MZ세대가 선호하는 트렌디한 상업용 건물을 중심으로 상품을 구성하여 젊은 투자자들의 참여를 유도하는 성공적인 적용 예시 사례이다.

12.3. 기술력과 성장 전략

'소유'를 운영하는 루센트블록의 성공 뒤에는 탄탄한 기술력과 명확한 성장 전략이 자리 잡고 있다. 루센트블록은 대전에 위치한 한국전자통신연구원(ETRI)의 기술 출자 및 창업 지원을 통해 2018년 설립된 '테크핀(TechFin)' 기업이다. 이는 태생부터 강력한 기술 DNA를 가지고 있음을 의미하며, 미국항공우주국(NASA) 출신의 개발자를 비롯한 우수한 기술 인력들이 포진해 있다.

루센트블록의 핵심 기술력은 안정적인 블록체인 기반 거래 플랫폼을 구축하고 운영하는 능력에 있다. 수많은 투자자들이 동시에 접속하여 거래하더라도 시스템이 다운되지 않도록 안정성을 확보하고, 외부 해킹 공격으로부터 투자자들의 자산과 정보를 안전하게 보호하는 것은 플랫폼 비즈니스의 가장 기본적이면서도 중요한 역량이다. ETRI로부터 이전받은 기술과 자체 개발 역량을 통해, 루센트블록은 이러한 기술적 기반을 성공적으로 다졌다.

하지만 루센트블록의 비전은 단순히 부동산 토큰 거래 플랫폼을 운영하는 데만 머무르지 않는다. 이들은 부동산 산업의 더 근본적인 문제를 해결하기 위한 '듀얼 트랙(Dual-track)' 전략을 구사하고 있다. 그 또 다른 축은 바로 중소형 빌딩의 자산 관리 효율성과 수익률을 높여 주는 '건물 관리 솔루션' 사업이다.

국내의 수많은 중소형 빌딩들은 대형 빌딩과 달리, 체계적인 자산 관리 시스템 없이 주먹구구식으로 운영되는 경우가 많다. 임대차 계약 관리, 공실 해소, 시설 유지 보수, 행정 업무 등이 비효율적으로 이루어져, 건물이 가진 잠재적 가치를 제대로 발현하지 못하고 있는 것이다.

루센트블록은 이러한 문제점을 해결하기 위해, AI와 빅데이터 기술을 활용한 '디지털 자산 관리 솔루션'을 개발하고 있다. 이 솔루션은 주변 시세와 상권 데이터를 분석하여 최적의 임대료를 제안하고, 공실을 최소화할 수 있는 마케팅 전략을 추천하며, 건물의 에너지 사용량을 분석하여 관리비를 절감하는 방안을 제시한다. 또한, 임대료 수납과 같은 반복적인 업무를 자동화하여 건물주의 관리 부담을 덜어 준다.

이 두 가지 사업은 강력한 시너지를 창출한다. 건물 관리 솔루션을 통해 관리하는 우량 중소형 빌딩들을 '소유' 플랫폼의 공모 상품으로 연계할 수 있다. 이미 데이터 기반으로 수익성이 검증되고 체계적으로 관리되는 건물이므로, 투자자들에게 더 높은 신뢰를 줄 수 있다. 반대로, '소유' 플랫폼을 통해 공모에 성공한 건물에 다시 이 자산 관리 솔루션을 적용하여, 건물의 가치를 더욱 높이고 투자자들의 수익률을 극대화할 수도 있다.

이러한 성장 전략을 뒷받침하기 위해, 루센트블록 역시 하나은행, 하나증권 등 주요 금융기관들과의 전략적 파트너십을 공고히 하고 있다. 금융기관들은 자산 발굴과 신탁 업무, 그리고 잠재적 투자자 확보에 도움을 주며, 루센트블록은 이들에게 혁신적인 투자 상품과 기술 솔루션을 제공하는 상호 윈윈(Win-win) 구조를 만들고 있다.

루센트블록의 허세영 대표는 "5년 내 부동산 매매의 패러다임을 바꾸겠다"는 야심 찬 포부를 밝힌 바 있다. 이는 단순히 몇 개의 건물을 유동화하는 것을 넘어, 정보 비대칭과 비효율로 가득 찬 기존의 부동산 거래 및 관리 시장 전체를 디지털 기반으로 혁신하겠다는 비전을 보여 준다. 기술력과 상생의 철학, 그리고 명확한 성장 전략을 모두 갖춘 '소유'의 도전은, 한국 프롭테크 시장의 미래를 더욱 기대하게 만드는 이유다.

루센트 블록의 기술력 기반 성장 전략 및 비전

루센트 블록은 기술 기반으로 부동산 시장의 유동성을 높이는 데 집중하고 있습니다. 특히, 기존의 소수 자산가 중심의 고액 거래 시장을 넘어, 일반 투자자도 쉽게 접근할 수 있는 금융 상품을 개발하여 부동산 투자의 대중화를 목표로 합니다.

- 부동산 증권화: 루센트 블록은 부동산 소유권을 증권화하여 거래합니다. 예를 들어, 수백억 원짜리 빌딩을 수십만 개의 작은 조각(증권)으로 나누어 일반인이 100만 원으로도 빌딩에 투자할 수 있게 합니다. 이를 통해 거액의 자금 없이도 빌딩의 임대 수익이나 매각 차익을 얻을 수 있습니다.
- 자금 조달 방식의 다양화: 회사는 빌딩 소유주에게 새로운 자금 조달 기회를 제공합니다. 건물을 통째로 매각하지 않고도 필요한 만큼의 지분만 증권화하여 현금을 확보할 수 있도록 돕습니다.
- 시장 효율성 증대: 금융 기술을 활용해 정보의 비대칭성을 줄이고, 거래 과정을 투명하게 만듭니다. 또한, 건물 관리 솔루션을 통해 운영 비용을 절감하고, 자산 가치를 높이는 데 기여합니다.

루센트 블록은 부동산 투자 패러다임을 전환하고 있습니다. 부동산을 단순히 소유하는 대상이 아닌, 누구나 쉽게 사고팔 수 있는 금융 상품으로 변모시키는 것이 핵심 사업입니다.

- 적용 예시

루센트블록은 소규모 상가 건물주가 자신의 건물을 효율적으로 관리하고 수익을 극대화할 수 있도록 돕는다. 예를 들어, 건물주는 루센트블록의 솔루션을 통해 공실률을 실시간으로 확인하고, 임대료 징수를 자동화하며, 에너지 사용량을 최적화하여 관리 비용을 절감할 수 있다. 나아가, 건물 일부를 증권화하여 소액 투자자들에게 판매함으로써 유동성을 확보하고 새로운 투자 기회를 창출한다. 이는 곧 건물주에게는 안정적인 수익을, 투자자에게는 새로운 투자처를 제공하는 상생 모델이다.

| 제5부 |

다음 지평선: NFT와 가상 부동산

13장
예술을 넘어: NFT가 부동산 소유권을 증명하는 법

14장
사례 연구: 프로피(Propy) - 실제 집을 NFT로 팔다

15장
메타버스 부동산: 가상 토지에 투자하는 시대

4부에서 우리는 STO라는 제도권의 옷을 입은 디지털 자산이 어떻게 한국 부동산 시장의 문을 열었는지 목격했다. 이제 우리는 시야를 한 단계 더 넓혀, 규제의 틀을 넘어서는 더 급진적이고 파괴적인 혁신의 최전선으로 나아간다. 5부는 부동산 자산의 또 다른 디지털 표현 방식인 '대체 불가능 토큰(NFT)'과, 현실의 경계를 허물고 새로운 투자처로 급부상하고 있는 '메타버스 부동산'의 세계를 탐험하는 여정이다. 예술계에 혜성처럼 등장한 NFT가 어떻게 수십억 원짜리 실제 주택의 소유권을 증명하고 거래를 간소화하는지, 그리고 가상의 땅 한 뙈기가 현실의 건물보다 비싸게 거래되는 현상 이면에는 어떤 경제적 논리와 미래가 숨어 있는지, 그 경이로운 현장을 깊이 있게 들여다볼 것이다.

13장

예술을 넘어: NFT가 부동산 소유권을 증명하는 법

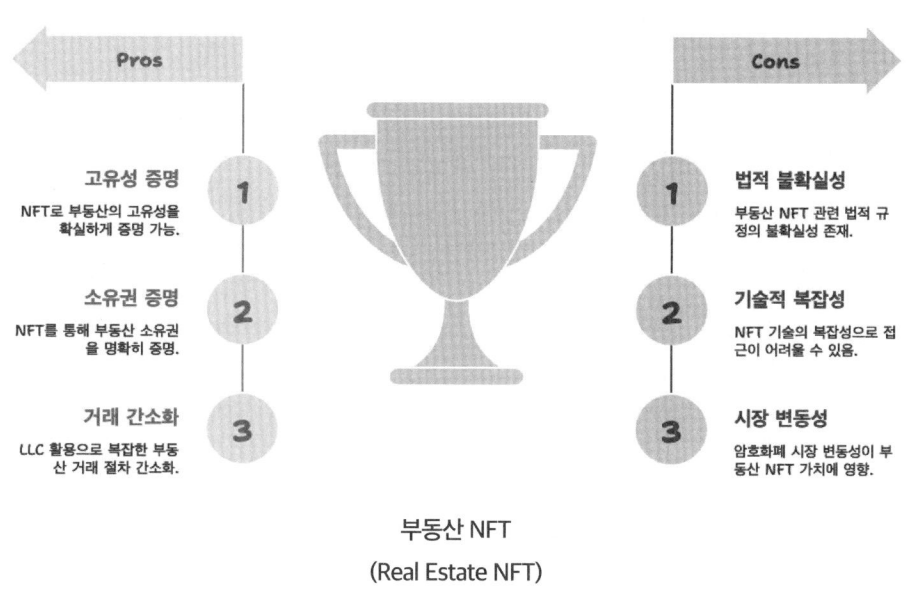

부동산 NFT
(Real Estate NFT)

2021년, 디지털 아티스트 비플(Beeple)의 NFT 작품이 크리스티 경매에서 약 6,930만 달러(약 785억 원)에 낙찰된 사건은 전 세계에 NFT(Non-Fungible Token, 대체 불가능 토큰)라는 개념을 각인시켰다. 많은 사람들에게 NFT는 여전히 디지털 그림 파일이나 수집용 아바타 이미지로 인식되지만, 그 기술의 본질은 훨씬 더 큰 잠재력을 품고 있다. 그것은 바로 '고유한 디지털 자산의 소유권을 온전히 증명'하는 능력이다. 이 장에서는 예술 시장의 경계를 넘어, NFT가 어떻게 부동산이라는 가장 전통적인 실물 자산의 '디지털 등기부등본'이 될 수 있는지 그 원리와 가능성을 탐구한다.

13.1. NFT(대체 불가능 토큰)의 본질

NFT의 본질을 이해하기 위해서는 먼저 '대체 불가능(Non-Fungible)'이라는 개념을 명확히 해야 한다. '대체 가능(Fungible)'하다는 것은 각 단위가 동일한 가치를 가져 서로 맞교환이 가능한 성질을 의미한다. 예를 들어, 내가 가진 1만 원권 지폐는 당신이 가진 다른 1만 원권 지폐와 완벽하게 동일한 가치를 지니며, 서로 바꿔도 아무런 문제가 없다. 비트코인이나 이더리움 같은 암호화폐 역시 1 BTC는 다른 1 BTC와 동일한 가치를 지닌다.

반면, '대체 불가능'하다는 것은 각 단위가 고유한 특성과 가치를 가져 서로 맞교환될 수 없는 성질을 뜻한다. 세상에 단 하나뿐인 레오나르도 다빈치의 '모나리자' 원본 그림은 다른 어떤 그림과도 대체될 수 없다. 마찬가지로, 서울 강남역 1번 출구 앞의 특정 빌딩 역시 다른 어떤 빌딩과도 대체될 수 없는 고유한 자산이다. NFT는 바로 이러한 고유성을 디지털 세계에서 구현하는 기술이다.

기술적으로 NFT는 이더리움 블록체인의 'ERC-721'이나 'ERC-1155'와 같은 표준에 따라 발행되는 특별한 종류의 토큰이다. 각 NFT는 블록체인 상에 고유한 토큰 ID와 식별 정보를 가지고 있어, 다른 어떤 토큰과도 구별되는 유일무이한 존재가 된다. 이 토큰의 메타데이터(Metadata)에는 해당 자산에 대한 상세 정보(예: 그림의 이미지 파일이 저장된 주소, 부동산의 주소와 면적 등)가 기록되며, 이 모든 정보는 블록체인에 영원히 각인되어 위변조가 불가능하다.

따라서 NFT를 소유한다는 것은, 특정 디지털 파일(JPEG, GIF 등)을 소유하는 것을 넘어, 그 파일과 연결된 '블록체인 상의 고유한 데이터 조각(토큰)'에 대한 배타적인 소유권을 갖는 것을 의미한다. 이는 마치 우리가 부동산을 소유할 때, 실제 건물을 들고 다니는 것이 아니라 국가 등기소에 기록된 '등기부등본'을 통해 소유권을 증명하는 것과 같다. 이 때문에 NFT는 종종 '디지털 등기부등본' 또는 '디지털 소유권 증서'에 비유된다.

초기 NFT 시장은 디지털 아트, 수집품, 게임 아이템 등 주로 디지털 세상에 존재하는 자산들에 집중되었다. 이는 원본과 복제본의 구분이 무의미한 디지털 콘텐츠에 '원본성'과 '희소성'이라는 가치를 부여하며 새로운 시장을 창출했다. 예술가들은 중개인 없이 자신의 작품을 전 세계의 컬렉터에게 직접 판매할 수 있게 되었고, 컬렉터들은 자신이 소유한 작품의 진위와 거래 이력을 블록체인을 통해 투명하게 증명받을 수 있게 되었다.

하지만 NFT의 진정한 잠재력은 디지털 세계를 넘어, 현실 세계의 실물 자산(Real-World Asset, RWA)과 연결될 때 발현된다. 부동산, 자동차, 명품 시계, 와인 등 고유한 가치를 지닌 모든 실물 자산의 소유권을 NFT로 만들어 거래할 수 있는 가능성이 열린 것이다.

이것이 현실화된다면, 부동산 소유권 이전은 더 이상 복잡한 서류 작업과 행정 절차를 거칠 필요가 없어진다. 마치 이메일을 보내듯, NFT를 상대방의 디지털 지갑으로 전송하는 것만으로 소유권 이전이 완료될 수 있다. 이는 거래의 속도와 효율성을 획기적으로 높이고, 국경을 넘나드는 글로벌 부동산 거래를 가능하게 만드는 혁신이다.

물론, 실물 자산과 디지털 토큰을 법적으로 완벽하게 연결하는 것은 간단한 문제가 아니다. 하지만 NFT가 단순한 그림 파일을 넘어, '고유한 자산의 소유권 증명서'라는 본질적인 역할을 수행할 수 있다는 점을 이해하는 것은, 부동산의 미래를 상상하는 데 매우 중요한 출발점이 된다.

> **NFT(대체 불가능 토큰)의 본질 및 활용 범위**
>
> - NFT: 부동산 소유권을 증명하는 디지털 등기부등본 역할을 합니다.
> - 특징: 각 부동산의 고유한 가치를 디지털 토큰으로 만들어 다른 부동산과 교환할 수 없게 만듭니다.
> - 활용: 부동산 소유권의 진위 여부와 거래 이력을 블록체인에 투명하게 기록합니다.
>
> 예시:
> NFT를 활용하면 'A라는 빌딩'은 고유한 NFT로 발행됩니다. 이 NFT는 마치 빌딩의 디지털 신분증처럼 작동하여 소유권 정보와 거래 기록을 위변조 불가능하게 저장합니다. 투자자는 이 NFT를 통해 해당 빌딩의 소유권을 안전하게 사고팔 수 있습니다.

- **적용 예시**

디지털 아트 소유권 증명: 유명 화가가 자신의 디지털 그림을 NFT로 발행한다. 이 NFT를 구매한 사람은 그 그림의 '진정한 소유자'임을 블록체인 기록을 통해 전 세계에 투명하게 증명할 수 있다. 마치 현실에서 명화의 진품 증명서를 가지는 것과 같다. 이 NFT는 위변조가 불가능하며, 언제 누구에게 거래되었는지 기록이 남아 투명하게 확인할 수 있다.

13.2. 부동산 소유권 이전의 새로운 방식: LLC와 NFT

NFT를 이용해 실제 부동산의 소유권을 이전하겠다는 아이디어는 매우 혁신적이지만, 곧바로 현실의 법적 장벽에 부딪힌다. 대부분의 국가에서 부동산 소유권 이전은 국가가 관리하는 등기 시스템에 공식적으로 기록되어야만 법적 효력을 인정받기 때문이다. 단순히 개인 간에 NFT를 주고받는 것만으로는, 현행법상 실제 소유권이 이전되었다고 주장하기 어렵다.

이러한 법적 공백을 극복하기 위해, 시장의 개척자들은 매우 영리하고 실용적인 우회로를 찾아냈다. 바로 '유한책임회사(LLC, Limited Liability Company)'라는 법적 실체를 활용하는 'LLC 래퍼(Wrapper)' 모델이다. 이는 부동산 자체를 직접 토큰화하는 대신, 부동산을 소유한 '회사'의 소유권을 토큰화하는 방식이다.

이 방식의 절차는 다음과 같다. 먼저, 거래하려는 부동산 하나만을 자산으로 소유하는 새로운 유한책임회사(LLC)를 설립한다. 이 LLC는 오직 해당 부동산의 소유 및 관리를 목적으로 하는 특수목적법인(SPC)의 역할을 한다. 그리고 해당 부동산의 소유권 등기를 개인 명의에서 이 새로 설립된 LLC의 명의로 이전한다.

다음 단계가 핵심이다. 이 LLC의 소유권 또는 멤버십 지분 전체를 증명하는 권리 증서를 단 하나의 'NFT'로 발행한다. 즉, 이 NFT는 '특정 부동산을 소유한 LLC의 주인임'을 증명하는 디지털 증서가 되는 것이다.

이제 이 부동산을 매매하는 과정은 완전히 달라진다. 전통적인 방식처럼 복잡한 부동산 매매 계약서를 작성하고 등기소에 가서 소유권 이전 등기를 신청하는 대신, 매도인은 자신이 가진 'LLC 소유권 NFT'를 매수인의 디지털 지갑으로 전송한다. 매수인은 그 대가로 약속된 암호화폐나 법정화폐를 매도인에게 지급한다.

법적으로 볼 때, 부동산 자체의 소유주는 계속해서 'LLC'로 동일하게 유지된다. 바뀐 것은 그 LLC를 100% 소유한 '주인'뿐이다. 이는 마치 회사를 사고파는 M&A와 유사한 구조다. 이처럼 법적인 트릭을 통해, 현행 부동산 등기법을 우회하면서도 실질적인 소유권을 이전하는 효과를 거두는 것이다.

이 LLC-NFT 모델의 장점은 명확하다. 첫째, '거래의 간소화와 속도 향상'이다. 복잡한 서류 작업과 관료적인 행정 절차가, 블록체인 상의 단순한 토큰 전송으로 대체된다. 이론적으로는 단 몇 분 만에도 수십억 원짜리 부동산의 소유권을 이전하는 것이 가능해진다.

둘째, '비용 절감'이다. 등기 이전 과정에 수반되는 각종 세금(일부 국가)과 법무 비용을 크게 줄일 수 있다. 또한, 중개인의 역할을 최소화하여 거래 수수료를 절감하는 효과도 있다.

셋째, '투명성과 보안성'이다. 모든 거래 과정과 소유권 이전 기록은 블록체인에 투명하게 기록되어 누구나 검증할 수 있으며, 위변조가 불가능하다. 이는 거래 사기의 위험을 크게 줄여 준다.

이러한 방식이 처음으로 현실화된 것은 2022년 2월, 미국 플로리다 주 걸프포트(Gulfport)에서였다. 한 주택이 NFT 경매를 통해 약 65만 3천 달러에 판매되었는데, 이것이 바로 LLC-NFT 모델을 활용한 미국 내 최초의 실물 부동산 NFT 거래 사례로 기록되었다. 이 성공 사례는 NFT가 더 이상 추상적인 개념이 아닌, 실제 부동산 거래를 위한 실용적인 도구가 될 수 있음을 시장에 증명했다.

물론 이 방식에도 여전히 해결해야 할 과제는 있다. LLC를 설립하고 관리하는 데 따른 법적, 행정적 비용이 발생하며, 각 국가와 지역의 법률에 따라 적용 가능 여부가 달라질 수 있다. 또한, NFT 거래에 익숙하지 않은 일반 대중에게는 여전히 생소하고 어렵게 느껴질 수 있다.

하지만 LLC-NFT 모델은 현행법의 제약 속에서 혁신을 구현하려는 창의적인 시도라는 점에서 큰 의미를 가진다. 이는 기술이 법을 어떻게 만나고, 현실의 문제를 어떻게 해결해 나가는지를 보여 주는 흥미로운 사례이며, 미래의 디지털 부동산 거래 시스템이 어떤 모습일지에 대한 중요한 단서를 제공한다.

LLC와 NFT를 활용한 부동산 소유권 이전 방식의 혁신 및 그 의미

LLC와 NFT를 결합한 이 방법은 법적 문제를 해결하면서 부동산 거래의 효율성을 높입니다.

- LLC 설립: 거래 대상 부동산의 소유권을 개인이 아닌 새로 설립한 LLC로 이전합니다.
- NFT 발행: 이 LLC의 소유권을 나타내는 증서를 NFT로 발행합니다.
- 거래 간소화: 부동산을 매매할 때, 복잡한 등기 절차를 거치지 않고 이 NFT를 구매자의 디지털 지갑으로 이전합니다.

이러한 접근법은 부동산 거래를 단순화하고, 금융 상품처럼 유동성을 갖게 합니다.

예를 들어, '강남의 A 아파트'를 판매한다고 가정해 봅시다.

- 기존 방식: 매도인과 매수인이 계약을 체결하고, 법무사를 통해 등기 이전을 진행합니다. 이 과정은 수많은 서류 작업과 비용, 시간이 소요됩니다.
- 혁신 방식
  1. 'A 아파트'를 소유한 'A 아파트 LLC'를 설립합니다.
  2. 'A 아파트 LLC'의 소유권을 증명하는 NFT를 발행합니다.
  3. 구매자는 이 NFT를 구매합니다.
  4. NFT가 구매자의 디지털 지갑으로 옮겨지면, 구매자는 'A 아파트 LLC'의 주인이 되고, 아파트 소유권을 얻습니다.

NFT를 이용하면, 부동산 거래가 마치 주식 거래처럼 간단해져 부동산 시장에 새로운 금융 혁신을 가져올 수 있습니다.

- **적용 예시**

상황: 철수가 자신의 아파트를 영희에게 팔고 싶어 한다.

- 새로운 LLC 설립: 철수는 아파트를 소유할 '철수부동산LLC'라는 새로운 회사를 만든다. 아파트 소유권은 이 LLC로 이전된다.
- NFT 발행: 철수는 이 '철수부동산LLC'의 소유권을 나타내는 특별한 NFT(디지털 증서)를 발행한다.
- 거래: 영희는 아파트 자체를 사는 것이 아니라, '철수부동산LLC'의 소유권을 상징하는 이 NFT를 철수로부터 자신의 디지털 지갑으로 받는다.

결과적으로, 복잡한 부동산 등기 절차 없이, NFT 이전만으로 아파트 소유권이 간편하게 영희에게 넘어간다.

13.3. STO와 NFT의 차이점

부동산을 디지털 자산화한다는 큰 틀에서 STO(증권형 토큰)와 NFT는 유사해 보이지만, 그 본질적인 성격과 목적, 그리고 활용 방식에는 명확한 차이가 존재한다. 이 둘의 차이점을 이해하는 것은 자신의 투자 목적에 맞는 올바른 도구를 선택하기 위한 필수적인 과정이다. 이는 마치 주식 투자와 부동산 직접 투자의 차이를 이해하는 것과 같다.

가장 근본적인 차이는 '대체 가능성(Fungibility)'에 있다. STO에서 발행되는 토큰(증권형 토큰)은 기본적으로 '대체 가능한(Fungible)' 성격을 가진다. 이는 내가 가진 A빌딩의 토큰 1개와 당신이 가진 A빌딩의 토큰 1개가 동일한 가치와 권리를 가지며, 서로 맞교환이 가능하다는 의미이다. 이는 여러 사람이 하나의 자산에 대한 지분을 나누어 갖는 '분할 소유(Fractional Ownership)'를 위해 설계되었기 때문이다.

반면, NFT는 이름 그대로 '대체 불가능한(Non-Fungible)' 성격을 가진다. 세상에 단 하나뿐인 고유한 토큰으로, B빌딩을 나타내는 NFT와 C빌딩을 나타내는 NFT는 전혀 다른 별개의 자산이다. NFT는 자산의 지분을 나누는 것이 아니라, 자산 '전체'에 대한 유일무이한 소유권 하나를 증명하기 위해 설계되었다.

이러한 특징은 두 기술의 주요 목적과 활용 사례의 차이로 이어진다. STO의 핵심 목적은 '자산의 유동화와 투자 접근성 확대'에 있다. 고가의 비유동성 자산을 잘게 쪼개어, 다수의 소액 투자자들이 참여할 수 있는 '금융 투자 상품'을 만드는 것이 목표다. 투자자들은 주로 임대수익(배당)이나 시세차익과 같은 재무적 수익을 기대하며, 자본시장법의 규제를 받는다. 따라서 STO는 '투자'의 관점에 더 가깝다.

이에 반해, NFT의 핵심 목적은 '고유 자산의 소유권 증명과 거래 간소화'에 있다. NFT는 투자 상품이라기보다는 '디지털 등기부등본'이나 '소유권 증서'의 역할에 더 가깝다. NFT를 통해 부동산을 거래하는 것은, 지분 투자가 아닌 해당 부동산 전체를 사고파는 '실물 거래'의 성격을 가진다. 물론 시세차익을 목적으로 NFT 부동산을 거래할 수도 있지만, 그 본질은 소유권 자체의 이전에 있다.

투자 단위와 대상에서도 차이가 나타난다. STO는 보통 하나의 자산을 수백만, 수천만 개의 작은 단위(예: 1토큰 = 5,000원)로 나누어 다수의 대중에게 판매한다. 반면, 부동산 NFT는 보통 하나의 자산 전체를 단 하나의 NFT로 발행한다. 따라서 NFT를 구매하기 위해서는 해당 부동산의 전체 가격을 지불해야 하므로, 여전히 거액의 자금이 필요하다.

이를 비유적으로 설명하자면, STO는 하나의 큰 피자(빌딩)를 여러 조각으로 나누어 판매하는 것과 같다. 당신은 피자 한 조각을 사서 그 맛(수익)을 즐길 수 있다. 반면, NFT는 피자 한 판 전체를 통째로 주문하고, 그 피자가 당신의 것임을 증명하는 단 하나의 영수증을 받는 것과 같다.

법적 규제 측면에서도 다른 접근이 필요하다. STO는 명백한 '증권'이므로 발행과 유통 전 과정에서 자본시장법과 같은 증권 관련법의 엄격한 규제를 준수해야 한다. 발행 주체, 공시 의무, 투자자 보호 장치 등이 모두 법의 통제를 받는다.

NFT의 법적 지위는 아직 명확하게 확립되지 않은 부분이 많다. 단순한 수집품이나 소유권 증서로 본다면 증권법의 규제를 받지 않을 수 있지만, NFT를 여러 개로 분할하여 판매하는 '분할 NFT(Fractional NFT)'의 경우, 이는 사실상 STO와 유사한 투자 계약으로 간주되어 증권법의 규제 대상이 될 수 있다. 이처럼 NFT의 구체적인 구조와 판매 방식에 따라 법적 성격이 달라질 수 있어, 투자 시 세심한 주의가 필요하다.

결론적으로 STO와 NFT는 서로 경쟁하는 기술이 아니라, 각기 다른 목적을 가진 상호 보완적인 도구다. 소액으로 분산 투자를 통해 안정적인 수익을 얻고 싶다면 STO가 적합한 선택일 것이다. 반면, 특정 부동산 전체를 소유하고 그 거래 과정을 혁신적으로 간소화하고 싶다면 NFT가 더 강력한 솔루션이 될 수 있다. 이 두 가지 기술의 발전은 부동산 자산을 활용하는 우리의 선택지를 더욱 풍부하게 만들어 주고 있다.

STO와 NFT의 유사성과 근본적인 차이점

부동산을 디지털 자산으로 전환하는 방식에는 STO(Security Token Offering)와 NFT(Non-Fungible Token)가 있습니다. 이 둘은 비슷해 보이지만, 근본적인 차이가 존재합니다.

1. STO(증권형 토큰)
- 주요 특징: STO는 '증권'입니다. 투자 수익(배당, 이자 등)을 목적으로 자본 시장의 규제를 받습니다. 하나의 자산을 여러 개의 동일한 토큰으로 나누어 발행하는 대체 가능(Fungible)한 성격을 가집니다.
- 부동산 금융 적용 예시: 특정 건물의 수익 지분을 쪼개어 토큰으로 발행합니다. 투자자는 이 토큰을 구매하여 건물에서 발생하는 임대료나 매각 차익에 대한 권리를 갖게 됩니다. 예를 들어, 100억 원짜리 건물을 10만 개의 STO 토큰으로 나누면, 각 토큰은 건물 수익의 10만 분의 1에 대한 권리를 나타냅니다. 토큰을 많이 가질수록 더 큰 수익 지분을 얻습니다.

2. NFT(대체 불가능 토큰)
- 주요 특징: NFT는 '고유성'과 '소유권 증명'에 중점을 둡니다. 각 토큰이 고유하며, 다른 토큰으로 대체할 수 없는 대체 불가능(Non-Fungible)한 성격을 가집니다.
- 부동산 금융 적용 예시: NFT는 건물의 '완전한 소유권'을 나타내는 데 사용됩니다. 예를 들어, 한 건물을 통째로 하나의 NFT로 발행합니다. 이 NFT를 소유한 사람은 해당 건물의 소유주가 되며, 이 NFT를 거래하는 것은 곧 건물 자체의 소유권을 이전하는 것과 같습니다. NFT는 건물의 등기부등본 역할을 하는 디지털 증명서인 셈입니다.

STO는 건물의 수익 지분을 쪼개어 투자하는 방식에 적합하고, NFT는 건물 자체의 소유권을 증명하고 이전하는 방식에 적합합니다.

- **적용 예시**

- STO(증권형 토큰): 부동산을 쪼개서 판다고 생각해 보자. 예를 들어, 100억짜리 빌딩이 있는데, 이걸 1억 원씩 100명에게 팔아서 수익(월세, 시세차익 등)을 나눠 가진다. 투자자들은 '지분'을 가진 것이고, 자본시장법 규제를 받는다. 여러 사람이 함께 빌딩 수익을 공유하는 방식이다.
- NFT(대체 불가능 토큰): 빌딩 그림이나 예술품 자체를 통째로 산다고 생각하면 쉽다. 예를 들어, 어떤 화가가 그린 디지털 그림을 NFT로 만들어서 팔면, 그 그림은 세상에 하나뿐이고 오직 당신만의 소유가 된다. 수익 공유가 아니라, 그 '고유한 것' 자체에 대한 완전한 소유권을 갖는 방식이다.

14장

사례 연구: 프로피(Propy) - 실제 집을 NFT로 팔다

프로피
부동산 거래 간소화
및 NFT 발행

시티다오
DAO 기반 도시 운영 및
시민권 NFT

부동산 거래를 간소화하고 도시 운영을 혁신하는 데 어떤 접근 방식을 사용할까요?
(What Approaches Will We Take to Streamline Real Estate Transactions and
Transform Urban Operations?)

이론이 현실을 만날 때 혁신은 생생한 생명력을 얻는다. NFT를 이용해 실제 부동산을 거래하겠다는 다소 공상과학처럼 들렸던 아이디어를, 가장 먼저 현실 세계의 비즈니스로 구현해 낸 개척자가 바로 '프로피(Propy)'다. 프로피는 블록체인 기술을 활용하여 국경을 초월하는 부동산 거래 플랫폼을 구축하고, 세계 최초로 실제 주택을 NFT로 판매하는 데 성공하며 역사를 만들었다. 프로피의 사례는 NFT 기반 부동산 거래가 어떻게 작동하며, 어떤 문제들을 해결할 수 있는지 구체적으로 보여 주는 가장 중요한 참고서다.

14.1. 비즈니스 모델: 부동산 거래 절차의 간소화

프로피의 창업자 나탈리아 카라야네바(Natalia Karayaneva)는 부동산 개발자로서, 국가마다 다르고 복잡하며 사기 위험이 높은 국제 부동산 거래의 비효율성을 직접 경험했다. 그녀는 블록체인 기술이 이러한 문제들을 해결하고, 마치 아마존에서 책을 사듯 쉽게 국경을 넘어 부동산을 거래할 수 있는 세상을 만들 수 있다고 믿었다. 이 비전에서 프로피의 비즈니스 모델이 탄생했다.

프로피의 핵심 목표는 '부동산 거래 절차의 자동화 및 간소화'다. 전통적인 부동산 거래는 매물 검색, 계약 협상, 서류 작업, 법률 검토, 대금 지급, 등기 이전 등 수많은 단계와 이해관계자들이 얽혀 있는 복잡한 과정이다. 프로피는 이 모든 과정을 하나의 블록체인 기반 플랫폼 위로 옮겨 와, 투명하고 효율적으로 처리하는 것을 목표로 한다.

프로피 플랫폼의 작동 방식은 13장에서 설명한 'LLC-NFT 모델'을 기반으로 한다. 먼저, 판매하려는 부동산의 소유권을 해당 부동산만을 자산으로 하는 유한책임회사(LLC)로 이전한다. 그리고 이 LLC의 소유권을 증명하는 문서를 NFT로 발행(민팅)한다. 이 NFT는 단순한 이미지 파일이 아니라, 해당 부동산의 주소, 면적, 법적 서류 등 모든 중요한 정보가 담겨 있는 '디지털 자산 패키지'의 역할을 한다.

다음으로, 이 NFT는 프로피 플랫폼의 경매 시스템을 통해 판매된다. 잠재적 구매자들은 전 세계 어디에서든 이 경매에 참여할 수 있으며, 법정화폐 또는 암호화폐(주로 이더리움)로 입찰할 수 있다. 경매 과정은 블록체인에 투명하게 기록되므로, 모든 입찰 내역을 누구나 실시간으로 확인할 수 있어 공정성이 보장된다.

경매가 종료되고 최종 낙찰자가 결정되면, 거래의 마지막 단계가 스마트 계약을 통해 자동화된다. 구매자가 낙찰 대금을 에스크로(Escrow) 계정으로 보내면, 스마트 계약은 이를 확인하고 판매자의 LLC 소유권 NFT를 구매자의 디지털 지갑으로 자동으로 전송한다. 동시에 에스크로에 있던 대금은 판매자에게 지급된다. 이 모든 과정이 거의 동시에 일어나므로, 대금을 떼이거나 소유권을 이전받지 못할 위험이 사라진다.

프로피는 이 과정에 필요한 모든 법률 문서(매매 계약서, 소유권 이전 증서 등)를 표준화된 템플릿으로 제공하며, 거래 당사자들은 플랫폼 내에서 전자 서명을 통해 모든 서류 작업을 완료할 수 있다. 이 문서들 역시 블록체인에 암호화되어 저장되므로, 위변조가 불가능하고 영구적으로 보관된다.

프로피의 비즈니스 모델이 제공하는 가치는 명확하다. 첫째, '접근성'이다. 구매자와 판매자는 지리적 위치에 구애받지 않고 글로벌 시장에 접근할 수 있다. 둘째, '투명성'이다. 모든 입찰 과정과 거래 기록이 블록체인에 공개되어 신뢰를 높인다. 셋째, '속도와 효율성'이다. 수개월이 걸리던 거래 과정을 며칠, 심지어 몇 시간 만에 완료할 수 있다. 넷째, '비용 절감'이다. 중개 수수료, 서류 작업 비용, 에스크로 비용 등 각종 거래 비용을 크게 줄일 수 있다.

물론, 프로피의 모델이 모든 문제를 해결한 것은 아니다. 여전히 각 국가의 부동산 등기 시스템과 법률에 맞춰 LLC를 설립하고 소유권을 이전하는 과정은 필요하며, 이는 변호사와 같은 전문가의 도움을 받아야 한다.

하지만 프로피는 블록체인이라는 새로운 기술을 활용하여, 기존의 복잡하고 폐쇄적인 부동산 거래 방식을 어떻게 더 개방적이고 사용자 친화적으로 바꿀 수 있는지에 대한 구체적인 청사진을 제시했다. 이는 단순한 아이디어를 넘어, 실제 작동하는 비즈니스로 증명되었다는 점에서 큰 의미를 가진다.

블록체인 기반 부동산 거래 플랫폼

부동산 소유권의 디지털화와 유동화
부동산금융론에서 중요한 것은 자산의 유동성입니다. 전통적인 부동산 거래는 복잡한 서류 작업과 긴 절차로 인해 비유동적입니다. 이 문제점을 블록체인 기술이 해결합니다.

- NFT를 통한 소유권 분할: 사진의 내용처럼, Propy(프로피)는 부동산 소유권을 LLC(유한책임회사) 증서에 담고, 이 증서를 NFT로 만듭니다. 이렇게 하면 부동산이라는 실물 자산을 디지털 자산으로 변환할 수 있습니다.
- 거래의 간소화: 구매자는 법정화폐나 암호화폐로 대금을 지불하고, 소유권 정보가 담긴 NFT를 디지털 지갑으로 전송받습니다. 기존의 복잡한 등기 절차 대신, 간단한 블록체인 기록으로 소유권 이전이 완료됩니다.

예를 들어, 50억 원짜리 아파트가 있다고 가정해 봅시다.
1) NFT 발행: 이 아파트의 소유권을 5만 개의 NFT로 쪼개서 발행합니다.
2) 소액 투자: 투자자들은 1개당 10만 원의 NFT를 매수하여 아파트의 부분 소유권을 갖게 됩니다.
3) 유동성 확보: 기존에는 50억 원이 있어야만 아파트에 투자할 수 있었지만, 이제는 10만 원으로도 가능해집니다. 이 NFT는 주식처럼 거래소에서 쉽게 사고팔 수 있어 유동성이 매우 높아집니다.
4) 임대 수익 분배: 아파트에서 발생하는 임대 수익은 NFT 소유 비율에 따라 자동으로 분배될 수 있습니다.

블록체인 기술과 NFT는 부동산 소유권을 디지털화하고 분할하여, 소액으로도 부동산에 투자할 수 있는 새로운 부동산 금융 상품을 만들어 냅니다.

- **적용 예시**

김씨가 블록체인 기반 플랫폼인 프로피를 통해 박씨의 아파트를 구매한다고 가정해 보자.

- 소유권 NFT 발행: 박씨의 아파트 소유권 증명서는 NFT(대체 불가능 토큰) 형태로 발행되어 블록체인에 기록된다.
- 거래: 김씨는 원화나 암호화폐로 대금을 지불하고, 아파트 소유권 정보가 담긴 NFT를 자신의 디지털 지갑으로 전송받는다.
- 투명한 기록: 이 모든 거래 과정은 블록체인에 투명하게 기록되어 거래의 신뢰성을 높인다.

결과적으로, 프로피는 복잡한 부동산 등기 절차 없이, 소유권이 NFT 형태로 디지털화되어 간편하고 투명하게 거래되는 것을 가능하게 한다.

14.2. 주요 거래 사례: 우크라이나에서 플로리다까지

프로피의 혁신적인 비전은 몇 차례의 상징적인 실제 거래를 통해 전 세계에 그 존재감을 알렸다. 이들의 여정은 단순히 기술을 과시하는 것을 넘어, 실제 법적 효력을 가진 부동산 거래를 블록체인 상에서 완결했다는 점에서 중요한 의미를 가진다.

프로피의 첫 번째 역사적인 거래는 2017년 9월, 우크라이나의 수도 키이우에서 이루어졌다. 이 거래의 주인공은 실리콘밸리의 상징적인 인물이자 테크크런치(TechCrunch)의 창업자인 마이클 애링턴(Michael Arrington)이었다. 그는 자신이 소유하고 있던 키이우의 아파트를 프로피 플랫폼을 통해 판매했고, 이는 세계 최초로 블록체인을 통해 실제 부동산 소유권이 이전된 사례로 기록되었다. 당시 거래는 이더리움과 스마트 계약을 통해 이루어졌으며, 전체 과정은 단 몇 시간 만에 완료되었다. 이 사건은 월스트리트 저널 등 주요 외신에 대서특필되며, 블록체인 부동산의 가능성을 알리는 신호탄이 되었다.

하지만 당시의 거래는 아직 완전한 NFT 모델이라기보다는, 스마트 계약을 통해 거래 과정을 자동화하는 데 초점을 맞춘 초기 형태였다. 프로피가 13장에서 설명한 LLC-NFT 모델을 완성하여 진정한 의미의 '부동산 NFT' 거래를 성공시킨 것은 2022년 2월, 미국 플로리다 주에서였다.

플로리다 주 걸프포트(Gulfport)에 위치한 한 스페인풍의 주택이 프로피의 NFT 마켓플레이스에서 경매에 부쳐졌다. 이 주택은 사전에 LLC 명의로 소유권이 이전되었고, 이 LLC의 소유권이 단 하나의 NFT로 발행되었다. 2월 8일에 시작된 경매는 4일간 진행되었으며, 전 세계의 투자자들이 참여하여 치열한 경쟁을 벌였다.

최종적으로 이 주택 NFT는 210 ETH(당시 시세로 약 65만 3천 달러)에 한 여성 투자자에게 낙찰되었다. 이는 미국 역사상 최초로, 실제 주택이 NFT 형태로 거래된 사례가 되었다. 이 거래의 전 과정, 즉 입찰 내역, 최종 낙찰가, 소유권 이전 기록 등은 모두 블록체인에 투명하게 기록되어 누구나 확인할 수 있다.

이 거래가 성공한 후, 낙찰자인 레슬리 알렉산드라(Leslie Alessandra)는 언론과의 인터뷰에서 "전통적인 부동산 거래 방식은 불투명하고 비효율적이라고 항상 느껴왔다"며, "NFT 경매 방식은 모든 입찰 과정을 투명하게 공개하여 공정성과 신뢰도가 높았고, 단 며칠 만에 모든 절차가 완료되는 속도에 매우 만족했다"고 밝혔다. 이는 NFT 기반 거래 방식이 실제 사용자에게 어떤 가치를 제공하는지를 명확하게 보여 주는 증언이다.

이 성공 이후, 프로피는 미국 콜로라도, 캘리포니아 등 다른 주에서도 유사한 방식의 부동산 NFT 거래를 계속해서 성공시키며 자신들의 비즈니스 모델을 확장해 나가고 있다. 이들은 단순히 거래 플랫폼을 제공하는 것을 넘어, 부동산 중개인들이 NFT 거래 전문가가 될 수 있도록 교육하는 '웹3.0 인증 과정'을 운영하는 등 생태계 확장에도 힘쓰고 있다.

우크라이나의 아파트에서 시작하여 플로리다의 주택에 이르기까지, 프로피의 여정은 불가능해 보였던 아이디어가 어떻게 현실이 되는지를 보여 주는 생생한 역사다. 이들의 도전은 전 세계의 규제 당국과 법률가, 그리고 부동산 전문가들에게 '디지털 소유권'의 미래에 대한 진지한 고민을 던지고 있으며, 부동산 거래의 패러다임이 바뀔 날이 머지않았음을 예고하고 있다.

NFT로 집을 사고파는 시대: 프로피가 연 부동산 거래의 새로운 장

부동산을 소액으로 투자할 수 있게 됩니다. 고가의 부동산을 여러 개의 NFT로 나누어 판매할 수 있기 때문입니다. 이는 자산 유동성을 높입니다.
예를 들어, 10억 원짜리 아파트를 1만 개의 NFT로 나누면, 한 개의 NFT는 10만 원이 됩니다. 투자자는 적은 금액으로도 부동산에 간접적으로 투자할 수 있습니다.

1. NFT와 전통적 금융의 비교
전통적인 부동산 거래는 복잡합니다. 등기, 중개 수수료, 세금 등 여러 절차가 필요합니다. 이는 시간과 비용을 많이 소모합니다. 반면, NFT를 활용한 거래는 간편합니다. 블록체인 상에서 모든 소유권 변동이 기록됩니다. 위변조가 불가능하여 보안성이 높습니다. 중간 단계가 생략되어 거래 비용이 절감됩니다.

2. 미래 전망
부동산 NFT는 부동산 금융 시장에 큰 변화를 가져올 것입니다. 개인 투자자의 참여 기회를 확대하고, 거래 방식을 혁신할 것입니다. 부동산 자산의 민주화가 현실이 될 수 있습니다.

• 적용 예시

프로피(Propy)라는 회사가 우크라이나 키이우의 아파트를 시작으로, 미국 플로리다 주택까지 NFT로 거래하여 실제 부동산을 NFT로 사고파는 새로운 시대를 열었다. 이 방식은 경매 기록을 투명하게 공개하여 공정성과 신뢰도를 높이는 장점이 있다.

14.3. 또 다른 시도: 시티다오(CityDAO)

프로피가 개별 부동산의 '거래' 방식을 혁신하는 데 초점을 맞추었다면, 한 걸음 더 나아가 부동산, 특히 토지를 기반으로 '거버넌스(Governance)' 자체를 혁신하려는 더 급진적이고 야심 찬 실험도 등장했다. 바로 '시티다오(CityDAO)' 프로젝트다. 이는 블록체인 시대의 새로운 조직 형태인 '다오(DAO, Decentralized Autonomous Organization)'를 통해, 토지를 공동으로 소유하고 그 운영 방식을 민주적으로 결정하려는 전례 없는 시도다.

다오(DAO)는 중앙의 리더나 위계질서 없이, 사전에 코딩된 규칙(스마트 계약)과 구성원들의 투표에 의해 운영되는 탈중앙화된 자율 조직을 말한다. 모든 의사결정은 블록체인 상에서 투명하게 이루어지며, 조직의 자산 역시 다오의 스마트 계약(트레저리)에 의해 통제된다. 이는 전통적인 주식회사 모델을 대체할 수 있는 미래의 조직 형태로 주목받고 있다.

시티다오 프로젝트는 이러한 다오의 개념을 '도시 건설'이라는 현실 세계의 목표와 결합했다. 이들의 비전은 "블록체인 위에 도시를 건설하는 것(Building a city on the blockchain)"이다. 이를 위해 이들은 먼저 실제 땅을 소유해야 했고, 그 무대로 미국 와이오밍 주를 선택했다.

와이오밍 주가 선택된 이유는, 이곳이 미국에서 가장 암호화폐와 블록체인에 친화적인 법률 환경을 가진 곳이기 때문이다. 특히 2021년, 와이오밍 주는 세계 최초로 다오(DAO)를 유한책임회사(LLC)와 동등한 법적 실체로 인정하는 법안을 통과시켰다. 이는 시티다오가 법적인 보호를 받으며 현실 세계에서 토지를 매입하고 자산을 소유할 수 있는 길을 열어 주었다.

시티다오는 2021년, 자금 조달을 위해 '시민권 NFT(Citizen NFT)'를 판매하기 시작했다. 이더리움으로 판매된 이 NFT는 단순히 수집용 그림이 아니라, 시티다오의 '시민'이 되어 다오의 운영에 참여할 수 있는 '의결권'을 의미했다. 전 세계 수천 명의 사람들이 이 비전에 공감하여 NFT를 구매했고, 시티다오는 이를 통해 상당한 자금을 확보하는 데 성공했다.

그리고 그해 11월, 시티다오는 이 자금으로 와이오밍 주 북서부에 위치한 40에이커(약 16만 제곱미터, 약 4만 8천 평)의 토지를 실제로 매입했다. 이는 다오가 집단적으로 자금을 모아 현실 세계의 토지를 소유한 역사상 최초의 사례가 되었다. 이 땅은 이제 특정 개인이나 회사의 소유가 아니라, 전 세계에 흩어져 있는 수천 명의 '시민권 NFT' 보유자들의 공동 소유가 된 것이다.

이제 시티다오의 시민들은 이 땅을 어떻게 개발하고 활용할 것인지에 대한 모든 의사결정에 참여한다. 토지 이용 계획, 인프라 건설, 거버넌스 규칙 제정 등 모든 안건은 다오의 온라인 포럼에서 논의된 후, NFT 보유자들의 투표를 통해 결정된다. 1 NFT 당 1표의 의결권을 가지며, 모든 투표 과정과 결과는 블록체인에 투명하게 기록된다.

이는 국경과 물리적 위치를 넘어, 인터넷에 연결된 누구나 특정 토지의 공동 소유주이자 도시 운영의 주체가 될 수 있는 새로운 형태의 '디지털 민주주의' 실험이다. 물론, 이 실험이 성공할지는 아직 미지수다. 수천 명의 다양한 의견을 조율하여 효율적인 의사결정을 내리는 것은 매우 어려운 일이며, 가상의 거버넌스가 현실 세계의 복잡한 문제들을 어떻게 해결해 나갈 수 있을지에 대한 수많은 도전과제가 남아 있다.

하지만 시티다오의 시도는 NFT와 다오가 단순히 자산의 거래를 넘어, '공동체의 소유와 자치'라는 더 근본적인 영역까지 혁신할 수 있는 잠재력을 가졌음을 보여 준다. 이는 부동산의 미래가 단순히 기술의 효율성을 높이는 것을 넘어, 우리가 함께 살고 소유하는 공간을 어떻게 조직하고 운영할 것인가에 대한 철학적인 질문을 던지고 있다.

NFT 기반 시민권 판매: 자금 조달 방식의 혁신

1. 새로운 자금 조달 방식과 소유권의 변화

부동산 개발에 필요한 자금을 모으는 방식이 혁신적으로 바뀌고 있습니다. 기존에는 은행 대출이나 공모 펀드를 통해 자금을 조달했다면, 시티다오(CityDAO)의 사례는 NFT(Non-Fungible Token)를 활용한 새로운 자금 조달 방법을 보여 줍니다.

- 자금 조달: 시티다오가 NFT를 판매해 자금을 모았습니다. 이는 부동산 개발 프로젝트의 초기 자금을 크라우드 펀딩처럼 다양한 참여자로부터 쉽게 확보하는 방법입니다. 기존의 복잡한 금융 절차를 거치지 않고도 자본을 유치할 수 있습니다.
- 소유권 분할 및 유동화: 시티다오의 '시민권' NFT는 부동산의 소유권을 분할하고 유동화하는 역할을 합니다. 즉, 하나의 토지를 수많은 NFT로 쪼개서 팔고, 이 NFT를 가진 사람이 소유주가 되는 것입니다. 이는 비싼 부동산을 소액으로도 쉽게 소유할 수 있게 해 자산의 유동성을 크게 높여 줍니다.

2. 거버넌스와 의사결정 방식의 혁신

부동산 개발 프로젝트의 의사결정 방식도 탈중앙화되고 있습니다.

- 의사결정 참여 확대: NFT를 소유한 '시민'들은 DAO(탈중앙화 자율 조직)를 통해 토지 이용 계획 등 중요한 결정에 직접 투표할 수 있습니다.
- 투명한 운영: 이러한 거버넌스 모델은 프로젝트의 운영 주체가 특정 소수가 아닌, 다수의 참여자로 구성되도록 해 투명성과 공정성을 높이는 효과를 줍니다. 마치 주식 회사의 주주들이 의사결정에 참여하는 것처럼, NFT를 가진 사람들이 부동산의 미래를 결정하는 구조입니다.

예를 들어, 한 대규모 개발 프로젝트를 진행할 때, 프로젝트의 일부 지분을 NFT로 만들어 판매하는 방식입니다. 이 NFT를 구매한 사람들은 작은 단위의 소유권을 가지게 되며, 해당 프로젝트에 대한 계획을 세울 때 직접 의견을 내거나 투표를 통해 참여할 수 있습니다. 이는 기존에 몇몇 투자자나 개발업체에 의해 좌우되던 부동산 개발 사업에 누구나 참여할 수 있는 길을 열어 주는 것입니다.

• 적용 예시

CityDAO는 미국 와이오밍 주에서 부동산을 기반으로 웹 3.0 시대의 새로운 도시를 건설하려는 프로젝트다. 이들은 세계 최초로 DAO(탈중앙화 자율 조직)를 LLC(유한 책임 회사)로 인정한 와이오밍 주의 법을 기반으로 설립되었다.

- 자금 조달 방식의 혁신: CityDAO는 '시민권'을 NFT 형태로 판매하여 자금을 모았고, 이 자금으로 실제 와이오밍 주의 토지를 매입했다.
- 새로운 형태의 거버넌스: NFT를 보유한 '시민'들은 토지 이용 계획 등 DAO의 모든 의사결정에 투표로 참여한다. 이는 국경을 넘어 누구나 토지의 공동 소유자이자 도시의 운영 주체가 될 수 있는 새로운 형태의 거버넌스 실험이다.

CityDAO는 NFT를 팔아 땅을 사고, 그 NFT를 가진 사람들이 도시 운영에 직접 참여하는, 블록체인 기반의 '디지털 도시'를 만드는 프로젝트이다.

15장

메타버스 부동산: 가상 토지에 투자하는 시대

디지털 트윈
현실 복제 및
안정적인 투자 제공

독립 가상 세계
창의적인 투자 및
높은 변동성 제공

어떤 메타버스 부동산 모델이 투자에 더 적합한가?
(Which Metaverse Real Estate Model is Better for Investment?)

지금까지 우리는 현실 세계의 부동산이 어떻게 디지털화되는지를 살펴보았다. 그러나 디지털 혁명은 여기서 멈추지 않는다. 이제는 아예 처음부터 디지털로 태어난 새로운 부동산, 즉 '메타버스(Metaverse) 부동산'이 새로운 투자 자산으로 급부상하고 있다. 수십억 원에 거래되는 가상의 땅, 유명 브랜드들이 앞다투어 입점하는 디지털 쇼핑몰. 누군가에게는 허무맹랑한 거품처럼 보일지 모르지만, 이 현상의 이면에는 Web 3.0 시대의 새로운 경제 논리와 미래 플랫폼에 대한 기대감이 자리 잡고 있다.

15.1. 메타버스 부동산의 두 종류

메타버스(Metaverse)는 '초월'을 의미하는 '메타(Meta)'와 '세상, 우주'를 의미하는 '유니버스(Universe)'의 합성어로, 현실과 같은 사회, 경제, 문화 활동이 이루어지는 3차원의 가상 세계를 의미한다. 이는 단순한 온라인 게임을 넘어, 사용자들이 자신만의 아바타를 통해 다른 사용자들과 소통하고, 콘텐츠를 창조하며, 경제 활동을 영위하는 '또 다른 현실'이다.

이러한 메타버스 속에서, 사용자들이 활동하고 건물을 짓고 이벤트를 여는 공간적 배경이 되는 것이 바로 '메타버스 부동산', 즉 가상의 토지(Virtual Land)다. 이 가상 토지는 그 생성 방식과 현실 세계와의 연관성에 따라 크게 두 가지 종류로 나눌 수 있다.

첫 번째는 '디지털 트윈(Digital Twin) 모델'이다. 이는 현실의 지구를 가상 공간에 1:1 비율로 정밀하게 복제하여, 그 위에 타일을 깔아 가상의 토지로 판매하는 방식이다. 가장 대표적인 예가 '어스 2(Earth 2)' 프로젝트다. 어스 2에서 사용자들은 서울의 강남역 앞, 뉴욕의 타임스퀘어 등 현실 세계의 실제 주소에 해당하는 가상의 땅을 구매할 수 있다.

이 모델의 가치 기반은 '현실 세계의 희소성'에 있다. 현실에서 명당으로 불리는 곳은 가상 세계에서도 비싼 가격에 거래된다. 즉, 현실 부동산의 가치와 명성이 디지털 세계의 가치에 그대로 투영되는 구조다. 투자자들은 미래에 이 가상 세계 위에 증강현실(AR) 레이어가 겹쳐져, 현실과 가상이 연동되는 새로운 서비스가 등장할 것이라는 기대감을 가지고 투자한다. 예를 들어, 어스 2의 강남역 땅 소유주가, 미래에 실제 강남역을 방문하는 사람들의 AR 안경에 광고를 노출하고 수익을 얻는 세상을 상상하는 것이다.

두 번째는 '독립된 가상 세계(Independent Virtual World) 모델'이다. 이는 현실 세계와는 무관하게, 완전히 새로운 규칙과 지형을 가진 독창적인 가상 세계를 창조하는 방식이다. 현재 메타버스 부동산 시장을 주도하고 있는 '디센트럴랜드(Decentraland)'와 '더 샌드박스(The Sandbox)'가 여기에 해당한다.

이 모델의 가치는 현실 세계의 명성이 아닌, 순전히 '가상 세계 내부의 요인'에 의해 결정된다. 즉, 얼마나 많은 사용자들이 해당 메타버스에 접속하는지(트래픽), 어떤 유명 브랜드나 인플루언서가 활동하는지, 어떤 재미있는 콘텐츠와 이벤트가 열리는지 등이 땅값을 결정하는 핵심 요소가 된다. 이는 마치 새로운 도시가 생겨날 때, 사람들이 많이 모이는 중심 상업지구나 광장 주변의 땅값이 비싸지는 것과 같은 원리다.

이 두 모델은 각각 다른 투자 논리를 가진다. 디지털 트윈 모델은 현실 부동산의 가치 변동에 비교적 안정적으로 연동될 가능성이 있는 반면, 독립된 가상 세계 모델은 해당 플랫폼의 성공 여부에 따라 가치가 천정부지로 치솟거나 하루아침에 휴지 조각이 될 수 있는 높은 변동성(High Risk, High Return)을 특징으로 한다. 현재 시장의 관심과 거래량은 후자인 독립된 가상 세계 모델에 압도적으로 집중되어 있으며, Web 3.0 시대의 새로운 경제 생태계가 바로 이곳에서 탄생할 것이라는 기대감이 높다.

현실을 복제할 것인가, 새 세계를 창조할 것인가

메타버스 내 부동산은 투자 자산으로서의 가치 평가와 자금 조달 방식에서 현실 부동산과 유사하면서도 독특한 특징을 가집니다.

1. 가치 평가
- 디지털 트윈 모델은 현실 부동산의 가치를 토대로 평가가 가능합니다. 현실의 땅값을 기준으로 미래 가치를 예측하고 투자를 결정하는 방식입니다.
- 독립된 가상 세계 모델은 해당 플랫폼의 성장성, 이용자 수, 콘텐츠 경쟁력 등이 가치 평가의 주요 요소가 됩니다. 이는 현실의 상업용 부동산이 유동인구, 상권 활성화 정도에 따라 가치가 달라지는 것과 비슷합니다.

2. 자금 조달
- 현실에서 부동산을 담보로 대출을 받듯, 메타버스 내 부동산 또한 NFT(Non-Fungible Token) 형태로 소유권이 증명되어 이를 담보로 금융 상품을 만들거나 유동화할 수 있습니다.
- 이러한 메타버스 부동산을 담보로 한 디파이(DeFi, 탈중앙화 금융) 대출 서비스가 등장하고 있습니다. 이는 현실의 부동산 금융이 블록체인 기술을 만나 새롭게 진화하는 형태입니다.

메타버스 부동산은 현실의 부동산과 유사한 금융 활동을 가능하게 하지만, 그 가치와 투자 방식은 해당 세계의 특성에 따라 다르게 적용됩니다.

- 적용 예시
1. 디지털 트윈 모델: 서울 강남역 인근의 실제 땅을 메타버스 'Earth 2'에서 가상 토지로 구매하여 소유권을 주장하고, 이 가상 토지 위에서 광고판을 설치해 실제 기업의 광고를 유치하여 수익을 창출하는 경우
2. 독립된 가상 세계 모델: 메타버스 '더 샌드박스'에서 나만의 독특한 가상 건물을 짓고, 이 건물 안에서 가상 콘서트를 개최하거나 디지털 아트 전시회를 열어 참여자들에게 입장료를 받아 수익을 얻는 경우

15.2. 수십억 원에 거래되는 가상 토지

메타버스 부동산 시장은 더 이상 소수의 얼리어답터들만이 즐기는 놀이가 아니다. 이미 수십, 수백억 원대의 실제 돈이 오가는 거대한 시장으로 성장했으며, 글로벌 기업과 기관 투자자들까지 뛰어들고 있다. 몇몇 상징적인 거래 사례는 이 시장의 열기를 실감하게 한다.

2021년 11월, 메타버스 개발사 '리퍼블릭 렘(Republic Realm, 현 Everyrealm)'은 더 샌드박스(The Sandbox) 내의 가상 토지 792개를 무려 430만 달러(당시 환율로

약 51억 원)에 매입했다. 이는 당시까지 알려진 메타버스 부동산 거래 사상 최고가로, 시장에 큰 충격을 주었다. 이 회사는 가상 토지를 대량으로 매입하여 개발하고 임대하는 '메타버스 부동산 개발업자'의 역할을 하고 있다.

같은 시기, 디센트럴랜드(Decentraland) 내의 패션 특화 구역인 '패션 스트리트(Fashion Street)'에 위치한 116개의 토지 묶음이 61만 8,000 MANA(당시 시세로 약 243만 달러, 약 29억 원)에 판매되었다. 이곳은 구찌, 돌체앤가바나 등 명품 브랜드들이 가상 매장을 열고 패션쇼를 개최하는 메타버스 속의 '청담동'과 같은 곳으로, 높은 상징성과 트래픽을 자랑한다.

이러한 고가 거래가 일어나는 이유는 무엇일까? 바로 현실 세계와 마찬가지로, 메타버스에도 '입지'의 중요성이 존재하기 때문이다. 사용자들이 많이 모이는 곳, 즉 트래픽이 집중되는 곳의 땅값은 비쌀 수밖에 없다. 글로벌 브랜드들은 바로 이 점을 노리고 메타버스의 목 좋은 곳에 가상 매장(플래그십 스토어)을 열고 있다.

삼성전자는 디센트럴랜드에 '삼성 837X'라는 가상 체험 공간을 열었으며, 세계 최대 투자은행인 JP모건은 '오닉스 라운지(Onyx Lounge)'라는 가상 지점을 개설하여 메타버스 경제에 대한 보고서를 배포하기도 했다. 아디다스, 나이키와 같은 스포츠 브랜드는 가상 운동화를 판매하고, 스눕독(Snoop Dogg)과 같은 유명 래퍼는 자신의 가상 저택 옆 땅을 판매하며 팬들과 소통한다.

이러한 유명 브랜드와 셀러브리티들의 입점은 그 자체로 거대한 마케팅 효과를 낳으며, 수많은 사용자들을 해당 지역으로 끌어들인다. 그러면 그 주변 땅의 가치는 자연스럽게 상승하게 된다. 땅 소유주들은 자신의 땅에 상점, 갤러리, 공연장 등을 짓고 운영하여 수익을 창출하거나, 다른 브랜드에 광고판을 설치하도록 임대하여 임대 수익을 얻을 수도 있다.

또한, 메타버스 플랫폼들은 블록체인 기술을 통해 가상 토지의 총공급량을 제한한다. 예를 들어, 디센트럴랜드의 총 토지(LAND) 개수는 90,601개로 고정되어 있다. 이러한 '디지털 희소성(Digital Scarcity)'은 블록체인에 의해 강제되므로, 플랫폼이 마음대로 땅을 더 만들어 낼 수 없다. 이 희소성이 바로 가상 토지에 실질적인 경제적 가치를 부여하는 근원이다.

결국 메타버스 부동산의 가격은 '희소성'이라는 공급 측면의 요인과, '네트워크 효과(사용자 수, 브랜드 입점, 콘텐츠 활성도)'라는 수요 측면의 요인이 만나 결정된다. 이는 현실 부동산의 가치 결정 원리와 놀라울 정도로 유사하며, 가상 세계가 단순한 게임을 넘어 독자적인 경제 생태계를 구축하고 있음을 보여 주는 증거다.

메타버스 가상 부동산의 현황 및 특징

- 자산으로서의 가치: 메타버스 내 가상 토지는 현실의 토지처럼 고유한 자산 가치를 갖습니다. 희소성을 기반으로 시간이 지남에 따라 가치가 상승하거나 하락할 수 있어, 투자 및 자산 증식의 수단이 됩니다.
- 예시: 더 샌드박스에서 가상 섬 100개가 약 53억 원에 팔린 사례는 가상 부동산이 고가의 자산으로 거래된다는 것을 보여줍니다.

- 시장 규모: 메타버스 부동산 시장은 이미 수조 원대 규모의 거래가 이루어지고 있습니다. 이는 현실의 부동산 시장처럼 자본이 활발하게 유입되는 거대한 금융 시장으로 성장했음을 의미합니다.

- 입지 프리미엄: 현실과 마찬가지로, 메타버스에서도 입지 조건이 부동산 가치를 결정하는 핵심 요소입니다. 유명 브랜드나 인플루언서가 입점한 지역은 유동 인구가 많아지면서 땅값이 더 비싸게 형성됩니다.
- 예시: JP 모건이나 삼성전자 같은 글로벌 기업들이 디센트럴랜드에 가상 지점을 연 것은, 특정 지역의 가치를 높이는 입지 전략입니다.

- 투자 대상: 메타버스 부동산은 개인뿐만 아니라 기관 투자자들에게도 매력적인 투자 상품이 되고 있습니다. 게임 아이템이나 디지털 콘텐츠를 넘어, 실질적인 투자 수익을 기대할 수 있는 금융 상품의 형태로 진화하고 있습니다.

> • 예시: 엑시 인피니티 게임 속 땅이 약 28억 원에 거래된 것은, 게임 속 가상 자산이 현실 세계의 거대한 투자 가치를 가질 수 있음을 보여 줍니다.
>
> 메타버스 부동산은 현실의 금융 이론을 적용할 수 있는 새로운 형태의 부동산 금융 시장으로 볼 수 있습니다.

- 적용 예시
- 투자 및 거래: 실제 수십억 원대 거래가 이루어지고 있으며, 가상 토지나 아이템이 고가에 거래됨. (예: 더샌드박스 가상 섬 100개 430만 달러, 엑시 인피니티 희귀 땅 230만 달러)
- 가치 형성: 현실처럼 유명 브랜드나 인플루언서가 입점했거나 유동인구가 많은 중심가는 땅값이 비쌈.
- 기업 활용: JP모건, 삼성전자 등 글로벌 기업들이 마케팅 및 고객 소통을 위해 디센트럴랜드에 가상 지점을 개설하여 활용 중.

15.3. 투자 논리와 미래 전망

메타버스 부동산에 대한 투자는 높은 잠재력과 그에 상응하는 높은 리스크를 동시에 가지고 있다. 이 새로운 자산에 대한 투자 논리를 이해하고 미래를 전망하기 위해서는, 장밋빛 기대와 냉정한 현실 인식을 균형 있게 가질 필요가 있다.

메타버스 부동산 투자의 핵심 논리는 이것이 차세대 인터넷 플랫폼, 즉 '웹 3.0(Web 3.0)'의 핵심적인 자산이 될 것이라는 믿음에 기반한다. 웹 1.0이 정보를 읽기만 하는 '읽기 전용 웹'이었고, 웹 2.0이 사용자가 콘텐츠를 생산하고 소통하는 '참여형 플랫폼 웹(유튜브, 페이스북 등)'이었다면, 웹 3.0은 사용자가 플랫폼의 데이터를 직접 '소유'하고 경제 활동에 참여하는 '가치 인터넷'을 지향한다.

이러한 웹 3.0의 비전 속에서, 메타버스는 사용자들이 아바타를 통해 활동하는 3차원 공간 인터넷의 역할을 하게 될 것이다. 그렇다면 메타버스 속의 '땅(Land)'은, 마치 웹 1.0 시대의 '닷컴(.com) 도메인'과 같은 위상을 가질 수 있다. 초창기에 선점한 좋은 도메인 이름이 이후 엄청난 가치를 지니게 되었듯이, 미래 디지털 경제의 중심지가 될 메타버스의 핵심적인 위치를 선점하는 것은 막대한 부의 기회가 될 수 있다는 것이다.

하지만 가상 토지는 도메인과 달리, 그 위에 건물을 짓고, 이벤트를 열고, 다른 사람들과 상호작용하는 등 훨씬 더 다채로운 활용성을 가진다. 땅 소유주는 가상 콘서트 티켓을 팔거나, 자신의 건물에 광고를 유치하거나, 다른 사용자에게 땅을 임대하는 등 다양한 방식으로 수익을 창출할 수 있는 '생산 수단'을 소유하는 셈이다. 이는 단순한 투기적 자산을 넘어, 지속적인 현금 흐름을 창출할 수 있는 '디지털 수익형 부동산'으로서의 가능성을 보여 준다.

그러나 이러한 밝은 전망의 이면에는 반드시 인지해야 할 치명적인 리스크들이 존재한다. 가장 큰 리스크는 '플랫폼 종속성'이다. 특정 메타버스 부동산의 가치는 전적으로 그 메타버스 플랫폼의 성공에 달려 있다. 만약 디센트럴랜드가 사용자들의 외면을 받아 인기가 식어 버린다면, 그 안의 수십억 원짜리 땅은 하루아침에 무가치한 데이터 조각으로 전락할 수 있다. 이는 마치 특정 온라인 게임이 서비스를 종료하면 그 안의 모든 아이템이 사라지는 것과 같다.

또한, 현재의 메타버스 시장은 극심한 '변동성'과 '거품'의 우려를 안고 있다. 시장이 아직 초기 단계이고 성숙한 가치 평가 모델이 부재하기 때문에, 가격이 자산의 본질적 가치보다는 투기적 기대감과 유행에 따라 급등락을 반복하는 경향이 있다. 2022년 이후 암호화폐 시장 전체가 침체기를 겪으면서, 메타버스 부동산 가격 역시 큰 폭으로 하락한 것이 그 증거다.

기술적인 문제와 경쟁의 심화 역시 리스크 요인이다. 현재 수많은 기업들이 저마다의 메타버스 플랫폼을 개발하고 있으며, 미래에 어떤 플랫폼이 최종적인 승자가 될지는 아무도 예측할 수 없다. 페이스북의 모회사인 '메타(Meta)'와 같은 거대 기술 기업이 막대한 자본을 투입하여 시장에 진입할 경우, 기존의 탈중앙화된 메타버스 생태계가 위협받을 수도 있다.

그럼에도 불구하고, 메타버스라는 거대한 흐름 자체를 되돌리기는 어려워 보인다. 팬데믹을 거치면서 비대면 활동이 일상화되었고, 젊은 세대는 가상 공간에서 소통하고 정체성을 표현하는 데 매우 익숙하다. 기술이 발전함에 따라 메타버스는 더욱 현실과 같은 몰입감을 제공하게 될 것이며, 이는 새로운 형태의 사회, 경제, 문화 활동의 중심지가 될 잠재력을 충분히 가지고 있다.

결론적으로 메타버스 부동산은 '고위험-초고수익(Super High Risk, Super High Return)'의 특성을 지닌 극초기 단계의 대체 투자 자산이다. 잃어도 감당할 수 있는 소액의 자금으로 미래의 가능성에 베팅하는 '비대칭적 기회(Asymmetric Opportunity)'를 찾는 투자자에게는 매력적인 선택지가 될 수 있다. 하지만 이것이 황금알을 낳는 거위가 될지, 아니면 한순간의 신기루로 끝날지는, 앞으로 펼쳐질 치열한 기술 및 플랫폼 경쟁의 결과에 달려 있을 것이다.

메타버스 부동산 투자의 핵심 논리 및 미래 전망

1. 부동산의 가치 창출과 희소성
- 디지털 희소성: 블록체인 기술로 가상 토지의 총량을 제한하고 소유권을 보장합니다. 현실 부동산과 마찬가지로 메타버스 내의 토지는 한정된 자원입니다. 이는 디지털 자산에 대한 부동산적 가치를 부여합니다.
- 예시: 서울 강남의 땅값이 높은 이유는 물리적인 희소성 때문입니다. 메타버스 내에서도 유명 랜드마크 주변의 토지나 주요 상업 지구는 디지털 희소성으로 인해 높은 가치를 지닙니다.

2. 경제 활동을 통한 수익 창출
- 경제 생태계: 메타버스 플랫폼은 단순한 가상 공간이 아닌, 경제 활동이 일어나는 시장입니

다. 사용자들은 가상 화폐를 통해 아이템을 거래하고, 광고를 유치하며, 이벤트를 개최합니다. 이러한 활동은 메타버스 부동산의 현금 흐름을 만듭니다.
- 예시: 현실에서 상가 건물을 임대하여 임대 수익을 얻는 것처럼, 메타버스 내 가상 상가를 임대하여 광고를 유치하거나, 가상 콘서트장을 만들어 입장료를 받는 방식으로 수익을 창출할 수 있습니다.

3. 투자 위험과 미래 가치
- 높은 변동성 및 투기 위험: 암호화폐 시장과 마찬가지로 메타버스 부동산은 높은 변동성과 투기적 위험을 내포합니다. 시장 상황과 기술 변화에 따라 가치가 급변할 수 있습니다. 이는 부동산 투자 분석 시 위험 자산으로 분류됩니다.
- 미래 자산의 잠재력: 메타버스가 차세대 인터넷 플랫폼으로 자리 잡을 경우, 가상 부동산은 미래 디지털 경제의 핵심 자산이 됩니다. 이는 장기적인 관점에서 부동산 포트폴리오 다각화의 한 축으로 고려될 수 있습니다.
- 예시: 과거 인터넷 시대 초기에 아마존이나 구글의 주식 가치를 예측하기 어려웠던 것처럼, 메타버스 부동산의 미래 가치 또한 높은 잠재력만큼 불확실성을 가집니다. 하지만 성공적인 플랫폼이 자리 잡는다면, 초기 투자자는 큰 수익을 얻을 수 있습니다.

- 적용 예시

어떤 회사가 메타버스 내에 가상 건물을 지을 수 있는 땅을 구매했다. 이 가상 건물 안에 팝업 스토어를 열어 사용자들이 아바타 의상 같은 디지털 아이템을 구매하게 하거나, 유명 아이돌의 가상 팬미팅을 개최하고 입장료를 받아 수익을 창출한다. 이는 실제 상업용 부동산에서 임대료나 광고 수익을 얻는 것과 유사하다.

| 제6부 |

지능형 엔진: AI와 부동산 금융

16장
AI 기반 가치평가: 데이터로 부동산 가격을 예측하다

17장
사례 연구: 질로(Zillow)의 제스티메이트(Zestimate)

18장
AI를 활용한 상권 분석과 시장 예측

5부에서 우리는 현실의 경계를 넘나드는 NFT와 메타버스라는 새로운 가능성을 탐험했다. 이제 6부에서는 다시 현실로 돌아와, 이 모든 디지털 자산의 가치를 측정하고, 시장의 흐름을 예측하며, 합리적인 의사결정을 내리게 하는 강력한 '두뇌', 즉 인공지능(AI)의 세계를 깊이 있게 파헤쳐 본다. 과거 소수의 전문가가 가진 '감'과 '경험'에 의존했던 부동산 시장은 이제 데이터라는 새로운 언어를 배우고 있다. AI라는 지능형 엔진이 어떻게 부동산 금융의 모든 과정을 더 과학적이고, 더 정밀하며, 더 예측 가능하게 만드는지, 그 구체적인 원리와 압도적인 사례들을 통해 확인하는 여정이 될 것이다.

16장

AI 기반 가치평가: 데이터로 부동산 가격을 예측하다

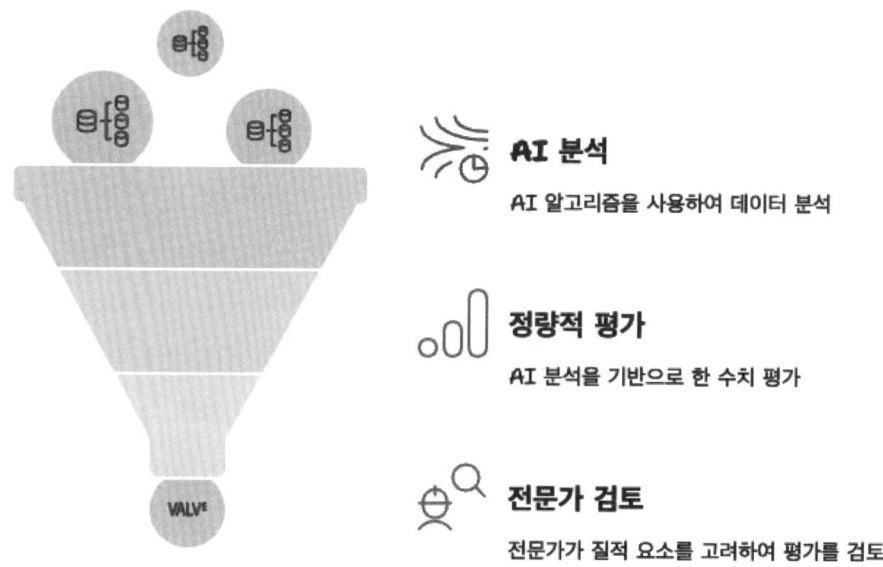

AI 기반 부동산 가치평가 프로세스
(AI-Based Real Estate Valuation Process)

부동산의 가치는 어떻게 결정되는가? 이 질문은 수 세기 동안 수많은 전문가와 투자자들을 괴롭혀 온 난제였다. 입지, 면적, 건축 연도, 개발 호재 등 수많은 요인이 복잡하게 얽혀 가격을 만들어 내기 때문이다. 인공지능(AI)은 바로 이 복잡성의 안개를 걷어내고, 데이터 속에서 가치를 결정하는 숨겨진 패턴을 찾아내는 가장 강력한 도구다. AI 기반의 가치평가 모델은 주관과 편견을 배제하고, 오직 데이터에 기반하여 부동산의 현재 가치를 진단하고 미래 가치를 예측하는 새로운 시대를 열고 있다.

16.1. 자동 가치평가 모델(AVM)의 원리

자동 가치평가 모델(AVM, Automated Valuation Model)은 통계적 모델링과 머신러닝 알고리즘을 사용하여, 인간의 개입을 최소화하면서 부동산의 가치를 자동으로 추정하는 시스템을 말한다. 이는 감정평가사가 직접 현장을 방문하고 유사 거래 사례를 분석하여 평가액을 산출하던 전통적인 방식에 대한 근본적인 도전이다. AVM의 등장은 부동산 가치평가를 '예술(Art)'의 영역에서 '과학(Science)'의 영역으로 이동시키고 있다.

AVM의 역사는 꽤 오래되었다. 1990년대부터 금융기관들은 주택담보대출 심사의 참고 자료로 활용하기 위해, 다중 회귀 분석(Multiple Regression Analysis)과 같은 전통적인 통계 기법을 사용한 초기 형태의 AVM을 개발했다. 다중 회귀 분석은 부동산의 가격(종속 변수)을 설명하기 위해, 면적, 방의 개수, 위치 등 여러 가지 특성(독립 변수)들이 가격에 미치는 영향을 통계적으로 분석하여 모델을 만드는 방식이다.

하지만 전통적인 AVM은 몇 가지 명백한 한계를 가지고 있었다. 분석할 수 있는 변수의 수가 제한적이었고, 변수들 간의 비선형적이거나 복잡한 상호작용을 제대로 포착하지 못했다. 또한, 시장이 급변하는 시기에는 과거 데이터에 기반한 모델의 예측력이 크게 떨어지는 문제도 있었다.

최근의 AVM은 이러한 한계를 극복하기 위해 훨씬 더 정교하고 강력한 '머신러닝(Machine Learning)' 알고리즘을 도입했다. 머신러닝은 컴퓨터가 방대한 양의 데이터로부터 스스로 학습하여, 데이터 속에 숨겨진 패턴이나 규칙을 찾아내고 이를 바탕으로 미래를 예측하는 기술이다.

부동산 AVM에 주로 사용되는 머신러닝 알고리즘에는 의사결정 트리(Decision Tree)를 여러 개 결합하여 예측의 정확도를 높인 '랜덤 포레스트(Random Forest)'나 '그래디언트 부스팅(Gradient Boosting)'과 같은 앙상블(Ensemble) 모델이 있다. 이 모델들은 수백, 수천 개의 변수들 간의 복잡한 관계를 효과적으로 학습할 수 있으며, 어떤 변수가 가격 결정에 더 중요한 영향을 미치는지(변수 중요도)를 알려 주기도 한다.

최근에는 한 단계 더 나아가, 인간의 뇌신경망 구조를 모방한 '딥러닝(Deep Learning)' 기술이 AVM에 도입되고 있다. 특히, 위성 사진이나 항공 사진, 내부 인테리어 사진과 같은 이미지 데이터를 분석하는 데에는 '컨볼루션 신경망(CNN, Convolutional Neural Network)'이 탁월한 성능을 보인다. CNN은 사진을 보고 지붕의 상태가 좋은지, 마당이 잘 관리되어 있는지, 인테리어가 현대적인지 등을 판단하여 가치평가에 반영할 수 있다. 이는 과거에는 정량화하기 어려웠던 건물의 질적인 측면까지 데이터화하는 것이다.

이러한 최신 AVM은 단순히 주소, 면적과 같은 정형 데이터뿐만 아니라, 이미지, 텍스트(부동산 설명 문구, 지역 커뮤니티 리뷰), 지리공간 정보 등 다양한 형태의 비정형 데이터까지 통합하여 분석한다. 이는 모델의 예측력을 한 차원 높은 수준으로 끌어올리는 핵심적인 동력이다.

AVM의 작동 원리는 결국 '데이터의 힘'으로 요약된다. 더 많고, 더 다양하며, 더 정확한 데이터를 모델에 공급할수록, 모델의 예측 정확도는 높아진다. 그리고 이 모델은 새로운 거래가 발생할 때마다 실시간으로 데이터를 추가 학습하며, 스스로를 계속해서 똑똑하게 만들어 나간다.

물론, AVM이 모든 것을 해결해 주는 마법 지팡이는 아니다. 데이터가 존재하지 않는 특이한 부동산이나, 데이터가 부족한 시골 지역에서는 예측력이 떨어질 수 있다. 또한, 모델이 왜 그런 예측을 했는지 설명하기 어려운 '블랙박스(Black Box)' 문제도 여전히 존재한다.

하지만 분명한 것은, AVM이 부동산 가치평가의 새로운 표준이 되어 가고 있다는 사실이다. 이는 금융기관의 대출 심사, 부동산 플랫폼의 시세 정보 제공, 투자 기관의 자산 가치 평가 등 산업 전반에 걸쳐 의사결정의 속도와 객관성을 높이는 데 결정적인 기여를 하고 있다.

AI 기반 자동 가치 평가 모델(AVM)의 원리 및 특징

- 자동 가치 평가 모델(AVM)은 AI 기술을 활용하여 부동산의 가치를 자동 산정하는 시스템입니다.
- 예시: 대출 심사 시 AVM을 활용하여 담보 가치를 신속하게 파악하고 대출 한도를 결정합니다.

- AVM은 면적, 층수, 건축 연도 등 기본적인 부동산 정보뿐만 아니라 실거래가, 학군, 범죄율, 교통 접근성 등 방대한 데이터를 수집하고 분석합니다.
- 예시: AVM은 아파트 단지 인근의 학군 정보와 최근 실거래가를 종합적으로 고려하여 아파트 가치를 평가합니다.

- 머신러닝 알고리즘은 이 데이터 속에서 가격에 영향을 미치는 패턴을 학습하여 특정 부동산의 현재 시장 가치를 빠르고 객관적으로 추정합니다.
- 예시: AVM은 비슷한 조건의 부동산들의 가격 데이터를 분석하여 특정 지역의 신축 아파트 가치가 어떻게 변동할지 예측합니다.

AVM은 부동산 가치 평가의 효율성과 정확성을 높여 부동산 금융 시장의 의사결정 과정을 개선하는 데 중요한 역할을 합니다.

- **적용 예시**

어떤 아파트가 시장에 나왔는데, AVM 시스템에 해당 아파트의 주소, 면적, 건축 연도 등 기본 정보를 입력한다. 시스템은 동시에 그 아파트 주변의 최근 실거래가, 인근 학교와의 거리, 대중교통 이용 편리성, 해당 지역의 범죄율 같은 데이터를 자동으로 끌어온다.

이 방대한 데이터를 머신러닝 알고리즘이 분석하여 "이 아파트는 이 지역과 조건에서 대략 5억 2천만원 정도의 가치를 가질 것으로 추정된다"와 같이 빠르게 가치 평가 결과를 제공한다. 사람이 일일이 데이터를 찾아보고 계산할 필요 없이, 몇 분

안에 객관적인 시장 가치 추정치를 얻을 수 있어 부동산 거래나 대출 심사 등에 활용된다.

16.2. AI가 고려하는 340개의 변수

AI 기반 가치평가 모델의 정교함은 그것이 얼마나 많은, 그리고 얼마나 깊이 있는 데이터를 학습하는지에 따라 결정된다. 과거의 모델들이 기껏해야 수십 개의 변수를 고려했다면, 최신 AI 모델은 수백, 심지어 수천 개에 달하는 변수들을 동시에 분석하여 인간의 뇌로는 따라잡을 수 없는 수준의 통찰력을 제공한다. 국내의 한 프롭테크 스타트업인 '오아시스비즈니스'가 상업용 부동산의 가치를 예측하기 위해 340개의 변수를 활용한다는 사실은, 이러한 데이터 기반 접근법의 깊이를 상징적으로 보여 준다.

이 340개의 변수는 크게 몇 가지 카테고리로 나눌 수 있다. 첫 번째는 건물의 '물리적 특성'에 관한 데이터다. 이는 건물의 주소, 면적(토지, 연면적), 층수, 주 구조, 건축 연도, 주차 대수, 용적률, 건폐율 등 가장 기본적인 정보다. 여기에 더해, 건물의 에너지 효율 등급, 내진 설계 여부, 엘리베이터 유무 등 건물의 질적인 측면을 나타내는 데이터도 포함된다.

두 번째는 '거래 및 가격'에 관한 데이터다. 이는 해당 부동산의 과거 거래 이력, 주변 지역의 최근 실거래가, 공시지가 및 공시가격, 그리고 인근 지역의 임대료 시세와 공실률 등을 포함한다. AI 모델은 이러한 데이터를 통해 시계열 패턴을 학습하고, 현재 시장 상황에 맞는 적정 가격 수준을 판단한다.

세 번째는 '입지 및 접근성'에 관한 데이터다. 지하철역, 버스정류장까지의 거리(도보, 차량), 주요 도로(고속도로, 간선도로)와의 인접성, 도심 핵심 업무지구(CBD)까지의 소요 시간 등 교통 인프라와의 관계는 가격에 결정적인 영향을 미친다. AI는 GIS(지리정보시스템) 데이터를 활용하여 이러한 공간적 관계를 정밀하게 계산한다.

네 번째는 '주변 환경 및 편의시설'에 관한 데이터다. 학교(초·중·고), 학원가, 대형마트, 백화점, 병원, 공원, 도서관 등 생활 편의시설까지의 거리가 여기에 해당한다. 또한, 소음, 대기오염 수준, 그리고 범죄율과 같은 사회·환경적 요인도 중요한 분석 대상이다. 최근에는 특정 지역의 '워커빌리티(Walkability, 보행 편의성)' 점수까지 가치평가에 활용하는 추세다.

다섯 번째는 상업용 부동산의 경우 특히 중요한 '상권 및 인구통계' 데이터다. 해당 지역의 유동인구 규모(시간대별, 요일별, 성별, 연령별), 상주인구 및 직장인구 수, 주변 상점들의 업종 분포와 월평균 예상 매출, 그리고 배후 주거지의 소득 수준과 가구 구성 등 복합적인 상권 데이터를 분석한다. 오아시스비즈니스는 통신사 및 카드사 데이터를 활용해 이러한 깊이 있는 상권 분석을 수행하여, 상가의 미래 매출을 83%의 정확도로 예측하는 모델을 개발했다.

여섯 번째는 '거시 경제 및 정책' 데이터다. 기준금리, GDP 성장률, 소비자물가지수(CPI), 실업률 등 국가 경제 전반의 건전성을 나타내는 지표들이 여기에 포함된다. 또한, 정부의 새로운 부동산 정책(대출 규제, 세금 정책 등)이나 대규모 도시 개발 계획, 신규 교통망 건설 계획 등도 미래 가치에 큰 영향을 미치는 중요한 변수로 학습된다.

이 외에도, 소셜 미디어나 뉴스 기사에 나타난 특정 지역에 대한 사람들의 '감성(Sentiment)' 데이터, 위성 이미지를 통해 분석한 녹지 공간의 비율, 건물의 일조량 등 과거에는 상상하기 어려웠던 비정형 데이터까지 AI의 분석 범위에 포함되고 있다.

이처럼 AI는 우리가 미처 생각하지 못했던 수백 개의 변수들 사이의 복잡한 상호관계를 학습하고, 이를 통해 특정 부동산이 가진 고유한 가치의 DNA를 찾아낸다. 이는 더 이상 부동산을 단순한 '입지의 함수'로만 보는 것이 아니라, 수많은 데이터가 얽혀 만들어 내는 '복합적인 시스템'으로 이해하기 시작했음을 의미한다.

물론, 340개라는 숫자가 절대적인 기준은 아니다. 중요한 것은 단순히 변수의 개수가 아니라, 그 데이터가 얼마나 정확하고 시의성 있으며, 가격 결정 요인을 잘 설명하는가이다. AI 기반 가치평가의 미래는, 이러한 양질의 데이터를 누가 더 많이, 그리고 더 창의적으로 확보하고 모델에 활용하는가에 달려 있다.

AI기반 상업용 부동산 가치 예측 및 배출 정확도 향상

AI는 상업용 부동산의 가치 평가에 혁신을 가져옵니다. 전통적인 부동산 가치 평가는 제한된 정보에 의존했지만, AI는 방대한 데이터를 분석하여 보다 정확한 미래 가치를 예측합니다. 이는 부동산 투자 결정을 보다 과학적이고 합리적으로 만드는 데 기여합니다.

1. AI 기반 가치 예측 모델의 특징
- 다양한 변수 분석: AI 모델은 단순히 부동산 주소나 면적 같은 기본적인 정보뿐만 아니라, 주변 상권의 월 예상 매출액, 권리금, 유동인구 특성(연령, 성별, 시간대), 배후지 인구 구성 등 340개 이상의 방대한 변수를 종합적으로 분석합니다.
- 정확도 향상: 이러한 다양한 변수를 학습한 AI는 예측 정확도를 83%까지 끌어올립니다. 이는 기존의 감정평가나 시세 분석보다 훨씬 더 정교한 가치 예측을 가능하게 합니다.

2. 부동산 금융에의 적용 예시
- 담보대출 심사: 은행이 상업용 부동산을 담보로 대출을 실행할 때, AI가 예측한 미래 가치를 활용하여 담보물의 안정성을 더 정확하게 평가할 수 있습니다. 이는 대출의 리스크를 줄이고, 보다 유연한 대출 한도를 결정하는 데 도움이 됩니다.
- 예시: 전통적인 방식으로는 월 임대료와 현재 시세만으로 담보 가치를 평가했지만, AI는 해당 건물의 미래 월 예상 매출액과 상권 활성화 지수 등을 분석하여 5년 후의 가치를 예측하고, 이를 바탕으로 더 높은 한도의 대출을 실행할 수 있습니다.

- 부동산 투자 펀드: 부동산 펀드 운용사는 AI 모델을 통해 투자 대상 부동산의 잠재적 수익률을 예측하고, 최적의 포트폴리오를 구성할 수 있습니다.

> • 예시: 여러 상업용 빌딩 중 어떤 빌딩이 향후 3년간 가장 높은 임대수익률을 올릴지 AI가 예측해 주면, 펀드는 해당 빌딩에 우선적으로 투자하여 수익률을 극대화할 수 있습니다.
>
> AI는 부동산 금융 분야에서 위험 관리를 강화하고, 수익률을 극대화하는 핵심 도구로 자리 잡고 있습니다.

- 적용 예시

한 국내 프롭테크 스타트업이 AI를 활용해 상업용 부동산 가치를 예측하는 모델을 만들었다. 이 모델은 단순히 주소나 면적을 넘어, 주변 상점의 예상 월 매출, 유동인구 특성(연령, 성별, 시간대), 배후지 인구 구성 등 340가지가 넘는 데이터를 학습하여 예상 매출 정확도를 83%까지 높였다. 이는 AI가 복잡한 요소를 분석하여 부동산 가치 평가의 정확도를 크게 향상시킬 수 있음을 보여 주는 사례이다.

16.3. 인간 전문가와의 협력

인공지능(AI)이 아무리 발전하더라도, 그것이 감정평가사나 공인중개사와 같은 인간 전문가의 역할을 완전히 대체할 것이라고 보는 시각은 섣부르다. 오히려 AI와 인간 전문가는 서로의 약점을 보완하고 강점을 극대화하는 '협력적 파트너' 관계로 발전할 가능성이 높다. AI가 제공하는 데이터 기반의 객관적인 분석과, 인간 전문가가 가진 현장의 경험과 질직인 통찰력이 결합될 때, 가장 정확하고 신뢰도 높은 의사결정이 가능해진다.

AI의 가장 큰 강점은 방대한 양의 데이터를 지치지 않고 신속하게 처리하고, 그 안에서 통계적인 패턴을 찾아내는 능력에 있다. 감정평가사가 며칠에 걸쳐 분석해야 할 유사 거래 사례 수천 건을, AI는 단 몇 초 만에 분석하여 가장 유사성이 높은 사례들을 추출하고 가격 범위를 제시할 수 있다. 이는 전문가의 반복적이고 시간 소모적인 업무를 크게 줄여 주어, 그들이 더 중요하고 창의적인 분석에 집중할 수 있도록 돕는다.

하지만 AI에게는 명백한 한계가 존재한다. 첫째, AI는 데이터가 존재하지 않는 영역에 대해서는 판단을 내릴 수 없다. 예를 들어, 역사적 가치가 있는 고택이나, 매우 독특한 디자인으로 지어진 건축물, 또는 거래 사례가 거의 없는 신축 건물 등은 AI가 정확한 가치를 평가하기 어렵다. 이러한 비정형적이고 특수한 자산의 가치를 평가하는 것은 여전히 인간 전문가의 깊이 있는 안목과 경험이 필요한 영역이다.

둘째, AI는 데이터에 기록되지 않은 '질적인(Qualitative)' 요소를 파악하는 데 어려움을 겪는다. 예를 들어, 건물의 마감재 수준, 내부 인테리어의 미학적 가치, 미묘한 소음이나 악취 문제, 이웃과의 관계, 그리고 해당 지역의 커뮤니티 분위기 등은 현장을 직접 방문하고 사람들과 소통해야만 알 수 있는 정성적인 정보다. 인간 전문가는 AI가 제공한 정량적인 데이터 위에, 이러한 질적인 통찰력을 더하여 최종적인 가치 판단의 완성도를 높인다.

셋째, AI 모델은 과거의 데이터로부터 학습하기 때문에, 이전에 없었던 새로운 시장의 패러다임 변화나 급격한 외부 충격에 유연하게 대응하지 못할 수 있다. 예를 들어, 코로나19 팬데믹으로 인한 재택근무의 확산이 상업용 부동산 시장에 미칠 장기적인 영향을 예측하거나, 새로운 지하철 노선 개통이 가져올 미래의 파급 효과를 종합적으로 판단하는 것은, 거시적인 흐름을 읽고 복합적으로 사고하는 인간의 능력이 더 빛을 발하는 영역이다.

따라서 미래의 부동산 전문가는 '인간-AI 협업(Human-in-the-loop)' 모델에 능숙해져야 한다. 이는 AI를 경쟁자로 보는 것이 아니라, 자신의 능력을 증강시켜 주는 강력한 '보조 두뇌'로 활용하는 것을 의미한다. 전문가는 AI가 산출한 AVM 결과를 맹신하는 것이 아니라, 그 결과를 비판적으로 검토하고, 모델이 놓쳤을 수 있는 부분은 없는지 확인하며, 자신의 전문적인 판단을 더해 최종 결론을 내리는 역할을 수행해야 한다.

예를 들어, 감정평가사는 AVM이 제시한 평가액을 출발점으로 삼아, 현장 실사를 통해 파악한 건물의 실제 상태와 특이사항을 반영하여 최종 감정평가액을 조정할 수 있다. 공인중개사 역시 AI가 추천한 매물을 고객에게 그대로 전달하는 것이 아니라, 고객의 숨겨진 니즈와 라이프스타일을 파악하여, AI의 분석 결과에 인간적인 컨설팅을 더한 맞춤형 솔루션을 제공해야 한다.

이러한 협력 모델은 투자자 보호 측면에서도 중요하다. AI 알고리즘이 복잡해질수록 왜 그런 결과가 나왔는지 설명하기 어려운 '블랙박스' 문제가 발생할 수 있는데, 인간 전문가는 이 결과를 고객이 이해할 수 있는 언어로 설명해 주고, 그 판단의 근거를 제시함으로써 의사결정의 투명성과 책임성을 높이는 역할을 할 수 있다.

결론적으로 AI는 전문가의 일자리를 빼앗는 것이 아니라, 그들의 역할을 재정의하고 있다. 미래의 유능한 부동산 전문가는 더 이상 정보의 '보유자'가 아니라, 넘쳐나는 정보와 AI의 분석 결과를 올바르게 '해석'하고, 그 위에 자신만의 '통찰력'을 더하여 새로운 가치를 창출하는 '지식 큐레이터'이자 '전략적 조언가'가 될 것이다.

역할분담과 시너지 효과

AI와 부동산 전문가의 시너지

- 부동산 가치평가에서 AI는 보조 역할을 합니다. 사람의 역할을 대체하기보다, 전문가의 효율을 높이는 데 초점을 둡니다.
- AI는 데이터 처리와 패턴 분석을 담당합니다. AI는 방대한 양의 객관적 데이터를 빠르게 분석하고 반복적인 작업을 처리합니다. 이를 통해 전문가는 시간을 절약할 수 있습니다.
- 전문가는 최종 판단을 내립니다. AI가 제공한 객관적인 데이터(예: 시장 동향, 거래 사례)에 전문가의 경험과 통찰력을 더합니다. 현장 특성, 건물의 질적 상태, 개발 계획 등 정성적인 요소를 종합적으로 고려하여 가치 판단을 합니다.

이러한 협업은 더욱 정확하고 신뢰도 높은 가치평가를 가능하게 합니다. 인간의 깊이 있는 통찰력과 AI의 뛰어난 분석력이 결합되어 부동산 금융 시장의 효율을 높이는 겁니다.

• **적용 예시**

한 부동산 경매에서 AI가 수많은 거래 데이터와 주변 시세를 분석하여 1억 원의 적정 가치를 빠르게 제시한다. 감정평가사는 이 AI 분석을 기반으로, 직접 현장에 가서 건물의 노후도, 주변 개발 호재 등 AI가 파악하기 어려운 질적 요소를 추가로 고려하여 최종적으로 1억 1천만 원이라는 더 정확하고 신뢰성 있는 가치평가액을 결정한다.

AI는 빠르고 객관적인 데이터 분석으로 기초 가치평가를 제공하고, 전문가는 AI가 놓칠 수 있는 현장 특수성이나 질적 요소를 보완하여 최종 평가의 정확도와 신뢰도를 높이는 시너지 효과를 낸다.

17장

사례 연구: 질로(Zillow)의 제스티메이트(Zestimate)

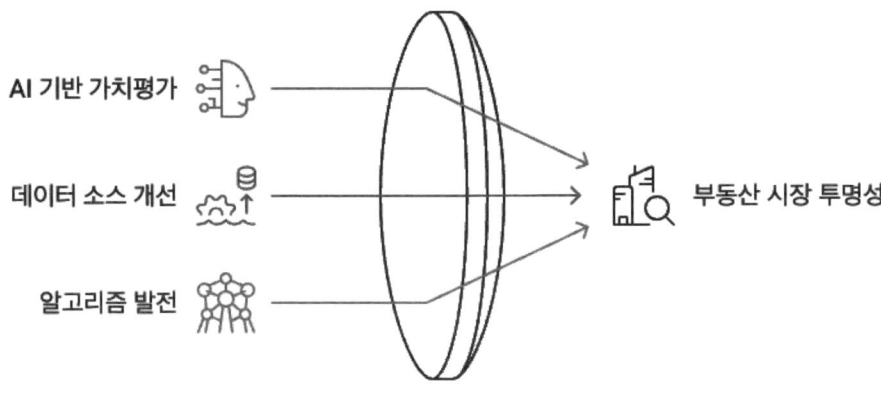

질로의 혁신적인 부동산 플랫폼
(Zillow's Innovative Real Estate Platform)

인공지능(AI)이 부동산 시장을 어떻게 바꾸고 있는지를 이야기할 때, 미국의 '질로(Zillow)'와 그들의 자동 가치평가 모델인 '제스티메이트(Zestimate)'를 빼놓고는 설명이 불가능하다. 2006년 처음 등장한 제스티메이트는 전문가의 전유물이었던 부동산 가치 정보를 전 국민에게 무료로 공개하는 파괴적 혁신을 통해, 미국 부동산 시장의 판도를 영원히 바꾸어 놓았다. 질로의 성공과 실패의 역사는 AI 기반 플랫폼 비즈니스의 교과서이자, 기술의 가능성과 한계를 동시에 보여 주는 중요한 사례 연구다.

17.1. 미국 부동산 시장을 바꾼 알고리즘

2006년 이전, 미국의 일반적인 주택 소유주나 구매 희망자가 자신의 집 또는 사고 싶은 집의 현재 시장 가치를 아는 것은 매우 어려운 일이었다. 공인중개사에게 의뢰하거나, 감정평가사에게 비용을 지불하고 평가를 받아야만 대략적인 가격을 알 수 있었다. 부동산 가치 정보는 소수의 전문가들이 독점하는 '비대칭적 정보'였고, 이는 거래 과정에서 소비자를 불리한 위치에 놓이게 했다.

2006년 2월, 마이크로소프트 출신의 리치 바튼(Rich Barton)과 로이드 프링크(Lloyd Frink)가 설립한 질로(Zillow)는 바로 이 정보의 장벽을 허물겠다는 대담한 목표를 가지고 웹사이트를 열었다. 질로의 핵심 무기는 '제스티메이트(Zestimate)'라는 이름의 자동 가치평가 모델(AVM)이었다. 제스티메이트는 미국 전역의 거의 모든 주택(당시 약 4,300만 채)에 대한 추정 시장 가치를 계산하여, 누구나 무료로 주소만 입력하면 확인할 수 있게 했다.

이 서비스가 처음 공개되었을 때 시장의 반응은 폭발적이었다. 웹사이트는 오픈 첫 3일 만에 100만 명이 넘는 방문자가 몰려들며 서버가 다운될 정도였다. 사람들은 그동안 궁금했지만 알 수 없었던 자신의 집값, 이웃집의 집값을 확인하며 열광했다. 이는 마치 구글이 전 세계의 정보를 검색하게 해 주었듯이, 질로가 전국의 부동산 정보를 투명하게 공개한 '부동산 정보의 민주화' 혁명이었다.

물론, 초기 제스티메이트의 정확도에 대한 논란도 거셌다. 많은 부동산 전문가들과 주택 소유주들은 제스티메이트가 제시한 가격이 실제 시장 가치와 차이가 크다며 그 신뢰성에 의문을 제기했다. 질로 역시 제스티메이트가 감정평가를 대체하는 것이 아니라, '정보에 기반한 대화를 시작하는 출발점(A starting point for conversation)'일 뿐이라고 강조했다.

하지만 중요한 것은 정확도의 수치를 넘어, 제스티메이트가 시장의 패러다임 자체를 바꾸었다는 사실이다. 정보의 주도권이 전문가에게서 소비자에게로 넘어오기 시작한 것이다. 소비자들은 이제 중개인이 제시하는 가격을 일방적으로 받아들이는 대신, 제스티메이트 가격을 기준으로 삼아 더 적극적으로 협상에 나설 수 있게 되었다. 시장의 투명성이 높아지면서, 비합리적인 가격이 형성될 여지는 줄어들고 거래의 효율성은 높아졌다.

제스티메이트의 등장은 전통적인 부동산 산업에 큰 위기감을 안겨 주었다. 많은 공인중개사들은 자신들의 역할이 축소될 것을 우려하며 질로에 적대적인 반응을 보였다. 하지만 질로는 중개인들을 경쟁자가 아닌 파트너로 포용하는 전략을 택했다. 중개인들이 질로 플랫폼에 광고비를 내고 자신을 홍보하며 잠재 고객을 확보할 수 있는 '프리미어 에이전트(Premier Agent)' 프로그램을 도입한 것이다.

결국, 제스티메이트가 만들어 낸 막대한 트래픽은 질로의 가장 강력한 무기가 되었다. 수많은 잠재 고객들이 모여드는 플랫폼에서, 중개인들은 더 이상 질로를 외면할 수 없게 되었다. 제스티메이트는 단순한 가치평가 알고리즘을 넘어, 미국 부동산 시장의 모든 플레이어들을 끌어들이는 거대한 생태계의 중심 엔진이 된 것이다. 이처럼 질로의 사례는 정보의 독점을 깨고 투명성을 높이는 것이 어떻게 강력한 플랫폼 비즈니스로 이어질 수 있는지를 명확히 보여 준다.

**제스티메이트(Zestimate)를 통한 미국 부동산 시장의 투명성 및
소비자 정보 접근성 혁신**

과거에는 부동산 가치를 평가하기 위해 전문가에게 의존해야 했습니다. 이로 인해 정보의 불균형이 발생했고, 이는 불확실성과 거래 비용을 높이는 원인이 되었어요.
Zestimate는 AI 기반의 자동 가치 평가 모델로, 이 문제를 해결했습니다. 누구나 무료로 주택의 추정 가치를 확인할 수 있게 되면서, 정보 접근성이 획기적으로 개선되었어요.

예시:
- 대출 심사: 은행은 Zestimate를 참고하여 주택 담보 대출 심사를 더 빠르고 효율적으로 진

> 행할 수 있게 되었습니다. 전통적인 감정 평가 절차에 드는 시간과 비용을 절감할 수 있게 된 거죠.
> - 투자 결정: 투자자들은 Zestimate를 통해 특정 지역의 주택 가치 변동 추이를 손쉽게 파악하고, 투자 결정을 내리는 데 활용할 수 있게 되었습니다. 이는 시장의 유동성을 높이는 효과를 가져왔어요.
>
> Zestimate는 부동산 가치 평가를 대중화하여 정보의 투명성을 높이고, 부동산 관련 금융 상품의 효율성을 증진하는 데 큰 영향을 미쳤습니다. 이는 부동산금융 시장의 새로운 기준을 제시한 혁신적인 사례라고 할 수 있어요.

- 적용 예시

질로(Zillow)의 '제스티메이트(Zestimate)'는 AI 기반 자동 가치 평가 모델로, 2006년부터 미국 내 모든 주택의 예상 가치를 무료로 제공하여 부동산 정보의 대중화를 이끌었다. 이는 과거 전문가만 알던 가격 정보를 누구나 쉽게 접근하게 하여 시장 투명성을 높이고 소비자의 협상력을 강화하는 계기가 되었다.

17.2. 데이터와 알고리즘의 진화

제스티메이트가 처음부터 지금과 같은 높은 정확도를 가졌던 것은 아니다. 그 성공의 이면에는 지난 15년이 넘는 시간 동안, 끊임없이 데이터와 알고리즘을 개선해 온 집요한 노력이 숨어 있다. 질로의 역사는 곧 제스티메이트의 진화의 역사라고 해도 과언이 아니다.

초기 제스티메이트는 주로 정부 기관이 제공하는 공공 기록(세금 평가액, 거래 이력 등)과 주택 소유자가 직접 입력하는 정보(리모델링 여부, 시설 상태 등)에 의존했다. 이는 데이터의 시의성이 떨어지거나, 주관적인 정보가 섞여 정확도에 한계가 있을 수밖에 없었다. 당시 오차율 중앙값(Median Error Rate)은 10%를 훌쩍 넘는 수준이었다.

질로는 이러한 한계를 극복하기 위해 두 가지 방향으로 노력을 집중했다. 첫째는 '데이터 소스의 다각화'다. 공공 기록 외에도, 다중상장서비스(MLS)의 최신 매물 정보, 인구통계 데이터, 학군 정보, 지역 경제 지표 등 수백 가지의 새로운 데이터를 통합하기 시작했다. 특히, 위성 이미지와 항공 사진을 AI로 분석하여 지붕의 상태, 수영장 유무, 마당의 크기와 같은 시각적 정보를 정량화하여 모델에 반영한 것은 정확도를 높이는 데 큰 기여를 했다.

둘째는 '알고리즘의 고도화'다. 초기의 통계적 모델에서 벗어나, 랜덤 포레스트, 그래디언트 부스팅 머신 등 더 정교한 머신러닝 알고리즘을 도입했다. 이 알고리즘들은 변수들 간의 복잡하고 비선형적인 관계를 더 잘 포착할 수 있었다.

알고리즘 개선을 위한 질로의 노력 중 가장 상징적인 사건은 2017년부터 2년간 진행된 '질로 프라이즈(Zillow Prize)'라는 이름의 공개 경진대회였다. 질로는 제스티메이트의 오차율을 획기적으로 개선하는 알고리즘을 개발하는 팀에게 100만 달러의 상금을 내걸었다. 이 대회에는 전 세계 100여 개국에서 수천 개의 데이터 과학자 팀이 참여하여, 최신 AI 기술을 동원한 치열한 경쟁을 벌였다.

이 대회를 통해 질로는 기존 모델보다 훨씬 더 정교한 딥러닝 기반의 새로운 아이디어들을 얻을 수 있었고, 최종 우승팀의 알고리즘을 실제 제스티메이트 시스템에 통합했다. 이는 내부의 노력만으로는 도달하기 어려운 혁신을, 외부의 집단지성을 통해 해결하려는 개방형 혁신(Open Innovation)의 성공적인 사례로 평가받는다.

이러한 끊임없는 노력을 통해, 제스티메이트의 정확도는 비약적으로 향상되었다. 2024년 기준, 질로가 발표한 제스티메이트의 오차율 중앙값은 시장에 매물로 나와있는 주택(On-market homes)의 경우 약 2% 미만, 아직 매물로 나오지 않은 주택(Off-market homes)의 경우에도 6~7% 수준으로 크게 낮아졌다. 이는 전문 감정평가사의 평가와 비교해도 손색이 없는 수준이다.

물론, 여전히 제스티메이트는 완벽하지 않다. 개별 주택의 특성이나 급변하는 시장 상황에 따라 오차는 발생할 수 있다. 질로 역시 제스티메이트가 법적 효력을 가진 감정평가가 아니며, 투자의 출발점임을 계속해서 강조하고 있다.

하지만 중요한 것은 진화의 방향이다. 질로는 더 많은 데이터와 더 나은 알고리즘을 향한 투자를 멈추지 않고 있다. 최근에는 자연어 처리(NLP) 기술을 활용해 부동산 설명 문구에 담긴 감성이나 특징을 분석하거나, 생성형 AI를 활용하여 사용자와 자연스럽게 대화하며 맞춤형 정보를 제공하는 등 새로운 기술을 끊임없이 실험하고 있다.

제스티메이트의 진화 과정은 AI 모델이 어떻게 데이터를 먹고 성장하는지를 보여주는 살아 있는 증거다. 이는 단순히 하나의 기업이 기술을 개발하는 과정을 넘어, 데이터와 알고리즘이 어떻게 현실 세계의 문제를 점진적으로 해결해 나가는지에 대한 중요한 통찰력을 우리에게 제공한다.

부동산 가치 평가 모델의 데이터 및 알고리즘 진화

- **초기 모델**: 공공 데이터와 사용자 정보에 의존했습니다. 이는 부정확한 가치 산정으로 이어져 금융 리스크가 컸습니다.
- **현재 모델**: 위성 이미지 등 다양한 데이터를 활용합니다. 정교한 신경망 모델은 가치 평가의 정확도를 높였습니다.
- **결과**: 오차율이 낮아져 부동산 담보 대출의 리스크를 줄였습니다. 금융 기관은 더 안정적으로 대출을 실행할 수 있습니다.

예시:
- **과거**: 은행은 주택 가치를 평가할 때 등기부등본과 집주인의 진술에 의존했습니다. 실제 주택의 노후 상태를 반영하지 못해 대출금 회수에 어려움이 있을 수 있었습니다.
- **현재**: 인공지능 모델이 위성 사진으로 지붕 상태나 마당 크기를 분석합니다. 정확한 가치 평가로 은행은 담보물의 가치를 신뢰하고, 보다 안전한 조건으로 대출을 제공합니다.

- **적용 예시**

과거에는 공인중개사가 주변 실거래가와 본인의 경험에만 의존해 아파트 매매가를 대략적으로 제시했다. 하지만 요즘은 실거래가 데이터, 학군 정보, 교통 편의성 등 다양한 데이터를 기반으로 AI 알고리즘을 활용한 부동산 가치 평가 모델이 나와, 훨씬 정확하고 객관적인 예상 매매가를 고객에게 제시할 수 있게 되었다. 이는 고객의 신뢰를 높이고 빠른 거래 성사에도 기여한다.

17.3. 비즈니스 모델과 시사점

제스티메이트는 그 자체로 수익을 창출하는 서비스는 아니지만, 질로라는 거대 플랫폼 제국의 성장을 이끈 핵심적인 '트래픽 엔진'이자 '브랜드 자산'이다. 질로는 제스티메이트를 통해 확보한 월간 수억 명에 달하는 막대한 방문자 트래픽을 바탕으로, 다양한 수익 모델을 성공적으로 구축했다.

질로의 가장 중요한 수익원은 앞서 언급한 '프리미어 에이전트(Premier Agent)' 프로그램이다. 이는 부동산 중개인들이 특정 지역에 대한 광고 독점권을 구매하고, 해당 지역의 매물에 관심 있는 잠재 고객들의 연락처 정보를 제공받는 광고 모델이다. 제스티메이트를 보기 위해 질로에 접속한 수많은 잠재 구매자들이 자연스럽게 중개인들의 고객이 되는 구조다. 이 수익 모델은 질로 전체 매출의 상당 부분을 차지하며, 안정적인 현금 창출원 역할을 하고 있다.

두 번째 수익원은 모기지(주택담보대출) 사업이다. 질로는 주택 구매 과정에 대출이 필수적이라는 점에 착안하여, 자회사인 '질로 홈 론스(Zillow Home Loans)'를 통해 직접 모기지 대출 서비스를 제공한다. 사용자들은 질로 플랫폼에서 집을 구경하고, 제스티메이트로 가격을 확인한 뒤, 그 자리에서 바로 대출 상담과 신청까지 원스톱으로 진행할 수 있다. 이는 사용자의 편의성을 높이는 동시에, 질로에게는 새로운 수익을 창출하는 기회가 된다.

이 외에도 임대 관리 솔루션, 클로징 서비스(소유권 이전 절차 대행) 등 부동산 거래의 전 과정에 걸쳐 다양한 부가 서비스를 제공하며 수익원을 다각화하고 있다. 이 모든 비즈니스의 출발점에는 사람들을 질로 플랫폼으로 끌어들이는 자석 같은 역할을 하는 제스티메이트가 있다.

하지만 질로의 역사가 성공으로만 가득 찬 것은 아니다. 이들에게 가장 큰 시련을 안겨 준 사업은 바로 '아이바잉(iBuying)' 모델인 '질로 오퍼스(Zillow Offers)'였다. 아이바잉은 AI 알고리즘을 이용해 주택 가격을 예측하고, 판매를 원하는 주택 소유주로부터 직접 집을 매입한 뒤, 약간의 수리를 거쳐 시장에 되파는 사업이다. 판매자에게는 중개인을 거치지 않고 신속하게 집을 팔 수 있다는 편의성을 제공하는 모델이다.

질로는 자신들의 제스티메이트 알고리즘에 대한 강력한 자신감을 바탕으로, 2018년 이 사업에 야심 차게 뛰어들었다. 하지만 결과는 처참한 실패였다. AI의 예측과 달리, 주택 시장은 예상보다 더 빠르게 변동했고, 질로가 매입한 주택들의 가격이 하락하면서 막대한 손실이 발생했다. 결국 질로는 2021년 말, 아이바잉 사업의 전면 중단을 선언하며 수억 달러의 손실을 떠안아야 했다.

질로 오퍼스의 실패는 AI 기반 비즈니스에 매우 중요한 교훈을 남겼다. 첫째, 아무리 정교한 AI라도 단기적인 시장의 변동성을 100% 완벽하게 예측하는 것은 불가능하다는 것이다. 특히, 수많은 비합리적인 요소가 작용하는 부동산 시장에서는 더욱 그렇다.

둘째, 데이터 기반의 예측과 실제 자산을 보유하고 운영하는 것(리스크 테이킹)은 전혀 다른 차원의 문제라는 점이다. 플랫폼으로서 정보를 제공하는 역할과, 직접 시장에 플레이어로 참여하여 가격 변동의 위험을 감수하는 역할 사이에는 거대한 간극이 존재한다.

질로의 사례는 AI의 눈부신 가능성과 그 명백한 한계를 동시에 보여 준다. 제스티메이트는 정보의 민주화를 통해 시장을 혁신하는 데 성공했지만, 그 예측 능력으로 시장 자체를 이기려 했던 시도는 실패로 돌아갔다. 이는 기술에 대한 맹신을 경계하고, 기술이 해결할 수 있는 문제와 그렇지 않은 문제를 명확히 구분해야 한다는 중요한 원칙을 우리에게 일깨워 준다. AI는 강력한 도구이지만, 결코 미래를 예측하는 수정 구슬은 아니다.

질로(Zillow)의 AI 기반 사업모델 진화 시사점

1. 질로(Zillow)의 부동산 사업 모델
질로는 제스티메이트로 막대한 부동산 데이터를 확보했습니다. 이를 바탕으로 다양한 사업 모델을 구축했습니다.

- 중개업: 부동산 매매 중개 서비스를 제공하며 수수료를 받습니다.
- 모기지 대출: 주택 구매자에게 대출 상품을 연결해 줍니다.
- 임대 관리: 임대인과 임차인을 연결하고, 임대료 관리 서비스를 제공합니다.

과거 질로는 아이바잉(iBuying) 사업을 추진했습니다. AI 예측을 기반으로 주택을 직접 매입한 뒤, 수리하여 되팔았습니다. 하지만 시장 예측의 어려움으로 사업 규모는 축소되었습니다. 질로의 사례는 AI 기반 가치 평가가 어떻게 강력한 플랫폼 비즈니스의 핵심 엔진이 될 수 있는지 보여 줍니다.

2. 부동산금융론 관점에서의 시사점
1) 부동산 가치 평가의 혁신
질로는 빅데이터와 AI를 활용하여 주택 가치를 자동으로 평가하는 자동 가치 평가 모델(AVM)을 개발했습니다. 이는 전통적인 감정평가 방식의 시간과 비용을 줄이는 혁신적인 금융 기술입니다.

2) 금융 상품 개발의 자동화
AVM을 통해 주택의 예상 가치를 빠르게 산출함으로써 모기지 대출 심사 과정을 간소화했습니다. 이는 주택 구매자에게 더 빠르고 효율적인 금융 서비스를 제공하는 기반이 됩니다.

3) 투자 결정의 효율화
아이바잉 사업은 AI를 활용해 주택의 미래 가치를 예측하고 부동산 투자 결정을 내린 사례입니다. 비록 사업 자체는 어려움을 겪었지만, 이는 기술이 부동산 시장의 불확실성을 줄이고 투자 효율을 높일 수 있음을 시사합니다.

4) 금융 플랫폼의 확장성
질로의 사례는 부동산 데이터 플랫폼이 단순 정보 제공을 넘어, 금융 상품 개발, 투자, 자산 관리 등 다양한 금융 서비스로 확장될 수 있음을 보여 줍니다. 즉, 데이터가 경쟁력을 좌우하는 중요한 자산임을 증명합니다.

- 적용 예시

질로는 AI를 활용하여 주택 가치를 예측하고, 이를 바탕으로 주택을 직접 매입하여 수리 후 재판매하는 '아이바잉(iBuying)' 사업을 시도했다. 이처럼 AI 기반 가치 평가는 데이터가 중요한 프롭테크(Proptech) 시대의 핵심 경쟁력이 될 수 있음을 보여 준다.

다만, 이 사업은 시장 예측의 어려움으로 축소되기도 했다. 이는 AI 기반 평가가 강력한 플랫폼 비즈니스의 핵심 엔진이 될 수 있지만, 여전히 시장의 변동성 등 예측하기 어려운 요소들이 존재함을 시사한다.

18장

AI를 활용한 상권 분석과 시장 예측

부동산 금융에서 AI의 전략적 응용
(Strategic Applications of AI in Real Estate Finance)

인공지능(AI)의 영향력은 개별 주택의 가치를 평가하는 것을 넘어, 수많은 사람들이 모이고 소비하는 공간인 '상업용 부동산'의 세계로 빠르게 확장되고 있다. 어디에 가게를 열어야 성공할 수 있을까? 이 지역의 미래 성장 가능성은 어떨까? 과거에는 소상공인의 '감'이나 대기업의 막대한 컨설팅 비용에 의존해야 했던 이 질문들에, 이제 AI가 데이터에 기반한 과학적인 해답을 제시하기 시작했다. AI는 상권의 보이지 않는 역학을 분석하고 미래를 예측하는 '지능형 나침반'이 되어 가고 있다.

18.1. 최적의 입지 선정: 어디에 가게를 열 것인가?

신규 창업, 특히 외식업이나 소매업에서 성공을 좌우하는 가장 중요한 요소를 하나만 꼽으라면 단연 '입지(Location)'일 것이다. 아무리 좋은 아이템과 서비스를 가지고 있어도, 타겟 고객이 없는 엉뚱한 곳에 가게를 연다면 실패할 수밖에 없다. 전통적인 입지 선정 방식은 주로 '발품'에 의존했다. 예비 창업자는 직접 여러 지역을 돌아다니며 유동인구를 눈으로 세어 보고, 주변 경쟁 가게들을 살피며 막연하게 성공 가능성을 점쳤다.

AI는 이러한 주먹구구식 입지 선정을 정밀한 데이터 과학의 영역으로 바꾸고 있다. AI 기반 상권 분석 솔루션은 특정 입지의 성공 가능성을 예측하기 위해, 과거에는 상상할 수 없었던 방대한 양의 데이터를 종합적으로 분석한다. 이는 마치 도시 전체를 손금 보듯 들여다보는 것과 같다.

가장 핵심적인 데이터는 '유동인구 데이터'다. KT와 같은 통신사들은 기지국 정보를 활용하여, 특정 지역을 지나가는 사람들의 수를 시간대별, 요일별, 성별, 연령대별로 매우 정밀하게 분석해낼 수 있다. AI는 이 데이터를 분석하여, 해당 지역의 주된 유동인구가 20대 여성인지, 40대 직장인인지, 주말에 가족 단위 방문객이 많은지 등 인구통계학적 특성을 파악한다. 이는 자신의 아이템에 맞는 타겟 고객이 실제로 존재하는지를 판단하는 가장 기본적인 근거가 된다.

여기에 '소비 데이터'가 결합되면 분석의 깊이는 한층 더 깊어진다. 카드사들은 특정 지역에서 발생한 카드 결제 데이터를 분석하여, 해당 상권의 업종별 평균 매출, 고객 1인당 평균 결제 금액(객단가), 그리고 주된 소비 시간대 등의 정보를 제공할 수 있다. AI는 이러한 데이터를 통해, 단순히 사람이 많이 지나다니는 곳이 아니라, '실제로 돈을 쓰는' 사람들이 모이는 진짜 '알짜 상권'을 가려낼 수 있다.

AI는 또한 '경쟁 환경'을 분석한다. 지도 데이터와 공공 데이터를 활용하여, 분석 대상 위치 반경 500m 내에 있는 모든 경쟁 업체의 위치와 종류, 그리고 그들의 영업 현황을 파악한다. 특정 업종이 이미 과도하게 밀집된 지역이라면 신규 진입 시 출혈 경쟁을 피하기 어렵다고 판단하고, 반대로 경쟁이 덜하면서도 잠재 수요가 높은 '블루오션' 지역을 찾아내 추천해 준다.

이 외에도, 주변의 대중교통 접근성, 주거 인구 및 직장 인구의 규모, 주변의 대형 쇼핑몰이나 공원과 같은 '앵커 테넌트(Anchor Tenant)'의 유무 등 수십 가지 변수들이 종합적으로 고려된다. AI 모델은 이러한 모든 변수들과 실제 창업 성공 및 실패 사례 데이터를 학습하여, 특정 위치에 특정 업종의 가게를 열었을 때의 '예상 월 매출'을 구체적인 숫자로 예측해 준다.

KT의 '상권분석솔루션(GrIP)'이나 SK텔레콤의 '지오비전(Geovision)'과 같은 서비스는, 이러한 AI 기반 분석 결과를 일반 소상공인들도 쉽게 이해할 수 있도록 시각화된 리포트 형태로 제공한다. 예비 창업자는 여러 후보 입지를 지도 위에서 비교 분석하며, 데이터에 기반하여 실패의 위험을 최소화하는 합리적인 의사결정을 내릴 수 있게 된다. 이는 창업 생태계의 건전성을 높이고, 준비 없는 창업으로 인한 사회적 비용을 줄이는 데 크게 기여한다.

AI 기반 상권 분석을 통한 최적의 입지 선정

- AI의 역할: AI 모델은 상권 분석 데이터를 활용하여 특정 부동산이 미래에 창출할 수 있는 예상 매출을 예측합니다. 이는 곧 부동산의 예상 현금 흐름을 산정하는 것입니다.
- 예시: 서울 강남역 인근의 상가 건물을 매입하려는 투자자가 있습니다. 이 투자자는 AI 기반 상권 분석 솔루션을 활용하여 해당 건물의 예상 월별 매출을 예측합니다. 솔루션은 유동인구, 소비 패턴, 경쟁 업체 분포 등을 분석하여 앞으로 5년간 월 1,000만 원의 매출이 발생할 것으로 예상합니다.

- 부동산 가치 평가: AI가 예측한 이 예상 현금 흐름(예상 매출)은 부동산의 가치를 평가하는 데 중요한 자료가 됩니다. 투자자는 이 현금 흐름을 기준으로 할인 현금 흐름(DCF)법과 같은 방법을 적용하여 부동산의 현재 가치를 산정하고, 투자를 결정합니다.

- 예시: 위에서 예측한 5년간의 월 1,000만 원 예상 매출을 바탕으로, 투자자는 적절한 할인율을 적용하여 건물의 현재 가치가 10억 원이라고 계산합니다. 만약 현재 건물의 매매가가 9억 원이라면, 투자 가치가 있다고 판단하게 됩니다.

- 리스크 관리: AI는 여러 후보지의 입지 특성을 비교, 분석하여 성공 가능성이 가장 높은 곳을 추천합니다. 이는 곧 투자 리스크를 줄이는 역할을 합니다.
- 예시: 투자자가 강남역 외에 다른 두 곳의 상가 건물도 비교하고 있습니다. AI는 각 건물의 예상 매출뿐만 아니라, 경쟁 업체 수, 접근성 등을 종합적으로 분석하여 강남역 건물의 성공 가능성이 가장 높다고 제시합니다. 이 정보를 통해 투자자는 더 안정적이고 수익성이 높은 부동산에 투자할 수 있습니다.

AI 솔루션은 미래의 현금 흐름을 예측하여 부동산의 가치를 평가하고, 투자 리스크를 최소화하는 데 기여하는 부동산 금융 도구라고 할 수 있습니다.

- **적용 예시**

AI는 소상공인이나 프랜차이즈 기업이 새로운 매장을 열 때, 특정 지역의 유동인구, 소비 패턴, 경쟁업체 분포 등을 종합적으로 분석하여 성공 가능성이 가장 높은 위치를 추천해 준다. 예를 들어, KT의 '상권분석솔루션(GrIP)'은 AI 모델이 데이터를 기반으로 예상 매출이 가장 높을 것으로 예측되는 건물을 추천하여 최적의 입지를 선정하도록 돕는다. 이는 데이터가 강력한 경쟁력이 되는 프롭테크 시대의 핵심이다.

18.2. 고객 행동 분석과 맞춤형 마케팅

AI의 역할은 단순히 좋은 입지를 찾는 데서 그치지 않는다. 일단 문을 연 가게나 쇼핑몰이 지속적으로 성장하기 위해서는, 고객을 깊이 이해하고 그들의 니즈에 맞는 맞춤형 경험을 제공해야 한다. AI는 고객의 발자취, 즉 데이터를 분석하여 보이지 않던 고객의 행동 패턴과 숨겨진 욕구를 발견하는 강력한 도구가 된다.

대형 쇼핑몰이나 복합 상업 시설은 AI 기술을 가장 적극적으로 활용하는 공간 중 하나다. 이들은 매장 곳곳에 설치된 와이파이(Wi-Fi) 접속 포인트나 비콘(Beacon), 그리고 지능형 CCTV를 통해 방문객들의 동선 데이터를 수집한다. AI는 이 데이터를 분석하여, 어떤 매장에 사람들이 가장 많이 방문하고 오래 머무는지, 어떤 경로를 통해 이동하는지, 그리고 어떤 매장들이 함께 방문되는 경향이 있는지(연관 구매) 등을 파악한다.

서울의 한 대형 쇼핑몰은 이러한 동선 분석 결과를 활용하여 매장 구성을 최적화(MD)하는 데 성공했다. 분석 결과, 20대 여성 고객들이 특정 패션 브랜드 매장을 방문한 후, 바로 옆의 디저트 카페로 이동하는 경향이 뚜렷하게 나타났다. 쇼핑몰 운영사는 이 데이터에 착안하여, 젊은 여성들이 선호하는 다른 코스메틱 브랜드를 해당 카페 주변에 전략적으로 유치했다. 그 결과, 해당 구역의 전체 매출과 고객 체류 시간이 눈에 띄게 증가하는 효과를 거두었다.

이러한 데이터는 '초개인화 마케팅(Hyper-personalization)'의 기반이 된다. 쇼핑몰 앱을 설치한 고객이 특정 매장 근처를 지나갈 때, 해당 고객의 과거 구매 이력과 관심사를 분석하여 "고객님이 좋아하시는 OOO 브랜드의 신상품이 입고되었습니다. 지금 방문하시면 10% 할인 쿠폰을 드립니다"와 같은 맞춤형 푸시 알림을 실시간으로 보낼 수 있다. 이는 무차별적인 스팸 메시지와 달리, 고객에게 유용한 정보로 인식되어 구매 전환율을 극적으로 높일 수 있다.

AI는 또한 '자연어 처리(NLP, Natural Language Processing)' 기술을 통해, 소셜 미디어나 온라인 리뷰에 쏟아지는 비정형 텍스트 데이터를 분석한다. 특정 상권이나 쇼핑몰에 대한 사람들의 반응, 즉 '감성(Sentiment)'을 긍정, 부정, 중립으로 분류하고, 자주 언급되는 키워드를 추출하여 고객들의 진짜 목소리를 듣는다. "새로 생긴 XX식당은 맛있지만, 주차장이 너무 불편해요"와 같은 고객의 리뷰는, 주차 시스템 개선이라는 구체적인 운영 전략으로 이어질 수 있는 귀중한 데이터가 된다.

물론, 이러한 고객 행동 데이터의 수집과 활용은 '프라이버시' 문제와 직결된다. 기업은 개인정보보호법(PIPA)이나 유럽의 GDPR과 같은 규제를 철저히 준수해야 하며, 데이터를 수집하기 전에 고객에게 명확한 동의를 얻어야 한다. 수집된 데이터 역시 개인을 식별할 수 없도록 철저히 익명화하고 비식별 조치를 취하는 것이 필수적이다. 기술의 발전이 개인의 권리를 침해하지 않도록, 강력한 윤리적, 법적 통제 장치가 반드시 병행되어야 한다.

결론적으로, AI 기반의 고객 행동 분석은 상업용 부동산의 가치를 높이는 핵심적인 열쇠다. 고객을 더 깊이 이해하고, 그들에게 더 나은 경험을 제공함으로써, 자산의 가치는 자연스럽게 상승한다. 이는 건물주(자산 소유자)가 임차인(상점주)의 성공을 돕고, 그 성공의 과실을 함께 나누는 선순환 구조를 만드는 기반이 된다.

AI를 활용한 고객 행동 분석 및 맞춤형 마케팅 전략

AI는 부동산 시장 내 고객의 행동을 분석하여 효과적인 금융 전략 수립을 돕습니다.

예를 들어, 대규모 아파트 단지 개발 시 AI를 통해 잠재 고객의 쇼핑 패턴, 생활 방식, 관심사 등의 소비 성향을 분석하여 그들의 선호에 맞는 상업 시설을 전략적으로 유치할 수 있습니다. 이는 아파트의 가치를 높여 분양률을 높이는 데 기여합니다.

또한, AI의 자연어 처리(NLP) 기술을 활용하여 온라인 커뮤니티, 부동산 관련 리뷰, SNS 등에서 나타나는 의견을 분석할 수 있습니다. 이를 통해 고객들이 선호하는 주택 구조나 금융 상품의 특징을 파악하고, 이에 맞춰 금융 서비스를 개선하거나 타겟 고객층에 맞는 대출 상품을 최적화할 수 있습니다.

- **적용 예시**

서울의 한 쇼핑몰은 AI로 고객의 쇼핑 데이터를 분석해, 특정 연령대가 선호하는 브랜드들을 전략적으로 유치했다. 그 결과, 해당 연령대의 방문객이 크게 늘었고 매출도 올랐다.

또한, 고객 리뷰를 AI로 분석하여 "주차 공간 부족"이라는 의견이 많다는 것을 파악, 주차 시스템을 개선하여 고객 만족도를 높였다.

18.3. 미래 트렌드 예측과 투자 전략

AI의 궁극적인 역할은 현재를 분석하는 것을 넘어, 불확실한 '미래'를 예측하고 합리적인 의사결정을 지원하는 것이다. 개별 부동산의 가치 평가나 상권 분석을 넘어, AI는 이제 도시 전체, 나아가 국가 전체의 부동산 시장이 어떤 방향으로 움직일지를 예측하는 거시적인 '시장 예측(Market Forecasting)' 모델로 진화하고 있다. 이는 투자자들이 정보의 홍수 속에서 옥석을 가리고, 장기적인 관점에서 성공적인 투자 전략을 수립하는 데 결정적인 도움을 준다.

AI 기반 시장 예측 모델은 과거의 시계열 데이터를 학습하여 미래의 가격 변동 패턴을 예측한다. 주택 가격 지수, 거래량, 금리, 인플레이션율, GDP 성장률, 주가 지수 등 수십 년에 걸친 거시 경제 지표들의 복잡한 상호관계를 학습하여, 향후 1~2년 뒤의 시장이 상승 국면일지, 하락 국면일지를 확률적으로 예측한다. 이는 마치 일기예보가 과거의 기상 데이터를 바탕으로 내일의 날씨를 예측하는 것과 유사하다.

최근에는 이러한 전통적인 경제 데이터 외에도, 더 새롭고 시의성 있는 '대안 데이터(Alternative Data)'를 활용하는 시도가 활발히 이루어지고 있다. 예를 들어, 특정 지역의 위성 이미지를 주기적으로 촬영하고 AI로 분석하여, 새로운 건물의 건설 현황이나 야간의 불빛 변화(경제 활동 수준)를 추적할 수 있다. 구글 검색량 데이터를 분석하여 특정 지역에 대한 사람들의 관심도 변화를 파악하거나, 채용 사이트의 구인 공고 데이터를 분석하여 특정 산업의 성장과 그로 인한 오피스 수요 변화를 예측할 수도 있다.

이러한 대안 데이터는 공식적인 통계가 발표되기 전에 시장의 미묘한 변화를 먼저 감지할 수 있는 '선행 지표(Leading Indicator)'로서의 가치를 가진다. AI는 이러한 수많은 종류의 정형 및 비정형 데이터를 종합적으로 분석하여, 인간의 직관으로는 포착하기 어려운 시장의 변곡점을 찾아낼 수 있다.

이러한 예측 모델은 투자자들에게 구체적인 투자 전략을 제시한다. 예를 들어, AI 모델이 특정 도시의 외곽 지역에 대해 '향후 3년간 높은 성장률'을 예측했다고 가정해 보자. 그 근거로, '대기업 R&D 센터 이전 계획 발표', '해당 지역의 관련 직군 채용 공고 급증', '신규 지하철 노선 착공', 그리고 '주변 지역 대비 저평가된 주택 가격' 등의 데이터를 제시할 수 있다. 투자자는 이처럼 데이터에 기반한 명확한 근거를 바탕으로, 아직 시장의 주목을 받지 못하는 '저평가 우량주'에 선제적으로 투자하는 전략을 구사할 수 있다.

AI는 또한 '포트폴리오 최적화'에 활용될 수 있다. 투자자의 위험 선호도, 투자 기간, 목표 수익률 등을 입력하면, AI는 시장 예측 모델을 기반으로 주거용, 상업용, 물류센터 등 다양한 종류의 부동산 자산을 어떤 비율로 조합하는 것이 최적인지를 추천해 준다. 또한, 시장 상황이 변하면 포트폴리오의 리스크를 재평가하고, 자산을 재분배(리밸런싱)할 것을 조언하기도 한다.

물론, AI의 예측이 100% 정확할 수는 없다. 예측 모델은 과거의 패턴에 기반하기 때문에, 코로나19 팬데믹이나 지정학적 위기와 같이 과거에 없었던 '블랙 스완(Black Swan)' 사건까지 예측할 수는 없다. 따라서 AI가 제시하는 예측은 미래를 확정하는 예언이 아니라, 불확실성을 줄이고 더 나은 의사결정을 돕는 '확률적 가이드'로 이해해야 한다.

그럼에도 불구하고, AI 기반의 시장 예측은 부동산 투자의 패러다임을 바꾸고 있다. 과거의 투자가 소수의 정보와 '감'에 의존하는 '과거 지향적' 방식이었다면, 미래의 투자는 데이터와 예측 모델에 기반하여 가능성을 탐색하는 '미래 지향적' 방식으로 진화할 것이다. 정보력의 차이가 곧 투자 수익률의 차이로 이어졌던 시대는 저물고, 데이터를 분석하고 해석하는 능력의 차이가 새로운 경쟁력이 되는 시대가 오고 있다. AI는 바로 그 새로운 시대의 가장 강력한 무기다.

표 18-1: 상업용 부동산에서의 AI 활용 분야

AI 활용 분야	주요 분석 데이터	핵심 목표 및 가치
최적 입지 선정	유동인구, 소비 데이터, 경쟁 환경, 교통 접근성	창업 성공률 증대, 실패 리스크 최소화, 데이터 기반의 객관적 의사결정
고객 행동 분석	동선 데이터(와이파이, 비콘), CCTV 영상, 온라인 리뷰 텍스트	매출 증대, 매장 구성(MD) 최적화, 맞춤형 마케팅, 고객 만족도 향상
시장 트렌드 예측	거시 경제 지표, 부동산 정책, 위성 이미지, 뉴스/소셜 데이터	유망 투자처 발굴, 시장 리스크 관리, 장기적 투자 포트폴리오 최적화

AI 기반 미래 성장 트렌드 예측과 합리적인 투자 포트폴리오 구축

AI, 부동산 가치 평가를 넘어선다.

AI는 단순히 현재 부동산 가격을 분석하는 것이 아니라, 미래 가치를 예측합니다.

- 예시: 전통적 방식이 현재 주변 실거래가를 기준으로 아파트 가격을 산정하는 것이라면, AI는 교통망 개발 계획, 인구 이동 예측, 상권 변화 등을 종합적으로 분석해 5년 후의 가치까지 예측합니다.

투자 포트폴리오를 합리적으로 구성한다.

AI는 투자 리스크를 줄이고 수익을 극대화하는 포트폴리오를 제안합니다.

- 예시: AI는 A 지역의 주택 시장이 과열될 위험이 있다고 판단하고, B 지역의 상업용 부동산에 분산 투자하는 포트폴리오를 추천해 리스크를 관리합니다.

장기적인 투자 통찰력을 제공한다.

AI는 거시적 데이터를 분석해 장기적인 시장 흐름을 파악하는 데 도움을 줍니다.

- 예시: 투자자는 단기적인 금리 인상 이슈에 흔들리지 않고, 10년 후 완공될 신도시 개발 계

> 획이라는 AI 분석 결과를 바탕으로 장기적인 투자 결정을 내릴 수 있습니다.
>
> AI는 부동산 금융 시장에서 단순한 데이터 분석 도구를 넘어, 투자자의 의사결정 능력을 향상시키는 핵심적인 통찰력을 제공합니다.

- **적용 예시**

어떤 투자자가 새로운 상업용 건물을 지을 땅을 찾고 있다고 가정해 보자. 이 투자자는 단순히 현재 땅값이 싼 곳을 찾는 것이 아니라, 5년 후, 10년 후에 가장 가치가 오를 만한 지역을 찾고 싶어 한다.

이때 AI 프로그램이 활용될 수 있다. AI는 다음과 같은 데이터를 분석한다.

- 인구 변화: 해당 지역의 인구 유입/유출 추이, 연령대별 인구 구성 변화
- 산업 구조: 새로운 기업 유치 계획, 기존 산업의 성장 가능성
- 정부 개발 계획: 신도시 개발, 도로/철도 건설 계획
- 교통망 확충: 지하철역 신설, 버스 노선 증설 등

AI는 이러한 방대한 데이터를 종합적으로 분석하여, 특정 지역이 미래에 상업적으로 얼마나 성장할 잠재력이 있는지 예측한다. 예를 들어, AI가 "A 지역은 5년 내에 인구가 급증하고 새로운 IT 기업들이 들어설 예정이며, 정부의 대규모 교통망 확충 계획이 있어 상업용 부동산 가치가 크게 상승할 것"이라고 예측할 수 있다.

이러한 AI의 분석 결과는 투자자가 단기적인 시장 변동에 흔들리지 않고, 장기적인 관점에서 가장 유망한 지역에 합리적으로 투자 결정을 내리는 데 결정적인 도움을 준다.

| 제7부 |

금융 조달의 진화: 모기지에서 디파이까지

19장
프로젝트 파이낸싱(PF)의 디지털 전환

20장
서비스형 뱅킹(BaaS)과 부동산 금융

21장
디파이(DeFi)와 미래의 부동산 담보 대출

지금까지 우리는 부동산 자산의 가치를 평가하고(6부), 소유권을 나누고 거래하는(3, 4, 5부) 혁신적인 방법들을 살펴보았다. 하지만 거대한 부동산 프로젝트가 첫 삽을 뜨기 위해서는, 그리고 개인이 내 집 마련의 꿈을 이루기 위해서는 반드시 필요한 것이 있다. 바로 '자금(Capital)'이다. 7부는 이 자금이 조달되는 방식, 즉 부동산 금융의 가장 원천적인 혈맥이 디지털 기술을 만나 어떻게 진화하고 있는지를 탐험하는 여정이다. 수조 원 규모의 대형 개발 사업을 위한 프로젝트 파이낸싱(PF)부터, 은행의 경계를 허무는 서비스형 뱅킹(BaaS), 그리고 궁극의 탈중앙 금융인 디파이(DeFi)에 이르기까지, 돈의 흐름을 바꾸는 거대한 변화 속에서 미래 부동산 금융의 새로운 가능성을 발견하게 될 것이다.

19장

프로젝트 파이낸싱(PF)의 디지털 전환

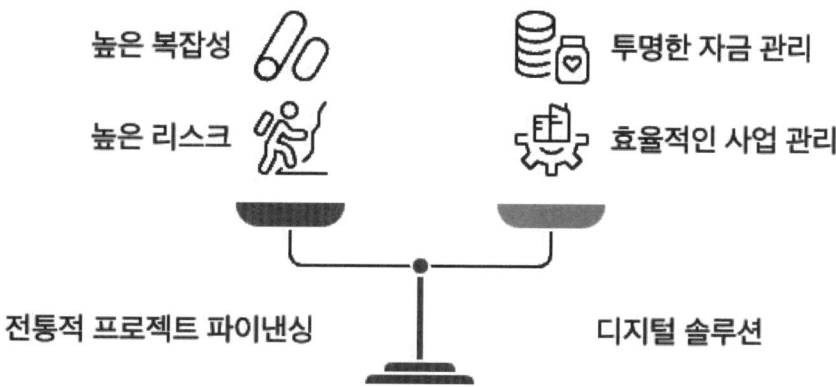

디지털 솔루션은 부동산 금융의 투명성과 효율성을 향상시킵니다
(Digital Solutions Improve Transparency and Efficiency in Real Estate Finance)

프로젝트 파이낸싱(PF, Project Financing)은 대규모 부동산 개발이나 인프라 건설에 필요한 거액의 자금을 조달하는 핵심적인 금융 기법이다. 이는 사업주체의 신용도가 아닌, 미래에 완공될 프로젝트 자체의 현금흐름(분양 수익 등)을 담보로 자금을 빌리는 방식이다. 하지만 이 복잡한 금융 구조는 최근 고금리와 부동산 경기 침체와 맞물려 한국 경제의 가장 큰 뇌관 중 하나로 떠올랐다. 바로 이 위기의 순간, 디지털 기술은 PF의 고질적인 리스크와 비효율성을 해결하고, 더 투명하고 안정적인 시스템으로 재탄생시킬 수 있는 강력한 대안으로 주목받고 있다.

19.1. 전통적 PF의 리스크와 한계

전통적인 프로젝트 파이낸싱(PF) 구조는 본질적으로 높은 수준의 리스크와 복잡성을 내포하고 있다. 가장 큰 특징은 사업주(시행사)의 전체 신용이 아닌, 특정 프로젝트 자체의 사업성에 기반하여 금융이 이루어진다는 점이다. 이를 위해 금융기관, 시행사, 시공사, 신탁사 등 수많은 이해관계자들이 복잡한 계약 관계로 얽히게 되며, 이는 정보의 비대칭성과 비효율성을 야기하는 주된 원인이 된다.

첫 번째 한계는 '정보의 불투명성'이다. PF 대출을 심사하는 금융기관은 시행사가 제출한 사업 계획서와 분양성 예측에 크게 의존할 수밖에 없다. 하지만 시행사는 대출을 받기 위해 사업성을 부풀리려는 유인을 가지며, 금융기관은 그 정보의 진위를 완벽하게 검증하기 어렵다. 또한, 공사 진행 과정이나 자금 집행 내역이 관련 당사자들에게 실시간으로 투명하게 공유되지 않아, 자금 유용이나 공사 지연과 같은 문제가 발생해도 뒤늦게 발견되는 경우가 많다.

두 번째는 '높은 거래 비용과 비효율'이다. PF 약정을 체결하기까지는 수많은 법률 및 회계 자문, 복잡한 서류 작업이 수반되어 막대한 시간과 비용이 소요된다. 또한, 공사 진행 단계별로 기성금을 지급하거나, 분양 대금을 관리하고, 최종적으로 수익금을 배분하는 과정 역시 대부분 수작업으로 이루어져 행정적 비효율과 인적 오류의 가능성이 항상 존재한다.

세 번째이자 가장 치명적인 리스크는 '시장 변동성'에 대한 취약성이다. PF는 미래의 분양 성공을 가정하고 현재의 자금을 빌려오는 구조이므로, 부동산 경기 하락에 매우 민감하다. 최근 한국의 PF 위기는 바로 이 문제에서 비롯되었다. 고금리로 인해 금융 비용은 급증하고, 부동산 경기 침체로 인해 미분양이 속출하면서, 프로젝트의 현금흐름이 예상과 달리 악화된 것이다. 이는 시행사의 부실로 이어지고, 이는 다시 돈을 빌려준 금융기관과 공사를 맡은 건설사의 동반 부실이라는 연쇄적인 위기로 번질 위험을 내포하고 있다.

2023년부터 본격화된 태영건설의 워크아웃 사태는 이러한 전통적 PF 구조의 한계를 상징적으로 보여 준다. 이는 단순히 한 기업의 문제를 넘어, 부동산 시장의 리스크가 금융 시스템 전체를 어떻게 위협할 수 있는지를 경고하는 강력한 시그널이었다.

이러한 상황에서 시장은 PF의 구조적 문제를 해결할 수 있는 새로운 해법을 절실히 요구하게 되었다. 즉, 사업의 투명성을 높여 정보 비대칭을 해소하고, 자금 집행 과정을 자동화하여 비효율을 줄이며, 리스크를 더 정밀하게 관리할 수 있는 디지털 기술의 도입이 선택이 아닌 필수가 된 것이다.

블록체인, 스마트 계약, 디지털 트윈과 같은 기술은 바로 이 지점에서 전통적 PF의 구원투수로 등판한다. 기술을 통해 신뢰를 구축하고, 프로세스를 자동화하며, 데이터를 기반으로 미래를 예측함으로써, PF를 더 투명하고, 더 효율적이며, 더 안정적인 금융 시스템으로 재설계할 수 있는 가능성이 열리고 있다.

부동산 PF의 한계와 디지털 기술 도입의 필요성

1. 부동산 PF는 고위험 금융 기법
- PF는 미래 수익을 담보로 자금을 조달합니다.
- 이는 복잡한 구조와 다수의 이해관계자로 인해 높은 시장 리스크를 수반합니다.
- 예시: 특정 아파트 단지의 분양 수입을 담보로 건설 자금을 빌리는 경우, 부동산 경기 악화로 분양이 저조하면 대출금을 상환하기 어려워집니다.

2. 현재 PF 시장은 큰 위기
- 고금리와 부동산 경기 침체가 주요 원인입니다.
- 이로 인해 부실 위험이 커지고 있습니다.
- 예시: 최근 금리가 급등하고 집값이 하락하면서, 아파트 미분양이 늘어나 PF 대출의 부실 가능성이 높아지고 있습니다.

> **3. 디지털 기술 도입 필수**
> - 높아진 리스크를 효율적으로 관리해야 합니다.
> - 투명성을 높여야 신뢰를 확보할 수 있습니다.
> - 예시: 블록체인 기술을 활용해 PF 계약 정보를 투명하게 공유하고, AI 기반의 리스크 관리 시스템을 구축하여 시장 변동성을 실시간으로 예측하고 대응할 수 있습니다.

- **적용 예시**

한 시행사가 아파트 건설 프로젝트를 위해 PF 대출을 받았다. 하지만 최근 고금리와 부동산 경기 침체로 미분양 리스크가 커지면서 대출 상환에 어려움을 겪고 있다. 과거에는 이런 상황에서 각 금융기관과 시행사 담당자들이 일일이 서류를 확인하고 협의해야 했지만, 디지털 전환이 이루어진다면, 모든 정보(예: 분양률, 공사 진행률, 시장 데이터)가 실시간으로 공유되는 플랫폼을 통해 투명하게 관리될 수 있다. 이를 통해 리스크를 조기에 파악하고, 신속하게 대응 방안을 마련하여 부실 위험을 줄일 수 있게 된다.

19.2. 스마트 계약과 투명한 자금 관리

전통적 PF 사업의 가장 큰 문제 중 하나는 복잡한 계약 관계와 불투명한 자금 흐름에 있었다. 스마트 계약은 바로 이 문제를 해결할 수 있는 가장 강력한 디지털 솔루션이다. 블록체인 위에서 작동하는 스마트 계약은 PF와 관련된 모든 자금 집행 규칙을 사전에 코드로 명시하고, 조건이 충족되면 사람의 개입 없이 자동으로 실행함으로써, 전례 없는 수준의 투명성과 효율성을 제공한다.

PF 사업의 자금 관리를 스마트 계약으로 구현하는 시나리오는 다음과 같다. 먼저, 사업의 모든 이해관계자(금융기관, 시행사, 시공사, 신탁사, 감리사 등)가 참여하는 컨소시엄 블록체인 네트워크를 구성한다. PF 약정에 따라 조달된 모든 자금은 중앙의 에스크로 계좌가 아닌, 블록체인 위의 스마트 계약 주소(트레저리)에 예치된다. 이 자금은 스마트 계약에 코딩된 규칙 없이는 그 누구도 임의로 인출하거나 사용할 수 없다.

가장 중요한 자금 집행, 즉 시공사에 대한 공사비(기성금) 지급 과정을 예로 들어 보자. 전통적인 방식에서는 시공사가 공정률을 보고하면, 감리사가 이를 확인하고, 시행사가 승인한 뒤에야 금융기관에서 대금이 지급되는 복잡한 절차를 거쳤다. 이 과정에서 대금 지급이 지연되거나, 공정률을 둘러싼 분쟁이 발생할 소지가 많았다.

스마트 계약은 이 과정을 자동화하고 투명하게 만든다. "만약(If) 감리사가 '공정률 30% 달성'이라는 데이터를 디지털 서명을 통해 블록체인에 전송하면, 그러면(Then) 스마트 계약은 사전에 약속된 2차 공사 대금을 시공사의 디지털 지갑으로 즉시 이체한다." 이 모든 과정은 블록체인에 실시간으로 기록되어 모든 참여자가 확인할 수 있으므로, 자금 집행의 투명성이 획기적으로 높아진다. 시행사가 자금을 다른 용도로 유용하거나, 대금 지급을 부당하게 지연시키는 행위를 원천적으로 차단할 수 있는 것이다.

분양 대금 관리 역시 마찬가지다. 수분양자들이 납부하는 계약금, 중도금, 잔금은 모두 스마트 계약의 에스크로 계정으로 직접 입금된다. 스마트 계약은 "만약(If) 건물이 준공되고 소유권 이전 등기가 완료되면, 그러면(Then) 에스크로에 보관된 분양 대금을 시행사와 금융기관 등에게 약속된 순서와 비율에 따라 자동으로 분배한다"는 규칙을 실행할 수 있다. 이는 분양 과정의 안정성을 높이고, 시행사의 파산 등으로 인해 수분양자들이 피해를 보는 것을 막아 준다.

이러한 스마트 계약 기반의 자금 관리 시스템은 모든 참여자에게 이익을 가져다 준다. 금융기관은 대출 자금이 약속된 용도대로 투명하게 사용되는지를 실시간으로 모니터링하여 대출 리스크를 크게 줄일 수 있다. 시공사는 공사비 지급 지연에 대한 걱정 없이 안정적으로 공사를 진행할 수 있다. 시행사는 복잡한 자금 관리 업무를 자동화하여 행정 비용을 절감하고, 사업의 투명성을 높여 투자자들의 신뢰를 얻을 수 있다.

더 나아가, PF 사업 자체를 STO(증권형 토큰 발행)와 결합하는 것도 가능하다. PF 사업의 미래 수익에 대한 권리를 토큰화하여 다수의 투자자에게 판매함으로써, 자금 조달 방식을 다각화하고 대형 금융기관에 대한 의존도를 낮출 수 있다. 이 경우, 토큰 보유자들은 스마트 계약을 통해 사업의 진행 상황과 자금 흐름을 직접 감독하고, 발생한 수익을 자동으로 배당받게 될 것이다.

물론, 이러한 시스템이 현실화되기까지는 오라클 문제(현실 세계의 공정률 데이터를 어떻게 신뢰할 수 있게 블록체인으로 가져올 것인가)와 같은 기술적 과제와 법적, 제도적 정비가 필요하다.

하지만 분명한 것은, 스마트 계약이 PF 시장의 고질적인 불투명성과 비효율성을 해결할 수 있는 혁신적인 해법이라는 사실이다. 코드를 통해 신뢰를 구축하고 계약을 자동 실행하는 스마트 계약의 원리는, 리스크로 가득 찬 PF 시장을 더 안전하고 예측 가능한 투자처로 바꾸는 핵심적인 열쇠가 될 것이다.

블록체인 기반 스마트 계약과 부동산 프로젝트 파이낸싱(PF)

블록체인 기반 스마트 계약은 부동산 PF 사업의 투명성과 효율성을 높입니다.
스마트 계약을 활용해 자금 집행 과정을 자동화할 수 있습니다. 예를 들어, 공사가 30% 완료되면 공사대금이 자동으로 지급되도록 설정하는 것입니다.

이러한 방식은 자금 유용의 위험을 줄이고 모든 이해관계자가 자금 흐름을 실시간으로 확인하게 해 줍니다.

- 적용 예시
  - 현재: 시공사에 2차 공사대금 지급 시, 관련 서류 검토 및 승인에 시간이 소요되고, 수기 기록 등으로 인해 오류 발생 가능성 및 투명성 확보에 어려움이 있음.

- 개선: 공정률 30% 달성 시 감리사 확인 후, 블록체인 기반 스마트 계약을 통해 시공사에 2차 공사대금이 자동으로 지급되도록 설정.
- 효과: 자금 집행 과정의 자동화로 시간 단축 및 인적 오류 감소, 모든 이해관계자가 실시간으로 자금 흐름을 투명하게 확인 가능하여 자금 유용 위험 차단.

19.3. 디지털 트윈과 효율적인 사업 관리

스마트 계약이 PF의 '금융 흐름'을 혁신한다면, 디지털 트윈은 PF의 '물리적 실체', 즉 건설 프로젝트 자체의 관리 방식을 혁신한다. 디지털 트윈은 현실의 건물이나 도시를 가상의 3차원 공간에 똑같이 복제하고, 현실의 데이터와 실시간으로 연동하여 시뮬레이션, 모니터링, 예측을 가능하게 하는 기술이다. 이는 PF 사업의 계획 단계부터 시공, 그리고 완공 후 운영에 이르기까지 전 과정의 효율성과 생산성을 극대화하는 강력한 도구가 된다.

PF 사업에서 가장 큰 리스크 중 하나는 '공사 지연'과 '예산 초과'다. 이는 주로 설계 단계의 오류, 공정 간의 충돌, 현장 상황의 예측 실패 등에서 비롯된다. 디지털 트윈은 이러한 문제를 사전에 예방하는 '가상 리허설'의 기회를 제공한다.

설계 단계에서, 건축가, 구조 엔지니어, 설비 엔지니어 등은 각자 작업한 BIM(빌딩 정보 모델링) 데이터를 하나의 통합된 디지털 트윈 모델로 결합한다. 이 가상 건물 안에서, 이들은 전기 배선과 상하수도 배관이 서로 부딪히는 부분은 없는지, 설계 도면대로 시공했을 때 예상치 못한 문제는 없는지를 3차원으로 시뮬레이션하며 사전에 발견하고 수정할 수 있다. 이는 실제 공사 현장에서 발생할 수 있는 값비싼 재작업과 그로 인한 공기 지연을 획기적으로 줄여 준다.

시공 단계에 들어서면, 디지털 트윈은 실시간 '관제 센터'의 역할을 한다. 드론이 촬영한 고해상도 항공 사진, 건설 현장 곳곳에 설치된 CCTV와 IoT 센서가 수집한 데이터(온도, 습도, 진동 등)가 디지털 트윈 모델에 실시간으로 업데이트된다. 사업 관리자는 사무실에 앉아서도 마치 현장에 있는 것처럼 공사의 진행 상황을 입체적으로 파악하고, 계획된 공정률과 실제 공정률의 차이를 정확하게 비교 분석할 수 있다.

만약 특정 구역의 공사가 계획보다 지연되고 있다면, 디지털 트윈은 그 원인이 무엇인지(자재 공급 지연, 인력 부족, 날씨 문제 등)를 파악하고, 전체 공사 기간에 미칠 영향을 시뮬레이션하여 관리자가 최적의 대응 전략을 수립하도록 돕는다. 이는 주먹구구식의 현장 관리를 데이터 기반의 정밀한 프로젝트 관리로 전환시키는 것이다.

이러한 디지털 트윈 기반의 사업 관리는 PF 대출을 제공한 금융기관에게도 매우 유용하다. 금융기관은 더 이상 시행사나 시공사가 제출하는 서류에만 의존하지 않고, 객관적인 데이터를 통해 프로젝트가 계획대로 진행되고 있는지를 직접 확인할 수 있다. 이는 대출 리스크를 훨씬 더 효과적으로 관리할 수 있게 해 주며, 기성금 지급의 근거 자료로도 활용될 수 있다.

영국의 한 해상풍력발전소 PF 사례는 디지털 트윈의 잠재력을 잘 보여 준다. 이 프로젝트에서는 풍력 터빈의 모든 부품과 운영 데이터를 디지털 트윈으로 구현했다. 이를 통해 바람의 세기와 방향에 따라 터빈의 각도를 어떻게 조절해야 발전 효율을 극대화할 수 있는지 수천 번의 시뮬레이션을 거쳐 최적의 운영 전략을 찾아냈으며, 터빈의 고장을 사전에 예측하는 예지보전 시스템을 구축하여 운영 비용을 크게 절감할 수 있었다.

완공 후에도 디지털 트윈의 가치는 이어진다. 건물의 모든 설비와 자산 정보가 담긴 디지털 트윈은, 건물을 효율적으로 유지보수하고 관리하는 '디지털 운영 매뉴얼'이 된다. 또한, 향후 리모델링이나 공간 용도 변경을 계획할 때, 가상 공간에서 미리 다양한 시나리오를 시뮬레이션해 보고 최적의 안을 선택할 수 있다.

이처럼 디지털 트윈은 보이지 않던 리스크를 보이게 만들고, 흩어져 있던 정보를 하나로 통합하며, 복잡한 프로젝트의 전 과정을 통제 가능한 영역으로 가져온다. 스마트 계약이 금융의 투명성을 책임진다면, 디지털 트윈은 건설의 투명성을 책임지는 셈이다. 이 두 가지 기술의 결합은, 리스크로 가득했던 PF 사업을 예측 가능하고 신뢰할 수 있는 투자 자산으로 탈바꿈시키는 핵심적인 동력이 될 것이다.

건설 및 인프라 PF 사업에서의 디지털 트윈 기술

디지털 트윈 기술은 PF 대출 기관에게 사업의 불확실성을 낮추는 중요한 역할을 합니다. 대출 심사 시, 건설 사업의 진행 과정을 실시간으로 투명하게 확인하고, 예상되는 리스크를 정량적으로 평가할 수 있습니다. 이는 부실화 가능성을 줄여 자금 조달의 안정성을 높이는 효과를 낳습니다.

주요 기능 및 효과
- 사업성 검토: 사업 초기 단계부터 건물의 3D 디지털 모델을 만들어 공정을 시뮬레이션할 수 있습니다. 이는 잠재적 문제점을 미리 파악하고, 사업의 타당성을 객관적으로 평가하는 데 도움을 줍니다.
- 시공 리스크 관리: 공사 중 드론이나 IoT 센서로 실제 데이터를 수집해 디지털 모델에 반영합니다. 이를 통해 공정률을 정확하게 관리하고 현장 상황을 원격으로 감시함으로써, 예상치 못한 시공 지연이나 추가 비용 발생 등의 리스크를 줄일 수 있습니다.
- 비용 효율성 증대: 공정 최적화 및 운영 효율성 향상을 통해 비용 절감 효과를 가져옵니다. 예를 들어, 영국의 해상 풍력 발전소 PF 사업 사례처럼, 디지털 트윈으로 운영 계획을 최적화하여 수익성을 높일 수 있습니다.

- **적용 예시**

건설 현장에서 3D 디지털 트윈을 만들어 공사 과정을 미리 시뮬레이션하고, 드론이나 IoT 센서로 실제 현장 데이터를 받아 디지털 트윈에 반영한다. 이를 통해 공정 진행 상황을 정확히 파악하고, 문제가 생기기 전에 미리 대처하며 원격으로도 현장을 관리하여 비용 절감과 효율성 향상을 이룰 수 있다. 예를 들어, 영국의 한 해상풍력발전소는 디지털 트윈을 도입하여 운영을 최적화했다.

20장

서비스형 뱅킹(BaaS)과 부동산 금융

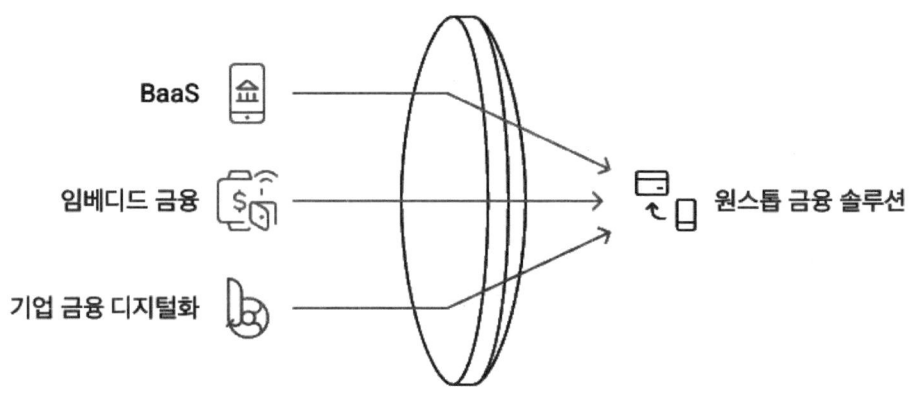

미래 부동산 금융의 통합
(Integration of Future Real Estate Finance)

전통적으로 금융은 은행이라는 독립된 공간에서만 이루어지는 고유한 서비스였다. 우리는 대출을 받기 위해 은행에 가고, 송금을 하기 위해 은행 앱을 켜야 했다. 하지만 디지털 기술은 이러한 은행의 경계를 허물고, 금융 기능이 마치 공기처럼 우리가 필요로 하는 모든 서비스에 스며들게 만들고 있다. '서비스형 뱅킹(BaaS, Banking-as-a-Service)'은 바로 이러한 변화를 이끄는 핵심적인 개념이다. BaaS는 부동산 산업과 만나, 거래와 금융이 하나로 통합된 끊김 없는(seamless) 사용자 경험을 만들어 내는 새로운 혁신을 예고하고 있다.

20.1. BaaS(Banking-as-a-Service)의 개념

BaaS는 은행이 자신들의 핵심적인 금융 기능(예: 계좌 개설, 예금, 대출, 결제, 신원 인증 등)을 라이선스가 없는 제3의 기업(주로 핀테크나 빅테크 기업)에게 API(Application Programming Interface) 형태로 제공하는 비즈니스 모델을 말한다. 여기서 API는 서로 다른 소프트웨어가 정보를 주고받을 수 있도록 미리 정해 놓은 통신 규칙(프로토콜)으로, 서비스 간의 '연결 다리' 역할을 한다.

이 모델을 통해, 프롭테크 기업이나 건설사와 같은 비금융회사는 더 이상 은행 라이선스를 직접 취득하거나, 수백억 원이 드는 복잡한 금융 인프라를 처음부터 구축할 필요가 없다. 대신, 은행이 제공하는 API를 마치 레고 블록처럼 가져와, 자신들의 기존 서비스에 필요한 금융 기능을 손쉽게 탑재(embed)할 수 있게 된다.

이렇게 금융 기능이 비금융 서비스에 자연스럽게 내장되어, 사용자가 별도의 금융 앱을 켜지 않고도 원래의 서비스 흐름 안에서 금융 업무를 처리할 수 있게 되는 현상을 '임베디드 금융(Embedded Finance)'이라고 부른다. BaaS는 바로 이 임베디드 금융을 기술적으로 구현하는 핵심적인 기반이다.

예를 들어, 우리가 배달의민족 앱에서 음식을 주문하고 '배민페이'로 바로 결제하는 것이나, 쿠팡에서 물건을 사고 '쿠팡페이'로 결제하는 것이 대표적인 임베디드 결제(Embedded Payment) 사례다. 우리는 결제를 위해 별도의 은행 앱이나 카드사 앱을 실행하지 않는다. 결제 기능이 쇼핑이라는 원래의 경험 속에 완벽하게 녹아들어 있기 때문이다.

BaaS는 이러한 경험을 결제를 넘어 대출, 보험 등 더 복잡한 금융 서비스로 확장시킨다. 테슬라(Tesla)가 자동차를 구매하는 고객에게 앱 내에서 직접 자동차 보험 가입을 제안하거나, 쇼피파이(Shopify)가 온라인 쇼핑몰 운영자들에게 운영 자금 대출을 제공하는 것이 대표적인 임베디드 금융의 예다.

BaaS 생태계는 크게 세 종류의 참여자로 구성된다. 첫째는 금융 라이선스와 인프라를 제공하는 '은행'이다. 둘째는 은행의 API를 이용하여 자사의 서비스에 금융 기능을 접목하는 '핀테크/비금융 기업'이다. 셋째는 이 모든 서비스의 최종 사용자인 '고객'이다.

이러한 협력 모델은 모든 참여자에게 이익을 가져다준다. 은행은 직접 고객을 유치하지 않고도, 파트너 기업의 방대한 고객 기반에 접근하여 새로운 수익(API 이용 수수료, 이자 수익 등)을 창출할 수 있다. 핀테크 기업은 복잡한 규제와 인프라 구축의 부담 없이, 혁신적인 금융 서비스를 신속하게 시장에 출시하여 고객에게 더 나은 가치를 제공할 수 있다. 고객은 여러 앱을 오갈 필요 없이, 자신이 원하는 서비스 안에서 모든 것을 한 번에 해결하는 편리하고 통합된 경험을 누릴 수 있다.

부동산 산업은 복잡한 거래 과정과 거액의 자금이 오가는 특성상, BaaS와 임베디드 금융이 적용될 수 있는 잠재력이 매우 큰 분야다. 부동산 거래의 각 단계마다 필요한 금융 기능(대출, 결제, 보험 등)을 프롭테크 플랫폼에 내장함으로써, 고객의 불편함을 해소하고 새로운 부가가치를 창출할 수 있는 기회가 무궁무진하다.

BaaS와 임베디드 금융(Embedded Finance)의 개념 및 비즈니스 활용

1. BaaS(Banking as a Service)
부동산 개발사나 프롭테크 기업은 자체적으로 금융회사를 설립할 필요가 없습니다. 은행의 핵심 금융 기능(예: 대출, 결제)을 API 형태로 제공받아 플랫폼에 쉽게 결합할 수 있습니다. 예를 들어, 부동산 투자 플랫폼이 자체적으로 P2P 대출 시스템을 구축하지 않고도, API를 통해 은행의 대출 심사 및 실행 시스템을 연동하여 투자자들에게 대출 상품을 제공하는 방식이 여기에 해당합니다.

2. 임베디드 금융(Embedded Finance)
금융 기능이 부동산 서비스 안에 자연스럽게 녹아드는 현상입니다. 사용자는 금융 서비스라는 것을 의식하지 않고도 금융 기능을 이용하게 됩니다. 예를 들어, 부동산 플랫폼에서 매물을 보다가 마음에 드는 매물이 있으면 바로 그 자리에서 담보대출 한도를 조회하고 신청까지 완료하는 것이 임베디드 금융의 좋은 예시입니다. 사용자는 번거롭게 은행 앱을 따로 열 필요가 없습니다.

• **적용 예시**

배달 앱에서 음식 주문 후 바로 결제하는 기능: 예전에는 배달 앱에서 음식을 고르고 나서 다시 카드 앱을 열거나 계좌이체를 해야 했지만, 이제는 배달 앱 자체에서 카드 등록, 간편결제, 심지어 후불결제(나중에 갚는 것)까지 가능하다.

- 온라인 쇼핑몰에서 상품 구매 시 무이자 할부 선택: 쇼핑몰 앱을 벗어나지 않고도 할부 금융 서비스를 바로 이용할 수 있다.

비금융 회사(배달 앱, 쇼핑몰)가 복잡한 금융 시스템을 직접 만들 필요 없이, 은행이나 금융 플랫폼의 금융 기능을 마치 '레고 블록'처럼 가져와서 자기 서비스에 쉽게 붙여서 사용하는 것이다. 덕분에 사용자는 더 편리하게 금융 서비스를 이용할 수 있다.

20.2. 사례: 기업 금융의 디지털화

BaaS가 부동산 산업과 만나 가장 먼저 시너지를 낼 수 있는 분야는 개인 금융보다 오히려 '기업 금융(Corporate Banking)' 영역, 특히 건설 및 인테리어 산업과 관련된 B2B(Business-to-Business) 금융이다. 이 산업은 수많은 중소기업들이 복잡한 공급망으로 얽혀 있으며, 이들은 종종 자금 조달의 어려움과 비효율적인 결제 시스템으로 고통받기 때문이다.

건설 자재를 온라인으로 거래하는 B2B 마켓플레이스를 예로 들어 보자. 전통적으로, 인테리어 시공사와 같은 중소기업이 자재를 구매하기 위해서는 먼저 자재 대금을 확보해야 했다. 만약 자금이 부족하면 은행에 가서 별도로 사업자 대출을 신청해야 했고, 이 과정은 복잡한 서류 제출과 긴 심사 기간을 필요로 했다.

BaaS는 이 과정을 획기적으로 개선할 수 있다. B2B 자재 플랫폼은 은행과의 BaaS 파트너십을 통해, 플랫폼 내에 '구매 자금 대출(공급망 금융)' 기능을 직접 탑재할 수 있다. 자재 구매를 원하는 시공사는 플랫폼을 떠나지 않고, 그 자리에서 바로 필요한 자금에 대한 대출을 신청할 수 있다.

이때, 대출 심사 과정 또한 훨씬 효율적으로 이루어진다. 은행은 시공사가 제출하는 재무제표뿐만 아니라, 해당 플랫폼에서 발생한 시공사의 과거 자재 거래 이력, 계약 이행 성실도, 발주처로부터의 평판 등 '대안 데이터(Alternative Data)'를 대출 심사에 활용할 수 있다. 이는 전통적인 재무 정보만으로는 파악하기 어려웠던 중소기업의 실질적인 사업 수행 능력과 신용도를 더 정확하게 평가할 수 있게 해 준다.

대출이 승인되면, 대출금은 시공사를 거치지 않고 플랫폼을 통해 자재 공급업체에게 직접 지급된다. 이는 대출 자금이 다른 용도로 유용될 위험을 차단하고, 공급업체는 대금을 떼일 염려 없이 안전하게 판매 대금을 회수할 수 있게 해 준다. 이처럼 BaaS 기반의 공급망 금융은 공급망 전체의 투명성과 안정성을 높이는 효과를 가져온다.

국내에서도 이러한 움직임이 나타나고 있다. 신한은행은 국내 최대의 기업용 ERP(전사적 자원 관리) 소프트웨어 기업인 '더존비즈온'과 합작하여, 더존비즈온의 기업 고객들을 위한 디지털 금융 플랫폼을 구축하고 있다. 더존비즈온의 ERP 시스템을 사용하는 수많은 중소기업들은, 자신들의 회계 데이터를 바탕으로 맞춤형 금융 상품을 추천받고, 별도의 서류 제출 없이 간편하게 대출을 신청할 수 있게 될 것이다.

이러한 모델은 부동산 개발 및 건설과 관련된 수많은 하도급업체, 자재 공급업체, 인테리어 업체 등 중소기업들의 금융 접근성을 크게 향상시킬 수 있다. 이들은 더 이상 자금난 때문에 좋은 사업 기회를 놓치지 않게 되고, 이는 건설 산업 생태계 전반의 건전성과 경쟁력을 높이는 결과로 이어질 것이다.

또한, 건설 현장 근로자들을 위한 금융 서비스에도 BaaS가 활용될 수 있다. 건설 근로자들은 고용이 불안정하고 소득 증빙이 어려워 제1금융권 대출에서 소외되는 경우가 많았다. 하지만 건설사가 운영하는 인력 관리 플랫폼에 BaaS를 접목하면, 근로자의 근무 이력과 소득 데이터를 기반으로 소액 신용대출이나 급여 선지급과 같은 맞춤형 금융 서비스를 제공하는 것이 가능해진다.

이처럼 BaaS는 눈에 보이지 않는 곳에서 부동산 산업을 움직이는 수많은 기업과 개인들의 '금융 동맥'을 뚫어 주는 역할을 한다. 이는 단순히 금융의 편의성을 높이는 것을 넘어, 정보 비대칭으로 인해 소외되었던 경제 주체들에게 새로운 기회를 제공하고, 산업 생태계 전체를 더 건강하게 만드는 중요한 사회적 가치를 창출한다.

> **BaaS를 활용한 부동산 및 건설 중소기업의 금융 접근성 강화 방안**
>
> - BaaS는 기업 금융에 부동산 산업을 접목할 수 있습니다. 예를 들어, 건설 자재 거래 플랫폼에 BaaS를 적용하면, 기업은 플랫폼 내에서 자재 구매 자금 대출을 신청하고 결제까지 한 번에 해결할 수 있습니다.
> - 신한은행은 ERP 전문업체인 더존비즈온과 협업하여 기존 플랫폼을 이용하는 중소기업 고객에게 맞춤형 디지털 금융 서비스를 제공하는 플랫폼을 구축했습니다. 이러한 모델은 부동산 개발 및 건설 관련 중소기업의 금융 접근성을 높이는 데 기여합니다.

• 적용 예시

부동산 개발 및 건설 중소기업의 금융 접근성을 높이는 방안으로, BaaS(Banking as a Service) 기반의 디지털 전환이 활용된다.

예)

건설 자재를 거래하는 B2B 플랫폼에서 BaaS를 도입하여, 중소 건설업체가 자재 구매와 동시에 플랫폼 내에서 직접 금융 대출을 신청하고 결제까지 한 번에 처리할 수 있도록 한다. 신한은행은 ERP 전문업체인 더존비즈온과 협력하여, 더존의 플랫폼을 사용하는 중소기업 고객에게 맞춤형 디지털 금융 서비스를 제공함으로써 이러한 시스템을 구현하고 있다.

20.3. 부동산 플랫폼과 임베디드 금융의 미래

미래의 부동산 플랫폼은 더 이상 단순히 매물을 광고하고 보여 주는 '정보 게시판'의 역할에 머무르지 않을 것이다. 성공적인 플랫폼은 고객의 부동산 여정(Journey) 전체, 즉 집을 구하는 순간부터, 계약하고, 대출받고, 이사하고, 거주하는 모든 과정에 필요한 서비스를 하나로 통합하여 제공하는 '종합 라이프스타일 플랫폼'으로 진화할 것이다. 그리고 그 진화의 중심에는 BaaS를 통한 '임베디드 금융'이 자리 잡고 있다.

상상해 보자. 당신이 프롭테크 앱에서 마음에 드는 아파트를 발견했다. 앱 화면에는 '예상 월 상환금 계산하기' 버튼이 있다. 이 버튼을 누르면, 당신의 소득과 신용 정보를 바탕으로 여러 은행의 주택담보대출 상품이 실시간으로 비교 분석되어, 가장 유리한 금리와 한도를 가진 상품이 추천된다. 당신은 몇 번의 터치만으로 대출 사전 승인을 받고, 필요한 서류는 공공 마이데이터 서비스를 통해 자동으로 제출된다.

계약을 결정하면, 앱 내에서 전자 계약서에 서명하고, 계약금은 앱에 연동된 간편 결제 서비스를 통해 즉시 이체된다. 잔금일이 되면, 승인된 대출금이 은행에서 스마트 계약 기반의 에스크로 계정으로 자동 입금되고, 동시에 소유권 이전 등기가 신청되며, 모든 절차가 완료되면 대금이 매도인에게 지급된다. 당신은 이 모든 과정을 앱의 푸시 알림을 통해 실시간으로 확인할 수 있다.

이사를 할 때는 어떨까? 플랫폼은 당신에게 포장이사 업체 견적 비교 서비스와 이사 비용 대출 상품을 함께 제안한다. 입주 후에는 화재보험이나 전세보증금 반환보증보험 가입을 앱에서 바로 처리할 수 있으며, 매달 납부해야 하는 관리비나 재산세 고지서도 앱으로 받고 바로 납부할 수 있다.

이 모든 경험이 가능한 이유는, 은행의 대출 심사 및 실행 기능, 결제 기능, 보험사의 상품 가입 기능 등이 모두 API를 통해 부동산 플랫폼이라는 하나의 서비스 안에 '임베디드' 되어 있기 때문이다. 고객은 더 이상 금융 업무를 처리하기 위해 여러 은행과 기관의 웹사이트를 일일이 방문하며 시간을 낭비할 필요가 없다. 금융은 고객의 필요가 있는 모든 곳에 스며드는, 눈에 보이지 않지만 강력한 '인프라'가 되는 것이다.

이러한 변화는 부동산 산업의 경쟁 구도를 근본적으로 바꿀 것이다. 미래의 경쟁력은 얼마나 많은 매물을 보유하고 있느냐가 아니라, 얼마나 편리하고 통합된 고객 경험을 제공하느냐에 따라 결정될 것이다. 프롭테크 기업들은 금융을 품음으로써 고객을 자신의 생태계 안에 묶어 두는 강력한 '락인 효과(Lock-in Effect)'를 누리게 될 것이다.

은행 역시 생존을 위해 변화해야 한다. 전통적인 지점 중심의 영업 방식에서 벗어나, 적극적으로 BaaS 파트너십을 확대하며 자신들의 금융 서비스를 다양한 플랫폼에 심어야 한다. '은행 없는 은행업(Banking without Banks)'의 시대에, 은행은 더 이상 고객을 직접 만나는 '프론트 오피스'가 아니라, 다른 서비스들을 뒤에서 지원하는 보이지 않는 '인프라 제공자'로 그 역할이 바뀔지도 모른다.

물론 이러한 미래가 현실이 되기까지는 데이터 보안, 프라이버시 보호, 그리고 플랫폼의 독점에 대한 우려 등 해결해야 할 과제들이 존재한다.

하지만 분명한 것은, 금융과 비금융의 경계가 허물어지는 거대한 흐름은 이미 시작되었다는 사실이다. BaaS와 임베디드 금융은 부동산 거래 과정의 모든 마찰을 제거하고, 고객에게 최고의 편의성을 제공하는 궁극적인 솔루션이다. 이 새로운 패러다임에 가장 먼저 적응하고 혁신을 주도하는 기업이, 미래 부동산 플랫폼 시장의 승자가 될 것이다.

BaaS 기반의 원스톱 금융 서비스 통합과 고객 중심의 금융 접근성 확대

BaaS 기반 부동산 금융의 변화

미래의 부동산 금융은 플랫폼 중심으로 발전합니다.

부동산 플랫폼이 단순 매물 정보 제공을 넘어, 금융 서비스와 통합될 것입니다. 고객은 앱에서 마음에 드는 집을 찾고, 여러 은행의 주택담보대출 금리를 비교합니다. 가장 유리한 조건으로 대출을 신청하고, 전자 계약을 통해 소유권 이전까지 원스톱으로 처리합니다.

이러한 변화는 BaaS(Banking as a Service) 덕분에 가능해집니다. BaaS를 통해 은행의 대출 심사 및 실행 기능이 부동산 플랫폼에 '임베디드(embedded)' 되기 때문입니다. 즉, 은행 서비스가 플랫폼 안에 내재되어 고객이 플랫폼을 벗어나지 않고도 금융 업무를 볼 수 있게 되는 것입니다.

예시:

- 기존 방식: 고객이 부동산 플랫폼에서 집을 본 후, 직접 여러 은행에 방문하거나 앱을 설치해 대출을 알아봐야 했습니다. 서류 제출과 계약 절차도 번거로웠습니다.
- 미래 방식: 고객은 부동산 앱에서 마음에 드는 집을 찾습니다. 앱 내에서 바로 여러 은행의 대출 상품을 비교하고, 조건에 맞는 상품을 선택해 대출을 신청합니다. 전자 계약으로 소유권 이전까지 한 번에 완료됩니다.

미래의 금융은 고객이 찾아가는 목적지가 아니라, 고객의 필요가 있는 모든 곳에 스며드는 서비스가 됩니다.

• 적용 예시

고객이 부동산 앱에서 마음에 드는 집을 찾았다고 가정해 보자.

이 앱이 BaaS(Banking as a Service) 기반이라면, 고객은 앱 내에서 여러 은행의 주택담보대출 금리를 바로 비교하고, 가장 유리한 조건의 대출을 선택해 즉시 신청할 수 있다. 심지어 전자 계약을 통해 소유권 이전까지 한 번에 처리된다. 과거에는 고객이 은행에 직접 방문하거나 여러 앱을 거쳐야 했던 모든 과정이 부동산 앱 하나에서 원스톱으로 해결되는 것이다. 즉, 금융이 고객이 찾아가는 곳이 아닌, 고객이 필요로 하는 부동산 서비스 안에 '내장(임베디드)'되어 편리하게 이용된다.

21장

디파이(DeFi)와 미래의 부동산 담보대출

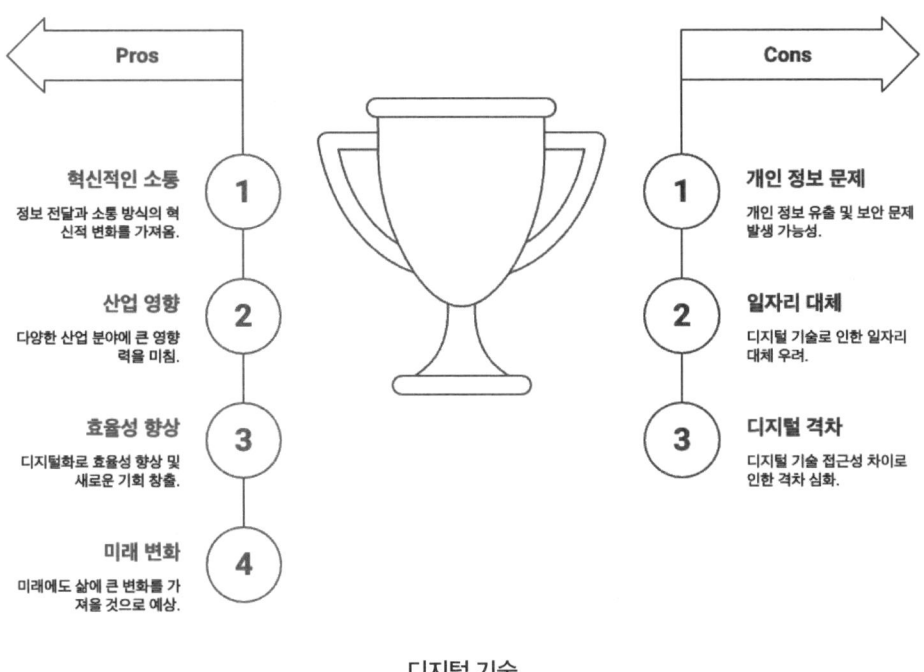

디지털 기술
(Digital Technology)

BaaS가 전통적인 은행 시스템의 경계를 허무는 점진적인 혁신이라면, '디파이(DeFi, Decentralized Finance)'는 은행이라는 존재 자체에 의문을 제기하는 훨씬 더 급진적이고 파괴적인 혁신이다. 디파이는 은행, 증권사, 카드사와 같은 중앙화된 금융 중개 기관을 완전히 배제하고, 오직 블록체인 위의 스마트 계약 코드만으로 작동하는 탈중앙화된 금융 시스템을 지향한다. 아직은 초기 단계의 실험이지만, 디파이는 국경과 규제의 장벽을 넘어, 미래의 부동산 금융이 어떤 모습일 수 있는지에 대한 가장 대담한 청사진을 제시하고 있다.

21.1. 디파이(DeFi)의 기본 원리

디파이(DeFi)는 '탈중앙화 금융(Decentralized Finance)'의 줄임말로, 이더리움과 같은 퍼블릭 블록체인 위에서 구축된 금융 애플리케이션(DApp) 생태계 전체를 의미한다. 디파이의 핵심 철학은 전통 금융 시스템을 지배해 온 '중개인의 신뢰'를, 투명하고 검증 가능한 '코드의 신뢰'로 대체하는 것이다. 여기에는 CEO도, 이사회도, 거대한 빌딩도 없다. 오직 인터넷에 연결된 누구나 차별 없이 접근할 수 있는, 코드에 의해 운영되는 자율적인 금융 프로토콜만이 존재한다.

디파이 생태계의 가장 기본적인 구성 요소는 '대출 프로토콜(Lending Protocol)'이다. '메이커다오(MakerDAO)', '에이브(Aave)', '컴파운드(Compound)'와 같은 플랫폼이 대표적이다. 이들 플랫폼에서 사용자들은 두 가지 역할을 할 수 있다. 하나는 자신의 디지털 자산(주로 암호화폐)을 유동성 풀(Liquidity Pool)에 예치하고, 다른 사용자에게 빌려주는 대가로 이자 수익을 얻는 '공급자(Supplier)'의 역할이다.

다른 하나는 자신의 디지털 자산을 담보로 맡기고, 다른 종류의 디지털 자산을 빌리는 '차입자(Borrower)'의 역할이다. 예를 들어, 장기적으로 비트코인의 가치 상승을 믿는 투자자는, 자신의 비트코인을 팔지 않고 대출 프로토콜에 담보로 맡긴 뒤, 달러와 가치가 연동된 '스테이블코인(Stablecoin, 예: USDC, DAI)'을 빌려 생활비로 사용하거나 다른 곳에 투자할 수 있다.

이 모든 대출과 상환 과정은 스마트 계약에 의해 자동으로 처리된다. 이자율은 유동성 풀의 자산 공급량과 수요량에 따라 알고리즘에 의해 실시간으로 결정되며, 담보물의 가치가 대출금에 비해 일정 수준 이하로 떨어지면(담보유지비율 하락), 스마트 계약은 담보물을 자동으로 청산하여 대출금을 회수한다. 이는 인간의 주관적 판단 없이, 오직 코드의 논리에 따라 리스크가 관리됨을 의미한다.

디파이의 또 다른 핵심 요소는 '탈중앙화 거래소(DEX, Decentralized Exchange)'다. '유니스왑(Uniswap)', '스시스왑(SushiSwap)'과 같은 DEX는 전통적인 거래소처럼 매수자와 매도자를 직접 연결하는 오더북(Order book) 방식이 아니라, '자동화된 마켓 메이커(AMM, Automated Market Maker)'라는 독특한 방식으로 작동한다. AMM은 유동성 공급자들이 두 종류의 토큰을 쌍으로 예치해 놓은 유동성 풀을 만들어두고, 수학 공식($x*y=k$)에 따라 토큰 간의 교환 비율(가격)이 결정되게 한다.

이 외에도 디파이 생태계에는 실제 자산(주식, 원자재 등)의 가격을 추종하는 '합성 자산(Synthetic Asset)', 보험료를 모아 스마트 계약의 해킹 위험을 보장해 주는 '탈중앙화 보험' 등 전통 금융의 거의 모든 기능을 대체하려는 다양한 프로젝트들이 존재한다.

디파이가 전통 금융에 비해 가지는 장점은 명확하다. 첫째, '접근성'이다. 인터넷만 연결되면 국적, 신용등급에 상관없이 누구나 24시간 금융 서비스에 접근할 수 있다. 둘째, '투명성'이다. 모든 거래와 규칙(스마트 계약 코드)이 블록체인에 공개되어 누구나 검증할 수 있다. 셋째, '효율성'이다. 중개인을 제거하여 거래 비용을 낮추고, 서비스 간의 결합(Composable)이 자유로워 혁신적인 금융 상품을 쉽게 만들 수 있다.

이러한 디파이의 원리는 부동산 금융, 특히 담보대출 시장에 적용될 때 엄청난 파괴력을 가질 수 있다. 은행의 복잡하고 느린 심사 과정 없이, 자신의 부동산 자산을 담보로 전 세계 어디에서든 즉시 유동성을 확보할 수 있는 미래가 기술적으로 가능해진 것이다.

탈중앙화 부동산 금융(Decentralized Real Estate Finance)

탈중앙화 부동산 금융은 은행이나 증권사와 같은 중개 기관 없이도 블록체인과 스마트 계약을 통해 부동산 거래, 대출, 투자 등 다양한 금융 서비스를 제공하는 시스템입니다.

- 탈중앙화 금융은 중개인 없이 부동산을 사고팔게 합니다.
- 예시: P2P(개인 간 거래) 플랫폼에서 부동산 소유권을 토큰화하여 소액으로도 거래할 수 있습니다.

- 스마트 계약은 부동산 대출 과정을 투명하게 만듭니다.
- 예시: 스마트 계약을 통해 대출 조건, 이자율, 상환 일정을 미리 코드로 설정하여, 조건이 충족되면 자동으로 대출이 실행됩니다.

- 부동산 자산을 담보로 유동성을 확보합니다.
- 예시: 개인이 소유한 부동산 토큰을 담보로 걸고, 다른 암호화폐를 빌려 즉시 현금처럼 사용할 수 있습니다.

- 누구나 부동산 금융에 참여할 수 있게 합니다.
- 예시: 과거에는 소수의 투자자만 접근 가능했던 대형 상업용 부동산을 토큰화하여, 일반인들도 소액 투자로 수익을 나눌 수 있습니다.

- 적용 예시

김민준 씨는 급전이 필요하여 본인이 보유한 비트코인 1개를 담보로 잡고, 디파이 플랫폼에서 1,000 USDT를 대출받았다. 이 과정에서 은행이나 증권사 같은 중간기관 없이 코드가 자동으로 모든 절차를 처리했다. 대출받은 USDT는 필요에 따라 사용하고, 나중에 비트코인 담보를 찾아올 예정이다.

21.2. 부동산 NFT를 담보로 한 대출

디파이와 부동산 금융이 만나는 가장 현실적이고 직접적인 접점은, 바로 '부동산 자산 토큰'을 담보로 한 탈중앙화 대출이다. 이는 13장과 14장에서 살펴본 '부동산 NFT'나, 7장과 8장에서 다룬 '부동산 STO 토큰'을 디파이 대출 프로토콜의 담보물로 활용하는 것이다.

이 시나리오는 다음과 같이 작동한다. 당신이 특정 부동산의 완전한 소유권을 나타내는 '부동산 NFT' 한 개를 소유하고 있다고 가정해 보자. 당신은 갑자기 사업 자금이 필요해졌지만, 은행에서 대출을 받으려면 복잡한 서류와 긴 심사 기간을 거쳐야 한다. 이때, 당신은 디파이 대출 플랫폼에 접속한다.

당신은 자신의 부동산 NFT를 플랫폼의 스마트 계약에 담보로 예치(Lock-up)한다. 플랫폼의 오라클은 이 NFT와 연결된 부동산의 현재 시장 가치를 평가하고(예: AVM 활용), 그 가치에 기반하여 대출 가능한 한도를 결정한다. 예를 들어, 10억 원 가치의 부동산 NFT에 대해, 플랫폼은 안정성을 고려하여 담보인정비율(LTV) 50%를 적용, 최대 5억 원 상당의 스테이블코인을 빌릴 수 있도록 허용한다.

당신은 필요한 만큼의 스테이블코인(예: 3억 원)을 대출받아 자신의 디지털 지갑으로 즉시 전송받는다. 이 모든 과정은 단 몇 분 만에, 누구의 허락도 없이, 오직 코드에 의해 완료된다. 당신은 이 스테이블코인을 암호화폐 거래소에서 현금으로 바꾸어 사업 자금으로 사용하거나, 다른 디파이 프로토콜에 투자하여 추가 수익을 노릴 수도 있다.

이후 당신은 정해진 이자율에 따라 이자를 상환하고, 원금을 모두 갚으면 담보로 맡겼던 부동산 NFT를 스마트 계약으로부터 되찾아올 수 있다. 만약 부동산 가격이 급락하여 담보물의 가치가 위험 수준(예: LTV 80%)까지 떨어지면, 스마트 계약은 담보물인 부동산 NFT를 탈중앙화된 경매 시장에 자동으로 내놓아 청산하고, 그 매각 대금으로 대출금을 상환하여 대출 기관(유동성 공급자)의 손실을 막는다.

이러한 모델은 전통적인 부동산 담보대출(모기지) 시장의 모든 규칙을 다시 쓴다. 첫째, '신속성과 편의성'이다. 은행 영업시간이나 심사 기간을 기다릴 필요 없이, 24시간 365일 언제든지 즉시 대출을 받을 수 있다. 둘째, '국경 없는 자본'이다. 한국에 있는 부동산을 담보로, 전 세계의 유동성 풀로부터 자금을 조달하는 것이 가능해진다. 이는 자본 조달의 지리적 한계를 완전히 허물어 버린다.

셋째, '유연성'이다. 상환 기간이나 금액을 비교적 자유롭게 조절할 수 있으며, 필요하다면 추가 담보를 제공하거나 일부를 상환하여 담보 비율을 조정하는 것도 용이하다. 넷째, '투명성'이다. 대출 이자율, 담보 비율, 청산 조건 등 모든 규칙이 스마트 계약 코드에 투명하게 공개되어 있어, 은행의 불투명한 가산금리나 불합리한 조건에 대한 우려가 없다.

이미 이러한 비전을 현실화하려는 여러 디파이 프로젝트들이 등장하고 있다. '메이커다오(MakerDAO)'는 실물 자산을 담보로 스테이블코인 DAI를 발행하는 프로토콜을 운영하고 있으며, 부동산을 첫 번째 실물 담보 자산으로 편입하려는 시도를 하고 있다. '리얼티(Realt.co)'와 같은 플랫폼은 미국의 부동산을 토큰화하여, 이 토큰을 디파이 프로토콜인 에이브(Aave)에 담보로 제공하고 대출을 받을 수 있는 서비스를 제공하고 있다.

물론, 아직은 초기 단계의 실험이며 거래 규모도 미미하다. 하지만 이는 디파이가 암호화폐라는 디지털 자산을 넘어, 수천 조 달러 규모의 거대한 현실 세계 자산(RWA, Real-World Assets) 시장과 연결되기 시작했음을 알리는 중요한 신호다. 부동산 NFT를 담보로 한 디파이 대출은, 미래 부동산 금융의 가장 혁신적인 모습이 될 잠재력을 품고 있다.

> **새로운 효용시대, 부동산 NFT는 유동성의 지름길이다**
>
> 부동산 NFT는 부동산 금융의 새로운 효율을 가져다줍니다. 이 기술은 부동산을 디지털화하여 유동성을 확보하는 데 핵심적인 역할을 합니다.
>
> - 디파이(DeFi) 대출: 디파이 프로토콜은 담보 대출을 통해 부동산의 가치를 활용합니다.
> - 예시: 사용자는 본인이 소유한 부동산의 소유권을 나타내는 부동산 NFT(또는 부동산 STO 토큰)를 담보로 제공합니다.
> - 예시: 이를 통해 스테이블코인(달러와 가치가 연동된 암호화폐) 등 다른 디지털 자산을 대출받을 수 있습니다.
>
> 이러한 과정은 기존 은행의 복잡하고 긴 심사 과정을 거치지 않습니다. 24시간 언제든 빠르게 유동성을 확보하는 새로운 방법입니다.
>
> 부동산 NFT를 활용하면, 부동산 자산을 현금화하는 과정이 훨씬 간편하고 빨라집니다. 이는 부동산 시장의 유동성을 높이는 혁신적인 변화입니다.

- 적용 예시

김씨는 급하게 자금이 필요하지만, 은행 담보 대출은 시간이 오래 걸리고 복잡하다. 김씨는 자신이 소유한 아파트의 소유권을 나타내는 '부동산 NFT'를 발행한다. 이 NFT를 디파이(탈중앙화 금융) 플랫폼에 담보로 맡기고, 즉시 스테이블코인(달러와 가치가 연동된 암호화폐)을 대출받는다. 은행 방문 없이 24시간 언제든 유동성을 확보한 것이다.

21.3. 도전과제와 미래 전망

디파이가 그리는 국경 없는 P2P 부동산 금융의 미래는 매우 매력적이지만, 그 비전이 보편적인 현실이 되기까지는 여러 가지 심각한 도전과제들을 넘어서야 한다. 기술, 법률, 그리고 시장 수용성 측면에서 해결해야 할 문제들이 산적해 있다.

가장 큰 기술적 허들은 역시 '오라클 문제'다. 디파이 대출 프로토콜이 부동산 NFT의 담보 가치를 평가하기 위해서는, 현실 세계의 부동산 시세를 어떻게 신뢰할 수 있는 방식으로 블록체인 위로 가져올 것인가에 대한 해답이 필요하다. 질로의 제스티메이트와 같은 중앙화된 AVM을 사용할 수도 있지만, 이는 디파이의 탈중앙성 원칙에 위배된다. 체인링크와 같은 탈중앙화된 오라클 네트워크가 대안으로 제시되지만, 부동산과 같이 비표준화되고 거래 빈도가 낮은 자산의 가격을 실시간으로 정확하게 제공하는 것은 여전히 어려운 문제다.

두 번째는 '담보물 청산의 효율성' 문제다. 담보물의 가치가 하락했을 때, 스마트 계약은 이를 자동으로 청산해야 한다. 암호화폐는 유동성이 풍부한 거래소에서 즉시 매각할 수 있지만, 부동산 NFT는 누가, 어떤 시장에서, 얼마의 가격에 사 줄 것인가? 아직 부동산 NFT를 위한 유동성이 풍부한 2차 시장이 형성되지 않았기 때문에, 신속하고 효율적인 청산이 어려울 수 있다. 이는 대출 기관의 리스크를 높이는 요인이 된다.

세 번째는 '기술적 위험' 자체다. 디파이 프로토콜의 스마트 계약 코드는 극도로 복잡하며, 눈에 보이지 않는 버그나 취약점이 존재할 수 있다. 해커들은 이러한 취약점을 노려 수시로 공격을 시도하며, 실제로 수많은 디파이 프로토콜들이 해킹으로 인해 수천억 원대의 자산을 도난당하는 사건이 빈번하게 발생했다. 한번 배포되면 수정이 어려운 블록체인의 특성상, 이러한 코드 리스크는 디파이의 대중화에 가장 큰 걸림돌 중 하나다.

법적 및 규제적 불확실성 또한 거대한 장벽이다. 디파이는 본질적으로 국경을 초월하며 익명으로 작동하기 때문에, 자금세탁방지(AML) 및 테러자금조달방지(CFT) 규제를 준수하기가 매우 어렵다. 각국 금융 당국은 디파이가 금융 시스템에 미칠 리스크와 불법 자금의 통로로 악용될 가능성을 우려하며, 규제의 칼날을 겨누고 있다.

디파이가 어떻게 기존의 금융 규제 체계와 공존할 수 있을지에 대한 명확한 해답은 아직 나오지 않았다.

또한, 채무 불이행이나 분쟁 발생 시 어떤 국가의 법률을 적용하여 어떻게 해결할 것인지에 대한 '법적 관할권' 문제도 복잡하다. 익명의 참여자들로 구성된 탈중앙화된 네트워크에서 전통적인 법 집행은 거의 불가능에 가깝다.

이러한 수많은 도전과제에도 불구하고, 디파이가 제시하는 미래의 방향성 자체를 부정하기는 어렵다. 디파이는 금융 시스템의 비효율과 불투명성, 그리고 소외의 문제를 해결하려는 시대적 요구에 대한 기술적 응답이다. 중개인을 제거하고, 비용을 낮추며, 모두에게 동등한 접근권을 제공하려는 디파이의 이상은 매우 강력하다.

미래의 부동산 금융은 완전한 전통 금융이나 완전한 디파이의 형태가 아닌, 이 둘의 장점을 결합한 '하이브리드' 모델로 발전할 가능성이 높다. 규제된 STO 플랫폼이 투자자 보호와 법적 안정성을 제공하고, 이 플랫폼에서 발행된 자산 토큰이 다시 디파이 프로토콜과 연결되어 글로벌 유동성을 공급받는 형태를 상상해 볼 수 있다. 즉, '제도권의 신뢰'와 '탈중앙화 기술의 효율성'이 결합하는 것이다.

디파이는 아직 거칠고 위험한 미지의 영역이다. 하지만 이곳에서 벌어지는 수많은 실험과 혁신은, 결국 더 개방적이고 효율적이며 공정한 미래의 금융 시스템을 만들어가는 중요한 자양분이 될 것이다. 부동산이라는 가장 거대한 자산이 이 거친 혁신의 파도와 만났을 때, 우리가 상상하지 못했던 새로운 금융의 지평이 열리게 될 것이다.

표 21-1: 부동산 금융 방식의 진화

구분	전통적 PF (Project Financing)	BaaS (Banking-as-a-Service)	DeFi (Decentralized Finance)
핵심 주체	금융기관, 시행사, 시공사(중앙화)	은행 + 비금융 플랫폼 (파트너십)	스마트 계약, 사용자 (탈중앙화)
신뢰 기반	계약서, 법률, 기관의 신용	은행의 라이선스, API 보안	블록체인, 암호학, 코드의 논리

자금 조달	소수의 대형 금융기관으로부터 대출	플랫폼에 내장된 은행의 금융 기능	글로벌 유동성 풀(P2P)
프로세스	수작업, 복잡한 서류, 긴 심사 기간	API 연동, 간소화된 프로세스	완전 자동화, 즉각적인 실행
장점	대규모 자금 조달 가능, 제도권	빠른 서비스 출시, 편리한 고객 경험	낮은 비용, 높은 투명성, 글로벌 접근성
단점	높은 리스크, 비효율, 불투명성	은행에 대한 종속성, 플랫폼 리스크	기술/해킹 위험, 규제 불확실성, 오라클 문제
부동산 적용	대규모 부동산 개발 사업	부동산 플랫폼 내 대출/결제/보험 연동	부동산 NFT/STO 담보대출

효율로 위험 관리하여 혁신적 금융의 문을 열라

1. 오라클 문제
- 신뢰할 수 있는 부동산 가치 평가 모델이 필요합니다. 기존 감정평가 방식은 수작업이 많고 시간이 오래 걸립니다. 이를 자동화하여 블록체인에 연동해야 합니다.
- 예시: 인공지능(AI)을 활용해 실시간으로 주변 시세, 공시지가, 실거래가 등을 분석하여 자동으로 부동산 가치를 산출하는 시스템을 구축합니다. 이 데이터를 블록체인 상의 담보물(NFT)에 연결하여 담보가치를 자동으로 업데이트할 수 있습니다.

2. 가격 변동성 관리
부동산 가격 하락에 대비한 안정화 장치가 중요합니다. 시장 상황에 따라 담보물의 가치가 급변할 수 있으므로, 대출 상환에 영향을 줄 수 있습니다.

- 예시: 담보물의 가치가 특정 기준 이하로 떨어질 경우, 추가 담보를 요구하거나 자동으로 대출금을 일부 상환하도록 하는 스마트 계약을 설계할 수 있습니다. 이를 통해 담보 가치 하락에 따른 채무 불이행 위험을 줄일 수 있습니다.

3. 채무 불이행 시 담보물 청산
채무 불이행 시 담보물 처분 절차가 간소화되어야 합니다. 기존 경매 절차는 복잡하고 시간이 오래 걸립니다. 블록체인을 이용하면 이러한 절차를 효율적으로 만들 수 있습니다.

> • 예시: 채무 불이행이 발생하면, 스마트 계약에 따라 담보물인 부동산 NFT를 자동으로 경매에 부칩니다. 여러 투자자들이 디지털 자산 형태로 입찰에 참여하여, 가장 높은 가격을 제시한 투자자에게 소유권이 이전됩니다. 이 과정은 기존 경매보다 훨씬 빠르고 투명하게 진행될 수 있습니다.

- **적용 예시**

현재 상황: 김씨는 급하게 사업 자금이 필요하지만, 은행 대출은 복잡하고 시간이 오래 걸린다. 김씨는 1억 원 상당의 아파트가 있다.

1. DeFi 적용
- 아파트 NFT화: 김씨는 자신의 아파트를 블록체인 상의 '부동산 NFT'로 만든다. (오라클 문제: 이 NFT의 가치가 실제 아파트 가치와 정확히 연동되도록 하는 기술적 과정이 중요하다.)
- 스마트 계약 대출: 김씨는 DeFi 플랫폼에서 자신의 아파트 NFT를 담보로 5천만 원을 대출받는다. 이 모든 과정은 '스마트 계약'이라는 자동화된 프로그램으로 이루어지며, 중개인 없이 투자자로부터 직접 자금을 조달한다.

2. 자동화된 상환/청산
- 상환: 김씨가 기한 내에 대출금을 갚으면, 스마트 계약에 따라 아파트 NFT 담보가 자동으로 해제된다.
- 불이행 시: 만약 김씨가 대출금을 갚지 못하면, 스마트 계약은 자동으로 담보로 잡힌 아파트 NFT를 시장에 '청산'하여 투자자에게 대출금을 회수해 준다. (담보물 효율적 청산 문제: 이 과정이 빠르고 공정하게 이루어지는 것이 핵심이다.)

장점은 중개 수수료 절감, 빠른 대출 실행, 전 세계 투자자로부터 자금 조달 가능성이다.

　아파트 가치를 블록체인에 정확히 반영하는 기술(오라클), 해킹 위험 방지, 그리고 이러한 대출 방식에 대한 법적, 규제적 명확성 확보가 필요하다.

| 제8부 |

건설 환경의 재구성: 스마트 시티와 디지털 트윈

22장
디지털 트윈: 가상으로 건물을 짓고 관리하다

23장
사례 연구: 매터포트(Matterport)와 비모(Beamo)

24장
스마트 시티: 데이터가 도시를 운영하는 법

7부에서 우리는 부동산 금융의 혈맥인 '자금'의 흐름이 어떻게 진화하는지를 살펴보았다. 이제 우리의 시야는 금융의 세계를 넘어, 부동산의 물리적 실체가 만들어지고 운영되는 '공간' 그 자체로 향한다. 8부는 디지털 기술이 어떻게 개별 건물을 넘어 도시 전체의 물리적 환경을 재구성하고, 우리가 공간을 경험하고 상호작용하는 방식을 근본적으로 바꾸고 있는지 탐험하는 여정이다. 현실과 똑같은 가상 모델을 만들어 건설과 관리의 패러다임을 바꾸는 '디지털 트윈' 기술부터, 데이터와 인공지능이 도시를 살아 있는 유기체처럼 운영하는 '스마트 시티'의 비전까지, 미래 건설 환경의 경이로운 청사진을 마주하게 될 것이다.

22장

디지털 트윈: 가상으로 건물을 짓고 관리하다

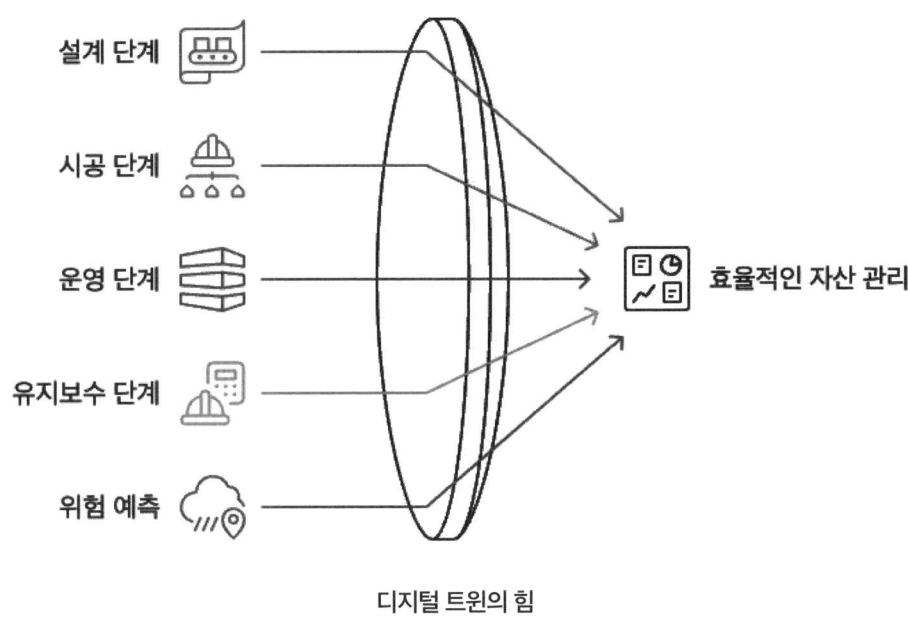

디지털 트윈의 힘
(The Power of Digital Twin)

    디지털 트윈(Digital Twin)은 4차 산업혁명의 가장 핵심적인 기술 중 하나로, 현실 세계의 물리적 자산이나 시스템, 프로세스를 가상 공간에 똑같이 복제하는 것을 의미한다. 이는 단순히 보기 좋은 3D 모델을 만드는 것을 넘어선다. 진정한 디지털 트윈은 현실 세계의 데이터와 실시간으로 연결되어, 현실의 상태 변화를 그대로 반영하고, 가상 공간에서의 시뮬레이션을 통해 현실에서 발생할 수 있는 문제들을 예측하고 최적화하는 '살아 있는 디지털 거울'이다. 부동산 및 건설 산업에서, 이 기술은 건물의 전체 생애주기에 걸쳐 혁명적인 변화를 가져오고 있다.

22.1. 디지털 트윈의 개념과 구현 기술

디지털 트윈의 개념은 미항공우주국(NASA)이 실제 우주선의 문제를 지상에서 시뮬레이션하고 해결하기 위해 동일한 복제 모델을 만들었던 것에서 유래했다. 이 개념이 제조업을 거쳐 이제는 건설 및 부동산 산업으로 확장되고 있는 것이다. 부동산 분야의 디지털 트윈은 특정 건물, 나아가 도시 전체의 물리적 형태, 속성, 그리고 상호작용을 담은 다차원적인 디지털 모델을 의미한다.

디지털 트윈을 구현하기 위해서는 다양한 첨단 기술의 융합이 필수적이다. 첫 번째는 현실 세계를 정밀하게 측정하고 데이터화하는 '3D 스캐닝 기술'이다. 고정밀 레이저 스캐너인 '라이다(LiDAR)'나 여러 각도에서 촬영한 사진을 이용해 3차원 모델을 만드는 '사진측량(Photogrammetry)' 기술을 사용하여, 건물의 내외부를 밀리미터 단위의 정확도로 스캔하고 수많은 점들의 집합(Point Cloud) 데이터로 변환한다.

두 번째는 이 데이터를 바탕으로 지능적인 3D 모델을 구축하는 '빌딩 정보 모델링(BIM, Building Information Modeling)' 기술이다. BIM은 단순히 건물의 3차원 형상만 만드는 것이 아니라, 건물을 구성하는 모든 부재(기둥, 벽, 창문 등)에 고유한 속성 정보(재질, 가격, 공정 순서 등)를 담고 있는 객체 기반 모델링 방식이다. 이는 디지털 트윈의 '뼈대'와 '정보'를 구성하는 핵심적인 역할을 한다.

세 번째는 현실 세계의 변화를 실시간으로 감지하여 디지털 트윈에 반영하는 '사물인터넷(IoT, Internet of Things)' 기술이다. 건물 곳곳에 설치된 수많은 IoT 센서들은 온도, 습도, 공기 질, 에너지 사용량, 엘리베이터 운행 상태, 출입 인원 등 다양한 데이터를 실시간으로 수집한다. 이 데이터는 클라우드 서버로 전송되어, 디지털 트윈 모델에 지속적으로 업데이트된다. 이를 통해 디지털 트윈은 단순한 정적 모델이 아닌, 현실과 함께 숨 쉬는 '동적 모델'이 된다.

네 번째는 드론(Drone) 기술이다. 드론은 사람이 접근하기 어려운 넓은 건설 현장이나 초고층 빌딩의 외관을 손쉽게 촬영하여 고해상도 이미지와 영상을 제공한다. 이 데이터는 공정률을 추적하거나, 건물의 외벽 균열과 같은 안전 문제를 점검하는 데 매우 유용하게 활용되며, 디지털 트윈 모델을 최신 상태로 유지하는 데 기여한다.

다섯 번째는 이 모든 것을 사용자에게 시각적으로 보여 주고 상호작용하게 하는 '가상현실(VR) 및 증강현실(AR)' 기술이다. 사용자는 VR 헤드셋을 착용하고 아직 지어지지 않은 건물의 내부를 미리 걸어 다니며 공간감을 체험하거나, AR 안경을 쓰고 현실의 건물 위에 설비 배관 도면을 겹쳐 보며 유지보수 작업을 수행할 수 있다.

이처럼 디지털 트윈은 단일 기술이 아니라, 3D 스캐닝, BIM, IoT, 드론, VR/AR 등 여러 기술이 유기적으로 결합된 '기술의 플랫폼'이다. 이 플랫폼은 현실 세계의 복잡한 정보를 디지털화하고, 시각화하며, 시뮬레이션함으로써, 과거에는 불가능했던 수준의 예측과 최적화를 가능하게 만든다. 이는 부동산의 가치를 창출하고 관리하는 방식의 근본적인 혁신을 의미한다.

부동산 산업을 바꾸는 디지털 트윈 기술의 진화

디지털 트윈은 부동산의 가치를 평가하고 관리하는 데 혁신적인 도구가 됩니다.

1. 정확한 가치 평가
- 예시: 전통적인 방식은 전문가의 현장 방문과 서류 검토에 의존했어요. 하지만 디지털 트윈을 활용하면 건물 내부의 공간 활용도, 에너지 사용량, 심지어 미래의 리모델링 시뮬레이션까지 실시간 데이터로 분석할 수 있어요. 덕분에 부동산 가치를 더욱 정교하게 평가할 수 있습니다.

2. 위험 관리와 투자 결정

- 예시: 투자자는 디지털 트윈을 통해 자연재해나 시장 변화 같은 잠재적 위험 요소를 시뮬레이션해 볼 수 있어요. 예를 들어, 홍수 발생 시 건물에 미치는 영향을 미리 예측하고, 최적의 보험 상품을 선택하거나 투자 포트폴리오를 조정할 수 있습니다. 위험을 예측하고 관리하는 능력이 향상되는 거죠.

3. 효율적인 자산 관리

- 예시: 디지털 트윈은 건물의 유지보수 비용을 예측하고 최적의 관리 방안을 제시합니다. 시설 관리자는 센서 데이터를 통해 엘리베이터의 고장 시점을 미리 예측하고 부품을 교체해 예기치 못한 비용 지출을 줄일 수 있어요 건물 운영 비용이 절감되고 자산의 수명이 연장됩니다.

디지털 트윈 기술은 단순히 건물을 가상으로 복제하는 것을 넘어, 부동산의 가치와 위험을 데이터 기반으로 정확하게 분석하는 데 필수적인 기술이 되고 있습니다.

- 적용 예시

새로 지을 아파트 단지를 디지털 트윈으로 미리 만들어 볼 수 있다. 이곳에 실제와 같은 조명, 소음, 바람 등을 가상으로 적용하여 입주자들이 살게 될 환경을 미리 체험하고, 불편한 점이 없는지 사전에 확인하여 설계에 반영할 수 있다. 이를 통해 완공 후 발생할 수 있는 문제들을 줄이고, 더 나은 주거 환경을 제공할 수 있다.

22.2. 설계 및 시공 단계에서의 활용

전통적인 건설 방식은 설계 도면이라는 2차원의 평면 정보에 크게 의존했다. 이로 인해 설계 단계에서 발견하지 못한 오류들이 시공 단계에서 뒤늦게 발견되어, 값비싼 재작업과 공사 기간 지연을 유발하는 경우가 비일비재했다. 디지털 트윈은 이러한 '선계획-후시공'의 패러다임을 '가상 시공(Virtual Construction)'이라는 새로운 패러다임으로 전환시켜, 프로젝트의 리스크를 획기적으로 줄여 준다.

설계 단계에서 디지털 트윈의 가장 강력한 기능은 '간섭 검토(Clash Detection)'이다. 건축, 구조, 기계, 전기, 배관(MEP) 등 각 분야의 설계자들은 자신들이 작업한 BIM 모델을 하나의 통합된 디지털 트윈 모델로 결합한다. AI 기반의 간섭 검토 소프트웨어는 이 통합 모델을 자동으로 분석하여, 구조물과 설비 배관이 서로 부딪히는 부분, 설계상 논리적으로 맞지 않는 부분 등 수백, 수천 개의 잠재적 오류를 단 몇 분 만에 찾아내 시각적으로 보여 준다. 이는 인간의 눈으로 2D 도면을 일일이 대조하며 찾아내는 것과는 비교할 수 없는 속도와 정확성을 제공한다.

또한, 디지털 트윈은 다양한 '시뮬레이션'을 가능하게 한다. 건물의 에너지 효율 시뮬레이션을 통해 단열재나 창호의 성능을 최적화하고, 화재 시뮬레이션을 통해 최적의 대피 경로와 소방 설비 위치를 설계할 수 있다. 또한, 건설 공정 전체를 가상 공간에서 시뮬레이션하는 '4D 시뮬레이션'(3D 모델 + 시간)을 통해, 각 공정의 순서를 최적화하고 자재 및 인력 투입 계획을 미리 수립하여 공사 기간을 단축할 수 있다. 여기에 공사 비용 정보까지 결합한 '5D 시뮬레이션'(4D + 비용)은 예산 관리의 정확성을 크게 높여 준다.

시공 단계에 들어서면, 디지털 트윈은 현장과 사무실을 잇는 '실시간 협업 플랫폼'이 된다. 현장 작업자는 태블릿 PC나 AR 안경을 통해 현재 작업해야 할 위치에 3D 설계 도면을 정확하게 겹쳐 보며 오차 없는 시공을 할 수 있다. 만약 현장에서 예상치 못한 문제가 발생하면, 즉시 사진이나 동영상을 찍어 디지털 트윈 모델의 해당 위치에 태그를 달아 사무실의 관리자나 설계자에게 공유할 수 있다. 관리자는 문제를 원격으로 확인하고, 즉시 해결 방안을 모색하여 현장에 전달함으로써 의사결정의 속도를 크게 높일 수 있다.

공정 관리 역시 혁신적으로 바뀐다. 주기적으로 드론이 촬영한 현장 사진이나 레이저 스캐너로 측정한 데이터를 원래의 BIM 모델과 비교 분석하면, 계획 대비 실제 공정률을 매우 정확하게 추적할 수 있다. 이는 PF 대출을 제공한 금융기관이나 발주처에게 프로젝트가 투명하게 관리되고 있다는 신뢰를 주는 중요한 근거 자료가 된다.

싱가포르에서는 이미 2015년부터 모든 신축 건물에 대해 BIM 제출을 의무화하고 있으며, 이를 통해 구축된 디지털 트윈 데이터를 도시 계획 및 관리에 적극적으로 활용하고 있다. 이는 디지털 트윈이 개별 건물의 효율성을 넘어, 국가 전체의 건설 산업 경쟁력을 높이는 핵심 인프라가 될 수 있음을 보여 주는 사례다.

결국, 설계 및 시공 단계에서의 디지털 트윈 활용은 '지어 보기 전에 미리 살아 보는' 경험을 제공한다. 이는 수많은 시행착오를 값비싼 현실 세계가 아닌 저렴한 가상 세계에서 미리 겪게 함으로써, 건설 프로젝트의 품질, 안전성, 그리고 수익성을 극대화하는 가장 확실한 방법이다.

효율을 높여 현장을 실시간으로 비추고 협업을 가능케 한다.

- 위험 관리 강화: 부동산 개발 사업자는 디지털 트윈으로 사업성을 검증합니다. 설계 오류나 공정 지연 가능성을 사전에 시뮬레이션하여 금융기관의 대출 부실 위험을 낮춥니다.

- 투자 결정 지원: 금융기관은 디지털 트윈 데이터를 활용해 담보 가치를 정밀하게 평가합니다. 건축물의 현재 가치와 미래 수익성을 예측하며, 투자 결정을 더 정확하게 내립니다.

- 자산 유동화 촉진: 건물의 완공 후에도 디지털 트윈은 자산의 유지보수 상태나 에너지 효율을 실시간으로 보여줍니다. 투자자는 이 정보를 바탕으로 리츠(REITs)나 펀드 상품의 가치를 객관적으로 판단하여 유동성을 높일 수 있습니다.

- 예시: 금융기관이 1000억 원 규모의 대규모 복합단지 개발 프로젝트에 대출을 심사한다고 가정해 보겠습니다. 과거에는 설계 도면과 사업 계획서에 의존했지만, 디지털 트윈 기술을 적용하면 다음과 같은 과정으로 심사가 진행됩니다.

1. 시뮬레이션으로 위험 파악: 디지털 트윈으로 건물의 설계와 시공 과정을 미리 시뮬레이션합니다. 혹시 모를 설계 간섭이나 공사 지연이 예상되는 지점을 미리 발견하고, 이에 따른 추가

> 비용이나 사업 기간 연장 가능성을 파악합니다.
> 2. 객관적인 가치 산정: 완성될 건물의 에너지 효율, 일조량, 내부 동선 등을 분석하여 예상 임대 수익이나 가치를 더 객관적으로 계산합니다.
> 3. 대출 조건 조정: 시뮬레이션 결과를 토대로 예상되는 위험을 반영하여 대출 금리를 조정하거나, 공정별로 자금을 집행하는 조건을 설정합니다.
>
> 이러한 과정을 통해 디지털 트윈은 부동산 금융 시장의 불확실성을 줄여 주고, 투자자와 금융 기관 모두에게 더 투명하고 안정적인 의사결정 기반을 제공합니다.

• 적용 예시

건물을 짓기 전에 컴퓨터에 똑같은 가상 건물을 만든다. 이 가상 건물에서 실제 공사처럼 미리 시뮬레이션을 해 보면, 설계에서 생길 수 있는 문제점이나 공정 간의 충돌을 미리 찾아내서 실제 공사 때 발생할 지연을 막을 수 있다. 공사가 시작되면 드론이나 센서가 보내는 현장 데이터를 이 가상 건물에 실시간으로 반영해서 공사 진행 상황을 정확히 확인하고, 멀리서도 현장을 보면서 협력할 수 있다. 즉, 실제 공사 전후로 가상 공간에서 모든 것을 미리 확인하고 관리하여 오류를 줄이고 효율을 높이는 방식이다.

22.3. 운영 및 유지보수 단계에서의 활용

건물의 진짜 생명은 완공된 이후부터 시작된다. 수십 년에 걸친 운영 및 유지보수(O&M, Operation & Maintenance) 단계에서 발생하는 비용은, 종종 초기 건설 비용을 훨씬 초과한다. 디지털 트윈은 이 길고 복잡한 O&M 단계의 효율성을 극대화하고, 건물의 자산 가치를 장기적으로 보존하는 가장 강력한 '디지털 자산 관리 플랫폼'이 된다.

전통적인 건물 관리는 대부분 문제 발생 후 대응하는 '사후 관리(Reactive Maintenance)' 방식이었다. 특정 설비가 고장 나면, 관리자는 두꺼운 종이 도면이나 복잡한 엑셀 파일을 뒤져 해당 설비의 위치와 정보를 찾아내고, 수리 업체를 불러 문제를 해결해야 했다. 이 과정은 많은 시간이 소요될 뿐만 아니라, 갑작스러운 서비스 중단으로 인해 건물 사용자들의 큰 불편을 초래했다.

디지털 트윈은 이러한 방식을 '예지 보전(Predictive Maintenance)'이라는 사전 대응 체계로 전환시킨다. 건물 곳곳에 설치된 IoT 센서들은 펌프의 압력, 엘리베이터의 진동 패턴, 공조 시스템의 온도 및 에너지 사용량 등 각종 설비의 운영 데이터를 24시간 내내 수집한다. AI는 이 방대한 시계열 데이터를 분석하여, 정상적인 상태의 데이터 패턴을 학습한다.

만약 특정 설비의 데이터 패턴이 평소와 다른 이상 징후를 보이기 시작하면, AI는 이것이 가까운 미래에 발생할 수 있는 고장의 전조 증상임을 감지하고, 관리자에게 사전에 경고 알림을 보낸다. 예를 들어, "3번 냉각탑의 진동 주파수가 평소보다 15% 증가했습니다. 2주 내에 베어링 점검이 필요합니다."와 같은 구체적인 정보를 제공하는 것이다. 이를 통해 관리자는 설비가 완전히 멈추기 전에, 계획된 일정에 따라 부품을 교체하거나 수리를 진행하여 대규모 손실과 운영 중단을 예방할 수 있다.

시설 관리의 효율성 또한 획기적으로 높아진다. 관리자는 더 이상 복잡한 도면을 뒤질 필요 없이, 컴퓨터나 태블릿 PC에서 디지털 트윈 모델을 통해 건물의 모든 설비 위치와 상세 정보를 직관적으로 확인할 수 있다. 특정 구역의 전등을 교체해야 한다면, 디지털 트윈에서 해당 전등을 클릭하는 것만으로 모델명, 구매처, 마지막 교체 이력 등을 즉시 파악하고, 최적의 작업 동선을 시뮬레이션할 수 있다.

에너지 관리 역시 디지털 트윈의 중요한 활용 분야다. 디지털 트윈은 건물의 실시간 에너지 사용량을 구역별, 시간대별로 정밀하게 분석하여, 에너지 낭비가 발생하는 지점을 정확히 찾아낸다. 또한, 외부 기온, 일사량, 그리고 건물 내 재실 인원 수 등의 데이터를 바탕으로, 냉난방 및 조명 시스템을 자동으로 최적 제어하여 불필요한 에너지 소비를 최소화한다. 이는 건물의 운영 비용을 절감하는 것을 넘어, 탄소 배출량을 줄여 ESG 경영에 기여하는 중요한 역할을 한다.

공간 관리의 유연성도 높아진다. 기업의 조직 개편이나 업무 방식의 변화에 따라 사무 공간의 레이아웃을 변경해야 할 때, 디지털 트윈을 활용하면 가상 공간에서 미리 다양한 배치 시나리오를 시뮬레이션해 보고, 구성원들의 동선과 만족도를 예측하여 최적의 안을 선택할 수 있다. 이는 시간과 비용을 절약하고, 변화에 대한 직원들의 저항을 줄이는 효과를 가져온다.

이처럼 디지털 트윈은 건물을 단순한 물리적 구조물이 아닌, 살아 숨 쉬는 데이터의 집합체로 바라보게 한다. 이는 건물의 수명을 연장하고, 운영 효율을 극대화하며, 사용자에게는 더 안전하고 쾌적한 환경을 제공함으로써, 궁극적으로 부동산의 자산 가치를 장기적으로 높이는 가장 지능적인 방법이다.

디지털 트윈은 건물의 효율적 관리와 재난 예방을 돕는 필수 도구이다

건물의 완공 후, 디지털 트윈은 효율적인 자산 관리 플랫폼이 됩니다. 이를 통해 건물주와 투자자는 모든 시설(전기, 배관, 공조)의 상태를 실시간으로 파악합니다. 예를 들어, 보일러 고장 같은 문제가 발생하면 즉시 원인을 찾고 대응하여 자산 가치 하락을 막습니다.

또한, 디지털 트윈은 IoT 센서로 수집된 에너지 사용량, 온도, 습도 등의 데이터를 분석합니다. 이 데이터를 활용하여 건물의 에너지 효율을 최적화하고 운영 비용을 절감합니다. 화재나 설비 고장 같은 위험 상황도 사전에 예측하고 예방하여 위험 요소를 줄여 줍니다.

이러한 효율적인 관리와 위험 감소는 곧 부동산의 담보 가치를 높여 대출 심사에 긍정적인 영향을 미칩니다. 또한, 투명한 건물 정보 제공으로 투자 매력도를 향상시켜 부동산 펀드나 리츠 상품의 성공적인 운용에 기여할 수 있습니다. 즉, 디지털 트윈은 부동산 금융 시장에서 리스크를 낮추고 수익성을 극대화하는 중요한 도구입니다.

• 적용 예시

빌딩 관리자가 디지털 트윈으로 건물 현황을 한눈에 파악한다. 만약 에어컨 고장 알림이 뜨면, 디지털 트윈에서 고장 위치와 원인을 바로 확인하고 기술자를 보내 신속하게 수리한다. 또한, 에너지 사용량을 분석하여 불필요한 전력 낭비를 줄이고, 화재 감지기 이상을 미리 예측하여 큰 사고를 막을 수 있다. 즉, 건물의 '디지털 쌍둥이'를 통해 문제 발생 전 예방하고, 발생 시 빠르게 대처하여 효율성과 안전을 높이는 것이다.

23장

사례 연구: 매터포트(Matterport)와 비모(Beamo)

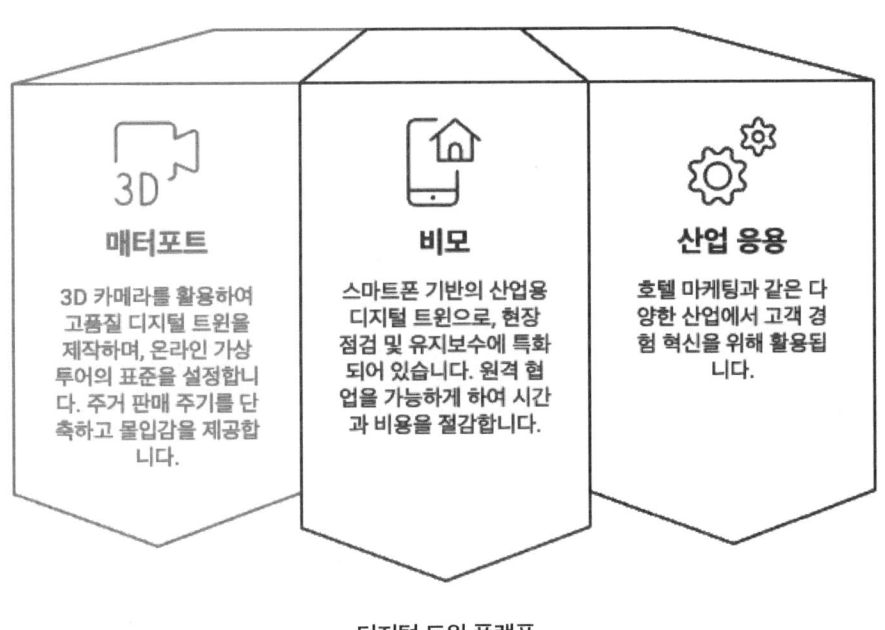

디지털 트윈 플랫폼
(Digital Twin Platform)

디지털 트윈이라는 개념이 아무리 혁신적이라도, 그것을 누구나 쉽게 만들고 활용할 수 있는 실용적인 도구가 없다면 대중화될 수 없다. '매터포트(Matterport)'와 '비모(Beamo)'는 바로 이 지점에서, 복잡한 디지털 트윈 기술을 누구나 접근 가능한 서비스로 만들어 시장을 개척하고 있는 대표적인 플랫폼 기업이다. 이 두 기업의 사례는 디지털 트윈이 어떻게 다양한 산업 현장에서 구체적인 가치를 창출하고 있는지 생생하게 보여 준다.

23.1. 매터포트: 3D 가상 투어의 표준

'매터포트(Matterport)'는 아마도 일반 대중에게 가장 널리 알려진 디지털 트윈 플랫폼일 것이다. 2011년 미국 실리콘밸리에서 설립된 이 회사는, 특수 3D 카메라와 클라우드 기반의 AI 소프트웨어를 결합하여, 현실 공간을 놀랍도록 사실적인 3차원 가상 공간으로 자동 변환하는 기술을 선보이며 시장에 큰 반향을 일으켰다.

매터포트의 핵심 기술은 독자적으로 개발한 3D 스캐닝 카메라에 있다. 이 카메라는 360도 회전하며 고해상도 사진과 함께, 적외선 센서를 이용해 공간의 깊이와 거리를 정밀하게 측정한다. 사용자는 카메라를 삼각대에 올려놓고, 공간 내에서 몇 미터씩 이동하며 여러 지점에서 스캔 버튼을 누르기만 하면 된다.

촬영된 데이터는 매터포트의 클라우드 서버로 업로드되고, AI 기반의 처리 엔진이 이 데이터들을 자동으로 조합하여 하나의 완벽한 3D 디지털 트윈 모델을 생성해 준다. 이 과정에서 AI는 각 스캔 지점의 데이터를 정렬하고, 불필요한 노이즈를 제거하며, 공간의 구조를 완벽하게 재구성하는 복잡한 작업을 몇 시간 만에 완료한다.

그 결과물은 매우 인상적이다. 사용자는 웹 브라우저나 스마트폰을 통해, 마치 현장에 있는 것처럼 가상 공간의 모든 곳을 자유롭게 둘러볼 수 있다. 특히, 건물을 위에서 내려다보는 '인형의 집 뷰(Dollhouse View)'는 공간의 전체적인 구조를 한눈에 직관적으로 파악하게 해 주는 매터포트만의 독창적인 기능이다. 또한, 공간 내 특정 지점의 길이를 측정하거나, 가구, 설비 등에 대한 추가 정보를 담은 '태그(Tag)'를 삽입하는 것도 가능하다.

매터포트의 기술은 가장 먼저 부동산 마케팅 시장에 혁명을 가져왔다. 전통적인 부동산 광고는 몇 장의 사진이나 짧은 동영상에 의존했지만, 매터포트의 3D 가상 투어는 고객에게 비교할 수 없는 수준의 몰입감과 정보량을 제공했다. 잠재 구매자는 더 이상 현장을 직접 방문하지 않고도, 집의 구조, 채광, 공간감 등을 충분히 느낄 수 있게 되었다. 이는 고객의 구매 결정 시간을 단축하고, 불필요한 현장 방문을 줄여 중개인의 업무 효율성을 높이는 효과를 가져왔다. 한 연구에 따르면, 매터포트 투어를 제공한 매물은 그렇지 않은 매물에 비해 온라인 참여도가 50% 이상 높고, 최대 30% 더 빠르게 판매되는 것으로 나타났다.

코로나19 팬데믹은 매터포트의 성장을 더욱 가속화했다. 사회적 거리두기로 인해 비대면 기술에 대한 수요가 폭발하면서, 부동산뿐만 아니라 호텔, 전시장, 박물관, 소매업 매장 등 다양한 공간들이 고객과의 소통을 위해 앞다투어 매터포트의 3D 투어를 도입했다.

이제 매터포트는 단순한 3D 투어 제공 업체를 넘어, 수집된 방대한 공간 데이터를 기반으로 한 '공간 데이터 플랫폼'으로 진화하고 있다. 이들은 자신들의 데이터를 보험사의 원격 손해사정, 건설사의 공정 기록 관리, 그리고 시설 관리(FM) 회사의 원격 자산 관리 등 다양한 B2B 솔루션에 활용하고 있다. 또한, 개발자들을 위한 API와 SDK를 공개하여, 외부 기업들이 매터포트의 공간 데이터 위에서 자신들만의 새로운 서비스를 개발할 수 있는 생태계를 구축하고 있다.

매터포트의 성공은 고도로 전문적인 기술이었던 디지털 트윈을, 누구나 구독형 서비스(SaaS)로 쉽게 이용할 수 있도록 '민주화'했다는 점에서 큰 의미를 가진다. 이들은 '모든 공간을 디지털화한다'는 비전 아래, 현실 세계와 디지털 세계를 잇는 가장 강력한 다리가 되어 가고 있다.

매터포트가 바꾸는 공간 경험의 미래

1. 부동산 자산의 가치 평가

Matterport를 활용하면 부동산의 물리적 상태와 특성을 시공간 제약 없이 정확하게 파악할 수 있습니다. 이는 다음과 같은 효과를 가져옵니다.

- 정확한 정보 제공: 잠재적 투자자나 대출 기관은 온라인으로 부동산 내부를 3D로 직접 탐색하며, 건물의 상태, 구조, 인테리어 등을 상세하게 확인할 수 있습니다.

- 평가 신뢰도 향상: 이러한 객관적인 정보는 자산의 정확한 가치를 산정하는 데 중요한 자료가 되며, 이는 곧 평가의 신뢰도를 높여 줍니다.
- 예시: 은행이 상업용 건물을 담보로 대출을 실행할 때, Matterport 3D 투어를 통해 건물의 층별 배치, 설비 상태, 임대 가능 공간 등을 실사 없이 파악하여 담보물의 가치를 더 정확하고 신속하게 평가할 수 있습니다.

2. 부동산 자산의 유동성 증가
Matterport는 매매나 임대 과정의 효율을 높여 부동산의 유동성을 증가시킵니다.

- 판매 주기 단축: 잠재적 구매자나 임차인은 직접 방문하지 않고도 매물을 충분히 검토할 수 있어 의사 결정이 빨라집니다. 이는 거래 완료까지 걸리는 시간을 단축시킵니다.
- 온라인 참여도 증가: 온라인에서 매물에 대한 높은 관심과 참여를 유도함으로써 더 많은 잠재 고객을 확보하고, 경쟁을 촉진해 자산의 시장 가치를 높일 수 있습니다.
- 예시: 해외 투자자가 국내 상업용 부동산에 관심이 있을 때, Matterport로 제작된 3D 모델을 통해 직접 현지에 가지 않고도 투자 결정을 내릴 수 있습니다. 이로 인해 거래가 신속하게 이루어져 부동산 자산의 시장 유동성이 크게 향상됩니다.

- **적용 예시**

- 부동산: 고객이 직접 방문하지 않고도 온라인에서 집 내부를 3D로 꼼꼼히 둘러볼 수 있어, 집을 보러 오는 시간과 노력을 줄여 주고 빠른 거래를 돕는다. (예: "이 아파트, 직접 안 가 봐도 온라인으로 다 볼 수 있어요!")
- 소매업: 매장을 3D로 만들어 온라인에 공개하면, 고객이 매장을 직접 방문한 것처럼 상품 배치나 분위기를 미리 경험하고 구매를 결정할 수 있다. (예: "저희 옷가게, 온라인에서 3D로 구경하고 오세요!")
- 보험: 사고 현장이나 손상된 건물을 3D로 기록하여 정확하게 피해를 평가하고 보험 처리를 빠르게 진행할 수 있다. (예: "화재 현장, 3D 스캔으로 정확하게 피해액을 산정했어요.")

23.2. 비모: 스마트폰 기반의 산업용 디지털 트윈

매터포트가 고품질의 3D 카메라를 통해 부동산 및 상업 공간의 디지털 트윈 시장을 개척했다면, '비모(Beamo)'는 조금 다른 접근 방식으로 산업 현장이라는 틈새시장을 공략하며 빠르게 성장하고 있다. 비모의 가장 큰 차별점은 고가의 특수 장비 없이, 누구나 가지고 있는 '스마트폰'과 시중에서 쉽게 구할 수 있는 360도 카메라를 활용하여 디지털 트윈을 쉽고 빠르게 생성할 수 있다는 점이다.

비모는 특히 공장, 건설 현장, 데이터센터, 대형 플랜트와 같이 넓고 복잡하며, 변화가 잦고, 접근이 어려운 '산업 현장(Industrial Facilities)'의 원격 관리와 협업에 특화된 솔루션을 제공한다. 이러한 현장에서는 고품질의 3D 모델링보다, 현장의 최신 상황을 신속하게 포착하고 이를 원격지의 관리자나 전문가와 즉시 공유하는 것이 더 중요하다.

비모의 사용법은 매우 간단하다. 현장 작업자는 360도 카메라를 헬멧이나 스틱에 장착하고, 평소처럼 현장을 걸어 다니기만 하면 된다. 비모의 AI 기반 비전 기술은 촬영된 360도 파노라마 이미지와 스마트폰의 센서 데이터를 분석하여, 별도의 GPS 신호가 없는 실내에서도 작업자의 이동 경로를 정확하게 추적하고, 이를 디지털 도면 위에 자동으로 매핑(mapping)한다.

그 결과, 마치 구글 스트리트뷰처럼 현장의 모든 곳을 둘러볼 수 있는 '디지털 트윈'이 단 몇 분 만에 생성된다. 원격지의 관리자는 사무실에 앉아서도 컴퓨터 화면을 통해 마치 현장을 직접 걷는 것처럼 설비의 상태를 확인하고, 공정의 진행 상황을 점검할 수 있다.

비모의 진정한 강점은 '협업' 기능에 있다. 현장 작업자는 특정 설비나 문제 지점에 사진, 동영상, 음성 메모, 문서 등을 첨부하는 '태그'를 달아, 원격지의 전문가에게 즉시 도움을 요청할 수 있다. 전문가는 이 태그를 통해 현장 상황을 정확하게 파악하고, 실시간으로 해결 방안을 제시한다. 이는 전문가가 직접 현장으로 이동하는 데

소요되는 막대한 시간과 비용을 절감하고, 문제 해결 속도를 획기적으로 높여 준다.

예를 들어, 해외에 위치한 반도체 공장의 클린룸에서 원인을 알 수 없는 설비 오류가 발생했다고 가정해 보자. 과거에는 본사의 핵심 엔지니어가 비행기를 타고 현장으로 날아가야만 문제를 해결할 수 있었다. 하지만 비모를 활용하면, 현지 작업자가 촬영한 디지털 트윈을 통해 본사의 엔지니어가 원격으로 설비 상태를 정밀하게 진단하고, AR 기술을 활용하여 현지 작업자에게 수리 절차를 단계별로 안내하는 것이 가능해진다.

이러한 방식은 기업의 운영 효율성을 높이는 것을 넘어, 숙련된 전문가의 지식과 경험을 시공간의 제약 없이 전 세계의 현장에 전파하는 '지식 관리 플랫폼'으로서의 역할을 수행한다. 또한, 위험한 구역에 작업자가 직접 들어가지 않고도 원격으로 점검할 수 있게 하여, 산업 현장의 '안전성'을 높이는 데에도 크게 기여한다.

비모는 현재 삼성, SK 등 국내 대기업뿐만 아니라, 전 세계의 다양한 제조, 건설, 통신, 에너지 기업들을 고객으로 확보하며 빠르게 성장하고 있다. 이들의 성공은 디지털 트윈이 단순히 보기 좋은 3D 모델을 만드는 기술이 아니라, 기업의 핵심적인 업무 프로세스를 혁신하고 생산성을 극대화하는 실용적인 '문제 해결 도구'임을 명확하게 보여 준다.

스마트폰 기반 디지털 트윈 플랫폼 활용을 통한 현장 관리 효율화 방안

1. 자산 가치 평가 및 관리
스마트폰으로 촬영한 영상은 건물의 디지털 트윈을 생성한다.
이 디지털 트윈은 부동산 자산의 현재 상태를 정확히 반영한다. 즉, 물리적 자산의 손상 여부, 유지보수 상태 등을 실시간으로 파악해 자산의 객관적 가치를 평가하는 데 활용할 수 있다.

- 예시: 투자자가 원거리에 있는 상업용 빌딩의 가치를 평가할 때, 물리적 방문 없이 디지털 트윈을 통해 건물 내부와 외부 상태를 확인하고, 이를 바탕으로 정확한 자산 실사를 진행한다.

2. 프로젝트 관리 및 투자 효율성

현장 작업자와 관리자가 실시간으로 협업하며 시간과 비용을 절감한다.
이는 부동산 개발 프로젝트의 효율성을 높인다. 공사 진행 상황을 실시간으로 공유하고, 문제 발생 시 즉각적으로 대응하여 프로젝트 지연에 따른 리스크를 줄인다. 결과적으로 투자 회수율을 높이는 효과를 가져온다.

- 예시: 건설 중인 아파트 단지의 공사 현장을 디지털 트윈으로 공유하며, 투자자 및 금융 기관은 공정률과 품질을 원격으로 점검한다. 이를 통해 금융 기관은 자금 집행의 적정성을 판단하고, 투자자는 투자 리스크를 관리할 수 있다.

3. 금융 상품 개발 및 운용

물리적 방문의 필요성을 줄여 안전성과 효율성을 높인다.
디지털 트윈을 활용해 부동산 담보 대출의 심사 과정을 간소화한다. 또한, 부동산 펀드나 리츠(REITs)와 같은 금융 상품의 운용 효율을 극대화한다.

- 예시: 은행이 상업용 부동산에 대한 대출을 심사할 때, 현장 실사 대신 디지털 트윈으로 건물의 상태를 확인한다. 이는 심사 시간을 단축하고, 담보물의 가치 변동을 상시 모니터링하여 대출 포트폴리오의 안정성을 높인다.

- 적용 예시

건설 현장에서 작업자가 스마트폰으로 360도 촬영을 하면, 사무실의 관리자는 바로 현장 상황을 가상으로 확인하고 문제 발생 시 즉시 지시를 내려 불필요한 현장 방문 없이 신속하게 해결할 수 있다.

23.3. 호텔 산업의 마케팅 혁신 사례

디지털 트윈 기술이 어떻게 실제 비즈니스의 매출과 고객 경험을 향상시키는지는, 호텔과 같은 서비스 산업의 마케팅 사례에서 명확하게 확인할 수 있다. 특히, 대규모 연회나 국제회의, 결혼식 등을 유치해야 하는 호텔에게, 공간의 매력을 잠재 고객에게 효과적으로 전달하는 것은 매우 중요한 과제다. 서울의 한 5성급 호텔은 바로 이 과제를 해결하기 위해 비모(Beamo)의 디지털 트윈 솔루션을 도입하여 큰 성공을 거두었다.

과거에 이 호텔의 연회 영업 담당자는 잠재 고객(주로 기업의 행사 담당자나 웨딩 플래너)에게 공간을 소개하기 위해, 수십 장의 사진이 담긴 PDF 브로슈어를 이메일로 보내거나, 고객이 직접 호텔을 방문하도록 유도해야 했다. 이 방식은 공간의 실제 규모나 분위기를 제대로 전달하기 어려웠고, 특히 해외에 있는 고객을 유치하는 데에는 큰 한계가 있었다.

이 호텔은 비모를 활용하여, 호텔의 모든 주요 공간, 즉 그랜드 볼룸, 중소 연회장, 레스토랑, 객실, 로비 등을 모두 고해상도의 360도 디지털 트윈으로 제작했다. 그리고 이 디지털 트윈을 호텔의 공식 웹사이트와 영업 담당자의 이메일 서명에 링크로 삽입했다.

그 결과는 즉각적이었다. 잠재 고객들은 더 이상 평면적인 사진에 의존할 필요 없이, 언제 어디서든 자신의 컴퓨터나 스마트폰으로 호텔의 모든 공간을 마치 직접 걸어 다니는 것처럼 생생하게 체험할 수 있게 되었다. 연회장의 층고는 얼마나 높은지, 기둥은 어디에 있는지, 창밖으로는 어떤 풍경이 보이는지 등을 360도로 돌려 보며 확인할 수 있었다.

영업 담당자는 화상 회의 중에 고객과 함께 디지털 트윈을 보며, "이곳에 무대를 설치하고, 각 테이블에는 10명씩 앉을 수 있으며, 저쪽 스크린에는 영상을 상영할 수 있습니다"와 같이 훨씬 더 구체적이고 직관적인 상담을 진행할 수 있게 되었다. 이는 고객의 이해를 돕고 신뢰를 높여, 계약 성사율을 크게 향상시키는 결정적인 계기가 되었다.

또한, 호텔은 디지털 트윈의 '태그' 기능을 적극적으로 활용했다. 각 연회장의 최대 수용 인원, 사용 가능한 음향 및 조명 장비의 사양, 그리고 다양한 연회 메뉴 옵션과 가격 정보를 태그에 담아, 고객이 궁금한 정보를 즉시 확인할 수 있도록 했다. 이는 고객의 문의에 일일이 응대해야 했던 영업 담당자의 업무 부담을 줄여 주는 효과도 가져왔다.

더 나아가, 호텔은 디지털 트윈의 '데이터 분석' 기능을 마케팅 전략에 활용하기 시작했다. 웹사이트 방문자들이 어떤 공간의 디지털 트윈에 가장 많이 접속하고, 어떤 지점에서 가장 오래 머무르는지를 분석했다. 분석 결과, 특정 연회장의 야외 테라스 뷰에 대한 관심이 매우 높다는 사실을 발견하고, 이 공간을 중심으로 한 새로운 프로모션 상품(예: 야외 가든 파티 패키지)을 기획하여 큰 호응을 얻었다.

이처럼 디지털 트윈은 단순히 공간을 보여 주는 것을 넘어, 고객의 행동 데이터를 수집하고 분석하여, 더 정교한 마케팅 전략을 수립할 수 있는 강력한 '데이터 플랫폼'으로서의 역할을 수행한다.

이 호텔의 사례는 디지털 트윈이 어떻게 고객과의 소통 방식을 혁신하고, 물리적 공간의 가치를 디지털 세계로 확장하며, 궁극적으로 비즈니스의 성과를 이끌어 낼 수 있는지를 명확하게 보여 준다. 이는 기술이 더 이상 비용이 아니라, 새로운 가치를 창출하는 필수적인 '투자'임을 증명하는 성공적인 혁신 사례다.

디지털 트윈으로 호텔 마케팅 혁신을 이끌다

디지털 트윈을 활용한 부동산 금융

가상 투어는 투자자의 이해를 돕습니다. 예를 들어, 건물이 완공되기 전에 가상 투어를 제공하여 잠재 투자자가 내부를 미리 볼 수 있게 합니다.

데이터 분석은 리스크를 줄입니다. 디지털 트윈으로 수집된 방문객 데이터를 활용하여 상업용 부동산의 입지 선정이나 공간 활용도를 최적화할 수 있습니다.

자산 운용의 효율을 극대화합니다. 건물 관리 및 유지보수에 드는 비용을 예측하고 줄여서 수익률을 향상합니다.

> 새로운 금융 상품 개발의 기초가 됩니다. 디지털 트윈으로 만든 가상의 부동산에 대한 투자 상품을 만들어 투자 기회를 넓힙니다.

- **적용 예시**

서울의 한 호텔은 디지털 트윈 기술을 마케팅에 도입했다. 고객들은 호텔 웹사이트에서 객실, 레스토랑 등을 가상으로 미리 둘러볼 수 있게 되었고, 이는 예약률을 높이는 데 기여했다. 또한, 호텔은 디지털 트윈을 통해 고객들이 어떤 공간에 가장 오래 머무는지 분석하여 마케팅 전략에 활용함으로써 고객 참여를 유도하고 거래를 효율적으로 이끌어 냈다.

예)
"고객이 호텔 웹사이트에서 디지털 트윈으로 로비와 수영장을 미리 둘러본 후, 수영장에 특히 관심이 많다는 데이터가 나오자 호텔은 수영장 관련 프로모션을 제공하여 예약으로 연결시켰습니다."

24장

스마트 시티: 데이터가 도시를 운영하는 법

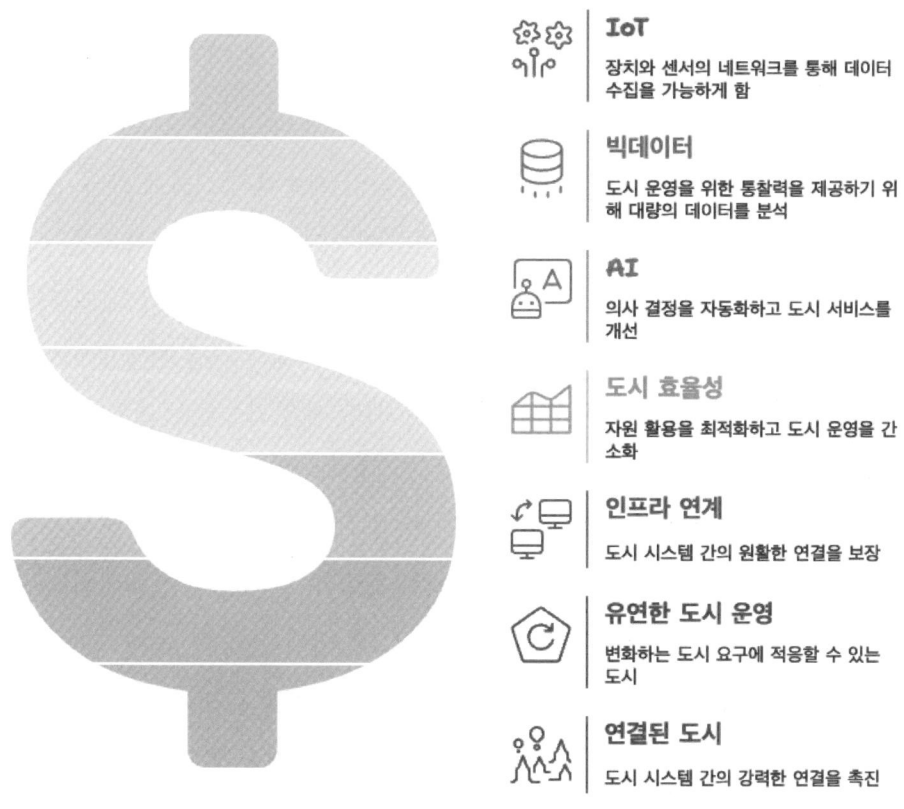

스마트 시티의 구성 요소
(Components of a Smart City)

디지털 트윈 기술이 개별 건물을 넘어 도시 전체로 확장될 때, 우리는 '스마트 시티(Smart City)'라는 거대한 비전을 마주하게 된다. 스마트 시티는 사물인터넷(IoT),

인공지능(AI), 빅데이터, 클라우드 컴퓨팅 등 4차 산업혁명의 핵심 기술들을 도시의 물리적 인프라에 융합하여, 교통, 환경, 에너지, 안전, 복지 등 도시의 모든 기능을 더 효율적이고, 더 지속 가능하며, 더 인간 중심으로 만드는 미래형 지능형 도시를 의미한다. 이는 단순히 기술을 도시에 적용하는 것을 넘어, 도시를 하나의 거대한 '플랫폼'으로 보고, 그 위에서 시민과 기업이 새로운 가치를 창출하도록 만드는 도시 운영의 근본적인 패러다임 전환이다.

24.1. 스마트 시티의 개념과 구성 요소

스마트 시티의 개념은 시대와 기술의 발전에 따라 계속해서 진화해 왔다. 초기에는 IBM의 '스마터 시티(Smarter Cities)' 캠페인처럼, 기술 기업들이 자사의 솔루션을 통해 도시의 효율성을 높이는 데 초점을 맞춘 '기술 중심적' 접근이 주를 이루었다. 하지만 최근에는 기술 자체보다, 그 기술을 통해 시민의 삶의 질을 어떻게 향상시키고, 기후 변화와 같은 도시 문제에 어떻게 대응하며, 지속 가능한 발전을 이룰 것인가에 대한 '인간 중심적, 문제 해결 중심적' 접근이 더욱 강조되고 있다.

스마트 시티를 구성하는 핵심 요소는 크게 세 개의 레이어로 나누어 볼 수 있다. 가장 아래에는 도시 곳곳에 설치되어 데이터를 수집하는 '센서 레이어(Sensor Layer)'가 있다. 여기에는 교통량을 감지하는 CCTV, 대기 질을 측정하는 환경 센서, 에너지 사용량을 추적하는 스마트 미터기, 수도관의 누수를 감지하는 음향 센서, 그리고 시민들이 들고 다니는 스마트폰까지, 도시의 모든 활동을 데이터로 변환하는 수억 개의 눈과 귀가 포함된다.

그 위에는 수집된 방대한 데이터를 저장, 처리, 분석하는 '플랫폼 레이어(Platform Layer)'가 존재한다. 이 레이어의 핵심은 클라우드 컴퓨팅 기반의 '도시 데이터 플랫폼'이다. 도시 전역에서 수집된 데이터는 이 플랫폼으로 모여 표준화된 형태로 통합되고, 인공지능(AI)과 빅데이터 분석 엔진은 이 데이터를 분석하여 의미 있는 통찰력을 추출하고 미래를 예측한다. 예를 들어, 과거의 교통량 데이터와 현재의 날씨, 행사 정보를 결합하여, 1시간 뒤의 특정 도로의 교통 체증 수준을 예측하는 것이다.

가장 위에는 분석된 데이터를 바탕으로 시민과 기업에게 다양한 서비스를 제공하는 '서비스 레이어(Service Layer)'가 있다. 여기에는 실시간 교통 상황을 반영하여 최적의 경로를 안내하는 '스마트 교통' 서비스, 에너지 수요를 예측하여 발전량을 조절하고 요금을 최적화하는 '스마트 에너지' 서비스, 범죄 발생 가능성이 높은 지역을 예측하여 순찰을 강화하는 '스마트 안전' 서비스, 그리고 원격 진료나 맞춤형 복지 정보를 제공하는 '스마트 헬스케어 및 복지' 서비스 등이 포함된다.

이 세 개의 레이어는 서로 유기적으로 작동하며 '데이터의 선순환' 구조를 만들어 낸다. 센서가 데이터를 수집하면, 플랫폼이 이를 분석하고, 서비스는 그 결과를 시민에게 제공하며, 시민들의 서비스 이용 패턴은 다시 새로운 데이터가 되어 플랫폼에 피드백된다. 이 순환 과정이 반복될수록, 도시는 스스로 학습하며 점점 더 똑똑해지는 '살아 있는 유기체'가 되어 가는 것이다.

이러한 스마트 시티의 비전을 가장 야심 차게 구현하려는 프로젝트 중 하나가 바로 사우디아라비아의 '네옴 시티(NEOM City)'다. 특히 그 안의 선형 도시인 '더 라인(The Line)'은 자동차와 도로 없이 100% 친환경 에너지로 운영되며, 모든 도시 인프라와 서비스가 AI에 의해 통제되는 미래 도시의 모습을 그리고 있다.

물론, 이러한 유토피아적 비전이 현실화되기까지는 막대한 비용, 기술적 난제, 그리고 데이터 독점 및 개인정보 감시에 대한 사회적 우려 등 수많은 과제들을 해결해야 한다.

하지만 스마트 시티가 지향하는 방향성, 즉 데이터를 기반으로 도시 문제를 해결하고 시민의 삶을 개선하려는 노력은 이미 거스를 수 없는 시대적 흐름이 되었다. 전 세계의 수많은 도시들이 저마다의 방식으로 스마트 시티로의 전환을 추진하고 있으며, 이 과정에서 부동산 산업 역시 근본적인 변화를 요구받고 있다.

> **스마트 시티와 부동산 투자 가치**
>
> 스마트 시티는 부동산 자산의 가치를 높이는 핵심 요소입니다. 스마트 시티 기술은 도시 인프라의 효율성을 극대화하여 거주 환경을 개선하고, 결과적으로 부동산 시장에 긍정적인 영향을 미칩니다.
>
> - 투자 결정: 스마트 시티 기술은 투자를 결정하는 데 중요한 기준이 됩니다.
> - 자산 가치: 교통, 환경, 안전 등 스마트 기술이 적용된 부동산은 가치가 상승합니다.
> - 리스크 관리: 빅데이터 분석은 부동산 시장의 예측 가능성을 높여 투자 리스크를 줄입니다.
>
> - 예시: 센서와 AI 기반의 스마트 교통 시스템은 통행 시간을 단축하고, 대중교통 접근성을 높입니다. 이는 역세권 개발처럼 주거 편의성을 직접적으로 개선하여 주변 부동산의 임대 수익과 자본 이득을 증가시킵니다. 또한, AI 기반의 범죄 예측 시스템은 보안을 강화하여 주거 만족도를 높이고, 이 역시 부동산의 매매가에 반영됩니다.

- 적용 예시

교차로 교통량 분석: 스마트 센서가 교차로에 설치되어 실시간 차량 데이터를 수집한다. AI가 이 데이터를 분석하여 신호등 시간을 자동으로 최적화한다.

결과적으로 교통 체증이 줄어들고 시민들은 더 빨리 이동할 수 있다.

24.2. 부동산 개발과 스마트 시티

스마트 시티의 등장은 전통적인 부동산 개발의 패러다임을 완전히 바꾸어 놓는다. 더 이상 개발업자는 자신 소유의 땅 위에 독립적인 건물 하나를 짓는 것에만 집중할 수 없다. 미래의 부동산 개발은 개별 건물을 도시 전체의 거대한 플랫폼과 어떻게 연결하고, 데이터를 어떻게 주고받으며, 도시가 추구하는 가치(예: 친환경, 에너지 효율, 스마트 모빌리티)에 어떻게 기여할 것인지를 종합적으로 고려하는 '통합적 시스템 설계'의 관점을 요구한다.

가장 먼저, '에너지 효율'이 부동산 개발의 핵심적인 고려사항이 된다. 전 세계 탄소 배출량의 상당 부분이 건물 부문에서 발생하는 만큼, 스마트 시티는 건물 자체의 에너지 자립도를 높이는 것을 강력하게 요구한다. 한국에서도 2025년부터 민간 신축 건물에 대한 '제로에너지건축물(ZEB, Zero Energy Building)' 인증이 의무화되는 등, 이러한 흐름은 이미 현실이 되고 있다. ZEB는 고성능 단열재와 창호를 사용하여 에너지 손실을 최소화하고, 태양광 패널이나 지열 시스템 등을 통해 건물 자체적으로 에너지를 생산하여 에너지 소비를 '0'에 가깝게 만드는 것을 목표로 한다.

스마트 시티에서 이러한 개별 건물들은 도시 전체의 '스마트 그리드(Smart Grid)'에 연결된다. 스마트 그리드는 IT 기술을 활용하여 전력 생산자와 소비자가 실시간으로 정보를 교환하며 에너지 효율을 최적화하는 차세대 전력망이다. 예를 들어, 맑은 날 ZEB에서 생산하고 남은 잉여 전력은 스마트 그리드를 통해 이웃 건물에 판매할 수 있고, 도시 전체의 전력 수요가 급증하는 시간에는 건물의 에너지저장장치(ESS)에 저장된 전력을 그리드로 역송전하여 도시의 전력 부하를 안정시키는 데 기여할 수 있다. 이는 건물을 단순한 에너지 소비자가 아닌, 능동적인 '에너지 프로슈머(Prosumer)'로 만드는 것이다.

두 번째 변화는 '디지털 인프라'의 중요성이 부각되는 것이다. 미래의 부동산 가치는 물리적인 입지뿐만 아니라, 얼마나 빠르고 안정적인 디지털 연결성을 제공하는가에 따라 결정될 것이다. 초고속 5G/6G 네트워크, 건물 내 원활한 IoT 통신을 위한 인프라, 그리고 방대한 데이터를 처리하고 저장하기 위한 '데이터센터'와 같은 디지털 인프라에 대한 투자가 부동산 개발의 핵심 경쟁력으로 떠오르고 있다. 특히, 도시의 데이터를 수집하고 분석하는 AI의 '두뇌' 역할을 하는 데이터센터는 미래 스마트 시티의 가장 중요한 핵심 인프라 중 하나로, 새로운 형태의 수익형 부동산 투자처로 각광받고 있다.

세 번째는 '스마트 모빌리티'와의 연계다. 스마트 시티는 자율주행차, 공유 모빌리티, 도심항공교통(UAM) 등 새로운 교통수단의 등장을 전제로 설계된다. 이는 부동산 개발에 큰 영향을 미친다. 자율주행차가 보편화되면, 사람들은 더 이상 운전의 피로 없이 이동 중에 업무를 보거나 휴식을 취할 수 있게 되어, 도심에서 더 먼 외곽 지역에 거주하는 것에 대한 부담이 줄어들 수 있다. 이는 전통적인 '직주근접'의 개념을 바꾸고, 도시의 공간 구조를 재편하는 요인이 될 수 있다.

또한, 공유 모빌리티의 확산은 건물에 필요한 주차 공간의 면적을 크게 줄일 수 있다. 개발업자는 남는 주차 공간을 다른 용도(예: 커뮤니티 시설, 상업 공간)로 활용하여 건물의 가치를 높일 수 있다. UAM의 등장은 건물의 옥상을 단순한 잉여 공간이 아닌, 새로운 교통의 허브인 '버티포트(Vertiport)'로 활용할 수 있는 가능성을 열어 준다.

결론적으로, 스마트 시티 시대의 부동산 개발은 더 이상 벽돌과 시멘트로 건물을 짓는 행위가 아니다. 그것은 건물을 도시라는 거대한 데이터 플랫폼에 연결하고, 에너지와 정보, 사람이 원활하게 흐르도록 설계하는 '시스템 통합(System Integration)' 작업에 가깝다. 미래의 성공적인 부동산 개발업자는 건설 전문가인 동시에, 에너지, ICT, 그리고 모빌리티 기술에 대한 깊은 이해를 갖춘 '융합형 전문가'가 되어야 할 것이다.

기술과 인프라의 융합이 도시를 재창조하다

1. 부동산 개발은 기술과 인프라 통합
예) 제로에너지 주택(ZEB) 의무화는 건물의 에너지 효율을 높여 장기적인 자산 가치를 향상시킵니다.

2. 개발 방식 변화
예) 개별 건물이 아닌 도시 전체의 에너지, 교통, 데이터 인프라를 고려한 개발 프로젝트에 금융 자본이 투자됩니다.

3. 디지털 인프라는 핵심 투자 요소
예) 5G/6G 네트워크, 데이터 센터 등은 부동산의 가치를 결정하는 중요한 요소가 되어 금융 투자의 새로운 대상이 됩니다.

스마트 시티는 기술과 인프라 투자를 통해 부동산의 가치를 재창조하며, 금융 시장의 새로운 기회를 창출합니다.

• **적용 예시**

스마트 도시 내 제로 에너지 주택 단지를 개발한다고 가정해 보자.

- 에너지 효율: 각 주택 지붕에 태양광 패널을 설치하여 필요한 전기를 자체 생산하고, 남는 전기는 도시의 에너지망으로 보내 수익을 창출한다.
- 디지털 연계: 단지 내에 5G/6G 통신망과 소규모 데이터 센터를 구축하여, 모든 주택의 에너지 사용량과 실내 환경을 실시간으로 모니터링하고 최적화한다. 예를 들어, 인공지능이 거주자의 생활 패턴을 학습하여 냉난방 및 조명을 자동으로 조절하며 에너지 낭비를 최소화한다.
- 통합 관리: 스마트폰 앱을 통해 가정의 에너지 사용 현황을 확인하고, 비상시에는 통합 관제 센터와 연결되어 신속하게 대응할 수 있도록 한다.

이러한 접근 방식은 건축물의 가치를 높이고, 입주민에게는 편리하고 쾌적하며 지속 가능한 주거 환경을 제공한다.

24.3. 리퀴드폴리탄: 유연하고 연결된 도시

스마트 시티가 기술을 통해 도시의 '하드웨어'를 업그레이드하는 것이라면, 그 위에서 펼쳐질 미래 도시의 '소프트웨어', 즉 사람들의 생활 방식과 도시의 사회적 구조는 어떤 모습일까? 서울대 소비트렌드분석센터가 제시한 '리퀴드폴리탄(Liquidpolitan)'이라는 개념은 이러한 미래 도시의 모습을 상상하는 데 중요한 통찰력을 제공한다. 리퀴드폴리탄은 '액체(Liquid)'와 '도시(Metropolitan)'의 합성어로, 고정된 경계와 정주 인구에 얽매이지 않고, 다양한 사람들이 특정 목적에 따라 모이고 흩어지며 끊임없이 유연하게 변화하는 '액체 같은 도시'를 의미한다.

전통적인 도시의 개념은 특정 행정구역 안에 거주하는 '정주 인구'를 중심으로 형성되었다. 하지만 교통과 통신의 발달은 이러한 개념을 무너뜨리고 있다. 이제 사람들은 하나의 도시에 평생을 머무르기보다, 업무, 학업, 관광, 문화생활 등 다양한 목적을 위해 여러 도시를 오가며 살아간다. 리퀴드폴리탄은 이렇게 특정 도시에 거주하지는 않지만, 다양한 관계를 맺고 도시의 활력에 기여하는 '관계 인구(Relationship Population)'의 중요성을 강조한다.

이러한 유연하고 연결된 도시를 구현하는 핵심적인 도구가 바로 프롭테크와 인공지능(AI)이다. AI는 도시 내 사람들의 이동 패턴과 활동 데이터를 분석하여, 도시 공간의 수요를 실시간으로 예측한다. 예를 들어, 주중 낮 시간에는 업무 지구의 오피스 공간 수요가 높지만, 저녁이나 주말에는 해당 공간이 텅 비게 된다. AI는 이러한 시간대별 수요 변화를 분석하여, 낮에는 공유 오피스로, 저녁에는 강연장이나 사교 모임 공간으로 공간의 용도를 유연하게 변경(Adaptive Reuse)하는 것을 제안할 수 있다.

공유경제 플랫폼은 이러한 가변적인 공간 활용을 현실로 만든다. 위워크(WeWork)와 같은 공유 오피스 플랫폼은 기업들이 필요에 따라 월 단위, 심지어 일 단위로 사무 공간을 유연하게 사용할 수 있게 해 준다. 에어비앤비(Airbnb)는 개인이 소유한 주거 공간을 전 세계의 여행객들과 공유하게 함으로써, 도시의 숙박 수용 능력을 탄력적으로 조절한다. 이러한 플랫폼들은 공간을 '소유'하는 것에서 '접속'하는 개념으로 바꾸며, 도시 공간의 이용 효율을 극대화한다.

또한, AI는 도시 내에서 비슷한 관심사나 목적을 가진 사람들을 연결하여 새로운 '커뮤니티'를 형성하는 데 기여할 수 있다. 예를 들어, 특정 지역을 방문한 여행객에게 현지의 맛집이나 문화 행사를 추천해 주는 것을 넘어, 비슷한 취향을 가진 다른 여행객이나 현지인과의 만남을 주선해 주는 '소셜 디스커버리' 플랫폼을 상상해 볼 수 있다. 이는 관계 인구가 도시에 더 깊은 유대감을 느끼고, 더 풍부한 경험을 하도록 돕는다.

교통 시스템 역시 리퀴드폴리탄의 개념에 맞춰 진화한다. 실시간 교통 데이터를 분석하는 AI는 사람들의 이동 수요를 예측하여, 수요응답형 버스(DRT, Demand-Responsive Transport)나 공유 자전거, 전동 킥보드와 같은 마이크로 모빌리티(Micro-mobility)를 가장 필요한 시간과 장소에 효율적으로 배치한다. 이는 고정된 노선에 의존하는 전통적인 대중교통 시스템의 한계를 보완하고, 도시 내에서의 이동을 더 자유롭고 끊김 없게 만든다.

결국 리퀴드폴리탄은 데이터와 기술을 통해 도시를 살아 있는 생명체처럼, 외부의 자극과 내부의 필요에 따라 끊임없이 자신의 형태와 기능을 바꾸어 가는 유연한 시스템으로 바라보는 관점이다. 이는 부동산의 가치가 더 이상 건물의 물리적 형태나 고정된 입지에만 의존하는 것이 아니라, 그 공간이 얼마나 많은 사람들을 연결하고, 얼마나 다양한 활동을 담아내며, 얼마나 유연하게 변화할 수 있는가에 의해 결정될 것임을 시사한다.

이러한 미래 도시에서 부동산 개발업자와 자산 관리자의 역할은, 단순히 공간을 만들어 임대하는 것을 넘어, 매력적인 콘텐츠와 커뮤니티를 기획하고 운영하여 사람들을 끌어모으는 '플랫폼 운영자'이자 '경험 디자이너'로 변화하게 될 것이다. 기술이 만드는 유연하고 연결된 도시, 리퀴드폴리탄은 우리에게 부동산의 미래에 대한 완전히 새로운 상상력을 요구하고 있다.

표 24-1: 스마트 시티의 구성과 부동산 개발의 변화

구분	스마트 시티의 핵심 요소	부동산 개발에 미치는 영향
인프라	IoT 센서, 5G/6G 네트워크, 도시 데이터 플랫폼	- 디지털 인프라 내재화: 건물 설계 시 통신, 데이터 처리 인프라 필수 고려 - 데이터센터: 새로운 유형의 수익형 부동산으로 부상
에너지	스마트 그리드, 신재생에너지, 에너지저장장치(ESS)	- 제로에너지건축물(ZEB) 의무화: 고효율 단열, 자체 에너지 생산 - 에너지 프로슈머: 건물이 도시 전력망에 참여하여 에너지를 거래
교통	자율주행차, 공유 모빌리티, 도심항공교통(UAM)	- 주차 공간 패러다임 변화: 주차 면적 축소 및 다른 용도로 전환 - 입지 개념의 변화: '직주근접'의 중요성 감소 가능성
거버넌스	데이터 기반 정책 결정, 시민 참여 플랫폼	- 유연한 공간 활용: 리퀴드폴리탄 개념에 맞춰 용도 변경이 용이한 설계 - 커뮤니티 연계: 건물과 지역 커뮤니티를 연결하는 서비스 기획

움직이는 삶, 유연한 도시

부동산금융은 부동산의 가치를 평가하고 투자를 결정합니다. 리퀴드폴리탄 개념은 이러한 부동산 가치 평가의 기준을 변화시킵니다. 기존에는 고정된 물리적 공간의 가치에 초점을 맞추었다면, 이제는 유동적 관계 인구의 가치에 주목해야 합니다.

1. 부동산 가치 평가 기준 변화
- 과거: 건물 면적과 입지가 가치를 결정했습니다.
- 현재: 관계 인구의 유입과 활동이 가치를 좌우합니다.
- 예시:
- 기존: A동 건물은 30층 오피스 빌딩이라서 가치가 높습니다.
- 리퀴드폴리탄: B동 건물은 공유 오피스, 주거, 상업 시설이 유연하게 결합되어 다양한 관계 인구의 활동이 활발합니다. 따라서 B동의 가치가 A동보다 높게 평가됩니다.

2. 부동산 투자의 새로운 기회
- 과거: 건물을 짓고 매매하는 것이 주된 투자 방식이었습니다.
- 현재: 공간의 용도를 자유롭게 바꾸는 기술에 투자합니다.

- 예시:
- 기존: 역세권 상가 건물을 통째로 매입했습니다.
- 리퀴드폴리탄: 유동 인구 분석 플랫폼, 실시간 공간 예약 시스템 등 공간의 유연성을 높이는 기술 솔루션에 투자합니다. 이 솔루션을 통해 상가 건물의 가치를 높였습니다.

3. 대출 및 담보 기준의 재조정
- 과거: 토지, 건물 등 물리적 자산이 담보의 전부였습니다.
- 현재: 공간의 효율성과 수익성이 담보의 중요한 기준이 됩니다.
- 예시:
- 기존: C주택을 담보로 대출받았습니다. 주택의 감정가가 대출 한도를 정했습니다.
- 리퀴드폴리탄: D공유 오피스는 시간당 이용률이 높아 수익성이 뛰어납니다. 이 데이터를 기반으로 담보 대출을 더 많이 받을 수 있습니다.

- **적용 예시**
- 유연한 공간 활용: 낮에는 사무실로 쓰이던 공간이 저녁에는 수요에 따라 공유 작업 공간이나 이벤트장으로 바뀌는 경우가 있다.
- 최적의 이동 경로 제공: 실시간 교통 데이터를 분석하여 운전자에게 가장 빠른 길을 안내하거나, 특정 시간대에 대중교통 이용을 추천하는 내비게이션 앱을 예로 들 수 있다.
- 커뮤니티 연결 플랫폼: 도시 내에서 같은 관심사를 가진 사람들이나 특정 서비스가 필요한 사람들을 연결해 주는 앱을 통해, 다양한 커뮤니티가 동적으로 형성되고 소통할 수 있도록 돕는 것이다.

| 제9부 |

규제, 보안,
그리고 지속가능성

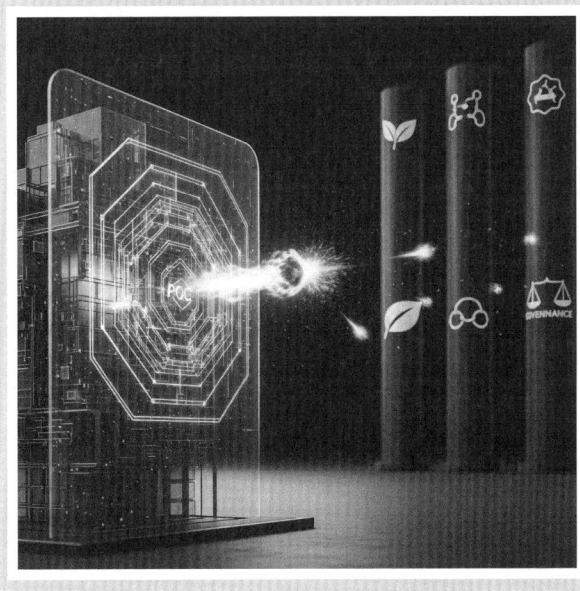

25장
중앙은행 디지털화폐(CBDC)와 부동산 결제

26장
양자 위협: 차세대 암호(PQC)로 부동산 데이터를 지켜라

27장
ESG와 프롭테크: 지속 가능한 미래를 짓다

지금까지 우리는 기술이 부동산의 소유, 거래, 개발, 금융의 모든 지형을 어떻게 바꾸고 있는지를 목격했다. 하지만 아무리 뛰어난 기술 혁신이라도, 그것을 뒷받침하는 안정적인 제도와 견고한 보안, 그리고 사회적 합의가 없다면 사상누각에 불과하다. 9부는 이 거대한 디지털 부동산 혁명이 지속 가능하기 위해 반드시 갖추어야 할 필수적인 기반들을 점검하는 여정이다. 중앙은행이 발행하는 미래의 화폐 'CBDC'가 가져올 결제 혁신의 빛과 그림자부터, 양자컴퓨터라는 피할 수 없는 위협에 맞서는 차세대 암호 기술, 그리고 더 이상 선택이 아닌 생존의 조건이 된 'ESG 경영'까지, 미래를 위해 반드시 준비해야 할 핵심 과제들을 깊이 있게 탐구한다.

25장

중앙은행 디지털화폐(CBDC)와 부동산 결제

CBDC와 부동산 거래
(CBDC and Real Estate Transactions)

　부동산 거래의 마지막 단계는 거액의 매매 대금이 안전하게 오고 가는 '결제' 과정이다. 지금까지 이 역할은 민간 은행 시스템이 담당해 왔다. 그러나 각국 중앙은행이 직접 디지털 형태의 법정화폐, 즉 '중앙은행 디지털화폐(CBDC, Central Bank Digital Currency)' 발행을 검토하기 시작하면서, 결제 시스템의 근본적인 패러다임 전환이 예고되고 있다. 스마트 계약과 결합된 CBDC는 부동산 거래의 속도와 안전성을 획기적으로 높일 수 있는 잠재력을 가졌지만, 동시에 프라이버시와 금융 시스템 안정성이라는 거대한 질문을 우리에게 던지고 있다.

25.1. CBDC(중앙은행 디지털화폐)란?

중앙은행 디지털화폐(CBDC)는 우리가 사용하는 지폐나 동전처럼, 중앙은행이 직접 발행하고 그 가치를 보증하는 법정화폐의 '디지털 버전'이다. 이는 민간 기업이 발행하는 스테이블코인(예: 테더, USDC)이나, 특정 주체가 없는 비트코인과는 근본적으로 다르다. CBDC는 국가의 통화 주권 하에 발행되므로, 현금과 동일한 법적 지위와 신용도를 가진다.

전 세계 중앙은행들이 CBDC 연구에 뛰어드는 이유는 복합적이다. 첫째, '현금 사용의 감소'에 대응하기 위함이다. 디지털 결제가 보편화되면서 현금 사용이 급격히 줄어드는 상황에서, 중앙은행이 모든 국민에게 보편적으로 제공할 수 있는 안전하고 효율적인 공공 디지털 결제 수단을 마련할 필요성이 커졌다.

둘째, '민간 디지털 화폐의 부상'에 대한 견제다. 페이스북(현 메타)이 '리브라(Libra, 이후 디엠으로 변경)' 프로젝트를 발표했을 때, 각국 정부와 중앙은행은 큰 충격에 빠졌다. 거대 빅테크 기업이 전 세계 수십억 명을 대상으로 하는 자체 통화를 발행할 경우, 국가의 통화 주권과 금융 안정을 심각하게 위협할 수 있다는 위기감을 느낀 것이다. CBDC는 이러한 민간 디지털 화폐에 대응하는 '공공 화폐'로서의 역할을 한다.

셋째, '통화 정책의 효율성'을 높이기 위함이다. CBDC는 마이너스 금리 정책과 같은 비전통적인 통화 정책을 더 효과적으로 수행할 수 있는 수단을 제공할 수 있다. 또한, 모든 거래가 투명하게 기록되므로, 경제 데이터를 더 빠르고 정확하게 파악하여 정책 결정에 활용할 수 있다.

CBDC는 그 사용 대상에 따라 크게 두 가지 유형으로 나뉜다. '소매용(Retail) CBDC'는 일반 대중이 일상적인 거래에서 사용할 수 있도록 설계된 현금과 같은 형태다. 반면, '거액결제용(Wholesale) CBDC'는 일반 대중이 아닌, 은행과 같은 금융기관 간의 거액 자금 결제를 위해 사용된다. 현재 대부분의 국가들은 두 가지 모델을 모두 연구하고 있으며, 한국은행 역시 활발한 연구와 모의실험을 진행하고 있다.

기술적으로 CBDC는 블록체인 기반의 '토큰형'과, 은행의 예금 계좌와 유사한 '계좌형'으로 구현될 수 있다. 토큰형 CBDC는 특정인의 계좌에 귀속되지 않고, 현금처럼 토큰 자체에 가치가 저장되어 익명성을 보장하는 데 유리하다. 계좌형 CBDC는 중앙은행이나 지정된 금융기관이 모든 사용자의 원장을 관리하는 방식으로, 자금세탁방지(AML) 등 규제를 적용하기에 용이하다.

아직 전 세계적으로 CBDC를 전면 도입한 주요 국가는 없지만, 중국은 '디지털 위안화(e-CNY)' 시범 운영을 매우 빠르게 확대하고 있으며, 유럽중앙은행(ECB)은 '디지털 유로' 프로젝트를, 미국 연방준비제도(Fed)는 '디지털 달러'에 대한 연구를 활발히 진행하고 있다.

이처럼 CBDC는 더 이상 먼 미래의 이야기가 아니다. 이는 디지털 시대에 맞는 새로운 화폐 인프라를 구축하려는 전 세계적인 흐름이며, 이 새로운 화폐의 등장은 부동산과 같은 거액 자산의 결제 방식을 근본적으로 바꾸어 놓을 잠재력을 가지고 있다.

화폐의 미래: 중앙은행이 보증하는 디지털 화폐 CBDC로 현금 없는 사회를 준비한다

- 중앙은행 디지털 화폐(CBDC)는 부동산 시장의 자금 흐름을 크게 바꿀 수 있습니다.
- CBDC는 현금처럼 법적 지위를 가지므로, 부동산 거래의 안전성을 높여 줍니다.
- 민간 기업의 디지털 자산(예: 스테이블코인)과 달리, 국가가 가치를 보증해 안정적입니다.
- 통화 정책의 효율성이 높아지면, 부동산 시장의 유동성을 조절하는 데 용이합니다.
- CBDC는 결제 시스템을 선진화하여 부동산 거래 절차를 간소화하고, 투명성을 높일 수 있습니다.

예시:
- 거래 투명성 및 속도 향상: CBDC가 도입되면, 부동산 매매 대금을 지급할 때 은행을 거치지 않고도 즉시 이체할 수 있습니다. 예를 들어, 매수자가 매도자에게 CBDC를 직접 보내면 소유권 이전과 동시에 대금 지급이 완료되어, 복잡한 서류 작업이나 긴 정산 시간을 줄일 수

- 담보 대출의 효율성 증대: CBDC는 스마트 계약과 결합해 부동산 담보 대출 실행을 자동화할 수 있습니다. 대출 심사 후 약정된 조건이 충족되면, CBDC가 자동으로 대출자에게 지급되도록 시스템을 구축할 수 있습니다. 이는 대출 절차를 간소화하고 시간과 비용을 절약합니다.
- 리스크 관리: 중앙은행은 CBDC를 통해 부동산 시장의 과열 여부를 더 빠르고 정확하게 파악할 수 있습니다. 특정 지역의 부동산 거래가 급증할 경우, CBDC를 활용한 미시적인 통화량 조절 정책을 펼쳐 시장의 급격한 변동성을 줄이는 데 도움을 줄 수 있습니다.

• 적용 예시

어떤 가게에서 스마트폰 앱으로 물건을 구매할 때, 현재는 은행 앱을 통해 계좌 이체를 하거나 신용카드를 사용한다. 만약 CBDC가 도입된다면, 소비자는 스마트폰의 '디지털 원화 앱'을 통해 가게에 직접 CBDC를 전송하여 결제할 수 있다. 이는 마치 현금으로 물건을 사는 것과 동일한 효과를 가지며, 은행을 거치지 않으므로 수수료가 줄어들고 결제가 더 빠르고 투명해질 수 있다.

25.2. 부동산 거래에서의 활용 가능성

CBDC가 가진 가장 큰 잠재력은 '프로그래밍 가능성(Programmability)'에 있다. 즉, 스마트 계약과 결합하여, 특정 조건이 충족되었을 때 자금의 이전이 자동으로 이루어지도록 설계할 수 있다는 것이다. 이 특징은 복잡하고 리스크가 큰 부동산 거래 과정에 적용될 때, 전례 없는 수준의 안전성과 효율성을 제공할 수 있다.

부동산 거래에서 가장 큰 리스크 중 하나는 '결제 리스크(Settlement Risk)'다. 매수인은 잔금을 치렀는데 매도인이 소유권 이전을 해 주지 않거나, 반대로 소유권은 이전했는데 잔금을 받지 못하는 위험이 항상 존재한다. 전통적으로 이 문제는 법무사나 에스크로 회사가 중간에서 서류와 자금을 확인하고 보관하는 방식으로 해결해왔지만, 이는 시간과 비용이 많이 드는 비효율적인 방식이었다.

CBDC와 스마트 계약은 이 문제를 '원자적 교환(Atomic Swap)'을 통해 근본적으로 해결할 수 있다. 원자적 교환이란, 두 개의 다른 자산 거래가 완전히 동시에 일어나거나, 아니면 아예 일어나지 않도록 만드는 기술이다. 즉, '소유권 이전'과 '대금 지급'이라는 두 개의 거래가 하나의 묶음으로 처리되어, 어느 한쪽만 실행되는 위험을 원천적으로 차단하는 것이다.

이를 부동산 거래에 적용한 시나리오를 'DvP(Delivery versus Payment, 증권 대금 동시 결제)'라고 한다. 먼저, 부동산의 소유권은 블록체인 기반의 디지털 등기 시스템 위에 '소유권 토큰(NFT 또는 STO 토큰)'의 형태로 등록된다. CBDC 역시 블록체인 위에서 발행된 디지털 화폐다.

매매 계약이 체결되면, 스마트 계약은 다음과 같은 규칙을 설정한다. "만약(If) 매도인의 소유권 토큰과 매수인의 CBDC가 모두 스마트 계약의 에스크로 주소에 입금되면, 그러면(Then) 스마트 계약은 소유권 토큰을 매수인의 지갑으로, CBDC를 매도인의 지갑으로 동시에(atomically) 전송한다."

이 과정은 제3자의 개입 없이 코드에 의해 자동으로 실행되며, 단 몇 초 만에 완료될 수 있다. 매도인과 매수인은 더 이상 상대방을 믿거나, 비싼 에스크로 서비스를 이용할 필요가 없다. 코드의 논리가 완벽한 신뢰를 보장해 주기 때문이다. 이는 거래 비용을 획기적으로 절감하고, 거래 시간을 수일에서 수초로 단축시키는 혁신이다.

이러한 DvP 모델은 이미 여러 국가에서 성공적으로 실험되었다. 2021년, 한국은행은 모의실험 환경에서 이더리움 기반의 부동산 NFT와 CBDC를 연동하여, 부동산 매매 대금을 동시 결제하는 시나리오를 성공적으로 시연한 바 있다. 홍콩 금융관리국(HKMA)과 국제결제은행(BIS)이 함께 진행한 '프로젝트 엠브릿지(mBridge)' 역시, 여러 국가의 CBDC를 연결하여 국경 간 부동산 거래 대금을 효율적으로 결제하는 실험을 진행하고 있다.

또한, CBDC는 PF(프로젝트 파이낸싱) 사업의 자금 관리 투명성을 높이는 데에도 활용될 수 있다. PF 자금을 CBDC로 조달하고, 스마트 계약을 통해 공정률에 따라 공사 대금이 자동으로 지급되도록 프로그래밍할 수 있다. 이는 자금 유용의 위험을 차단하고, 모든 자금 흐름을 규제 당국과 금융기관이 실시간으로 투명하게 모니터링할 수 있게 해 준다.

임대차 계약 역시 마찬가지다. 임차인이 CBDC로 월세를 지급하면, 스마트 계약이 이를 확인하고 임대인에게 자동으로 전송하며, 보증금은 계약 기간 동안 스마트 계약에 안전하게 보관되었다가 계약 만료 시 자동으로 반환되도록 할 수 있다. 이는 보증금 미반환과 같은 사회적 문제를 기술적으로 해결하는 데 기여할 수 있다.

이처럼 프로그래밍 가능한 화폐인 CBDC의 등장은, 부동산 금융의 모든 거래를 더 안전하고, 더 빠르며, 더 투명하게 만들 잠재력을 가지고 있다. 이는 단순한 결제 수단의 변화를 넘어, 부동산 시장의 신뢰 구조와 운영 방식을 근본적으로 재설계하는 거대한 변화의 시작이다.

부동산금융론 관점에서의 CBDC와 부동산 거래

1. 거래 효율성 및 안전성 증대
CBDC는 스마트 계약과 결합하여 부동산 거래의 효율성과 안전성을 크게 높입니다.

- 기존 방식: 복잡한 에스크로(Escrow) 제도를 통해 대금 지급과 소유권 이전이 시간차를 두고 진행됩니다.
- CBDC 방식: 스마트 계약을 통해 '구매자가 CBDC로 잔금을 지급하면(If), 소유권 등기를 자동으로 구매자에게 이전(Then)'하는 프로세스가 동시에 실행됩니다. 이로써 거래의 불확실성이 제거되고, 중개 비용 및 시간을 절약할 수 있습니다.

2. 금융 리스크 감소
부동산 거래에 CBDC를 도입하면 결제 리스크가 줄어듭니다.

- 기존 방식: 은행을 통한 송금 과정에서 발생하는 지연이나 오류, 거래 상대방의 신용 문제 등으로 인해 거래가 무산될 리스크가 존재합니다.
- CBDC 방식: 중앙은행이 발행하는 디지털 화폐인 CBDC는 법정화폐와 동일한 안전성을 가집니다. 따라서 거래 당사자 간의 신용 리스크가 사라지고, 결제는 즉시적이고 최종적으로 이루어집니다.

3. 새로운 금융 상품 개발

CBDC는 부동산 관련 금융 상품 개발의 새로운 기반이 될 수 있습니다.

- 예시: CBDC와 스마트 계약을 활용해 부동산 수익증권(Tokenized Real Estate)과 같은 유동화 상품을 더 쉽게 발행하고 거래할 수 있습니다. 이를 통해 일반 투자자들도 소액으로 부동산에 투자할 수 있는 기회가 확대됩니다.

CBDC는 부동산 거래의 투명성과 신뢰도를 높이고, 기존 금융 시스템의 한계를 극복하는 혁신적인 수단이 될 것입니다.

- 적용 예시

집을 살 때, 보통 잔금을 치르고 나서 소유권 이전 등기를 한다. 이 과정에서 시간도 걸리고, 혹시 모를 문제(예: 잔금을 냈는데 등기가 바로 안 되는 경우)가 생길 수도 있다. 하지만 CBDC와 스마트 계약을 활용하면 이렇게 바뀐다.

"구매자가 CBDC로 잔금을 지불하면(If), 블록체인 등기 시스템 상의 소유권을 구매자에게 자동으로 이전하라(Then)"

이처럼 미리 정해진 조건(잔금 지불)이 충족되면, 소유권 이전이 자동으로 이루어지도록 프로그래밍할 수 있다.
 - 결과: 안전성 향상 - 잔금 지불과 동시에 소유권 이전이 보장되므로, 거래 사기나

지연 위험이 없어진다.
- 효율성 증대: 복잡하고 시간이 오래 걸리는 에스크로(Escrow) 절차를 대체하여 거래 비용과 시간을 크게 줄일 수 있다.

한마디로, CBDC 스마트 계약은 부동산 거래를 '조건이 맞으면 자동으로 처리되는 안전한 시스템'으로 만들어 주는 것이다.

25.3. 프라이버시와 금융 안정성 문제

CBDC가 가져올 혁신적인 미래의 이면에는, 우리가 반드시 신중하게 고려해야 할 심각한 도전과제들이 존재한다. 그중 가장 핵심적인 딜레마는 바로 '프라이버시(Privacy)' 문제다. 현금은 완벽한 익명성을 보장하지만, CBDC는 모든 거래 기록이 중앙은행의 원장에 기록될 수 있다는 점에서, 조지 오웰의 소설 '1984'에 등장하는 '빅 브라더(Big Brother)'의 출현을 우려하게 만든다.

중앙은행이 모든 국민의 모든 거래 내역, 즉 언제, 어디서, 무엇을, 얼마에 구매했는지를 실시간으로 들여다볼 수 있게 된다면, 이는 국가에 의한 전례 없는 수준의 개인 통제와 감시 사회로 이어질 수 있다. 정부는 특정 사상이나 단체에 후원하는 것을 막거나, 특정 물품의 구매를 제한하는 등 CBDC를 사회 통제의 수단으로 악용할 수 있다는 우려가 제기된다. 이는 민주주의 사회의 근간이 되는 개인의 자유와 프라이버시를 심각하게 위협할 수 있다.

이러한 우려를 해소하기 위해, 각국 중앙은행은 다양한 프라이버시 보호 모델을 연구하고 있다. 완전한 익명성을 허용하기는 어렵지만(자금세탁방지 문제 때문에), 소액 거래에 한해서는 신원 확인 없이 사용할 수 있는 '익명 바우처' 형태의 CBDC를 도입하거나, 개인의 신원 정보와 거래 정보를 분리하여 관리하고, 법원의 영장과 같은 엄격한 법적 절차를 거쳐야만 두 정보를 결합할 수 있도록 하는 '이중 구조' 모델

등이 대안으로 제시되고 있다. 기술적으로는 영지식 증명(ZKP)과 같은 암호 기술을 활용하여, 거래의 유효성은 검증하면서도 거래 당사자의 신원과 거래 내역은 숨기는 방안도 연구되고 있다.

두 번째 큰 도전과제는 '금융 시스템 안정성' 문제다. CBDC는 국가가 보증하는 가장 안전한 무위험 자산이다. 만약 경제 위기가 발생하여 민간 은행의 건전성에 대한 불안감이 커진다면, 사람들이 자신의 은행 예금을 대량으로 인출하여 가장 안전한 CBDC로 바꾸려는 '디지털 뱅크런(Digital Bank-run)' 현상이 발생할 수 있다.

전통적인 뱅크런은 사람들이 은행 지점 앞에 줄을 서서 현금을 인출하는 물리적인 시간이 걸렸지만, 디지털 뱅크런은 스마트폰 터치 몇 번만으로 순식간에 일어날 수 있어 그 파급력이 훨씬 더 클 수 있다. 이러한 대규모 자금 이탈은 은행의 지급준비금 부족 사태를 유발하고, 대출 여력을 감소시키며, 금융 시스템 전체를 마비시키는 연쇄적인 위기로 번질 수 있다.

이러한 리스크를 관리하기 위해, 중앙은행들은 몇 가지 안전장치를 고민하고 있다. 가장 대표적인 것이 '보유 한도(Holding Limit)' 설정이다. 개인이 보유할 수 있는 CBDC의 총액에 상한선을 두어, 과도한 자금 쏠림을 막는 것이다. 또 다른 방식은 CBDC에 '이자를 지급하지 않거나, 마이너스 이자를 부과'하는 것이다. 이는 사람들이 필요 이상의 자금을 CBDC로 보유할 유인을 줄여, 은행 예금이 CBDC로 대체되는 것을 막는 효과를 가진다.

이 외에도, CBDC 도입을 위한 막대한 사회적 비용, 사이버 공격에 대한 보안 문제, 그리고 디지털 기기에 익숙하지 않은 고령층이나 취약 계층의 '디지털 소외' 문제 등도 해결해야 할 과제다.

이처럼 CBDC는 부동산 결제 혁신이라는 밝은 미래를 약속하는 동시에, 프라이버시와 금융 안정성이라는 무거운 숙제를 안고 있다. 이 두 가치 사이에서 어떻게 현명한 균형점을 찾아낼 것인가가 CBDC 설계의 핵심 과제가 될 것이다. 각국 중앙은행들이 신중한 연구와 단계적인 실험을 거듭하고 있는 이유도 바로 이 때문이다.

CBDC의 도입은 단순히 새로운 결제 수단을 추가하는 것이 아니라, 사회 전체의 신뢰 구조와 경제 시스템을 재설계하는 중대한 결정이기 때문이다.

신중한 접근과 견고한 대비가 필수이다

- CBDC와 사생활 침해 우려: CBDC가 도입되면 정부가 모든 거래 기록을 추적할 수 있다는 우려가 있습니다. 이는 부동산 거래에도 똑같이 적용됩니다. 모든 부동산 거래 기록이 투명하게 노출될 수 있어, 사생활 침해와 개인의 자산 정보 노출 문제가 발생할 수 있습니다. 예를 들어, 고액의 부동산 매매 기록이나 임대료 지불 내역이 정부에 의해 실시간으로 파악될 수 있습니다.
- CBDC와 뱅크런 우려: CBDC는 기존 은행 예금을 대체할 가능성이 있습니다. 이 경우, 은행의 자금 조달 기반이 약해져 '뱅크런(Bank run)'이 발생할 수 있습니다. 이는 부동산 금융 시장에 심각한 영향을 미칠 수 있습니다. 은행의 자금력이 약해지면 부동산 담보 대출이나 주택 구매 자금 대출 등 부동산 관련 금융 상품의 공급이 줄어들어 시장 전체가 위축될 수 있습니다.

이러한 이유로, CBDC 도입은 신중하게 접근하고 철저한 대비가 필요합니다.

- 적용 예시

만약 대한민국이 CBDC를 도입한다면, 사용자의 프라이버시를 보호하기 위해 소액 결제는 익명으로 허용하되, 일정 금액 이상의 거래에 대해서는 금융 범죄 예방을 위해 제한적인 추적 기능을 두는 '두 가지 계층의 프라이버시 모델'을 적용할 수 있다. 또한, 시중 은행의 유동성 위협을 줄이기 위해 개인이 보유할 수 있는 CBDC의 최대 금액을 제한하거나, 은행 예금에 비해 CBDC의 이자율을 낮게 설정하여 자금이 CBDC로 한꺼번에 몰리는 현상을 방지할 것이다. 이는 이미 다른 국가들의 CBDC 논의에서 주요한 설계 고려사항으로 다뤄지고 있다.

26장

양자 위협: 차세대 암호(PQC)로 부동산 데이터를 지켜라

 VS

기존 암호화
양자 위협에 취약

양자내성암호
양자 공격에 대한 보안

부동산 데이터 보안을 위해 어떤 암호화 방법을 채택해야 할까요?
(What Encryption Method Should I Adopt to Secure My Real Estate Data?)

블록체인과 디지털 자산의 세계는 '암호학(Cryptography)'이라는 단단한 수학적 기반 위에 세워져 있다. 우리는 이 암호 기술 덕분에 디지털 서명의 유효성을 믿고, 블록체인 원장의 불변성을 신뢰한다. 하지만 이 신뢰의 기반을 뿌리부터 뒤흔들 수 있는 거대한 위협이 다가오고 있다. 바로 '양자컴퓨터(Quantum Computer)'의 출현이다. 양자컴퓨터는 현재 우리가 사용하는 대부분의 암호 체계를 무력화할 수 있는 잠재력을 가졌으며, 이는 우리의 모든 디지털 자산과 데이터가 한순간에 무방비 상태가 될 수 있는 '암호학적 아포칼립스'를 예고한다.

26.1. 양자컴퓨터와 암호학적 아포칼립스

현재 인터넷 뱅킹, 전자상거래, 그리고 비트코인이나 이더리움과 같은 대부분의 블록체인 시스템을 지키고 있는 핵심적인 보안 기술은 '공개키 암호(Public-Key Cryptography)' 방식이다. RSA나 타원곡선 암호(ECC)가 대표적인 예다. 이 암호 방식의 안전성은 '어떤 수학 문제는 일반 컴퓨터로 풀기 매우 어렵다'는 사실에 기반한다. 예를 들어, RSA 암호는 매우 큰 두 개의 소수를 곱하는 것은 쉽지만, 그 곱해진 결과값(합성수)을 다시 원래의 두 소수로 소인수분해하는 것은 거의 불가능하다는 어려움을 이용한다.

하지만 1994년, 수학자 피터 쇼(Peter Shor)는 만약 '양자컴퓨터'가 개발된다면, 이러한 소인수분해 문제를 기존 컴퓨터와는 비교할 수 없는 속도로 매우 빠르게 풀 수 있는 '쇼의 알고리즘(Shor's Algorithm)'을 발표했다. 이는 당시에는 이론적인 가능성에 불과했지만, 최근 구글, IBM, 마이크로소프트와 같은 거대 기술 기업들이 양자컴퓨터 개발에 막대한 자금을 투자하며 눈부신 진전을 이루면서, 이 위협은 더 이상 공상과학이 아닌 현실의 문제로 다가오고 있다.

양자컴퓨터는 0 또는 1의 값을 가지는 비트(Bit)를 사용하는 기존 컴퓨터와 달리, 0과 1의 상태를 동시에 가질 수 있는 '큐비트(Qubit)'를 정보 처리의 기본 단위로 사용한다. 이 '중첩(Superposition)'과 '얽힘(Entanglement)'이라는 양자역학적 특성을 이용하면, 특정 문제에 대해 수많은 가능한 경우의 수를 동시에 병렬적으로 계산할 수 있다. 쇼의 알고리즘은 바로 이 양자컴퓨터의 병렬 계산 능력을 활용하여, 기존 컴퓨터로는 수백만 년이 걸릴 소인수분해 문제를 단 몇 시간, 몇 분 만에 풀어낼 수 있음을 보였다.

만약 적대 세력이나 해커가 충분한 성능의 양자컴퓨터를 손에 넣게 된다면 어떤 일이 벌어질까? 먼저, 인터넷을 통해 전송되는 모든 암호화된 데이터(금융 정보, 국가 기밀 등)를 실시간으로 해독할 수 있게 된다. 또한, 다른 사람의 블록체인 지갑 주소(공개키)로부터 그 사람의 비밀번호(개인키)를 역으로 계산해낼 수 있게 된다. 이는 곧 비트코인을 포함한 수많은 암호화폐 자산을 마음대로 훔칠 수 있게 됨을 의미한다.

부동산 분야 역시 이 위협에서 자유로울 수 없다. 블록체인 기반의 디지털 등기 시스템에 기록된 소유권 정보, 스마트 계약으로 체결된 부동산 계약서, 그리고 STO 플랫폼에 저장된 투자자들의 금융 데이터 등, 암호 기술로 보호되는 모든 민감한 정보가 한순간에 노출되고 위변조될 위험에 처하게 된다. 이는 디지털 부동산 시스템의 신뢰 기반 전체를 붕괴시키는 '암호학적 아포칼립스'라고 부르기에 충분하다.

전문가들은 암호 해독이 가능한 수준의 범용 양자컴퓨터(FTQC, Fault-Tolerant Quantum Computer)가 상용화되기까지는 아직 5년에서 10년, 또는 그 이상의 시간이 걸릴 것으로 예측한다. 하지만 문제는 생각보다 훨씬 더 시급하다. 바로 '지금 수확하고, 나중에 해독하라(Harvest Now, Decrypt Later)'는 공격 전략 때문이다.

적대 국가나 범죄 조직은 이미 지금 이 순간에도 인터넷을 통해 전송되는 암호화된 데이터들을 대량으로 수집하여 저장하고 있을 수 있다. 당장은 그 내용을 해독할 수 없지만, 미래에 양자컴퓨터가 개발되면 저장해 두었던 데이터를 한 번에 열어보려는 것이다. 국가 안보나 기업의 핵심 기술, 그리고 장기적으로 보관되어야 하는 부동산 권리 정보와 같은 데이터는 이러한 공격에 특히 취약하다.

따라서 양자컴퓨터가 실제로 등장한 뒤에 대응하는 것은 너무 늦다. 우리는 미래의 위협에 대비하기 위해, '지금 당장' 우리의 디지털 자물쇠를 양자컴퓨터의 공격에도 견딜 수 있는 새로운 것으로 교체하기 시작해야 한다. 이것이 바로 전 세계 정부와 정보기관, 그리고 기술 기업들이 '양자내성암호(PQC)'로의 전환을 서두르는 이유다.

양자컴퓨터: 현 암호 체계의 종말이자 새로운 보안시대의 서막

양자 컴퓨터의 발전과 부동산 금융론의 미래
양자 컴퓨터는 기존의 암호 체계를 무력화할 잠재력을 가지고 있습니다. 이는 부동산 금융 분야에 새로운 위협으로 다가옵니다. 현재 사용되는 공개키 암호 방식은 복잡한 숫자들을 소인

수분해하기 어렵다는 점에 기반합니다. 양자 컴퓨터는 이 문제를 매우 빠르게 해결할 수 있어, 인터넷 뱅킹, 전자상거래 등 금융 거래의 보안을 취약하게 만듭니다.

부동산 금융 분야에서 양자 컴퓨터의 등장은 다음과 같은 영향을 미칠 수 있습니다.

- 계약 정보의 보안 약화: 부동산 계약서, 등기부 등본 등 민감한 정보의 디지털 보안이 취약해질 수 있습니다. 양자 컴퓨터가 현재의 암호 체계를 해독하게 되면, 계약 정보가 노출되거나 위변조될 위험이 커집니다.
- 부동산 거래 시스템의 혼란: 인터넷 뱅킹 시스템이 해킹될 경우, 부동산 매매 대금이나 담보 대출 상환금이 잘못 이체되는 등 금융 거래에 혼란이 발생할 수 있습니다.
- 새로운 보안 시스템의 필요성: 양자 컴퓨터의 위협에 대비하기 위해, 부동산 금융 분야도 '양자 내성 암호(Post-Quantum Cryptography)'와 같은 새로운 보안 기술을 도입해야 합니다.

양자 컴퓨터는 부동산 금융 시장의 보안을 근본적으로 위협합니다. 이에 대한 대비책을 마련하는 것은 미래 부동산 금융의 안정성을 위해 중요합니다.

- 적용 예시

만약 지금 사용하고 있는 온라인 뱅킹 시스템의 암호가 양자컴퓨터에 의해 해독된다면, 여러분의 금융 정보나 거래 내역이 쉽게 노출될 수 있다. 마치 강력한 금고 열쇠가 순식간에 복제되어 누구나 금고를 열 수 있게 되는 것과 같다. 이는 미래에 개인 금융 보안에 심각한 위협이 될 수 있음을 시사한다.

26.2. 양자내성암호(PQC)로의 전환

양자컴퓨터라는 피할 수 없는 위협에 맞서, 암호학계는 새로운 방패를 준비해 왔다. 그것이 바로 '양자내성암호(PQC, Post-Quantum Cryptography)' 또는 '양자 저항 암호(Quantum-Resistant Cryptography)'다. PQC는 기존의 RSA나 ECC와는 다른,

양자컴퓨터로도 풀기 어려운 새로운 종류의 수학적 난제에 기반한 차세대 암호 알고리즘들을 총칭하는 말이다.

PQC가 기반하는 수학적 문제들은 매우 다양하다. 대표적으로, 다차원 격자 공간에서 가장 가까운 벡터를 찾는 문제(격자 기반 암호, Lattice-based cryptography), 다변수 이차방정식 시스템의 해를 찾는 문제(다변수 기반 암호, Multivariate cryptography), 해시 함수를 반복적으로 사용하는 방식(해시 기반 암호, Hash-based cryptography), 그리고 오류 정정 부호 이론을 이용하는 방식(코드 기반 암호, Code-based cryptography) 등이 있다. 이 문제들은 현재까지 알려진 양자 알고리즘으로는 효율적으로 풀 수 없는 것으로 여겨진다.

이러한 새로운 암호 체계로의 안전한 전환을 위해, 미국 국립표준기술연구소(NIST)는 2016년부터 전 세계 암호학자들을 대상으로 PQC 표준화 프로젝트를 진행해 왔다. 수년간의 공개적인 경쟁과 엄격한 검증 과정을 거쳐, NIST는 2022년과 2024년에 걸쳐 최종 표준 알고리즘들을 발표했다. 이 표준화 작업은 전 세계 정부와 산업계가 어떤 PQC 알고리즘을 도입해야 할지에 대한 명확한 가이드라인을 제공한다는 점에서 매우 중요한 의미를 가진다.

이제 남은 과제는, 전 세계에 깔려 있는 수십억 개의 기기와 시스템에 사용되는 기존 암호 알고리즘을, 이 새로운 PQC 알고리즘으로 전환하는 것이다. 이는 인류 역사상 가장 거대하고 복잡한 IT 시스템 마이그레이션 작업이 될 것이다. 웹 서버, 스마트폰, IoT 기기, 자동차, 은행 전산망, 그리고 블록체인 노드에 이르기까지, 암호가 사용되는 모든 곳을 업그레이드해야 하기 때문이다.

특히 블록체인 시스템에서 PQC로의 전환은 몇 가지 독특한 어려움을 가진다. 블록체인의 핵심은 '불변성'인데, 한번 정해진 암호화 방식을 바꾸기 위해서는 네트워크 참여자 대다수의 합의를 통해 하드포크(Hard Fork)와 같은 전체 시스템 업그레이드를 진행해야 한다. 이는 매우 복잡하고 논쟁적인 과정이 될 수 있다.

또한, PQC 알고리즘은 일반적으로 기존 암호 알고리즘에 비해 공개키나 서명의 크기가 더 크다는 단점이 있다. 이는 블록체인의 블록 크기를 증가시키고, 거래 처리 속도를 저하시킬 수 있는 요인이 된다. 따라서 각 블록체인 프로젝트는 자신의 시스템 환경에 맞는 최적의 PQC 알고리즘을 선택하고, 성능 저하를 최소화하기 위한 기술적 연구를 병행해야 한다.

이러한 어려움에도 불구하고, PQC로의 전환은 더 이상 미룰 수 없는 과제다. 이더리움 재단(Ethereum Foundation)을 비롯한 여러 주요 블록체인 프로젝트들은 이미 PQC 도입을 위한 연구를 활발히 진행하고 있으며, 향후 몇 년 안에 구체적인 업그레이드 계획을 발표할 것으로 예상된다.

미래의 디지털 부동산 시스템 역시 처음부터 PQC를 적용하여 설계되거나, 기존 시스템을 PQC로 전환하는 작업이 필수적으로 이루어져야 한다. 부동산 소유권 정보는 수십 년, 수백 년간 안전하게 보관되어야 하는 영속적인 데이터이기 때문에, 'Harvest Now, Decrypt Later' 공격에 특히 취약하기 때문이다.

결론적으로, PQC는 양자 시대에 우리의 디지털 자산을 지키기 위한 필수적인 방어막이다. 지금 당장은 그 위협이 멀게 느껴질 수 있지만, 신뢰를 기반으로 하는 부동산 금융 시스템의 미래는, 우리가 이 새로운 암호학적 패러다임으로 얼마나 신속하고 안전하게 전환하는가에 달려 있다.

양자 위협 및 선수확 후 해독 전략 필요성

부동산 금융 관점에서의 양자 암호화 위협과 대응

양자 컴퓨터가 상용화되면 현재의 금융 거래 시스템은 심각한 위협을 받습니다. 특히, 부동산 금융 계약과 관련된 중요한 정보가 양자 컴퓨터에 의해 쉽게 해독될 수 있습니다.

- 대응 전략:
- 선제적 도입: 금융 기관은 현재의 시스템을 PQC 기반으로 전환하여 미래의 해독 위협에 대비해야 합니다.

- 규제 마련: 정부와 관련 기관은 PQC 기술 도입을 의무화하는 등 규제와 정책을 마련해야 합니다.
- 'Harvest Now, Decrypt Later' 전략 방어: 공격자가 이미 현재의 암호화된 데이터를 수집하고 있을 수 있으므로, 하루빨리 새로운 보안 체계를 구축하는 것이 중요합니다.

- 위협: 대출 계약, 담보 설정, 소유권 이전 등 민감한 정보가 담긴 모든 디지털 문서와 거래 기록이 노출될 수 있습니다.
- 리스크: 계약 내용의 위변조, 개인 정보 유출, 소유권 분쟁 등으로 이어질 수 있으며, 이는 부동산 금융 시장의 신뢰도를 크게 떨어뜨립니다.

- 예시:
- 현재: 은행이 주택 담보 대출 계약 시 고객의 개인 정보, 대출 조건, 상환 계획 등을 암호화하여 저장합니다.
- 미래(양자 컴퓨팅 위협): 해커가 양자 컴퓨터를 이용해 은행의 암호화된 데이터를 해독합니다. 고객의 대출 계약 정보를 탈취하여 대출 금액을 위변조하거나, 상환 조건을 무단으로 변경할 수 있습니다. 이는 곧 고객의 재산권에 직접적인 피해를 주고, 금융 시스템 전체에 혼란을 초래합니다.

따라서 부동산 금융 기관들은 양자 내성 암호(PQC)를 도입하여 이러한 위협에 미리 대비해야 합니다. PQC는 양자 컴퓨터로도 해독하기 어려운 새로운 암호화 방식으로, 미래의 보안 위협으로부터 금융 자산을 보호하기 위한 필수적인 기술입니다.

- **적용 예시**

현재 우리가 사용하는 대부분의 인터넷 뱅킹, 모바일 결제, 기업 비밀 공유 등은 '암호' 기술로 안전하게 보호된다. 이 암호들은 복잡한 수학 문제 풀이를 기반으로 해서, 슈퍼컴퓨터로도 풀기 어렵다고 알려져 있다.

- 문제 발생(미래): 그런데 '양자컴퓨터'라는 새로운 컴퓨터가 개발되면 이야기가 달라진다. 전문가들은 5~10년 안에 양자컴퓨터가 현재의 암호를 순식간에 해독할 수 있을 것이라고 경고한다. 마치 아주 복잡한 자물쇠를 일반인은 절대 못 열지만, 특정 도구(양자컴퓨터)를 가진 사람은 단번에 열 수 있게 되는 셈이다.
- 실무에서의 위협: 만약 지금 우리의 중요한 금융 정보, 의료 기록, 국방 기밀 등이 암호화되어 전송되거나 저장되고 있다면, 미래의 양자컴퓨터에 의해 해독될 위험이 있다. 적대 세력은 이미 현재 암호화된 데이터를 수집하여 저장하고 있다가, 양자컴퓨터가 개발되면 한 번에 해독하려는 'Harvest Now, Decrypt Later(지금 수확하고 나중에 해독)' 전략을 사용할 가능성도 있다.
- 해결책(PQC적용): 이러한 위협에 대비하기 위해 '양자내성암호(PQC)'라는 새로운 암호 기술이 개발되고 있다. PQC는 양자컴퓨터로도 풀기 어려운 새로운 수학 문제에 기반을 둔 암호이다.

우리 회사에서 고객 정보나 핵심 기술 데이터를 암호화하여 저장하고 통신할 때, 현재의 암호 방식 대신 PQC 기술을 적용하여 미리 대비해야 한다. 예를 들어, 클라우드 서버에 고객의 개인 정보를 암호화하여 저장할 때 PQC를 사용하고, 직원들이 원격으로 회사 네트워크에 접속할 때 PQC 기반의 VPN을 사용하는 식이다. 이렇게 하면 미래에 양자컴퓨터가 상용화되어도 우리의 중요한 데이터는 여전히 안전하게 보호될 수 있다. 지금부터 PQC로의 전환을 준비해야 하는 이유이다.

26.3. 금융권의 대응과 미래 과제

양자컴퓨터의 위협이 점차 가시화되면서, 국가의 핵심 인프라이자 가장 민감한 데이터를 다루는 금융권 역시 PQC로의 전환을 위한 발걸음을 서두르고 있다. 이는 단순히 개별 기업의 보안 문제를 넘어, 국가 경제 전체의 안정성과 직결되는 중대한 사안이기 때문이다.

글로벌 금융 시장에서는 이미 주요 은행과 카드사, 그리고 금융 인프라 기업들이 PQC 도입을 위한 컨소시엄을 구성하고, 공동 연구 및 파일럿 프로젝트를 진행하고 있다. 이들은 PQC 알고리즘을 자신들의 기존 결제 시스템이나 데이터 전송망에 적용했을 때, 성능에 어떤 영향을 미치는지, 그리고 기존 시스템과의 호환성은 어떻게 확보할 것인지 등을 테스트하고 있다. 이는 미래의 대규모 전환에 대비하여 기술적 노하우를 축적하고 잠재적인 문제점을 미리 파악하기 위함이다.

국내 금융권의 움직임도 점차 빨라지고 있다. 국가정보원과 국가보안기술연구소(NSR)는 국내 환경에 맞는 K-PQC 알고리즘을 개발하고 있으며, 금융보안원(FSI)은 금융권 PQC 전환을 위한 상세한 가이드라인을 마련하고 있다.

개별 금융기관들 역시 기술 기업과의 협력을 통해 발 빠르게 대응하고 있다. 2024년, 핀테크 보안 기업인 '아톤(ATON)'은 메리츠증권과 협력하여, NIST의 PQC 표준 알고리즘을 적용한 사설 인증서 기반의 로그인 시스템을 성공적으로 구축했다고 발표했다. 이는 증권 거래와 같이 보안이 최우선시되는 분야에서 PQC가 실제로 적용되기 시작했음을 보여 주는 중요한 사례다.

이러한 대응에도 불구하고, 금융권 전체가 PQC로 완전히 전환하기까지는 수많은 과제들이 남아 있다. 가장 큰 어려움은 '레거시 시스템(Legacy System)'의 존재다. 수십 년에 걸쳐 구축된 은행의 코어 뱅킹 시스템이나 카드사의 결제 승인 시스템은 매우 복잡하고 거대하며, 여기에 사용된 암호 모듈을 교체하는 것은 극도로 어렵고 위험한 작업이다. 자칫 잘못하면 시스템 전체가 마비될 수 있는 대규모 장애로 이어질 수 있다.

두 번째 과제는 '암호 민첩성(Crypto-Agility)'의 확보다. 미래에 현재의 PQC 알고리즘마저도 깰 수 있는 새로운 공격 방법이 발견될 가능성을 완전히 배제할 수 없다. 따라서 금융 시스템은 특정 암호 알고리즘에 고정되는 것이 아니라, 필요에 따라 새로운 암호 체계로 쉽고 빠르게 전환할 수 있는 유연한 구조로 설계되어야 한다. 이는 시스템 설계 단계부터 암호 모듈을 표준화하고 모듈화하는 노력이 필요함을 의미한다.

세 번째는 '공급망 전체의 전환' 문제다. 금융기관의 보안은 자체 시스템뿐만 아니라, 외부 협력업체, ATM 기기, POS 단말기 등 연결된 모든 생태계의 보안 수준에 의해 결정된다. 금융기관이 PQC로 전환하더라도, 결제 데이터를 주고받는 가맹점의 POS 단말기가 여전히 기존 암호를 사용한다면, 그 지점이 보안의 취약점이 될 수 있다. 따라서 금융권 전체의 공급망이 함께 PQC로 전환하기 위한 표준화와 협력 체계 구축이 필수적이다.

디지털 부동산 금융 역시 이러한 과제에서 자유로울 수 없다. STO 플랫폼, 디지털 등기 시스템, 스마트 계약 등 모든 구성 요소는 처음부터 PQC를 염두에 두고 설계되어야 한다. 특히, 한번 블록체인에 기록된 데이터는 영원히 남는다는 특성 때문에, 블록체인 프로젝트들은 다른 어떤 시스템보다도 PQC로의 전환이 시급하다고 할 수 있다.

결국, PQC로의 전환은 단 한 번의 업그레이드로 끝나는 작업이 아니다. 그것은 다가오는 양자 시대에 맞서, 끊임없이 위협을 분석하고, 새로운 방어 기술을 도입하며, 시스템의 보안 수준을 지속적으로 높여 나가야 하는 '끝나지 않는 여정'이다. 이 여정의 성공 여부에 우리의 디지털 재산과 금융 시스템의 미래가 달려 있다.

금융권은 민감 정보 보호를 위해 양자내성암호(PQC)로의 전환이 필수적

1. PQC와 부동산 금융
부동산 금융 분야는 개인의 민감한 정보를 다룹니다. 따라서 양자내성암호(PQC) 로의 전환은 선택이 아닌 필수입니다. 부동산 등기나 계약, 금융 거래처럼 장기적으로 보관해야 하는 민감한 정보는 해킹 위험으로부터 보호되어야 하기 때문입니다.

2. 부동산 금융에서 PQC의 역할
PQC는 기존 암호 기술의 한계를 극복하고, 미래의 양자 컴퓨터 공격에 대비하는 차세대 암호 기술입니다. 부동산 금융 시스템에 PQC를 도입하면 다음과 같은 효과를 기대할 수 있습니다.
- 정보보안 강화: 개인의 신상 정보나 재산 정보가 담긴 대출 서류, 계약서, 등기 서류 등을 PQC로 암호화하면 더욱 안전하게 보관하고 관리할 수 있습니다.
- 거래의 안정성 확보: 부동산 매매나 담보대출과 같은 금융 거래 시 발생하는 데이터가 변조되거나 탈취될 위험을 줄여 줍니다. 거래 당사자들은 더 신뢰할 수 있는 환경에서 금융 활동을 할 수 있습니다.

3. 구체적인 예시
- 부동산 담보 대출: 고객이 제출한 대출 신청서류, 소득 증빙 자료, 담보물의 등기 서류 등 민감한 정보가 모두 PQC로 암호화됩니다. 은행은 이 정보를 안전하게 보관하고, 대출 심사 과정에서 오직 허가된 사람만 접근하도록 통제할 수 있습니다.
- 부동산 투자 상품: 투자자들이 참여하는 부동산 펀드나 리츠(REITs)의 거래 내역, 개인 자산 정보 등이 PQC로 보호됩니다. 투자자들은 자신의 정보가 안전하게 관리된다는 신뢰를 바탕으로 더 안심하고 투자에 참여할 수 있습니다.

국내외 금융권에서는 PQC 기술 도입을 위해 이미 많은 연구와 프로젝트를 진행하고 있습니다. 부동산 금융권 역시 막대한 시간과 비용이 들더라도 장기적인 관점에서 PQC 전환을 체계적으로 준비해야 합니다.

- 적용 예시

아톤과 메리츠증권은 고객 부동산 등기 정보와 같은 민감 데이터를 PQC 기술로 암호화하기 위한 공동 프로젝트를 진행하고 있다. 이는 금융 시스템 전반의 보안을 강화하고 미래 암호화 기술 변화에 대비하기 위한 대규모 노력의 일환이다.

27장

ESG와 프롭테크: 지속 가능한 미래를 짓다

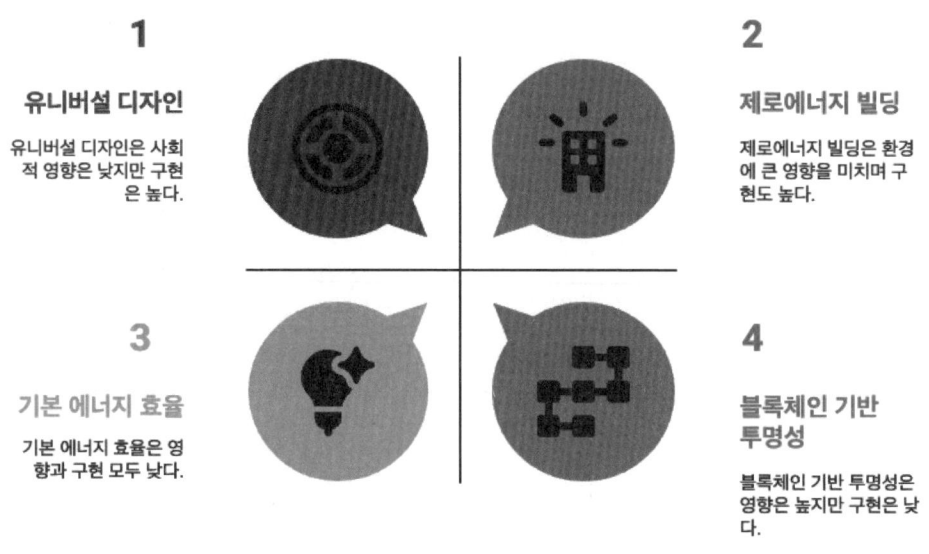

부동산 ESG 프레임워크
(Real Estate ESG Framework)

21세기 기업 경영의 화두는 더 이상 단기적인 재무적 성과에만 머무르지 않는다. 기업이 환경(Environment)을 어떻게 보호하고, 사회(Social)에 어떻게 기여하며, 투명하고 윤리적인 지배구조(Governance)를 갖추고 있는지를 종합적으로 평가하는 'ESG 경영'이 새로운 표준으로 자리 잡고 있다. 특히, 전 세계 에너지 소비와 탄소 배출의 상당 부분을 차지하는 부동산 및 건설 산업에게, ESG는 더 이상 외면할 수 없는 생존의 조건이 되었다. 그리고 프롭테크는 바로 이 ESG라는 거대한 과제를 해결하고, 지속 가능한 미래를 짓는 가장 강력하고 혁신적인 도구가 되고 있다.

27.1. ESG 경영과 부동산 산업

ESG는 환경(Environment), 사회(Social), 지배구조(Governance)의 머리글자를 딴 용어로, 기업의 비재무적인 성과를 측정하는 지표를 의미한다. 과거에는 기업의 가치를 매출, 영업이익과 같은 재무제표상의 숫자로만 평가했지만, 이제는 기업이 장기적으로 지속 가능한 성장을 하기 위해서는 재무적 성과뿐만 아니라, 환경 및 사회적 책임을 다하고 투명한 의사결정 구조를 갖추는 것이 필수적이라는 인식이 확산되고 있다.

이러한 변화를 이끄는 가장 큰 동력은 '투자자들의 요구'다. 세계 최대 자산운용사인 블랙록(BlackRock)의 CEO 래리 핑크(Larry Fink)가 매년 전 세계 CEO들에게 보내는 연례 서한에서 기후 변화 대응과 ESG의 중요성을 지속적으로 강조했듯이, 글로벌 기관 투자자들은 이제 ESG 성과가 낮은 기업을 '리스크가 큰 기업'으로 간주하고 투자를 기피하거나 회수하는 움직임을 보이고 있다. 이들은 ESG가 단순히 윤리적인 문제가 아니라, 기업의 장기적인 재무 성과와 직접적으로 연결되는 핵심적인 요소라고 판단하기 때문이다.

부동산 산업은 ESG 경영의 가장 중요한 대상 중 하나다. 유엔환경계획(UNEP)에 따르면, 전 세계 최종 에너지 소비의 약 36%, 그리고 에너지 관련 온실가스 배출량의 약 37%가 건물 부문에서 발생한다. 이는 부동산 산업이 기후 변화에 미치는 영향이 지대하며, 따라서 그 책임 또한 막중함을 의미한다.

구체적으로 부동산 산업의 ESG는 다음과 같은 요소들을 포함한다.

'환경(E)' 측면에서는 건물의 에너지 효율을 높이고, 신재생에너지를 사용하며, 건설 과정에서 발생하는 폐기물을 줄이는 노력이 핵심이다. 또한, 기후 변화로 인한 해수면 상승이나 이상 기후와 같은 물리적 리스크에 건물이 얼마나 잘 대비하고 있는지도 중요한 평가 요소가 된다.

'사회(S)' 측면에서는 건물이 사용자에게 얼마나 안전하고 건강한 환경을 제공하는지가 중요하다. 여기에는 실내 공기 질 관리, 자연 채광 확보, 그리고 장애인이나 고령층과 같은 사회적 약자를 위한 유니버설 디자인(Universal Design) 적용 등이 포함된다. 또한, 건설 현장 근로자의 안전과 인권을 존중하고, 지역 사회와의 상생을 위한 노력을 기울이는지도 평가 대상이다. STO와 같은 기술을 통해 소액 투자자들에게 투자 기회를 제공하여 금융 포용성을 높이는 것 역시 사회적 가치 창출의 중요한 부분이다.

'지배구조(G)' 측면에서는 기업의 의사결정 구조가 얼마나 투명하고 윤리적인지가 관건이다. 이사회의 독립성과 다양성, 부패 방지를 위한 내부 통제 시스템, 그리고 주주 및 이해관계자들과의 적극적인 소통 노력이 여기에 해당한다. 블록체인 기술을 활용하여 거래 기록과 의사결정 과정을 투명하게 공개하는 것은 지배구조를 강화하는 좋은 예가 될 수 있다.

이제 '그린 빌딩(Green Building)' 인증(예: LEED, BREEAM)을 획득한 건물은 그렇지 않은 건물에 비해 더 높은 임대료와 자산 가치를 인정받는 '그린 프리미엄(Green Premium)' 현상이 뚜렷해지고 있다. 반대로, 에너지 효율이 낮고 친환경적이지 않은 건물은 시장에서 외면받고 자산 가치가 하락하는 '브라운 디스카운트(Brown Discount)'에 직면하게 될 것이다.

결론적으로, ESG는 더 이상 기업들이 선택적으로 고려하는 '착한 일'이 아니다. 그것은 투자 유치, 규제 대응, 그리고 기업 평판 관리를 위해 반드시 달성해야 하는 '경영의 표준'이 되었다. 부동산 산업에게 ESG는 비용이 아니라, 미래의 위험을 줄이고 새로운 가치를 창출하는 핵심적인 생존 전략이다.

부동산 투자, 지속가능성을 보라

부동산 투자는 이제 단순히 재무 성과만 보지 않습니다. ESG(환경, 사회, 지배구조)가 새로운 투자 기준입니다.

- 환경(Environment): 건물이 얼마나 친환경적으로 지어지고 운영되는지 봅니다. 에너지 효율이 높고 탄소 배출이 적은 건물이 가치를 높입니다.
- 예시: 녹색 건축물 인증을 받은 건물에 대한 대출 금리 혜택이나 투자 확대.

- 사회(Social): 지역 사회와 직원의 안전 및 인권을 존중하는지 봅니다.
- 예시: 건설 과정에서 안전 규정을 철저히 지키고, 지역 주민과의 상생을 위해 노력하는 프로젝트에 우선 투자.

- 지배구조(Governance): 투명하고 윤리적인 의사결정 구조를 갖추었는지 봅니다.
- 예시: 부패 방지 시스템을 갖추고, 이사회 구성이 투명한 부동산 투자 회사에 대한 투자 선호.

이러한 요소들은 부동산 자산의 장기적인 가치와 리스크에 직접적인 영향을 줍니다. 따라서 투자자들은 재무 성과와 함께 ESG 요소를 종합적으로 고려하여 투자 결정을 내립니다.

• **적용 예시**

예를 들어, 어떤 부동산 회사가 오래된 건물을 리모델링한다고 가정해 보자.

- 환경(E): 건물에 태양광 패널을 설치하고, 에너지 효율이 높은 창문으로 바꾸며, 빗물을 조경에 활용하는 시스템을 도입하여 전기와 물 사용량을 크게 줄인다.
- 사회(S): 리모델링 시 지역 주민들을 공사 과정에 참여시키고, 건물 내에 공공 도서관이나 커뮤니티 공간을 만들어 주민들이 활용할 수 있도록 한다. 또한, 공사 현장의 안전을 최우선으로 관리한다.

- 지배구조(G): 프로젝트 진행 과정을 투명하게 공개하고, 협력업체 선정 시 공정성을 확보하며, 혹시 발생할 수 있는 문제에 대해 책임감 있게 의사결정한다.

이렇게 하면 단순히 건물의 가치를 높이는 것을 넘어, 환경 보호와 사회 기여까지 함께 이루어 지속 가능한 투자가 되는 것이다.

27.2. 기술을 활용한 ESG 가치 실현

프롭테크는 부동산 산업이 ESG라는 거대한 목표를 달성하는 데 필요한 구체적이고 실용적인 도구들을 제공한다. 추상적인 구호에 그칠 수 있었던 ESG 경영을, 데이터를 통해 측정하고, 기술을 통해 개선하며, 플랫폼을 통해 실현 가능한 현실로 만드는 것이 바로 프롭테크의 역할이다.

환경(Environment) 가치 실현:
프롭테크는 건물의 환경 발자국을 줄이는 데 가장 직접적이고 효과적인 솔루션을 제공한다. 22장에서 살펴본 '디지털 트윈'과 'IoT 센서'는 건물의 에너지 사용 현황을 실시간으로 정밀하게 모니터링하고, AI는 이 데이터를 분석하여 에너지 낭비 요인을 찾아내고 냉난방 및 조명 시스템을 자동으로 최적화한다. 이는 건물의 운영 단계에서 발생하는 탄소 배출량을 크게 줄일 수 있다.

건설 단계에서는 BIM(빌딩 정보 모델링) 기술이 활용된다. BIM을 통해 건물의 에너지 성능을 사전에 시뮬레이션하여, 가장 효율적인 단열재와 창호 시스템을 설계에 반영할 수 있다. 또한, 건설 과정에서 발생하는 자재의 양을 정확하게 예측하여 폐기물을 최소화하고, 공정을 최적화하여 불필요한 에너지 소비를 줄일 수 있다.

최근에는 건물의 자재 정보를 블록체인에 기록하여, 해당 자재가 친환경 인증을 받았는지, 재활용된 자재인지 등 생산 이력을 투명하게 추적하는 '자재 여권

(Materials Passport)' 개념도 등장하고 있다. 이는 건물의 전 생애주기에 걸친 환경 영향을 관리하고, 순환 경제를 촉진하는 기반이 된다.

사회(Social) 가치 실현:

기술은 더 포용적이고 안전하며 건강한 사회를 만드는 데 기여할 수 있다. 11장과 12장에서 살펴본 부동산 조각 투자 플랫폼(STO)은, 소액 투자자들에게 과거에는 접근할 수 없었던 우량 부동산에 투자할 기회를 제공함으로써 '금융 포용성'을 높이고 부의 격차를 줄이는 데 기여한다. 이는 ESG의 'S'가 추구하는 중요한 가치 중 하나다.

건물의 '안전과 건강' 측면에서도 기술의 역할은 중요하다. AI 기반의 지능형 CCTV는 화재나 침입과 같은 위험 상황을 조기에 감지하여 경고하고, IoT 센서는 실내 공기 질(미세먼지, 이산화탄소 농도 등)을 실시간으로 측정하여 환기 시스템을 자동으로 제어함으로써 사용자에게 건강한 환경을 제공한다.

또한, 기술은 장애인, 고령자, 어린이 등 사회적 약자의 '접근성'을 높이는 데 활용될 수 있다. 음성 인식 엘리베이터, 자동문, 높낮이 조절이 가능한 싱크대 등 스마트홈 기술은 모두를 위한 '유니버설 디자인(Universal Design)'을 구현하는 구체적인 수단이다. 디지털 트윈을 활용하면, 휠체어 사용자의 이동 동선을 미리 시뮬레이션하여 불편한 점은 없는지 사전에 점검하고 설계에 반영할 수도 있다.

지배구조(Governance) 가치 실현:

투명성과 신뢰는 건전한 지배구조의 핵심이다. 4장과 5장에서 논의했듯이, '블록체인' 기술은 거래 기록과 소유권 정보를 위변조 불가능한 분산원장에 기록함으로써, 부동산 거래 과정의 투명성을 획기적으로 높일 수 있다. 이는 부패나 비리가 개입될 여지를 줄여, 공정하고 신뢰할 수 있는 시장 환경을 만드는 데 기여한다.

STO 플랫폼이나 다오(DAO)에서는, 토큰 보유자들이 블록체인 기반의 온라인 투표 시스템을 통해 주요 의사결정(예: 자산 매각, 관리 업체 선정 등)에 직접 참여할 수 있다. 이는 주주(투자자)의 권리를 강화하고, 경영의 투명성을 높이며, 민주적인 의사결정 구조를 만드는 데 효과적인 도구가 된다.

이처럼 프롭테크는 ESG의 세 가지 기둥 모두에 걸쳐, 막연했던 목표를 측정 가능하고 실행 가능한 과제로 바꾸어 놓는다. 기술은 더 이상 선택 사항이 아니다. 그것은 부동산 산업이 지속 가능한 미래로 나아가기 위해 반드시 장착해야 할 필수적인 엔진이다.

프롭테크는 부동산 산업이 ESG 가치를 실현하는 데 중요한 도구를 제공한다

프롭테크는 부동산 산업의 ESG(환경, 사회, 지배구조) 경영을 실현하는 데 핵심적인 역할을 수행합니다.

- 환경(E): 디지털 트윈과 IoT 센서는 건물의 에너지 사용량을 실시간으로 관리하고 최적화하여 에너지 효율을 높입니다. 예를 들어, 건물의 조명과 공조 시스템을 자동으로 조절해 불필요한 에너지 소비를 줄일 수 있습니다. 또한, 제로에너지 빌딩(ZEB) 기술은 건물이 스스로 에너지를 생산하게 해 외부 에너지 의존도를 낮춥니다.
- 사회(S): 블록체인 기반의 STO(토큰증권 발행) 플랫폼은 소액 투자자에게 우량 부동산 투자 기회를 제공해 '금융 포용성'을 높입니다. 기존에는 고액 자산가만 가능했던 부동산 투자를 소액으로도 할 수 있게 되는 것입니다. 또한, 디지털 기술은 건물의 접근성을 향상시키는 유니버설 디자인에 활용되어 장애인이나 고령층의 편의를 증진합니다. 예를 들어, 스마트폰 앱으로 출입문을 제어하거나 엘리베이터를 호출하는 기능이 있습니다.
- 지배구조(G): 블록체인 기반의 등기 및 거래 시스템은 모든 기록을 투명하게 공개하여 부패와 비리를 방지합니다. 주주들은 온라인 투표를 통해 의사결정에 직접 참여할 수 있어 지배구조의 투명성이 강화됩니다. 예를 들어, 투자자들이 온라인으로 개발 프로젝트의 진행 상황을 실시간으로 확인하고 중요한 결정에 직접 투표할 수 있습니다.

- **적용 예시**
  - 환경(E): 스마트 빌딩에서 IoT 센서와 디지털 트윈 기술을 활용하여 실시간으로 건물 에너지 사용량을 분석하고, 냉난방 시스템을 최적화하여 불필요한 에너지 낭비를 줄인다.
  - 사회(S): 블록체인 기반 플랫폼을 통해 소액 투자자들이 특정 건물의 지분형 토큰을 구매하여 우량 부동산에 쉽게 투자하고 수익을 얻을 수 있다.
  - 지배구조(G): 블록체인 기반의 부동산 거래 시스템에서 모든 거래 기록이 투명하게 공개되어 문서 위조나 불법적인 거래를 방지하고, 투자자들이 온라인 투표로 주요 의사결정에 직접 참여한다.

27.3. 순환경제와 부동산의 미래

ESG 경영이 추구하는 궁극적인 목표 중 하나는, 자원을 채굴하고, 사용하고, 버리는 기존의 '선형 경제(Linear Economy)' 모델에서 벗어나, 자원을 계속해서 재사용하고 재활용하여 폐기물을 최소화하는 '순환 경제(Circular Economy)'로의 전환이다. 건설 산업은 막대한 양의 자원을 소비하고 건설 폐기물을 배출하는 대표적인 산업인 만큼, 순환 경제로의 전환은 피할 수 없는 과제이자 새로운 기회다. 그리고 디지털 기술은 이 전환을 실현하는 핵심적인 열쇠다.

전통적인 건설 방식에서는 건물을 해체할 때, 대부분의 자재들이 뒤섞여 가치가 낮은 폐기물로 처리되었다. 하지만 순환 경제 모델에서는 건물을 '미래의 자재 은행(Urban Mining)'으로 바라본다. 즉, 건물을 해체할 때 나오는 철강, 콘크리트, 유리, 목재 등을 다시 새로운 건물을 짓는 고품질의 자재로 재사용하는 것을 목표로 한다.

이러한 순환 경제를 구현하기 위해, '디지털 빌딩 로그북(Digital Building Logbook)'이라는 개념이 중요해진다. 이는 건물을 구성하는 모든 자재와 부품에 대한 정보를 디지털 형태로 기록하고 관리하는 것이다. 마치 제품의 사용 설명서처럼,

어떤 자재가 어디에, 어떻게 사용되었는지, 그리고 그 자재의 성분과 재활용 가능성은 어떠한지에 대한 정보가 BIM이나 블록체인 플랫폼에 상세히 기록된다.

이러한 '자재 여권(Materials Passport)'이 있으면, 수십 년 후 건물을 해체할 때, 어떤 부품을 어떻게 분리하여 재사용하거나 재활용할 수 있는지 쉽게 파악할 수 있다. 디지털 트윈 기술을 활용하면, 건물의 해체 과정을 가상 공간에서 미리 시뮬레이션하여, 가장 효율적이고 안전한 해체 순서와 방법을 계획할 수도 있다. 이는 폐기물을 최소화하고 자원의 가치를 극대화하는 순환 경제의 핵심적인 과정이다.

공간의 활용 방식 역시 순환 경제의 관점에서 재해석된다. '소유' 중심의 선형 경제 모델에서는, 각 개인이나 기업이 자신만의 공간을 배타적으로 소유하고 사용했다. 이는 사무 공간이 퇴근 후에는 텅 비어 있거나, 주거 공간이 낮 시간에는 비어 있는 등 공간 자원의 비효율적인 사용을 낳았다.

반면, '공유 경제(Sharing Economy)' 플랫폼은 이러한 공간 자원의 활용도를 극대화한다. 공유 오피스나 코워킹 스페이스는 여러 기업과 개인들이 사무 공간을 함께 사용하게 함으로써, 1인당 필요한 사무 공간의 면적을 줄여 준다. 코리빙(Co-living) 하우스는 개인적인 침실 외에 주방, 거실, 세탁실 등 공용 공간을 함께 사용하게 함으로써, 주거 공간의 효율성을 높이고 커뮤니티를 활성화한다.

이러한 공유 플랫폼들은 공간을 '제품'이 아닌 '서비스(Space-as-a-Service)'로 바라보는 관점의 전환을 보여 준다. 사용자들은 더 이상 공간을 소유할 필요 없이, 필요할 때 필요한 만큼만 비용을 지불하고 서비스를 이용한다. 이는 자원의 낭비를 줄이고, 도시의 한정된 공간을 더 많은 사람들이 효율적으로 사용할 수 있게 하는 순환 경제의 중요한 원리다.

프롭테크는 이러한 순환 경제 모델을 촉진하는 기술적 기반을 제공한다. 온라인 예약 및 결제 시스템, 스마트 도어락을 통한 출입 관리, 그리고 공간 사용 현황을 분석하는 IoT 센서 등은 모두 공유 공간을 원활하게 운영하기 위한 필수적인 기술이다.

결론적으로, 지속 가능성은 더 이상 환경 보호 단체의 구호가 아니다. 그것은 자원의 효율성을 높이고, 새로운 비즈니스 모델을 창출하며, 기업의 장기적인 경쟁력을 확보하는 핵심적인 성장 동력이다. 순환 경제의 원리를 받아들이고, 이를 구현하기 위한 디지털 기술을 적극적으로 도입하는 기업만이, 다가오는 미래의 부동산 시장에서 살아남고 번영할 수 있을 것이다.

표 27-1: 프롭테크를 활용한 ESG 가치 실현

ESG 요소	핵심 목표	프롭테크 솔루션	기대 효과
환경 (E)	에너지 효율 증대, 탄소 배출 저감, 자원 순환	- 디지털 트윈 & IoT: 실시간 에너지 모니터링 및 최적화 - BIM: 친환경 설계 및 에너지 성능 시뮬레이션 - 자재 여권(블록체인): 자재 이력 추적 및 재활용 촉진	운영 비용 절감, 건물 자산 가치 상승, 기후 변화 리스크 대응
사회 (S)	금융 포용성 확대, 안전 및 건강 증진, 접근성 향상	- STO 플랫폼: 소액 투자 기회 제공 - AI 기반 안전 관제: 화재, 침입 등 위험 감지 - 스마트홈 기술: 유니버설 디자인 구현	사회적 책임 이행, 기업 평판 제고, 사용자 만족도 향상
지배구조 (G)	투명성 및 신뢰성 강화, 주주 권익 보호	- 블록체인 등기/거래: 위변조 불가능한 기록 관리 - 온라인 투표 시스템(DAO): 투명한 의사결정 참여 - 컴플라이언스 자동화: 규제 준수 모니터링	부패 및 비리 방지, 투자자 신뢰 확보, 의사결정 효율성 증대

순환 경제와 부동산 금융

- 투자 대상의 변화: 부동산 금융은 이제 단순히 건물을 짓는 데 투자하지 않습니다. 기존 건물을 해체하고 재활용하는 순환 경제 모델에 자금을 지원합니다. 예를 들어, 건물을 해체할 때 나오는 자재를 새로운 건축물에 활용하는 프로젝트에 투자하는 방식입니다.
- 가치 평가의 새로운 기준: 디지털 기술이 부동산의 가치를 새롭게 평가합니다. 블록체인으로 건물의 자재 이력을 투명하게 관리하면, 재활용 가능한 자재의 가치를 높게 평가할 수 있습니다. 이는 부동산의 잠재적 미래 가치를 상승시킵니다. 예를 들어, 자재의 재활용률이 높은 건물이 더 높은 금융 가치를 인정받을 수 있습니다.

- 서비스 플랫폼 투자 확대: 공유 오피스나 공유 주거와 같은 서비스 플랫폼은 공간을 효율적으로 활용하는 순환 경제의 한 부분입니다. 부동산 금융은 이러한 플랫폼에 자본을 투자하여, 공간을 소유하는 것에서 벗어나 효율적인 이용을 촉진하는 새로운 수익 모델을 만듭니다.
- 리스크 관리의 진화: 디지털 트윈 기술을 통해 건물의 수명 주기를 정확히 예측할 수 있습니다. 이는 미래의 해체 및 재활용 비용을 미리 파악하여 투자 리스크를 줄이는 데 기여합니다.

- **적용 예시**

건물 해체 전 디지털 트윈으로 폐기물 종류와 양을 미리 분석하여 재활용 가능한 자재를 선별하고, 블록체인에 기록하여 재활용 이력을 투명하게 관리한다. 이를 통해 불필요한 폐기물 발생을 줄이고 자원 순환을 촉진한다.

| 제10부 |

미래 청사진: 성공을 위한 전략

28장
투자자를 위한 전략: 디지털 부동산 포트폴리오 구축하기

29장
전문가를 위한 전략: 미래에 필요한 새로운 기술 스택

30장
창업가를 위한 전략: 프롭테크 시장에서 기회 찾기

1부부터 9부까지, 우리는 기술이 부동산이라는 거대한 대륙의 지형을 어떻게 바꾸고 있는지, 그 거대한 변화의 물결을 따라 숨 가쁘게 달려왔다. 유동성의 감옥을 부수는 블록체인부터, 가치를 꿰뚫어 보는 인공지능, 현실을 복제하는 디지털 트윈, 그리고 이 모든 것을 뒷받침하는 제도와 보안에 이르기까지, 우리는 미래를 만들어 갈 강력한 도구들을 모두 손에 쥐었다. 이제 마지막 10부에서는 이 도구들을 가지고, 우리는 무엇을 해야 하는가에 대한 구체적인 답을 찾고자 한다. 이 장은 단순한 전망이 아니라, 다가오는 디지털 부동산 시대의 주역이 될 투자자, 전문가, 그리고 창업가들에게 전하는 구체적이고 실행 가능한 '전략 지침서'다.

28장

투자자를 위한 전략:
디지털 부동산 포트폴리오 구축하기

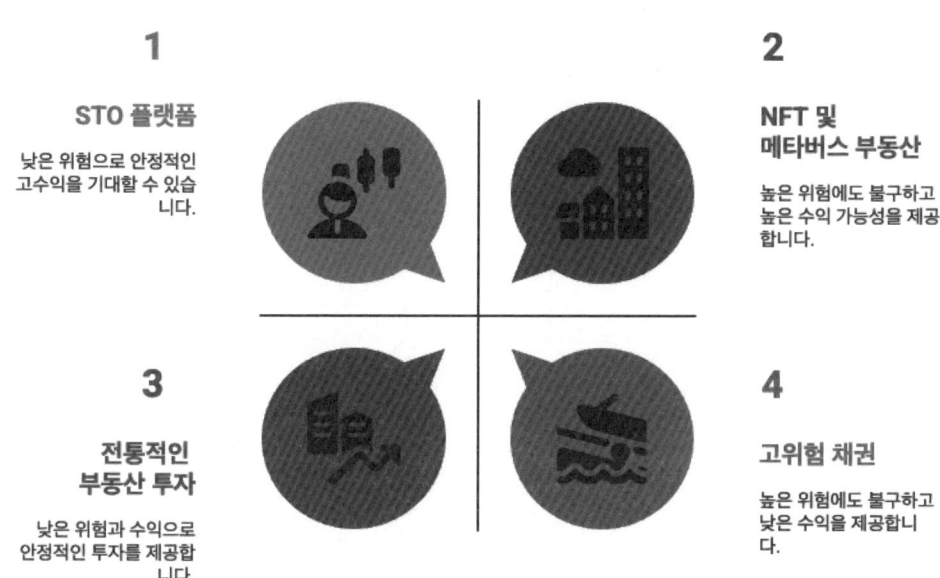

디지털 부동산 투자 전략
(Digital Real Estate Investment Strategy)

　디지털 부동산 혁명은 우리 모두에게 새로운 부의 기회를 제공한다. 과거에는 상상할 수 없었던 방식으로 글로벌 우량 자산의 주인이 될 수 있는 시대, 정보의 비대칭성이 허물어지고 데이터에 기반한 합리적인 투자가 가능해진 시대가 열리고 있다. 하지만 기회가 큰 만큼, 새로운 유형의 리스크 또한 존재한다. 성공적인 투자자는 이러한 변화의 본질을 이해하고, 자신만의 원칙과 전략을 바탕으로 위험을 관리하며 기회를 포착하는 사람이다. 이 장에서는 평범한 개인 투자자가 디지털 부동산 시대의 승자가 되기 위한 포트폴리오 구축 전략을 단계별로 제시한다.

28.1. 소액으로 시작하는 조각 투자

디지털 부동산 투자로의 첫걸음은 결코 거창할 필요가 없다. 가장 현명한 시작은 우리가 4부에서 살펴본 국내 부동산 조각 투자 플랫폼, 즉 '카사(Kasa)'나 '소유(Souyoo)'를 통해 커피 한두 잔 값의 소액으로 실제 공모에 참여해보는 것이다. 이는 단순히 돈을 버는 행위를 넘어, 새로운 투자 방식을 직접 경험하고 배우는 가장 효과적인 '학습 과정'이다.

먼저, 이들 플랫폼의 앱을 다운로드하고 회원가입을 하는 것부터 시작하자. 주식 계좌를 처음 만들 때처럼, 약간의 인증 절차를 거치면 며칠 내로 투자를 위한 준비가 완료된다. 그리고 새로운 공모 건물이 나올 때까지 기다리며, 이전에 상장된 건물들의 DABS(디지털 증권)가 어떻게 거래되고 있는지, 배당은 어떻게 이루어지는지를 차분히 관찰하는 것이 중요하다.

새로운 공모가 시작되면, 플랫폼이 제공하는 '투자설명서'를 꼼꼼히 읽어 보는 습관을 들여야 한다. 이 설명서에는 건물의 위치와 사진 같은 기본적인 정보뿐만 아니라, 감정평가액, 임대차 계약 현황, 예상 임대수익률, 그리고 잠재적인 리스크 요인까지, 투자를 결정하는 데 필요한 핵심적인 정보가 모두 담겨 있다. 이를 통해 단순히 '강남 빌딩'이라는 이름값에 투자하는 것이 아니라, 해당 자산의 본질적인 가치를 스스로 분석하고 판단하는 훈련을 할 수 있다.

첫 투자는 잃어도 부담이 없는 수준의 소액, 예를 들어 5,000원짜리 DABS 한두 개로 시작하는 것이 좋다. 중요한 것은 수익률이 아니라, 공모 청약부터 배정, 상장 후 거래, 그리고 정기적인 배당금 입금까지의 전 과정을 직접 경험하는 것이다. 내 스마트폰으로 몇천 원의 배당금이 실제로 입금되는 것을 확인하는 경험은, 이 새로운 투자 방식에 대한 막연한 불안감을 구체적인 신뢰로 바꾸어 주는 중요한 계기가 된다.

투자를 시작한 이후에도 꾸준한 관심이 필요하다. 플랫폼 앱을 통해 내가 투자한 건물의 DABS 가격이 어떻게 변동하는지, 공실은 없는지, 주변 지역에 새로운 호재는 없는지 등을 지속적으로 모니터링해야 한다. 이는 나의 작은 돈이 어떻게 현실 세계의 자산과 연결되어 살아 움직이는지를 체감하게 해 주는 동시에, 책임감 있는 투자자의 자세를 기르는 과정이다.

소액 조각 투자는 개인 투자자에게 여러 가지 중요한 의미를 가진다. 첫째, '접근성'이다. 이는 자본의 크기와 상관없이 누구나 우량 실물 자산 투자의 세계에 발을 들여놓을 수 있게 해 주는 '부의 사다리' 역할을 한다. 둘째, '교육'이다. 소액의 수업료를 내고, 복잡한 부동산 투자의 세계를 안전하게 학습하고 경험할 수 있는 최고의 시뮬레이터가 된다.

셋째, '분산 투자'의 시작이다. 대부분의 자산이 아파트 전세보증금이나 예금에 묶여 있는 사회초년생이나 신혼부부에게, 상업용 부동산이라는 새로운 자산군에 소액이나마 자산을 배분하는 것은 포트폴리오를 다각화하는 의미 있는 첫걸음이 될 수 있다.

물론, 조각 투자 역시 원금 손실의 위험이 있는 투자임을 잊어서는 안 된다. 하지만 감당할 수 있는 작은 금액으로 시작하여, 경험을 쌓고 지식을 넓혀 가며 투자 금액을 점진적으로 늘려 나가는 전략은, 다가오는 디지털 부동산 시대를 준비하는 가장 현명하고 안전한 방법이다. 첫걸음을 떼는 것을 두려워하지 말자. 소유의 민주화 시대는 이미 당신의 스마트폰 안에서 시작되었다.

부동산 조각 투자와 금융 시장의 변화

- 부동산 조각 투자: 우량 부동산을 여러 개의 작은 조각으로 나누어 판매하는 방식입니다. 투자자는 적은 금액으로도 부동산 자산의 일부를 소유할 수 있습니다.
- STO(Security Token Offering): 부동산 소유권을 디지털 증권 형태로 발행하여 유동화하는 과정입니다. 블록체인 기술을 활용해 소유권 분할과 거래가 가능해집니다.

예시: STO 플랫폼(ex. 카사, 소유)을 활용하면, 100억 원짜리 강남 빌딩 소유권을 100만 개로 나누고, 한 조각을 1만 원에 팔 수 있습니다.

- 투자자: 1만 원으로 강남 빌딩의 주인이 될 수 있습니다.
- 수익 구조:
  - 임대 수익: 건물에서 발생하는 월세 수입을 지분만큼 배당 받습니다.
  - 매각 차익: 건물 가치가 오르면 조각 투자 지분(토큰)을 팔아 시세 차익을 얻습니다.

부동산 조각 투자는 금융 상품의 유동성을 높이고, 더 많은 투자자에게 기회를 제공한다는 점에서 중요한 의미를 가집니다.

- **적용 예시**

당신이 5,000원으로 커피 한 잔을 사는 대신, 카사(Kasa)나 소유(Souyoo) 같은 앱을 통해 서울 강남의 큰 상가 건물 지분 일부(아주 작은 조각)를 샀다고 가정해 보자.

- 투자: 5,000원(커피 한 잔 값)으로 상가 건물 지분 매입.
- 수익 발생 예시: 임대료 배당 - 매달 상가에서 발생하는 임대료 수익의 일부를 당신의 5,000원 지분만큼 받는다.
- 매각 차익: 나중에 건물의 가치가 올라 팔리면, 5,000원 투자금에 비례하여 시세 차익을 얻을 수 있다.

이처럼 소액으로 실제 부동산에 투자하고 수익을 경험하며 디지털 부동산 투자를 익히는 것이 중요하다.

28.2. 비대칭적 기회: NFT와 메타버스 부동산

안정적인 조각 투자를 통해 디지털 부동산의 기본기를 익혔다면, 이제 포트폴리오의 일부를 활용하여 더 높은 수익을 기대할 수 있는 '비대칭적 기회(Asymmetric Opportunity)'를 탐색해 볼 수 있다. 여기서 비대칭적 기회란, 잠재적인 손실은 투자 원금으로 제한되는 반면, 잠재적인 이익은 수십, 수백 배에 달할 수 있는, 즉 '손익비'가 매우 높은 투자 기회를 의미한다. 5부에서 살펴본 부동산 NFT나 메타버스 부동산이 바로 이러한 특성을 가진 대표적인 고위험-초고수익 자산군이다.

이러한 자산에 대한 투자는 '로또'를 사는 것과 유사한 접근법이 필요하다. 즉, 전 재산을 거는 무모한 도박이 되어서는 안 되며, 전체 투자 포트폴리오의 극히 일부(예: 1~5%)만을 할당하여, 만약 실패하더라도 나의 전체 자산에 큰 영향을 미치지 않는 수준에서 감행해야 한다. 이는 '바벨 전략(Barbell Strategy)'으로 유명한 나심 탈레브(Nassim Taleb)의 투자 철학과도 맞닿아 있다. 그는 자산의 대부분은 국채와 같이 극도로 안전한 곳에 두고, 아주 작은 일부만을 실패 확률이 높지만 성공 시 막대한 수익을 가져다주는 벤처 투자와 같은 곳에 배분하라고 조언한다.

부동산 NFT나 메타버스 부동산은 아직 시장이 형성되는 극초기 단계에 있다. 이는 성숙한 가치 평가 모델이 부재하고, 규제 불확실성이 높으며, 가격 변동성이 극심하다는 것을 의미한다. 내가 구매한 가상의 땅이 속한 메타버스 플랫폼이 몇 년 후 사라져버릴 수도 있고, 기술적 문제나 해킹으로 인해 자산의 가치가 하루아침에 '0'이 될 수도 있는 위험을 안고 있다.

하지만 바로 이러한 높은 리스크 때문에, 엄청난 기회가 존재하기도 한다. 만약 내가 투자한 메타버스 플랫폼이 미래의 페이스북이나 구글과 같은 차세대 인터넷 플랫폼으로 성장하게 된다면, 초기에 선점한 그 플랫폼의 가상 토지는 상상할 수 없는 가치를 가지게 될 수 있다. 이는 마치 1990년대 후반, 아무도 주목하지 않을 때 Amazon.com이나 https://www.google.com/search?q=Google.com과 같은 도메인을 헐값에 사들인 것과 같은 기회일 수 있다.

이러한 비대칭적 기회에 투자할 때는 몇 가지 원칙을 지키는 것이 중요하다. 첫째, 앞서 강조했듯이 잃어도 되는 소액으로만 투자해야 한다. 둘째, '커뮤니티'의 활성도를 중요한 판단 기준으로 삼아야 한다. 특정 NFT나 메타버스 프로젝트의 장기적인 가치는, 그 프로젝트를 지지하고 적극적으로 활동하는 커뮤니티의 규모와 충성도에 의해 결정되는 경우가 많다. 활발한 디스코드 채널, 꾸준한 개발 업데이트, 그리고 열정적인 팬덤은 좋은 프로젝트의 중요한 신호다.

셋째, 단기적인 시세 차익을 노리기보다는, 해당 프로젝트가 그리는 장기적인 비전에 공감하고 동참한다는 생각으로 접근해야 한다. 이는 투기라기보다는, 미래 기술과 문화에 대한 '후원' 또는 '참여'의 성격이 강하다. 내가 구매한 NFT가 단순한 그림 파일이 아니라, 새로운 세상을 만들어 가는 프로젝트의 '멤버십 카드'라고 생각하는 것이다.

넷째, 스스로 충분히 공부하고 리서치해야 한다. 특정 인플루언서의 추천이나 시장의 유행에 휩쓸려 투자하는 것은 매우 위험하다. 해당 프로젝트의 백서(Whitepaper)를 읽어 보고, 개발팀의 이력을 확인하며, 기술적인 구조를 이해하려는 노력이 선행되어야 한다.

부동산 NFT나 메타버스 부동산은 모든 투자자에게 적합한 자산은 아니다. 높은 리스크를 감수할 수 있고, 새로운 기술에 대한 깊은 이해와 장기적인 안목을 가진 투자자에게만 허락된 영역일 수 있다. 하지만 자신의 포트폴리오에 소량의 '디지털 로또'를 추가함으로써, 미래의 거대한 변화에 참여하고 그 과실을 누릴 수 있는 가능성의 문을 열어 두는 것은, 대담한 투자자라면 한 번쯤 고려해 볼 만한 전략이다.

고위험 - 고수익 비대칭 투자: 소액으로 미래의 아마존에 베팅하라

1. 비대칭 투자 기회
NFT나 메타버스 부동산 같은 새로운 자산은 변동성이 매우 큽니다. 투자 위험은 있지만, 소액으로도 큰 수익을 얻을 수 있는 '비대칭적 기회(Asymmetric Bets)'를 제공합니다. 이런 투자는 잃을 수 있는 최대 금액이 투자 원금으로 제한되는 반면, 성공할 경우 수십 배에서 수백 배의 수익을 기대할 수 있습니다.

2. 전략적 소액 분산 투자
이런 고위험-고수익 자산에 투자할 때는 전체 자산의 일부만을 사용해 여러 곳에 소액 분산 투자하는 것이 현명합니다. 하나의 투자에서 큰 손실이 발생해도 전체 포트폴리오에 미치는 영향은 적지만, 단 하나의 투자가 성공하더라도 전체 수익률을 크게 끌어올릴 수 있습니다.

예시:
1) 전통적인 부동산 투자: 주택이나 상가 같은 일반적인 부동산 투자는 큰 자본이 필요하고, 수익률도 제한적입니다. 안정적이지만, 소액으로 막대한 수익을 얻기는 어렵습니다.
2) 비대칭적 부동산 투자: 예를 들어, 아직 가치가 제대로 평가되지 않은 신기술 기반의 부동산 플랫폼에 소액을 투자하는 경우를 생각해 보세요. 미래에 이 플랫폼이 크게 성장한다면, 초기 투자금의 수십, 수백 배에 달하는 수익을 얻을 수 있습니다. 반대로 실패하더라도 잃는 돈은 처음 투자한 소액에 불과합니다.

이러한 방식은 소액으로 미래의 아마존이 될 수 있는 잠재력 높은 부동산 관련 신사업에 투자하여 큰 성공을 기대하는 전략입니다.

• 적용 예시

당신이 10만 원으로 신생 NFT 프로젝트의 디지털 아트를 구매했다고 가정해 보자. 이 프로젝트가 성공하면 10만 원이 1,000만 원, 심지어 1억 원 이상이 될 수도 있다. 하지만 프로젝트가 실패하더라도 당신이 잃는 돈은 투자 원금인 10만 원이 전부이다.

28.3. 분산 투자와 평생 학습

디지털 부동산 시대의 성공적인 투자 전략을 하나의 키워드로 요약하자면, 그것은 바로 '분산(Diversification)'이다. '모든 달걀을 한 바구니에 담지 말라'는 투자의 오랜 격언은, 변동성과 불확실성이 큰 이 새로운 자산 시장에서 그 어느 때보다 더 중요하다. 안정적인 수익을 추구하는 자산과 높은 수익을 노리는 자산을 적절히 조합하여, 위험은 분산시키고 수익의 기회는 넓히는 자신만의 맞춤형 포트폴리오를 구축해야 한다.

디지털 부동산 포트폴리오의 가장 기본이 되는 '핵심(Core) 자산'은 국내외 우량 부동산 STO 상품과 전통적인 상장 리츠(REITs)가 될 수 있다. 이 자산들은 명확한 실물 자산을 기반으로 하고, 규제의 보호를 받으며, 비교적 안정적인 배당 수익을 제공한다는 공통점을 가진다. 전체 포트폴리오의 60~80% 정도를 이러한 핵심 자산에 배분하여, 안정적인 현금 흐름과 장기적인 자산 가치 상승을 추구하는 것이 바람직하다.

이때, STO와 리츠를 함께 담는 것이 중요하다. 리츠는 여러 자산을 담고 있어 분산 효과가 뛰어나고 유동성이 풍부하다는 장점이 있는 반면, STO는 특정 자산에 집중 투자하여 더 높은 성과를 기대해 볼 수 있고 정보 투명성이 높다는 장점이 있다. 또한, 국내 자산뿐만 아니라 해외의 다양한 리츠나 STO 상품에도 눈을 돌려, 특정 국가의 경기에만 종속되지 않는 '글로벌 분산'을 추구해야 한다.

포트폴리오의 나머지 20~40%는 더 높은 성장 잠재력을 가진 '위성(Satellite) 자산'에 배분할 수 있다. 여기에는 앞서 설명한 부동산 NFT나 메타버스 부동산과 같은 고위험 자산이 포함될 수 있다. 또한, 특정 개발 프로젝트의 성공에 베팅하는 부동산 PF 기반 STO나, 디파이(DeFi)와 연계된 부동산 담보대출 상품 등도 고려해 볼 수 있다. 이러한 위성 자산들은 높은 수익을 가져다줄 수도 있지만, 그만큼 큰 손실을 볼 수도 있으므로, 자신의 위험 감수 성향에 맞춰 비중을 신중하게 조절해야 한다.

이처럼 핵심-위성 전략(Core-Satellite Strategy)을 통해 포트폴리오를 구성하면, 안정성과 성장성이라는 두 마리 토끼를 동시에 잡을 수 있다. 시장이 안정적일 때는 핵심 자산이 꾸준한 수익을 내주고, 시장이 활황일 때는 위성 자산이 포트폴리오 전체의 수익률을 극적으로 끌어올려 주는 효과를 기대할 수 있다.

하지만 성공적인 포트폴리오를 구축하는 것보다 더 중요한 것이 있다. 바로 '평생학습(Lifelong Learning)'의 자세다. 디지털 자산 시장은 기술과 규제가 하루가 다르게 변화하는 극도로 역동적인 생태계다. 어제의 유망 기술이 오늘의 낡은 기술이 될 수 있고, 새로운 규제가 시장의 판도를 완전히 바꾸어 놓을 수도 있다.

따라서 성공적인 투자자가 되기 위해서는, 한번 만들어 놓은 포트폴리오에 안주하는 것이 아니라, 끊임없이 새로운 정보를 습득하고 자신의 투자 전략을 점검하며 시장의 변화에 유연하게 대응해야 한다. 신뢰할 수 있는 국내외 기술 및 금융 뉴스를 구독하고, 주요 프로젝트들의 커뮤니티(디스코드, 텔레그램 등)에 참여하여 최신 동향을 파악하며, 자신의 지식 기반을 계속해서 업데이트해야 한다.

결국, 디지털 부동산 시대의 투자는 단순히 돈을 넣고 기다리는 행위가 아니다. 그것은 끊임없이 배우고, 분석하고, 적응해 나가는 지적인 여정에 가깝다. 이 역동적인 시장에서 최고의 안전장치는 잘 분산된 포트폴리오이며, 최고의 무기는 바로 당신의 머릿속에 있는 지식과 통찰력이다.

디지털 부동산 시대의 투자 원칙

1. 분산투자의 원칙

'달걀을 한 바구니에 담지 말라'는 원칙이 디지털 부동산 시장에서도 중요합니다. 부동산금융 상품을 다양하게 활용해 위험을 분산해야 합니다.

- 예시: 안정적인 배당 수익을 기대하는 국내외 부동산 STO(증권형 토큰 발행)와 글로벌 리츠(REITs)에 투자합니다. 동시에 NFT나 메타버스 부동산 같은 고위험-고수익 자산에도 일부

투자하여 자신만의 포트폴리오를 만듭니다. 이를 통해 특정 자산에 쏠리는 위험을 낮추고, 전체 수익의 안정성을 높일 수 있습니다.

2. 평생 학습의 자세

디지털 부동산 시장은 끊임없이 변화합니다. 기술과 규제가 지속적으로 바뀌므로, 새로운 정보를 꾸준히 학습해야 합니다.

- 예시: 블록체인 기술의 발전, 토큰화된 자산의 법적 지위 변화 등 새로운 정보를 파악합니다. 이러한 학습을 통해 자신의 투자 전략을 시장 상황에 맞춰 점검하고, 변화에 빠르게 대응하는 투자자가 되어야 합니다. 이는 곧 시장에서 성공적인 투자를 이어 가는 힘이 됩니다.

- **적용 예시**

한 투자자가 디지털 부동산 시장에 진입하면서 '달걀을 한 바구니에 담지 말라'는 원칙을 적용했다. 그는 안정적인 수익을 추구하는 국내 부동산 STO(증권형 토큰), 중위험-중수익을 목표로 하는 글로벌 REITs, 그리고 고위험-고수익을 기대하는 NFT 및 메타버스 부동산에 자산을 적절히 나누어 투자했다.

시장이 빠르게 변화함에도 불구하고, 이 투자자는 꾸준히 새로운 정보를 습득하고 자신의 투자 전략을 점검하며 포트폴리오를 유연하게 조정했다. 덕분에 그는 예상치 못한 시장 변동에도 불구하고 안정적인 수익을 창출하며 성공적으로 디지털 부동산 투자를 이어 나갈 수 있었다.

29장

전문가를 위한 전략: 미래에 필요한 새로운 기술 스택

AI 전문가 요구 사항
(AI Expert Requirements)

디지털 혁명의 파도는 기존의 산업 지형을 바꾸고, 그 안에서 활동하던 전문가들의 역할과 요구 역량을 근본적으로 재정의한다. 과거의 성공 방정식과 지식만으로는 더 이상 생존을 담보할 수 없는 시대다. 부동산 금융 분야의 전문가들, 즉 공인중개사, 감정평가사, 자산관리사, 그리고 금융기관 종사자들 역시 이 거대한 변화의 중심에 서 있다. 이 장에서는 미래의 부동산 전문가가 시장에서 살아남고 더 큰 가치를 창출하기 위해, 반드시 갖추어야 할 새로운 '기술 스택(Technology Stack)'과

역량에 대해 구체적으로 제시한다.

29.1. 데이터 분석 역량은 기본

미래의 부동산 시장에서 가장 중요한 자원은 더 이상 '정보'가 아니라, 넘쳐나는 정보를 분석하고 해석하여 의미 있는 '통찰력(Insight)'을 만들어 내는 능력이다. 과거에는 남들이 모르는 희귀한 정보를 아는 것이 경쟁력이었다면, 이제는 누구나 접근할 수 있는 방대한 데이터를 어떻게 활용하느냐가 전문가의 가치를 결정한다. 따라서 미래의 부동산 전문가에게 '데이터 리터러시(Data Literacy)', 즉 데이터를 읽고 이해하며 분석하는 역량은 선택이 아닌 필수적인 기본 소양이 된다.

가장 먼저, AI 기반의 자동 가치평가 모델(AVM)이 내놓은 결과를 맹신하는 것이 아니라, 그 결과를 비판적으로 해석하고 활용할 수 있어야 한다. AVM이 제시한 가격이 어떤 데이터와 변수들을 기반으로 산출되었는지, 모델의 오차 범위는 어느 정도인지, 그리고 특정 매물의 고유한 특성 중 모델이 반영하지 못한 것은 무엇인지를 파악할 수 있어야 한다. 그리고 이를 바탕으로 AI의 분석에 자신만의 전문적인 판단을 더하여, 고객에게 더 신뢰도 높은 가치 분석을 제공해야 한다.

단순히 결과를 해석하는 것을 넘어, 기본적인 데이터 분석 툴을 직접 다룰 수 있다면 경쟁력은 배가된다. 엑셀(Excel)의 피벗 테이블이나 데이터 분석 기능을 넘어, 파이썬(Python)이나 R과 같은 프로그래밍 언어를 활용하여 공공 데이터를 직접 수집하고, 자신만의 분석 모델을 만들어 시장의 트렌드를 예측하는 수준까지 나아갈 수 있다. 예를 들어, 국토교통부의 실거래가 데이터를 API로 불러와 특정 지역의 아파트 가격 변동 추이를 시각화하거나, 인구 이동 데이터와 상권 데이터를 결합하여 미래의 유망 상권을 예측하는 리포트를 직접 작성할 수 있다.

물론 모든 전문가가 데이터 과학자가 될 필요는 없다. 하지만 최소한 데이터 분석의 기본 원리를 이해하고, 데이터 분석가나 개발자와 효과적으로 소통하고 협업할 수 있는 역량은 반드시 갖추어야 한다. "이 지역의 임대료에 가장 큰 영향을 미치는 요인들을 회귀 분석을 통해 찾아 주세요" 또는 "이 고객의 성향에 맞는 매물을 추천하는 간단한 머신러닝 모델을 만들어 봅시다"와 같이, 구체적인 문제를 데이터 기반으로 정의하고 해결을 요청할 수 있어야 한다.

감정평가사는 더 이상 유사 거래 사례 비교법에만 의존해서는 안 된다. AVM과 같은 계량 분석 모델을 적극적으로 활용하고, 평가 보고서에 데이터 기반의 객관적인 근거를 풍부하게 제시하여 평가의 신뢰도를 높여야 한다.

공인중개사 역시 더 이상 매물 정보 전달자에 머물러서는 안 된다. 고객의 재무 상황과 라이프스타일 데이터를 분석하여, 최적의 주거 지역과 금융 상품을 추천하는 '자산 컨설턴트'로 진화해야 한다.

결국, 미래의 부동산 전문가는 '걸어 다니는 데이터베이스'가 아니라, 데이터라는 재료를 가지고 새로운 가치를 요리해내는 '지식 셰프'가 되어야 한다. 데이터 분석 역량은 그 셰프가 가진 가장 날카롭고 강력한 칼이 될 것이다.

부동산 금융론과 데이터 리터러시의 중요성

미래의 부동산 금융 전문가는 데이터 리터러시 능력이 필수입니다. AI가 제시하는 가치평가 결과를 해석하고, 시장 트렌드 보고서의 의미를 파악해야 하기 때문입니다. 즉, 데이터에 기반한 합리적인 투자 자문을 제공할 수 있어야 합니다.

- 전문가 역할 변화: 과거의 전문가는 경험과 직관에 의존했지만, 미래의 전문가는 데이터를 분석하고 활용하여 의사결정을 합니다.
- 핵심 역량: 파이썬(Python) 같은 프로그래밍 언어나 데이터 시각화 툴을 다룰 줄 안다면 금상첨화입니다. 하지만 최소한 데이터 분석의 기본 원리를 이해하고, 데이터 전문가와 협업하는 역량은 반드시 갖춰야 합니다.
- 예시: 특정 지역의 상업용 부동산 가치평가를 한다고 가정해 봅시다. 과거에는 주변 시세를 조사하거나, 전문가의 의견을 듣는 것이 일반적이었습니다. 하지만 이제는 AI가 예측한 미

> 래 유동 인구 데이터나 상권 빅데이터를 활용하여 더 정확하고 객관적인 가치평가를 할 수 있습니다. 이 과정에서 전문가는 AI가 제시한 데이터를 이해하고, 이를 바탕으로 고객에게 최적의 투자 포트폴리오를 제안합니다.

• 적용 예시

AI가 산출한 아파트 가치 평가 결과를 해석하여 고객에게 "이 아파트는 주변 편의시설 확충과 신설 역세권 개발 예정으로 미래 가치가 높습니다. 다만, 현재는 인근 신축 아파트 대비 저평가되어 있으니 지금이 투자 적기입니다."라고 조언하는 것과 같다. 이는 AI 데이터 분석 결과를 바탕으로 시장 트렌드를 접목하여 투자 자문을 제공하는 실무 사례이다.

29.2. 기술과 법률을 잇는 융합형 전문가

디지털 부동산 혁신은 '기술'과 '법률'이라는 두 개의 거대한 축이 교차하는 지점에서 일어난다. 블록체인, 스마트 계약, STO, NFT와 같은 새로운 기술들은 필연적으로 기존의 법률 체계와 충돌하거나, 법의 공백 상태에 놓이는 새로운 쟁점들을 끊임없이 만들어 낸다. 따라서 미래의 부동산 금융 시장에서는 기술의 작동 원리와 법률의 논리를 모두 깊이 있게 이해하고, 이 둘 사이의 간극을 메워 줄 수 있는 '융합형 전문가'에 대한 수요가 폭발적으로 증가할 것이다.

가장 대표적인 예가 '스마트 계약' 분야다. 스마트 계약은 코드에 의해 자동으로 실행되지만, 그 코드가 과연 당사자들의 법률적인 의사를 정확하게 반영하고 있는가? 만약 코드에 버그가 있거나, 예상치 못한 상황이 발생했을 때 그 법적 책임은 누구에게 있는가? 이러한 문제들은 코딩 능력만으로는, 또는 법률 지식만으로는 해결할 수 없다. 기술과 법률을 모두 이해하는 전문가만이, 법적으로 안전하면서도 기술적으로 효율적인 스마트 계약을 설계하고 감사할 수 있다.

변호사나 법무사는 더 이상 전통적인 계약서를 검토하는 데 머무르지 않고, 스마트 계약 코드의 논리적 흐름과 잠재적 취약점을 분석하는 '스마트 계약 감사인(Smart Contract Auditor)'으로 활동 영역을 넓혀야 한다. 이를 위해서는 솔리디티(Solidity)와 같은 스마트 계약 프로그래밍 언어의 기본 문법을 이해하고, 블록체인의 기술적 특성을 학습해야 한다.

반대로, 개발자 역시 자신이 작성하는 코드가 어떤 법적 의미를 가지는지, 어떤 규제를 준수해야 하는지를 이해해야 한다. 특히, 증권법, 전자문서법, 개인정보보호법 등은 STO 플랫폼이나 부동산 거래 플랫폼을 개발할 때 반드시 고려해야 할 핵심적인 법률이다. 기술적 구현에만 몰두하다가 법적 리스크를 간과하면, 서비스 전체가 좌초될 수 있다.

이러한 융합형 전문성은 '레그테크(RegTech, Regulation + Technology)' 분야에서 특히 빛을 발할 수 있다. 레그테크는 기술을 활용하여 복잡한 금융 규제 준수(Compliance) 업무를 자동화하고 효율화하는 것을 의미한다. 예를 들어, STO 플랫폼에서 투자자의 자격(적격 투자자 여부)을 자동으로 검증하거나, 자금세탁방지(AML) 의심 거래를 AI로 자동 필터링하는 시스템을 구축하는 것이다. 이는 기술과 규제에 대한 깊은 이해를 동시에 요구하는 고부가가치 영역이다.

미래의 유능한 전문가는 하나의 분야에만 통달하는 'I자형 인재'가 아니라, 자신의 핵심 전문 분야를 중심으로 인접한 다른 분야의 지식과 기술을 연결하고 융합할 수 있는 'T자형 인재'가 되어야 한다. 부동산 전문가는 자신의 전통적인 지식(Domain Knowledge) 위에, 데이터 분석, 블록체인, 그리고 관련 법규라는 새로운 지식을 마치 레고 블록처럼 쌓아 나가는 '기술 스태킹(Skill Stacking)' 전략을 구사해야 한다.

예를 들어, '부동산 + 데이터 분석 + 마케팅' 기술을 스택으로 쌓은 전문가는 과학적인 상권 분석을 통해 프랜차이즈 기업에 최적의 입지를 컨설팅해 주는 전문가가 될 수 있다. '부동산 + 블록체인 + 법률' 기술을 쌓은 전문가는 새로운 STO 상품의 구조를 설계하고 법률 리스크를 검토하는 대체 투자 전문가가 될 수 있다.

이처럼 자신만의 독보적인 기술 스택을 구축하는 것은, AI와 자동화의 시대에 대체 불가능한 경쟁력을 확보하는 가장 확실한 방법이다. 끊임없이 새로운 지식을 학습하고, 다른 분야의 전문가들과 적극적으로 교류하며, 자신의 전문성의 경계를 계속해서 넓혀 나가는 노력이 필요하다.

부동산 금융 전문가의 새로운 역할

부동산 금융 시장의 미래는 기술과 법률 지식을 융합하는 전문가에게 달려 있습니다. 기존의 부동산 지식뿐만 아니라 블록체인, 스마트 계약, STO(증권형 토큰 발행) 같은 신기술의 원리를 이해하고 관련 법률 및 규제에 대한 깊이 있는 지식을 갖추는 것이 중요합니다.

미래의 부동산 금융 전문가는 다음과 같은 역량을 갖춰야 합니다.

- 기술 이해: 블록체인 기반의 부동산 거래 플랫폼, 스마트 계약을 활용한 자동화된 임대료 징수 시스템 등을 설계하고 운영할 수 있어야 합니다.
- 법률 지식: 디지털 자산의 법적 성격, 관련 세법, 개인정보 보호 규정 등을 명확히 파악하고 있어야 합니다.
- 융합형 사고: 기술과 법률을 결합하여 새로운 부동산 금융 상품을 개발하거나 기존의 복잡한 거래 과정을 효율적으로 개선할 수 있어야 합니다.

예를 들어, 스마트 계약을 이용해 복잡한 부동산 매매 절차를 자동화하고, 거래에 참여하는 모든 주체가 블록체인에 기록된 정보를 실시간으로 확인할 수 있게 만들 수 있습니다. 이러한 과정에서 발생할 수 있는 법적 문제(예: 계약 불이행 시의 법적 효력)를 사전에 검토하고 해결책을 제시하는 것이 바로 융합형 전문가의 역할입니다.

미래의 부동산 금융 전문가는 단순히 부동산의 가치를 평가하고 자금을 조달하는 것을 넘어, 기술과 법률 지식을 활용해 새로운 가치를 창출하는 역할을 맡게 될 것입니다.

• 적용 예시

어떤 사람이 블록체인 기반의 부동산 투자 상품(STO)을 만들려고 한다고 가정해 보자.

이 사람은 단순히 블록체인 기술만 알아서는 안된다. 이 상품이 자본시장법이나 전자증권법 같은 관련 법규를 위반하지 않는지, 그리고 개인정보보호법에 따라 고객 정보를 안전하게 다룰 수 있는지까지 모두 파악해야 한다.

이처럼 기술과 법률 지식을 동시에 갖춘 '융합형 전문가'가 되어야만 새로운 시장에서 성공할 수 있다.

29.3. 글로벌 시장에 대한 이해

부동산은 전통적으로 매우 지역적인(Local) 자산이었다. 물리적으로 움직일 수 없고, 각 국가의 고유한 법률과 문화, 그리고 세금 제도의 적용을 받기 때문이다. 하지만 블록체인 기반의 토큰화 기술은 이러한 지리적 장벽을 허물고, 부동산 자본이 국경을 넘어 자유롭게 흐르는 '글로벌 유동성'의 시대를 열고 있다. 따라서 미래의 부동산 전문가에게는 국내 시장에만 국한된 시각을 넘어, 글로벌 시장 전체를 조망하고 이해하는 능력이 필수적으로 요구된다.

가장 직접적인 변화는 '투자 대상의 확장'이다. 한국의 투자자는 더 이상 국내 부동산에만 투자할 필요가 없다. STO 플랫폼을 통해 뉴욕 맨해튼의 오피스 빌딩 지분을 구매하거나, 런던의 럭셔리 아파트, 싱가포르의 물류센터 등 전 세계의 우량 부동산에 손쉽게 투자할 수 있게 될 것이다.

이는 부동산 전문가에게 새로운 기회와 도전을 동시에 제시한다. 자산관리사나 투자자문가는 고객에게 국내 자산뿐만 아니라, 해외 부동산을 포함한 글로벌 포트폴리오를 구성해 줄 수 있는 역량을 갖추어야 한다. 이를 위해서는 각 국가의 거시경제 상황, 부동산 시장의 사이클, 그리고 현지의 규제 및 세금 제도에 대한 깊이 있는 지식이 필요하다. 예를 들어, 미국 부동산에 투자할 때 발생하는 양도소득세와 상속세 문제, 유럽의 복잡한 임대차 보호법 등을 고객에게 정확하게 설명하고 자문해 줄 수 있어야 한다.

반대로, '자본 조달의 글로벌화' 역시 중요한 변화다. 국내의 유망한 부동산 개발 프로젝트나 우량 자산이, 국내 투자자뿐만 아니라 전 세계의 투자자들을 대상으로 STO를 통해 자금을 조달하는 것이 가능해진다. 이는 국내 기업들이 더 넓은 자본 시장에 접근할 수 있는 기회를 의미한다.

이를 위해서는 해외 투자자들에게 매력적인 투자 설명 자료를 작성하고, 국제적인 기준에 맞는 회계 및 법률 실사를 진행하며, 다양한 언어로 원활하게 소통할 수 있는 능력이 필요하다. 외국어 능력, 특히 영어는 더 이상 선택이 아닌 생존의 조건이 될 것이다. 또한, 각 문화권의 투자자들의 성향과 선호도를 이해하고, 그에 맞는 커뮤니케이션 전략을 구사하는 이문화에 대한 이해(Cross-cultural Competence) 역시 중요해진다.

글로벌 규제 환경의 변화를 지속적으로 모니터링하는 것 또한 필수적이다. 미국 SEC의 STO 규제 동향, 유럽연합(EU)의 디지털 자산 시장법(MiCA), 그리고 싱가포르나 스위스와 같은 블록체인 허브 국가들의 정책 변화는 글로벌 STO 시장의 판도를 바꿀 수 있는 중요한 변수다. 이러한 글로벌 규제의 흐름을 먼저 읽고 기회를 포착하는 자가 시장을 선도하게 될 것이다.

결론적으로, 디지털 부동산 시대의 전문가는 더 이상 자신의 지역이나 국가라는 울타리 안에 머물러 있을 수 없다. 자본과 자산이 국경을 넘나드는 시대에, 우리의 시야와 지식, 그리고 네트워크 역시 글로벌 수준으로 확장되어야 한다. 전 세계를 무대로 활동하는 '글로벌 부동산 금융 전문가'가 되는 것을 목표로 삼아야 할 때다.

국경 없는 부동산 시장 지식과 문화가 생존의 열쇠다

1. 부동산 금융의 글로벌화와 생존 전략
부동산 금융 시장의 국경이 허물어지고 있습니다. 과거에는 국내 시장에 머물렀지만, 이제는 전 세계 시장을 이해하는 것이 필수입니다.

2. 변화의 핵심: 디지털화와 토큰화
디지털화와 토큰화가 자본의 흐름을 바꿉니다. 예를 들어, 한국 투자자는 앱을 통해 뉴욕 맨해튼 빌딩의 지분을 매수할 수 있습니다. 반대로, 해외 투자자도 서울 강남 빌딩의 STO(증권형 토큰 발행)에 참여할 수 있습니다.

3. 전문가의 생존 조건: 포괄적 이해
미래의 전문가는 단순히 국내 시장만 알아서는 살아남기 어렵습니다. 각국의 규제 환경, 시장 특성, 세금 제도를 폭넓게 이해해야 합니다. 외국어 능력과 이문화 이해는 더 이상 선택이 아닌 생존의 필수 조건이 됩니다.

● 적용 예시

최근 한국의 투자자가 앱을 통해 뉴욕 맨해튼 빌딩의 소액 지분(STO)을 매입하고, 동시에 해외 투자자가 서울 강남 빌딩의 STO에 참여하는 사례가 흔해지고 있다. 이는 국경 없는 자본 이동을 보여 주는 대표적인 예시이다.

이러한 환경에서 부동산 금융 전문가는 단순히 국내 부동산 시장만 알아서는 안 된다. 예를 들어, 미국 맨해튼 빌딩 투자 시에는 미국의 부동산 관련 세금 제도, 규제 등을 정확히 이해해야 하며, 반대로 해외 투자자에게 강남 빌딩을 소개할 때는 한국의 관련 법규와 시장 특성을 외국어로 명확히 설명할 수 있어야 한다.

결국, 글로벌 부동산 금융 전문가는 다양한 국가의 법률, 세금, 시장 특성을 이해하고, 외국어와 이문화 소통 능력을 갖추는 것이 필수적인 시대가 되었다.

30장

창업가를 위한 전략: 프롭테크 시장에서 기회 찾기

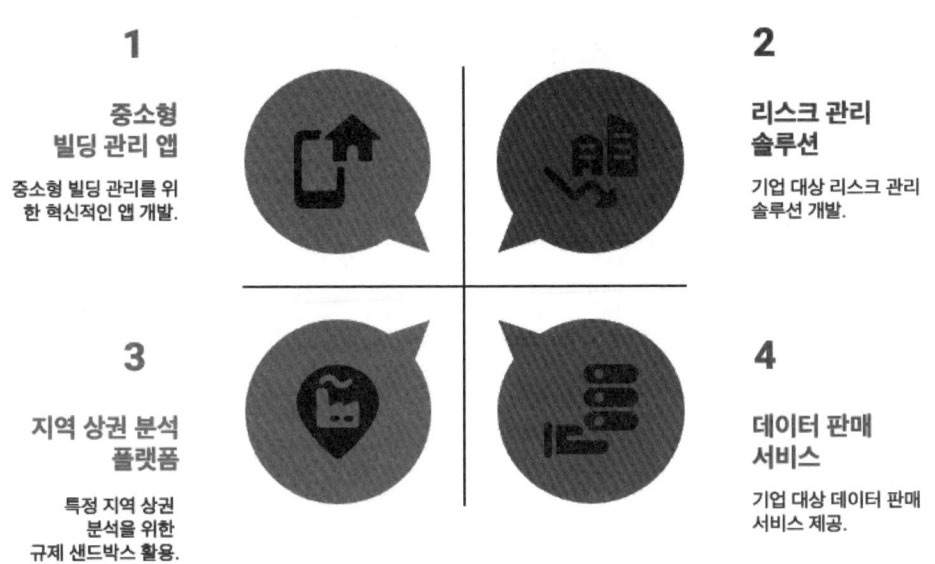

프롭테크 시장 전략
(Proptech Market Strategy)

 모든 거대한 변화의 시기에는 새로운 기회가 싹튼다. 프롭테크 혁명은 기존의 강자들이 가진 기득권을 허물고, 혁신적인 아이디어와 기술로 무장한 새로운 도전자들에게 거대한 운동장을 열어 주고 있다. 하지만 이 역동적인 시장에서 성공하기 위해서는 뜨거운 열정뿐만 아니라, 시장의 빈틈을 꿰뚫어 보는 날카로운 통찰력과 치밀한 전략이 필요하다. 이 장에서는 미래의 프롭테크 창업가들이 거대 플랫폼과의 경쟁을 피하고, 자신만의 독보적인 가치를 창출하며 성공의 길을 걸어갈 수 있는 세

가지 핵심 전략을 제시한다.

30.1. 틈새 시장을 공략하는 버티컬 솔루션

프롭테크 시장은 이미 질로(Zillow)나 직방과 같이 막대한 자본과 데이터를 가진 거대 플랫폼들이 각축을 벌이는 '레드 오션'처럼 보일 수 있다. 이제 막 시작하는 스타트업이 이들과 동일한 영역에서 정면으로 경쟁하는 것은 계란으로 바위 치기와 같다. 따라서 현명한 창업가는 모든 사람을 만족시키려는 수평적(Horizontal) 플랫폼이 아니라, 특정 고객 그룹의 특정 문제를 매우 깊이 있게 해결하는 '수직적(Vertical)' 솔루션, 즉 '버티컬(Vertical) SaaS'에서 기회를 찾아야 한다.

'버티컬 SaaS(Software-as-a-Service)'는 특정 산업이나 특정 직군에 특화된 소프트웨어를 구독형으로 제공하는 비즈니스 모델을 말한다. 이는 넓고 얕게 접근하는 대신, 좁고 깊게 파고들어 해당 분야의 독보적인 전문가가 되는 전략이다. 프롭테크 시장에는 아직 이러한 버티컬 솔루션이 필요한 수많은 '틈새 시장(Niche Market)'이 존재한다.

예를 들어, 모든 종류의 부동산을 다루는 종합 관리 솔루션을 만드는 대신, '중소형 상업용 빌딩(꼬마빌딩)'의 건물주들만을 위한 특화된 자산 관리 솔루션을 개발할 수 있다. 이들은 대형 빌딩과 달리 전문적인 관리 인력을 두기 어려워, 공실 관리, 임대료 수납, 시설 유지보수 등에 많은 어려움을 겪는다. 이들의 고충을 해결해 주는 쉽고 저렴한 모바일 기반 솔루션을 제공한다면, 명확한 시장을 확보할 수 있다. 12장에서 살펴본 루센트블록의 '건물 관리 솔루션'이 바로 이러한 전략의 좋은 예다.

또 다른 예로는 특정 지역이나 특정 용도의 부동산에 최적화된 AI 분석 모델을 들 수 있다. 전국 단위의 AVM을 개발하는 것은 막대한 데이터와 자본이 필요하지만, '성수동의 공장형 카페'나 '제주도의 단기 임대용 숙소'와 같이 특정 세그먼트의 가치 평가나 수익률 예측에만 집중한다면, 거대 플랫폼보다 더 정교하고 정확한 모델을 만들 수 있다.

특정 유형의 자산에 특화된 STO 플랫폼 역시 유망한 버티컬 모델이다. 모든 종류의 자산을 다루기보다, '물류센터'나 '데이터센터'와 같이 기관 투자자들이 선호하는 특정 대체 투자 자산만을 전문적으로 토큰화하거나, '음악 저작권'이나 '미술품'과 같이 특정 IP에 대한 조각 투자 플랫폼을 만든다면, 해당 분야의 전문성과 신뢰도를 바탕으로 충성도 높은 고객층을 확보할 수 있다.

이러한 버티컬 전략의 장점은 명확하다. 첫째, 경쟁의 강도가 낮다. 거대 플랫폼들은 모든 것을 다루어야 하기에, 특정 틈새시장의 세밀한 니즈까지 만족시키기는 어렵다. 둘째, 높은 고객 충성도를 확보할 수 있다. 특정 고객의 문제를 정확히 해결해 주는 솔루션은 쉽게 다른 것으로 대체되기 어렵다. 셋째, 명확한 수익 모델을 구축하기 용이하다. 특정 고객 그룹을 대상으로 하기 때문에, 마케팅 효율이 높고 유료화 전환율도 높게 나타나는 경향이 있다.

프롭테크 창업을 꿈꾼다면, 먼저 당신이 가장 잘 알고, 가장 열정을 가진 좁은 분야를 찾아라. 그리고 그 분야의 사람들이 겪고 있는 가장 고통스러운 문제(Pain Point)가 무엇인지 깊이 있게 파고들어라. 거대한 시장의 작은 문제를 해결하는 것에서부터, 위대한 혁신은 시작된다.

작은 틈새에서 큰 기회를 찾아라

- **틈새 시장 공략**: 대형 플랫폼이 다루지 않는 특정 부동산 유형(물류센터, 데이터센터 등)에 특화된 금융 상품을 개발하고 제공합니다.
- **정확한 데이터 활용**: 특정 지역(대학가, 산업단지)의 상권 분석에 최적화된 AI 모델로 투자 가치를 정확하게 평가합니다.
- **전문성 강화**: 특정 유형의 부동산(예: 상가, 오피스)에 전문성을 갖춘 소규모 투자 플랫폼(STO 플랫폼 등)을 통해 투자자를 모집합니다.

> 예시:
> - 대형 플랫폼: 질로(Zillow)는 주택 매매, 임대, 대출 등 다양한 서비스를 제공하는 종합 플랫폼입니다.
> - 버티컬 솔루션: 물류센터 개발에 특화된 펀드 운용사는 물류 산업의 성장 가능성을 분석하고, 물류센터 건설에 필요한 자금을 조달하며, 투자자에게 높은 수익을 제공하는 전문성을 갖춥니다.

- **적용 예시**

물류센터 전용 AI 모델 개발: 복잡한 물류센터 내에서 물품 이동 경로를 최적화하고 재고 관리를 자동화하여 운영 효율을 극대화한다.

대학교 기숙사 특화 관리 플랫폼: 기숙사생 출입 관리, 시설 민원 처리, 공실률 예측 등을 통합하여 관리 편의성을 높인다.

큰 시장의 작은 문제를 해결하는 것에서부터 혁신은 시작된다.

30.2. B2B 서비스와 데이터 비즈니스

많은 스타트업들이 일반 소비자(B2C, Business-to-Consumer)를 대상으로 하는 플랫폼 비즈니스를 꿈꾼다. 하지만 B2C 플랫폼은 성공하기까지 막대한 마케팅 비용과 규모의 경제를 확보하기 위한 오랜 시간이 필요하며, 성공 확률도 매우 낮다. 반면, 기업(B2B, Business-to-Business)을 대상으로 하는 서비스는 상대적으로 적은 수의 고객으로도 안정적인 수익 모델을 구축하기 용이하며, 한번 계약을 맺으면 장기적인 관계를 유지할 가능성이 높다는 장점이 있다. 프롭테크 시장 역시 B2B 서비스 영역에 숨겨진 기회가 많다.

가장 유망한 B2B 모델 중 하나는 금융기관이나 건설사를 위한 '데이터 기반 리스크 관리 솔루션'을 제공하는 것이다. 예를 들어, 은행이나 증권사가 PF 대출을 심사하거나 부동산 담보대출을 실행할 때, 해당 부동산의 미래 가치와 잠재적 리스크를 AI로 정밀하게 분석해 주는 SaaS 솔루션을 개발할 수 있다. 이는 금융기관이 부실 대출의 위험을 줄이고, 더 정교한 신용 평가 모델을 구축하는 데 도움을 줄 수 있다.

부동산 개발사를 위한 '사업 타당성 분석 서비스' 역시 좋은 예다. 개발사가 특정 부지를 매입하여 주상복합 건물을 짓는다고 가정해보자. 이때, 해당 부지의 최적 용적률은 얼마인지, 아파트와 상가의 최적 비율은 어떻게 되는지, 그리고 예상 분양가는 얼마로 책정해야 수익을 극대화할 수 있는지를 AI 시뮬레이션을 통해 분석하고 컨설팅해 주는 B2B 서비스를 제공할 수 있다.

또한, 플랫폼을 운영하며 자연스럽게 축적되는 양질의 데이터를 가공하여, 또 다른 비즈니스로 연결하는 '데이터 비즈니스' 모델도 적극적으로 고려해야 한다. 프롭테크 플랫폼은 본질적으로 '데이터 공장'이다. 거래 데이터, 사용자 행동 데이터, 공간 데이터 등 플랫폼에 쌓이는 모든 데이터는 그 자체로 매우 귀중한 자산이다.

예를 들어, 상권 분석 플랫폼을 운영하며 특정 지역의 유동인구 및 소비 데이터를 확보했다면, 이 데이터를 익명화하고 통계적으로 가공하여, 신규 출점을 고민하는 유통 대기업이나 마케팅 전략을 수립하려는 카드사에 유료로 판매할 수 있다.

부동산 조각 투자 플랫폼이라면, 투자자들의 투자 성향 데이터를 분석하여, 새로운 금융 상품을 개발하려는 자산운용사나 증권사에 인사이트를 제공할 수도 있다. 이는 플랫폼의 주요 수익원 외에 추가적인 수익을 창출하는 강력한 방법이 될 수 있다.

다만, 데이터 비즈니스를 추진할 때는 반드시 '개인정보보호'와 '데이터 윤리' 문제를 최우선으로 고려해야 한다. 데이터를 수집할 때 사용자로부터 명확한 동의를 얻고, 개인을 식별할 수 있는 정보는 반드시 제거하는 등 관련 법규를 철저히 준수해야 한다. 데이터의 소유권은 기업이 아닌 사용자에게 있다는 원칙을 잊어서는 안 된다.

B2B 서비스와 데이터 비즈니스는 화려해 보이지는 않지만, '캐시 카우(Cash

Cow)' 역할을 하며 스타트업이 어려운 초기 단계를 버텨 낼 수 있는 튼튼한 기반이 되어 줄 수 있다. B2C 플랫폼이라는 최종 목표를 향해 나아가더라도, 그 과정에서 안정적인 수익을 창출할 수 있는 B2B 모델을 함께 고민하는 지혜가 필요하다.

B2B 안정적인 수익 기반의 데이터는 미래 가치 창출을 약속한다

- AI 기반 리스크 관리: AI 기술은 부동산 프로젝트의 미래 가치를 정확하게 예측하고, 시장의 변동성을 분석하여 투자 위험을 최소화하는 데 활용될 수 있습니다.
- PF 사업 타당성 분석: 금융기관은 AI를 통해 개발 사업의 수익성과 위험 요인을 정밀하게 평가하여 PF 대출의 성공률을 높일 수 있습니다. 예를 들어, 특정 지역의 상권 데이터, 인구 이동, 유사 사업 성공 사례 등을 분석하여 사업의 타당성을 예측합니다.
- 데이터 비즈니스: 부동산 관련 플랫폼은 사용자의 거래 기록, 선호 지역, 주택 유형 등 방대한 데이터를 축적합니다. 이 데이터를 가공하여 금융기관이나 건설사에 판매하면 새로운 수익 모델을 창출할 수 있습니다. 예를 들어, 지역별 주택 구매 수요 예측 데이터를 판매하여 금융기관의 대출 상품 개발을 돕는 것입니다.

예시:
- 금융기관에 AI 기반 리스크 관리 솔루션을 제공하면, 부동산 시장의 위험을 예측하고 관리할 수 있습니다. 예를 들어, 부동산 PF 사업의 타당성을 AI로 분석해 대출 부실률을 낮추는 방식입니다.
- 데이터 비즈니스는 유망한 수익 모델입니다. 플랫폼이 축적한 양질의 데이터를 가공해 판매하면 됩니다. 예를 들어, 부동산 플랫폼이 수집한 시장 데이터를 금융기관에 제공하여 맞춤형 대출 상품 개발을 돕는 방식입니다.

- 적용 예시
- B2C(예: 배달 앱): 많은 고객을 유치하기 위해 마케팅 비용이 많이 들지만, 개별 결제 금액이 적어 안정적인 수익 모델을 만들기 어려울 수 있다.
- B2B(예: AI 기반 리스크 관리 솔루션 회사): 금융기관이나 건설사 등 소수의 기

업 고객에게 전문적인 AI 솔루션을 제공하여, 고객 수는 적지만 안정적이고 큰 규모의 수익을 창출한다.
- 데이터 비즈니스(예: 부동산 PF 데이터 분석 서비스): 축적된 양질의 데이터를 다른 기업(부동산 개발사 등)에 판매하여 새로운 수익을 만든다.

30.3. 규제 샌드박스의 활용

한국처럼 금융 규제가 강하고 보수적인 환경에서, 혁신적인 신사업을 시작하는 것은 매우 어려운 일이다. 특히, 기존 법률에 명확한 근거가 없는 새로운 비즈니스 모델은 '불법'의 낙인이 찍힐 위험이 항상 존재한다. 이러한 어려움 속에서, 한국의 프롭테크 및 핀테크 스타트업에게 '금융규제 샌드박스(Financial Regulatory Sandbox)' 제도는 가뭄의 단비와도 같은 소중한 기회의 문이다.

규제 샌드박스란, 새로운 제품이나 서비스를 출시할 때, 일정 기간 동안 기존의 규제를 면제하거나 유예하여, 제한된 환경 속에서 자유롭게 테스트해 볼 수 있도록 허용해 주는 제도를 말한다. 아이들이 안전한 모래 놀이터(Sandbox) 안에서 마음껏 새로운 놀이를 시도해 보는 것처럼, 스타트업들이 규제의 감옥에 갇히지 않고 혁신적인 아이디어를 시장에서 실제로 검증해 볼 수 있는 기회를 주는 것이다.

한국의 금융규제 샌드박스는 2019년 4월에 처음 시행되었으며, '혁신금융서비스'로 지정된 사업자는 최대 4년(2년 + 2년 연장) 동안 관련 규제에 대한 특례를 적용받아 사업을 운영할 수 있다. 만약 그 기간 동안 사업의 혁신성과 안정성이 입증되면, 정부는 해당 사업이 지속될 수 있도록 관련 법규를 개정하는 것을 적극적으로 검토하게 된다.

4부에서 살펴본 카사(Kasa)와 루센트블록(소유)은 바로 이 규제 샌드박스 제도를 통해 탄생하고 성장한 가장 대표적인 성공 사례다. 이들이 처음 사업을 구상했을 때, 부동산 수익증권을 온라인 플랫폼에서 거래하는 것은 자본시장법상 불가능한 일이었다. 하지만 이들은 금융위원회 혁신금융서비스의 문을 두드렸고, 그들의 아이디어가 가진 혁신성과 투자자 보호 장치의 타당성을 인정받아 국내 최초의 부동산 조각 투자 플랫폼으로 지정받을 수 있었다.

규제 샌드박스는 단순히 규제를 피하게 해 주는 것을 넘어, 스타트업에게 여러 가지 중요한 이점을 제공한다. 첫째, '사업의 합법성'을 공인받게 된다. 정부로부터 공식적으로 인정받은 혁신금융사업자라는 타이틀은, 투자자나 파트너사에게 높은 신뢰를 주어, 초기 투자 유치와 사업 제휴에 매우 유리하게 작용한다.

둘째, '규제 당국과의 소통 채널'이 열린다. 샌드박스 기간 동안, 스타트업은 금융감독원 등 규제 당국과 긴밀하게 소통하며 사업의 진행 상황을 공유하고, 발생할 수 있는 법적 문제에 대해 함께 논의하게 된다. 이는 향후 정식 법제화 과정에서 자신들의 비즈니스 모델이 잘 반영될 수 있도록 의견을 개진할 수 있는 소중한 기회가 된다.

셋째, '시장 검증'의 기회를 얻는다. 아무리 좋은 아이디어라도, 실제 시장에서 고객의 반응을 얻지 못하면 실패할 수밖에 없다. 규제 샌드박스는 제한된 범위 내에서 실제 고객을 대상으로 서비스를 운영해 보고, 시장의 반응을 데이터로 확인하며, 사업 모델을 개선해 나갈 수 있는 귀중한 시간을 벌어 준다.

따라서 혁신적인 프롭테크 아이디어를 가진 창업가라면, 기존 법규에 가로막혀 지레 포기해서는 안 된다. 자신의 아이디어가 왜 혁신적인지, 어떤 사회적 가치를 창출할 수 있는지, 그리고 투자자를 어떻게 보호할 것인지에 대한 명확한 논리와 계획을 가지고, 규제 샌드박스의 문을 적극적으로 두드려야 한다.

물론, 혁신금융서비스로 지정되는 과정은 결코 쉽지 않다. 철저한 사업 계획과 엄격한 심사 과정을 통과해야 한다. 하지만 불가능에 도전하고, 규제의 벽을 넘어 새로운 길을 개척하려는 용기 있는 창업가에게, 규제 샌드박스는 가장 강력한 날개가 되어 줄 수 있다. 한국 프롭테크의 미래는, 바로 이 모래 놀이터에서 시작될 것이다.

표 30-1: 프롭테크 창업가를 위한 핵심 전략

전략 구분	핵심 접근법	구체적인 실행 방안	기대 효과
틈새 시장 공략	버티컬 솔루션 (Vertical Solution)	- 특정 고객군(예: 꼬마빌딩 건물주)에 집중 - 특정 자산(예: 물류센터)에 특화 - 특정 지역/상권에 최적화된 분석 모델 개발	낮은 경쟁 강도, 높은 고객 충성도, 명확한 수익 모델 구축
안정적 수익 확보	B2B 서비스 및 데이터 비즈니스	- 금융기관/건설사 대상 리스크 관리 솔루션 제공 - 개발사 대상 사업 타당성 분석 서비스 - 플랫폼 데이터를 가공하여 유료 판매	안정적인 현금 흐름 확보, 초기 생존율 증가, 사업 다각화
규제 극복	금융규제 샌드박스 활용	- 혁신금융서비스 지정 신청 - 규제 당국과의 적극적인 소통 - 제한된 환경에서 시장성 및 안정성 검증	사업의 합법성 확보, 초기 투자 유치 용이, 제도 개선의 발판 마련

부동산 금융 혁신과 규제 완화

부동산 금융 샌드박스는 새로운 비즈니스 모델을 시장에서 시험할 수 있는 기회를 제공합니다. 이 제도는 기존 규제에 묶여 있던 프롭테크(Proptech) 스타트업에게 혁신적인 아이디어를 실험할 수 있는 특례를 부여합니다. 이를 통해 기업들은 규제의 부담 없이 새로운 서비스를 개발하고 시장성을 검증할 수 있습니다.

예를 들어, 블록체인 기반의 부동산 소유권 공유 플랫폼을 생각해 보세요. 기존 법률 아래서는 부동산 지분을 소액으로 나누어 거래하는 것이 불가능했습니다. 하지만 샌드박스를 통해 이 플랫폼은 규제 없이 시장에서 테스트될 수 있고, 소액 투자자들도 쉽게 부동산에 투자할 수 있는 새로운 길이 열릴 수 있습니다. 이처럼 부동산 금융 샌드박스는 혁신을 촉진하고 새로운 시장을 창출하는 중요한 도구가 됩니다.

- 적용 예시
- 카사(Kasa): 부동산 조각 투자를 가능하게 하여 일반 투자자도 소액으로 대형 빌딩에 투자할 수 있는 길을 열었다. 기존 부동산 관련 규제 속에서 샌드박스를 통해 혁신적인 서비스를 제공할 수 있었다.
- 루센트블록(Lucentblock): 부동산 수익증권 유통 플랫폼으로, 역시 샌드박스를

통해 새로운 형태의 부동산 투자를 가능하게 했다.

이처럼 혁신적인 아이디어가 있다면, 규제의 문턱에서 좌절하지 말고 규제 샌드박스의 문을 적극적으로 두드려야 한다.

| 제11부 |

디지털 자산과 부동산 금융 연구모델 개발

31장
디지털 자산과 부동산 금융의 융합에 관한 연구: 토큰화, 인공지능, 그리고 새로운 금융 패러다임

32장
데이터보안의 현재와 미래: 능동형 데이터보안 중심으로 - 디지털 자산 및 부동산 금융의 창조적 혁신을 위한 보안 패러다임 연구

33장
박운선의 영혼 이중나선 모델

34장
AI 기반 주역 부동산 가치 분석에 관한 연구 - 데이터와 직관의 융합을 통한 새로운 자산 분석 프레임워크

31장

디지털 자산과 부동산 금융의 융합에 관한 연구: 토큰화, 인공지능, 그리고 새로운 금융 패러다임

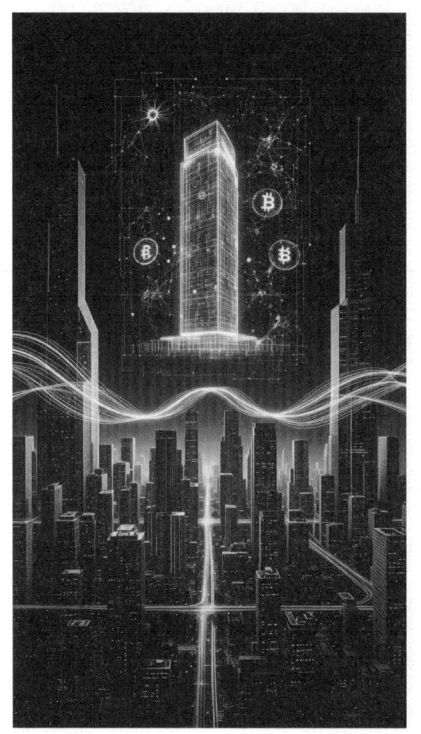

31.1. 서론

1) 연구의 배경 및 필요성

부동산은 인류의 가장 오래되고 중요한 자산군이지만, 그 본질적 특성인 부동성(不動性)으로 인해 낮은 유동성, 높은 거래 비용, 정보의 비대칭성이라는 고질적인 한계를 내포해 왔다. 이러한 한계는 자본의 효율적 배분을 저해하고 소액 투자자의 시장 참여를 제약함으로써 자산 불평등을 심화시키는 요인으로 작용하기도 한다. 특히, 2008년 글로벌 금융위기는 부동산을 기초자산으로 하는 복잡한 파생상품과 중앙화된 금융 시스템의 취약성을 드러내며, 보다 투명하고 효율적인 대안에 대한 필요성을 촉발시켰다.

이러한 배경 속에서 블록체인, 인공지능(AI)으로 대표되는 디지털 전환(Digital Transformation) 기술은 전통적인 부동산 금융의 패러다임을 근본적으로 바꿀 잠재력을 제시하고 있다. 블록체인 기술은 부동산 소유권을 분할 가능한 디지털 토큰으로 전환하여 유동성을 부여하고(토큰화), AI 기술은 방대한 데이터를 분석하여 객관적이고 과학적인 가치평가를 가능하게 한다. 이러한 기술과 부동산 산업의 융합을 의미하는 '프롭테크(Proptech)'는 전 세계적으로 빠르게 성장하며 새로운 금융 생태계를 창조하고 있다.

선행 연구들은 프롭테크의 개별 기술이나 현상에 대해 다루어 왔으나, 디지털 자산이라는 큰 틀 안에서 다양한 기술들이 부동산 금융과 어떻게 유기적으로 융합되어 새로운 가치를 창출하는지에 대한 통합적이고 체계적인 연구는 아직 부족한 실정이다. 본 연구는 이러한 학술적 공백을 메우고, 디지털 자산과 부동산 금융의 융합 현상을 종합적으로 분석하여 이론적 모델을 제시하며, 실질적인 미래 전략을 도출하고자 한다.

2) 연구 목적, 범위 및 방법

본 연구의 목적은 디지털 자산 기술이 전통적 부동산 금융의 문제를 해결하고 새로운 시장을 창출하는 메커니즘을 규명하고, 이를 바탕으로 미래 부동산 금융의 발전을 위한 통합적 프레임워크를 제시하는 것이다. 이를 위한 세부 목표는 다음과 같다.

첫째, 블록체인과 AI를 중심으로 부동산 금융에 적용되는 핵심 디지털 기술의 원리와 특성을 분석한다.

둘째, 증권형 토큰(STO), 대체 불가능 토큰(NFT), 자동 가치평가 모델(AVM) 등 핵심적인 융합 모델의 작동 방식과 국내외 적용 사례를 심층적으로 분석한다.

셋째, 토큰화된 부동산 자산의 가치평가와 AI 기반 예측에 대한 개념적 수리 모델을 제시하여 이론적 논의를 심화시킨다.

넷째, 디지털 융합 시대에 발생하는 규제, 보안, 사회적 과제를 진단하고, 지속가능한 발전을 위한 정책적 시사점을 도출한다.

본 연구는 국내외 학술논문, 전문 서적, 산업 보고서, 정책 자료 등 광범위한 문헌 연구를 기반으로 하며, 특히 사용자 제공 자료인 「디지털기술과 금융」 강의록 및 「공간자산 불평등 해소를 위한 통합적 방법론 구축」 논문을 주요 참조 자료로 활용한다. 또한, 국내외 프롭테크 기업들의 실제 사례를 분석하여 이론과 현실의 접점을 탐색한다.

31.2. 이론적 배경

1) 부동산 금융의 전통적 한계와 디지털 전환의 필요성

전통적 부동산 금융은 자산의 고유한 특성으로 인해 본질적인 비효율성을 내포한다. 첫째, 비유동성(Illiquidity)이다. 부동산은 표준화가 어렵고 거래 단위가 커서 주식과 같이 쉽게 현금화하기 어렵다. 둘째, 높은 진입 장벽(High Entry Barrier)이다. 높은 가격은 기관 투자자나 고액 자산가의 전유물로 여겨져 일반 대중의 투자 기회를 제한한다. 셋째, 정보의 비대칭성(Information Asymmetry)이다. 개발 계획, 실거래가 등 핵심 정보가 소수에게 집중되어 시장의 투명성을 저해하고 비합리적인 가격 결정을 유발한다.

디지털 전환 기술은 이러한 문제들을 해결할 수 있는 혁신적인 도구를 제공한다. 블록체인은 거래 기록의 투명성과 불변성을 보장하여 신뢰를 구축하고, AI는 데이터 분석을 통해 정보의 격차를 해소하며, 디지털 플랫폼은 시공간의 제약 없이 시장

참여를 촉진한다.

2) 핵심 기술: 블록체인과 인공지능

(1) 블록체인과 스마트 계약

블록체인은 거래 정보를 암호화된 '블록'에 담아 '체인' 형태로 연결하고, 이를 네트워크 참여자들이 분산하여 저장하는 분산원장기술(DLT)이다. 이러한 구조는 데이터의 위변조를 사실상 불가능하게 만들어, 중앙의 신뢰 기관 없이도 P2P(Peer-to-Peer) 거래의 신뢰성을 담보한다.

블록체인의 잠재력을 극대화하는 것이 '스마트 계약(Smart Contract)'이다. 이는 "만약 A조건이 충족되면(If), B를 실행하라(Then)"와 같이 사전에 프로그래밍된 계약 조건이 특정 상황에서 자동으로 실행되도록 하는 컴퓨터 코드다. 예를 들어, 부동산 임대차 계약에서 스마트 계약을 활용하면, 임차인이 월세를 납부하면 디지털 도어락 접근 권한이 자동으로 연장되고, 미납 시에는 접근이 제한되는 등의 과정을 자동화할 수 있다.

(2) 인공지능(AI)과 자동 가치평가 모델(AVM)

인공지능은 인간의 학습, 추론, 패턴 인식 능력을 컴퓨터로 구현하는 기술이다. 부동산 금융 분야에서 AI는 특히 가치평가 영역에서 두각을 나타낸다. 자동 가치평가 모델(AVM)은 AI가 대상 부동산의 물리적 특성, 입지, 주변 실거래가, 교통, 학군, 상권 데이터 등 수백 개의 변수를 종합적으로 분석하여 시장 가치를 추정하는 시스템이다. AVM의 개념적 모델은 다음과 같이 표현할 수 있다.

$$P_{AVM} = f(X_{loc}, X_{phy}, X_{mkt}, X_{macro}) + \in$$

여기서 각 변수는 다음과 같다.

- PAVM: AVM이 예측한 부동산 가치(Automated Valuation Model Price)
- $f(\cdot)$: AI 모델(예: 신경망, 랜덤 포레스트 등)에 의해 학습된 비선형 함수
- X_{loc}: 입지 특성 벡터(교통 접근성, 학군, 공원 등)
- X_{phy}: 물리적 특성 벡터(면적, 층수, 건축 연도, 구조 등)
- X_{mkt}: 시장 특성 벡터(최근 실거래가, 매물량, 전세가율 등)
- X_{macro}: 거시 경제 특성 벡터(금리, GDP 성장률, 인구 변화 등)
- $\in$: 모델로 설명되지 않는 오차항

이 모델은 과거 전문가의 직관에 의존하던 가치평가를 데이터 기반의 과학적 영역으로 전환시키고 있다.

3) 부동산 자산의 디지털 표현: STO와 NFT

(1) 증권형 토큰(Security Token)

증권형 토큰(STO, Security Token Offering)은 부동산, 미술품 등 실물 자산에 대한 소유권이나 그로부터 발생하는 수익(임대료, 매각차익 등)에 대한 청구권을 블록체인 기반의 디지털 토큰으로 발행하는 것이다. 이는 자본시장법상 '증권'에 해당하므로 투자자 보호 장치 안에서 거래된다. STO는 고가의 비유동성 자산을 잘게 쪼개(Fractionalization) 소액으로도 투자할 수 있게 함으로써 유동성을 획기적으로 높이고 투자 대중화에 기여한다.

토큰화된 부동산 자산의 가치는 전통적인 자산 가치평가 모델을 확장하여 개념화할 수 있다. 예를 들어, 배당할인모형(Dividend Discount Model)을 적용하면 다음과 같다.

$$V_{STO} = \sum_{t=1}^{n} (1+k_{STO})^t E(D_t) + (1+k_{STO})^n E(P_n)$$

여기서 각 변수는 다음과 같다.

- VSTO: 증권형 토큰의 현재 가치
- E(Dt): t 시점의 예상 배당금(순임대수익)
- E(Pn): n 시점(매각 시점)의 예상 매각 가격
- kSTO: 토큰 투자에 대한 요구수익률(위험 프리미엄, 유동성 프리미엄 등 포함)

(2) 대체 불가능 토큰(Non-Fungible Token, NFT)

NFT는 각 토큰이 고유한 식별값을 가져 서로 대체할 수 없는 디지털 자산이다.1 이는 자산의 '고유성'과 '원본성'을 증명하는 데 특화되어 있다. 부동산 분야에서 NFT는 특정 건물 '한 채'의 완전한 소유권을 나타내는 디지털 등기부등본처럼 활용될 수 있다. 현행법상 한계로 인해, 부동산을 소유한 유한책임회사(LLC)의 소유권을 NFT로 발행하여 거래하는 우회적인 방식이 시도되고 있다.

31.3. 디지털 자산 기반 부동산 금융의 적용 사례 분석

1) 부동산 증권형 토큰(STO) 발행 및 거래 플랫폼

- 해외 사례: 애스펜 코인(Aspen Coin)

2018년 발행된 애스펜 코인은 미국 콜로라도의 '세인트 레지스 애스펜 리조트'의 지분을 토큰화한 최초의 부동산 STO 사례다. 이 프로젝트는 총 1,800만 달러의 자금을 성공적으로 조달하며, 고가의 상업용 부동산이 규제 체계 내에서 성공적으로 유동화될 수 있음을 증명했다.

- 국내 사례: 카사(Kasa)와 소유(Souyoo)

카사(Kasa)는 국내 최초로 금융위의 혁신금융서비스 인가를 받은 플랫폼으로, 신

탁된 부동산의 수익증권을 'DABS'라는 디지털 증권으로 발행하여 투자자들이 주식처럼 거래할 수 있게 한다. 루센트블록의 '소유' 역시 유사한 구조를 가지며, 특히 건물의 가치 상승에 기여한 임차인과 이익을 공유하는 상생 모델을 지향하는 점이 특징이다.

2) AI 기반 가치평가 및 상권 분석 플랫폼

• 글로벌 사례: 질로(Zillow)

미국 최대 부동산 플랫폼인 질로의 '제스티메이트(Zestimate)'는 AI 기반 AVM의 대표적인 성공 사례다. 미국 내 거의 모든 주택의 추정 가치를 무료로 제공하며 부동산 정보의 대중화를 이끌었고, 이를 통해 확보한 트래픽을 중개, 대출 등 다양한 사업으로 연결시켰다.

• 국내 사례: KT 상권분석솔루션(GrIP)

KT의 GrIP과 같은 서비스는 통신 데이터 기반의 유동인구, 소비 패턴 등을 AI로 분석하여 최적의 점포 입지를 추천하고 예상 매출을 예측하는 등 과학적인 상권 분석을 지원한다. 이는 소상공인과 프랜차이즈 기업의 의사결정 리스크를 줄이는 데 기여한다.

3) 디지털 트윈 기반 가상 부동산 경험 및 자산 관리

• 사례: 매터포트(Matterport)와 비모(Beamo)

매터포트는 3D 카메라를 이용해 현실 공간의 정밀한 디지털 트윈을 제작하여 몰입감 높은 온라인 가상 투어를 제공한다. 이는 부동산 매물의 온라인 참여도를 높이고 판매 주기를 단축시키는 효과를 가져왔다. 비모(Beamo)는 스마트폰을 활용해 산업현장이나 시설물의 디지털 트윈을 쉽게 생성하여 원격 점검 및 유지보수의 효율성을 높이는 데 특화되어 있으며, 호텔 등의 마케팅에도 성공적으로 활용되고 있다.

31.4 주요 쟁점 및 미래 전망

1) 규제 및 제도적 환경

디지털 자산의 발전 속도를 법과 제도가 따라가지 못하는 현상은 부동산 금융 분야에서도 동일하게 나타난다. 한국 금융위원회는 2023년 STO 가이드라인을 발표하며 토큰 증권을 제도권으로 포섭하려는 의지를 보였으나, 실제 시장 활성화를 위해서는 전자증권법, 자본시장법 등 관련 법규의 신속한 정비가 필요하다. 또한, 중앙은행 디지털화폐(CBDC)의 등장은 스마트 계약과 결합하여 부동산 결제 시스템을 혁신할 잠재력이 있지만, 개인정보보호와 금융 안정성 문제는 신중한 접근을 요구하는 과제다.

2) 기술적 과제: 보안과 상호운용성

부동산 데이터는 장기간 보존되어야 하는 민감 정보이므로 강력한 보안이 필수적이다. 특히, 미래에 등장할 양자컴퓨터는 현재의 암호 체계를 무력화할 수 있는 '양자 위협'을 제기한다. 이에 대응하기 위해 양자컴퓨터로도 해독이 어려운 '양자내성암호(PQC)'로의 전환이 시급한 과제로 떠오르고 있으며, 국내 금융권에서도 관련 연구 및 협력이 시작되었다. 또한, 스마트 계약이 현실 세계의 데이터를 신뢰성 있게 가져오기 위한 '오라클 문제(Oracle Problem)' 해결과 다양한 블록체인 플랫폼 간의 상호운용성 확보도 중요한 기술적 과제다.

3) 지속가능성과 사회적 가치: ESG와 금융 포용

부동산 산업은 전 세계 탄소 배출의 상당 부분을 차지하므로 ESG(환경, 사회, 지배구조) 경영의 중요성이 크다. 디지털 트윈을 통한 에너지 효율 관리, 친환경 자재 이력 추적 등 프롭테크는 ESG 가치 실현에 기여할 수 있다. 사회적 측면에서 STO를 통한 소액 투자의 대중화는 '금융 포용(Financial Inclusion)'을 확대하고 자산 불평등

완화에 기여할 수 있다. 또한, 장애인이나 고령층의 금융 서비스 접근성을 높이는 DEI(다양성, 형평성, 포용성) 관점의 서비스 설계 역시 중요한 사회적 책임이다.

31.5. 결론

1) 연구결과 요약 및 의의

본 연구는 디지털 자산 기술이 전통적인 부동산 금융의 한계를 극복하고 새로운 패러다임을 열고 있음을 확인하였다. 블록체인 기반의 토큰화는 부동산에 유동성을 부여하고 소유의 민주화를 촉진하며, AI 기반의 가치평가는 시장의 투명성과 효율성을 제고한다. 디지털 트윈은 자산의 설계부터 운영, 관리에 이르는 전 과정의 혁신을 이끌고 있다. 이러한 기술의 융합은 단순히 기존 업무를 디지털로 전환하는 것을 넘어, 부동산 자산의 본질과 가치 창출 방식을 근본적으로 바꾸고 있다.

본 연구는 이러한 복합적인 현상을 통합적인 관점에서 분석하고, 토큰화된 자산의 가치평가 모델 등 이론적 논의의 기틀을 제시했다는 점에서 학술적 의의를 가진다. 또한, 국내외 최신 사례와 기술 동향을 종합하여 투자자, 전문가, 정책 입안자에게 실질적인 전략적 방향을 제시했다는 점에서 정책적, 실무적 기여를 기대할 수 있다.

2) 연구의 한계 및 향후 연구 과제

본 연구는 문헌 연구와 사례 분석을 중심으로 진행되어, 제시된 수리 모델에 대한 실증적 검증까지는 나아가지 못했다는 한계가 있다. 또한, 빠르게 변화하는 기술과 규제 환경으로 인해 일부 내용은 시간이 지남에 따라 업데이트가 필요할 수 있다.

향후 연구 과제는 다음과 같다. 첫째, 본 연구에서 제시한 개념적 모델들을 실제 시장 데이터에 적용하여 실증적으로 분석하고 정교화하는 연구가 필요하다. 둘째, STO, NFT 등 디지털 부동산 자산의 유동성이 실제 가격에 미치는 영향을 계량적으로 분석하는 연구가 요구된다. 셋째, 양자내성암호(PQC) 등 차세대 보안 기술이 부동산 금융 플랫폼에 적용될 때의 기술적, 경제적 타당성에 대한 심층 연구가 필요하다. 이러한 후속 연구들을 통해 디지털 부동산 금융이라는 새로운 분야가 더욱 안정적이고 지속가능하게 발전하는 데 기여할 수 있기를 기대한다.

32장

데이터보안의 현재와 미래: 능동형 데이터보안 중심으로
- 디지털 자산 및 부동산 금융의 창조적 혁신을 위한 보안 패러다임 연구

국회 세미나 발표(2025년 7월 24일, 공동주최: 윤건영 국회의원실)

32.1. 서론

1) 연구의 배경 및 필요성

디지털 자산과 부동산 금융의 융합은 자산의 소유, 거래, 가치평가 방식을 근본적으로 혁신하고 있다. 증권형 토큰(STO)은 고가의 비유동성 자산을 유동화하고, 대체불가능 토큰(NFT)은 고유한 디지털 자산의 소유권을 증명하며, 인공지능(AI)은 데이터 기반의 정밀한 가치평가를 가능하게 한다. 그러나 이러한 혁신의 이면에는 데이터의 기밀성(Confidentiality), 무결성(Integrity), 가용성(Availability)을 위협하는 새로운 보안 과제가 존재한다. 디지털 자산의 가치는 데이터 그 자체에 내재되어 있으므로, 데이터 유출은 단순한 정보 노출을 넘어 자산의 직접적인 탈취로 이어진다.

전통적인 '경계 기반 보안(Perimeter-based Security)' 모델은 내부 네트워크는 신뢰하고 외부의 공격을 방어하는 데 초점을 맞춘다. 하지만 클라우드, 모바일, 원격근무 환경이 보편화되고, 공격 기법이 지능화되면서 이러한 경계는 무의미해졌다. 특히 STO/NFT 플랫폼의 스마트 계약 코드 취약점, AI 모델을 겨냥한 데이터 오염 공격, 디지털 트윈 시스템의 데이터 변조 등 새로운 공격 벡터(Attack Vector)가 등장하면서, 사고 발생 후 대응하는 사후 대응적(Reactive) 보안만으로는 더 이상 자산을 안전하게 보호할 수 없게 되었다.

따라서 본 연구는 위협이 발생하기 전에 이를 예측하고 선제적으로 방어하는 '능동형 데이터보안(Proactive Data Security)' 패러다임의 중요성을 강조하고자 한다. 능동형 보안은 위협을 지속적으로 탐색하고(Threat Hunting), 모든 접근을 잠재적 위협으로 간주하며(Zero Trust), 데이터 자체를 보호하는(Data-Centric) 전략을 통해 디지털 금융 혁신의 지속가능성을 담보하는 핵심 기반이 될 것이다.

2) 연구 목적 및 방법

본 연구의 목적은 디지털 자산 및 부동산 금융 분야에 특화된 능동형 데이터보안 프레임워크를 학술적으로 정립하는 것이다. 이를 위해 다음의 세부 목표를 설정한다.

첫째, 능동형 데이터보안의 핵심 개념과 제로 트러스트, 데이터 중심 보안, PQC 등 주요 기술 원리를 분석한다.

둘째, STO/NFT 플랫폼, AI 가치평가 모델 등 디지털 부동산 금융의 구체적인 영역에서 발생하는 보안 위협 사례를 분석하고, 이에 대한 능동형 보안 적용 방안을 제시한다.

셋째, 동형암호, 영지식증명 등 차세대 암호 기술의 개념적 모델을 수식으로 표현하고, 금융 데이터 프라이버시 보호를 위한 활용 가능성을 탐구한다.

넷째, GDPR, NYDFS 등 글로벌 규제와 ESG 경영 트렌드가 요구하는 보안 수준을 분석하고, 기술과 정책을 아우르는 통합적 보안 전략을 제안한다.

본 연구는 국내외 학술논문, 기술 보고서, 보안 기업 백서, 규제 기관 발표 자료 등 문헌 연구를 중심으로 진행하며, 실제 보안 사고 사례와 기술 적용 사례를 분석하여 이론의 실질적 함의를 고찰한다.

32.2. 능동형 데이터보안의 이론적 고찰

1) 보안 패러다임의 전환: 사후 대응에서 능동형으로

전통적인 보안 접근법은 대부분 '사후 대응적(Reactive)'이다. 이는 방화벽, 안티바이러스 소프트웨어 등을 통해 이미 알려진 공격을 차단하고, 침해 사고가 발생한 후에야 이를 탐지하고 복구하는 방식이다. 그러나 공격자가 데이터를 유출하는 데는 단 몇 분이면 충분하기 때문에, 이러한 사후 대응 전략은 막대한 금전적, 평판적 손실을 막기에 역부족이다.

반면, '능동형 데이터보안(Proactive Data Security)'은 잠재적 위협이 시스템에 영향을 미치기 전에 이를 예방하는 데 초점을 맞춘다. 이는 취약점 스캐닝, 위협 헌팅(Threat Hunting), 침투 테스트 등을 통해 시스템의 약점을 사전에 파악하고 보완하며, 알려지지 않은 새로운 위협까지도 선제적으로 탐지하고 방어하는 전략을 포함한다. 능동형 보안은 침해 사고 발생 자체를 막음으로써 데이터 손실을 원천적으로 방지하고, 사고 대응 비용을 절감하며, 고객의 신뢰를 높이는 근본적인 해결책을 제시한다.

2) 능동형 데이터보안의 핵심 프레임워크

(1) 제로 트러스트 아키텍처(Zero Trust Architecture, ZTA)

제로 트러스트는 "절대 신뢰하지 말고, 항상 검증하라(Never Trust, Always Verify)"는 원칙에 기반한 보안 모델이다. 이는 네트워크의 내부와 외부를 구분하지 않고, 모든 접근 요청을 잠재적 위협으로 간주하여 명시적으로 신원을 확인하고 권한을 부여한다. ZTA의 핵심 원칙은 다음과 같다.

- **명시적 검증(Explicit Verification)**: 사용 가능한 모든 데이터 포인트(사용자 신원, 위치, 기기 상태 등)를 기반으로 인증 및 인가.
- **최소 권한 접근(Least Privilege Access)**: 사용자가 업무 수행에 필요한 최소한의 권한과 접근만을 부여(Just-In-Time, Just-Enough-Access).
- **침해 가정(Assume Breach)**: 모든 시스템이 이미 침해되었다고 가정하고, 네트워크를 마이크로 세분화(Micro-segmentation)하여 공격자의 내부 이동을 차단하고 피해 범위를 최소화.

이를 개념적으로 표현하면, 총 리스크(R)는 침해 발생 확률(PB)과 침해 시 영향(I)의 곱으로 정의할 수 있다. 제로 트러스트는 각 원칙을 통해 이 두 변수를 모두 최소화하는 것을 목표로 한다.

$$R = PB \times I \quad ZTA_{goal} : \min(R) \quad s.t. \quad \forall access \in \{V_{explicit} \cap A_{LP} \cap D_{breach}\}$$

여기서 $V_{explicit}$는 명시적 검증, A_{LP}는 최소 권한 접근, D_{breach}는 침해 가정 방어 전략을 의미한다.

(2) 데이터 중심 보안(Data-Centric Security)

데이터 중심 보안은 네트워크나 서버 등 인프라가 아닌 '데이터 자체'를 보호의 핵심 대상으로 삼는 접근 방식이다. 데이터가 어디에 저장되거나 누구와 공유되든, 데이터 자체에 암호화 및 접근 제어 정책을 적용하여 지속적으로 보호한다. 이는 데이터가 생성, 사용, 이동, 저장되는 전체 라이프사이클에 걸쳐 보안을 유지하는 것을 목표로 하며, 제로 트러스트 환경의 핵심 구성 요소다.

(3) 양자내성암호(Post-Quantum Cryptography, PQC)

양자컴퓨터의 등장은 현재의 공개키 암호 체계(RSA, ECC 등)를 무력화할 수 있는 심각한 위협이다. 블록체인의 무결성과 디지털 서명의 신뢰성 역시 이 암호 기술에 의존하므로, 디지털 자산 시장은 근본적인 보안 위기에 직면해 있다. PQC는 양자컴퓨터로도 해결하기 어려운 수학적 난제에 기반한 새로운 암호 알고리즘으로, 다가올 양자 시대에 대비하기 위한 필수적인 능동형 보안 전략이다. 특히 금융, 국방 등 장기적인 데이터 보호가 필수적인 분야에서는 '지금 수집해서, 나중에 해독하는(Harvest Now, Decrypt Later)' 공격에 대비하기 위해 PQC로의 전환이 시급하다.

3) 프라이버시 강화를 위한 차세대 암호 기술

(1) 동형암호(Homomorphic Encryption, HE)

동형암호는 데이터를 암호화된 상태 그대로 복호화 과정 없이 연산할 수 있는 혁신적인 기술이다. 이는 민감한 금융 데이터나 개인정보를 클라우드와 같은 제3의 환경에 안전하게 위탁하여 분석하고, 그 결과만을 암호화된 상태로 돌려받을 수 있게 한다. 동형암호의 원리는 다음과 같이 표현할 수 있다.

- 덧셈 동형성: $D(E(x) \oplus E(y)) = x + y$
- 곱셈 동형성: $D(E(x) \otimes E(y)) = x \times y$

여기서 $E(\cdot)$는 암호화 함수, $D(\cdot)$는 복호화 함수, $\oplus$, $\otimes$는 각각 암호문에 대한 덧셈 및 곱셈 연산을 의미한다. 신한금융그룹은 동형암호를 활용하여 암호화된 데이터로 머신러닝 모델을 학습시켜 기존 예측값과 99.99% 일치하는 결과를 얻는 등 금융권에서의 활용 가능성을 입증했다.

(2) 영지식증명(Zero-Knowledge Proof, ZKP)

영지식증명은 증명자(Prover)가 검증자(Verifier)에게 자신이 가진 정보(비밀)를 직접 공개하지 않으면서, 그 정보를 알고 있다는 사실을 증명하는 암호학적 프로토콜이다. 이는 '완전성(Completeness)', '건전성(Soundness)', '영지식성(Zero-Knowledge)'이라는 세 가지 특성을 만족해야 한다. ZKP는 디지털 신원 확인, CBDC 거래의 익명성 보장 등 프라이버시 보호가 필수적인 디지털 자산 거래에 핵심적인 역할을 할 수 있다.

ZKP의 증명 과정은 확률적 함수로 개념화할 수 있다.

$$V \leftarrow P(secret, public\_statement) Verify(P(\cdot)) \rightarrow \{True \lor False\}$$

이 과정에서 검증자 V는 증명자 P가 secret을 알고 있다는 사실(True/False) 외에 secret 자체에 대한 어떤 정보도 얻지 못한다.

32.3. 디지털 부동산 금융 분야의 보안 위협 및 능동형 대응 전략

1) STO/NFT 플랫폼의 보안 위협과 방어 전략

STO와 NFT의 거래는 블록체인 위에서 실행되는 스마트 계약에 의해 이루어진다. 그러나 이 스마트 계약 코드에 취약점이 존재할 경우, 해커는 이를 악용하여 자산을 탈취할 수 있다. 2016년 'The DAO' 해킹 사건은 재귀 호출(Recursive Calling) 버그로 인해 약 500억 원 규모의 이더리움이 탈취된 대표적인 사례다. 또한, NFT 시장에서는 플랫폼 자체가 아닌 디스코드 채널이나 SNS 계정을 해킹하여 가짜 링크로 사용자를 유인하는 피싱 공격이 빈번하게 발생하고 있다. 메타콩즈, 현대자동차 NFT 해킹 사건이 이에 해당한다.

능동형 대응 전략:
- **보안 중심 개발(Secure SDLC)**: 스마트 계약 개발 초기 단계부터 보안을 고려하여 설계하고, 배포 전 전문 업체를 통해 철저한 코드 감사를 수행한다.
- **제로 트러스트 접근 제어**: 플랫폼 관리자 계정에 다중 인증(MFA)을 의무화하고, 최소 권한 원칙에 따라 접근 권한을 엄격히 관리한다.
- **AI 기반 위협 탐지**: AI를 활용하여 피싱 사이트나 악성 링크를 실시간으로 탐지하고 차단하며, 비정상적인 거래 패턴을 모니터링한다.

2) AI 기반 부동산 가치평가 모델의 데이터 오염 공격

AI 기반 AVM은 부동산 시장의 투명성을 높이는 데 기여하지만, 학습 데이터의 품질에 절대적으로 의존한다. '데이터 오염(Data Poisoning)' 공격은 공격자가 악의적인 데이터를 학습 데이터셋에 주입하여 AI 모델의 판단을 왜곡시키는 공격이다. 예를 들어, 특정 지역의 부동산 거래 데이터를 조작하여 AVM이 해당 지역의 가치를 실제보다 높거나 낮게 평가하도록 유도할 수 있다. 이는 시장 교란과 부당 이득 취득으로 이어질 수 있는 심각한 위협이다.

능동형 대응 전략:
- **데이터 출처 검증 및 이상 탐지**: 학습 데이터의 출처를 철저히 검증하고, 통계적 기법과 AI를 활용하여 정상 데이터의 분포에서 벗어나는 이상 데이터를 사전에 탐지하고 제거한다.

- **모델 강건성(Robustness) 훈련**: 의도적으로 노이즈가 섞인 데이터로 모델을 훈련시켜, 데이터 오염 공격에 대한 방어력을 높이는 적대적 훈련(Adversarial Training) 기법을 적용한다.
- **지속적인 모니터링 및 재학습**: 모델 배포 후에도 예측 결과를 지속적으로 모니터링하고, 새로운 데이터로 모델을 주기적으로 재학습하여 성능 저하를 방지한다.

3) 금융 기관의 능동형 보안 도입 사례
- **CrowdStrike**: 금융 기관을 대상으로 AI 기반의 위협 헌팅 서비스를 제공한다. 알려진 위협뿐만 아니라 행동 패턴 분석을 통해 잠재적이고 알려지지 않은 위협까지 사전에 탐지하고 대응함으로써, 정교한 사이버 공격으로부터 금융 시스템을 보호한다.
- **Zscaler**: 제로 트러스트 아키텍처를 기반으로 한 클라우드 보안 플랫폼을 제공한다. 사용자의 위치나 네트워크에 관계없이 모든 데이터 접근 요청을 검증하고, AI 기반 데이터 손실 방지(DLP) 솔루션을 통해 민감한 금융 데이터의 유출을 원천적으로 차단한다.
- **Palo Alto Networks**: 제로 트러스트 원칙을 기반으로 네트워크를 미세하게 분할하여, 공격자가 시스템에 침투하더라도 내부에서 수평적으로 이동하는 것을 차단하고 피해를 최소화하는 솔루션을 제공한다.

32.4. 주요 쟁점 및 미래 전망

1) 글로벌 데이터 규제 준수

GDPR(유럽 일반 개인정보보호법), CCPA(캘리포니아 소비자 프라이버시법), NYDFS 사이버보안 규정 등은 금융 기관에 데이터 보호에 대한 엄격한 책임을 요구한다. 이들 규제는 데이터 최소화 원칙, 강력한 접근 통제, 정기적인 위험 평가, 신속한 침해 사고 통지 등을 의무화하고 있으며, 위반 시 막대한 과징금을 부과한다. 능동형 데이터보안 전략은 이러한 복잡한 규제 요구사항을 충족하고, 규제 기관에 기업이 데이터 보호를 위해 최선의 노력을 다하고 있음을 증명하는 효과적인 수단이다.

2) ESG 경영과 데이터보안의 연계

ESG(환경, 사회, 지배구조)는 기업의 지속가능성을 평가하는 핵심 지표로 자리 잡았다. 데이터보안은 이 중 사회(S)와 지배구조(G) 측면에서 매우 중요하다. 고객의 개인정보와 금융 데이터를 안전하게 보호하는 것은 기업의 핵심적인 사회적 책임이다. 또한, 강력한 데이터보안 거버넌스를 구축하고 투명하게 운영하는 것은 건전한 지배구조의 증거다. MSCI, Sustainalytics와 같은 글로벌 ESG 평가 기관들은 '데이터 프라이버시 및 보안'을 핵심 평가 항목으로 포함하고 있으며, 관련 사고 발생 시 기업의 ESG 등급에 부정적인 영향을 미친다.

3) 보안 인력 및 문화의 중요성

아무리 뛰어난 기술도 이를 운영하는 사람과 조직 문화가 뒷받침되지 않으면 무용지물이다. 능동형 보안 체계를 성공적으로 운영하기 위해서는 위협 헌팅, 보안 분석, AI 모델링 등 고도의 전문성을 갖춘 인력을 확보하고 양성해야 한다. 또한, 전 직원을 대상으로 정기적인 보안 인식 교육과 피싱 모의 훈련을 실시하여 '인적 방화벽'을 강화하고, 보안을 비용이 아닌 투자로 인식하는 조직 문화를 구축하는 것이 무엇보다 중요하다.

32.5. 결론

1) 연구결과 요약 및 의의

디지털 자산과 부동산 금융의 혁신은 데이터보안 패러다임의 근본적인 전환을 요구한다. 본 연구는 기존의 사후 대응적 보안 모델의 한계를 명확히 하고, 미래 디지털 금융 환경의 필수 생존 전략으로서 '능동형 데이터보안'의 개념과 핵심 프레임워크를 제시했다. 제로 트러스트 아키텍처, 데이터 중심 보안, PQC, 동형암호 등은 더 이상 선택이 아닌 필수가 되었으며, 이는 기술적 방어를 넘어 규제 준수, ESG 경영, 고객 신뢰 확보의 핵심 요소임을 논증했다.

본 연구는 분절적으로 논의되던 최신 보안 기술들을 디지털 부동산 금융이라는 구체적인 맥락 속에서 통합적으로 분석하고, 이론적 모델과 실제 사례를 결합하여 실질적인 적용 방안을 제시했다는 점에서 학술적, 실무적 의의를 가진다.

2) 연구의 한계 및 향후 연구 과제

본 연구는 빠르게 발전하는 기술과 변화하는 위협 환경을 다루므로, 지속적인 업데이트가 필요하다는 시간적 한계를 가진다. 또한, 제시된 수리 모델은 개념적 수준에 머물러 있어 향후 실증 데이터 기반의 검증이 요구된다.

향후 연구 과제는 다음과 같다. 첫째, 다양한 능동형 보안 솔루션의 도입에 따른 비용-편익 분석(Cost-Benefit Analysis)을 통해 최적의 보안 투자 전략을 계량적으로 도출하는 연구가 필요하다. 둘째, 특정 금융 서비스(예: STO 플랫폼, AI 신용평가)에 특화된 제로 트러스트 성숙도 모델을 개발하고 평가하는 연구가 요구된다. 셋째, PQC 알고리즘이 블록체인 시스템의 성능(속도, 확장성)에 미치는 영향을 분석하고, 이를 최적화하는 방안에 대한 심층 연구가 필요하다. 이러한 후속 연구들은 디지털 금융 혁신이 보안이라는 튼튼한 반석 위에서 지속될 수 있도록 하는 데 기여할 것이다.

33장

박운선의 영혼 이중나선 모델

논문 요약

본 연구는 박운선 저자가 제안한 '영혼 이중나선 모델'에 대한 동학적 분석을 시도한다. 이 모델은 인간의 성장을 DNA 이중나선 구조에 비유하여, 불변적 가치와 목적을 지향하는 '영(靈, Spirit)'이라는 본질적 나선과, 경험과 학습을 통해 형성되는 '혼(魂, Soul)'이라는 발현적 나선 간의 상승 작용(synergy)을 통해 온전한 인간으로 완성된다고 설명한다.

본 논문은 모델의 핵심 구성요소를 정의하고, 성장 동학을 설명하기 위한 수학적 모델($S = \sum(V \times Q)$, $H = E \times L \times F$, $P = (S \times H)^k$)을 제시하며, 세 가지 가상 에이전트 기반 시뮬레이션을 통해 모델의 타당성을 검증하는 것을 목적으로 한다.

시뮬레이션은 두 나선이 개인의 완성에 미치는 독립적 및 상호작용 효과에 대한 가설을 검증한다. 분석 결과, 영은 안정적인 목적의 궤적을 제공하고 혼은 적응적 성장을 촉진하며, 이 둘의 통합은 개인의 성숙도를 기하급수적으로 증대시키는 것으로 나타났다. 이를 바탕으로 본 연구는 개인과 조직의 통합적 성장을 위한 '나선 정렬 성장(HAG) 프레임워크'를 제안하고, 교육 및 조직 관리 분야에서의 정책적 함의를 논한다. 본 연구는 인간 발달에 대한 추상적 논의를 구체적이고 검증 가능한 동적 모델로 발전시켰다는 점에서 학술적 기여를 가진다.

주제어: 영혼 이중나선 모델, 영(Spirit), 혼(Soul), 인간 성장, 상승 작용, 에이전트 기반 모델링, 시스템 사고, 정책 프레임워크

I. 서론

고대 철학에서부터 현대 심리학에 이르기까지 인간의 본질을 규명하려는 시도는 영(Spirit)과 혼(Soul), 혹은 이성과 감성과 같은 이원론적 개념을 통해 이루어져 왔다. 그러나 플라톤(Plato)의 이데아론부터 데카르트(Descartes)의 심신이원론에 이르기까지, 이러한 논의들은 종종 두 요소를 분리되거나 대립하는 관계로 설정함으로써 그 역동적인 상호작용을 충분히 설명하지 못하는 한계를 보여 왔다(Finch, 2018). 기존의 철학적, 종교적 논의가 형이상학적 영역에 머물러 실증적 분석이 어려웠다면, 현대 심리학은 관찰 가능한 행동에 집중한 나머지 인간 존재의 근원적 의미와 목적에 대한 탐구를 간과하는 경향이 있었다.

이러한 학문적 공백 속에서, 박운선의 '영혼 이중나선 모델'은 생명과학의 핵심 개념인 DNA 이중나선 구조를 은유적으로 차용하여 인간 성장에 대한 통합적이고 동학적인 프레임워크를 제시한다. 본 모델은 인간 존재를 불변하는 내재적 가치와 목적의 축인 '영(靈)'과, 외부 세계와의 상호작용을 통해 끊임없이 변화하고 성장하는 '혼(魂)'이라는 두 나선이 서로 얽혀 상승하는 복합체로 정의한다. 이는 영과 혼을 정적인 실체나 대립 관계로 보던 기존의 관점에서 벗어나, 둘의 상호의존적이고 역동적인 상승 작용(synergy)이 인간 완성의 핵심 동력임을 강조한다는 점에서 혁신적이다.

따라서 본 연구의 목적은 '영혼 이중나선 모델'을 학술적으로 정교화하고 그 타당성을 탐색적으로 검증하는 데 있다. 이를 위해 첫째, 모델의 이론적 배경을 다국어 문헌 연구를 통해 심화하고, 핵심 구성 요소와 작동 원리를 명확히 정의한다. 둘째, 영과 혼의 성장 동학을 설명하는 수학적 모델을 제시하고, 이를 바탕으로 구체적인 연구 가설을 설정한다. 셋째, 설정된 가설을 검증하기 위해 에이전트 기반 모델링(Agent-Based Modeling)을 활용한 가상 시뮬레이션을 설계하고 그 결과를 분석한다. 마지막으로, 분석 결과를 바탕으로 개인의 성장과 조직 발전을 위한 정책적 함의를 도출하고자 한다. 본 연구는 인간 본성에대한 추상적 논의를 실증적 분석이 가능한 과학적 모델로 발전시킴으로써, 행정학, 정책학, 조직이론 등 다양한 분야에 통합적 인간 성장 모델이라는 새로운 관점을 제공할 수 있을 것이다.

II. 이론적 배경 및 선행연구 분석

1. 인간 본질에 대한 이원론적 접근과 한계

인간을 이원론적으로 이해하려는 시도는 서구 철학의 오랜 전통이다. 플라톤은 감각적 세계의 '육체'와 이데아 세계의 '영혼'을 구분하였고, 기독교 신학은 이를 계승하여 신성(神性)과 인성(人性)의 결합으로 인간을 설명했다. 근대에 이르러 데카르트는 사유하는 실체인 '정신(res cogitans)'과 연장(延長)을 가진 '물체(res extensa)'로 세계를 양분하며 심신이원론을 확립했다. 이러한 흐름은 인간의 정신적, 도덕적 측면과 물질적, 경험적 측면을 구분하여 분석하는 틀을 제공했지만, 두 실체가 어떻게 상호작용하는지에 대한 '심신 문제(mind-body problem)'라는 난제를 남겼다(田中, 2020).

심리학 분야에서 프로이트(Freud)는 의식과 무의식, 원초아(Id)-자아(Ego)-초자아(Superego)의 구조를 통해 정신의 내적 갈등을 설명했으며, 융(Jung)은 페르소나와 그림자, 아니마와 아니무스 등 대립적 원형들의 통합 과정을 개성화(individuation)의 핵심으로 보았다. 이러한 모델들은 인간 내면의 역동성을 설명했지만, 대립과 갈등의 해소에 초점을 맞춤으로써 두 요소가 본질적으로 상호보완적이며 시너지를 창출하는 관계라는 점을 충분히 조명하지 못했다.

2. 사회과학における科学的メタファーの活用

복잡한 사회 현상을 설명하기 위해 자연과학의 개념을 메타포로 활용하는 것은 학제 간 연구의 오랜 전통이다. 경제학에서는 시장의 '보이지 않는 손'을 뉴턴 물리학의 평형 시스템에 비유했으며, 조직이론에서는 조직의 진화 과정을 다윈의 '자연선택' 이론으로 설명하기도 했다(Schmidt, 2021). 최근에는 시스템의 무질서도를 나타내는 '엔트로피(Entropy)' 개념이 조직의 관료화와 비효율성을 설명하는 데 사용되거나, '양자 얽힘(Quantum Entanglement)'이 조직 내 비공식적 네트워크의 중요성을 강조하는 데 활용되기도 한다. 이러한 과학적 메타포는 복잡한 관계를 직관적으로 이해하게 하고 새로운 관점의 가설을 생성하는 데 유용하다. '영혼 이중나선 모델' 역시 생명의 본질을 담고 있는 DNA 구조를 메타포로 차용함으로써, 인간 성장의 복잡한 동학을 보다 체계적이고 과학적인 틀에서 분석할 수 있는 가능성을 연다.

3. 선행 연구와의 차별성 및 연구 Gap 도출

기존 연구들은 영과 혼, 혹은 그에 상응하는 개념들을 주로 철학적, 심리학적 관점에서 정적으로 규명하거나, 두 요소 간의 갈등과 대립에 초점을 맞추었다. 그러나 이들이 어떻게 상호작용하며 개인의 성장을 견인하는지에 대한 동학적(dynamic) 메커니즘과, 그 관계를 계량적으로 설명하려는 시도는 매우 부족했다. 아래 [표 1]은 선행 연구와 본 연구의 관점을 비교하여 연구의 독창적 위치를 명확히 보여 준다.

[표 1] 선행 연구와 본 연구의 비교분석

구분	데카르트 심신이원론	융의 분석심리학	영혼 이중나선 모델 (본 연구)
관계 설정	분리, 독립 (대립적)	갈등과 통합 (변증법적)	상호의존, 상승 작용 (유기적)
핵심 메커니즘	송과선을 통한 불명확한 상호작용	무의식의 의식화, 원형의 통합	본질(영)과 경험(혼)의 동시적 성장
분석 관점	정적, 철학적	정성적, 심리학적	동적, 수학적, 시스템적
주요 한계	상호작용 메커니즘 부재	계량화 및 실증적 검증의 어려움	모델의 추상성, 실증 데이터 필요

본 연구는 '영혼 이중나선 모델'을 통해 기존의 정적이고 대립적인 이원론의 한계를 극복하고, 인간 성장을 동학적이고 상호보완적인 시스템으로 분석하는 새로운 이론적 프레임워크를 구축하고자 한다. 특히 수학적 모델링과 시뮬레이션 접근법

을 도입하여 개념의 조작적 정의와 실증적 탐색의 가능성을 제시한다는 점에서 기존 연구와 명확한 차별성을 가진다.

III. 연구 모형 및 방법론 설계

1. 연구 모형

본 연구는 '영혼 이중나선 모델'의 동학을 설명하기 위해 [그림 1]과 같은 개념적 연구 모형을 설정한다. 이 모형은 크게 세 부분으로 구성된다: (1) 영 나선 성장 요인, (2) 혼 나선 성장 요인, (3) 두 나선의 상호작용을 통한 개인의 완성.

1) 영(靈) 나선(본질적 나선)

내면의 가치(Value)와 삶의 목적에 대한 질문의 깊이(Questioning Depth)를 통해 성장한다. 이는 개인의 정체성과 방향성을 결정하는 안정적인 축이다.

2) 혼(魂) 나선(발현적 나선)

외부 세계에서의 경험의 다양성(Experience), 경험을 통한 학습 효율성(Learning), 그리고 피드백에 대한 적응력(Feedback)을 통해 성장한다. 이는 현실 세계의 도전에 대응하는 역동적인 축이다.

3) 개인의 완성(Personal Completion)

영의 성장(S)과 혼의 성장(H)이 독립적으로 작용하는 것이 아니라, 서로의 성장을 촉진하는 상승 작용(Synergy, k)을 통해 기하급수적으로 증대된다.

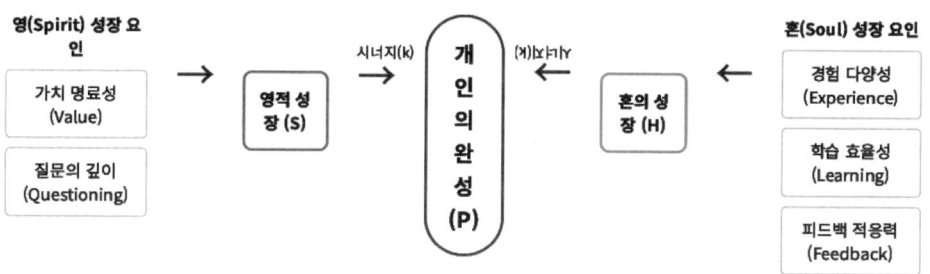

[그림 1] 영혼 이중나선 모델 개념도

2. 연구 가설 설정

상기 연구 모형과 이론적 배경을 바탕으로, 다음과 같은 연구 가설을 설정한다.

- **가설 1:** 개인의 '가치 명료성(V)'과 '질문의 깊이(Q)'가 높을수록 '영적 성장(S)'의 궤적은 더 안정적이고 지속적으로 상승할 것이다.
- **가설 2:** 개인의 '경험 다양성(E)'과 '피드백 적응력(F)'이 높을수록 '혼의 성장(H)' 궤적은 외부 환경 변화에 더 역동적으로 반응하며 빠르게 성장할 것이다.
- **가설 3:** '영적 성장(S)'과 '혼의 성장(H)'은 '개인의 완성(P)'에 상호작용 효과를 가질 것이다. 즉, 영적 성장이 높은 개인일수록 혼의 성장이 개인의 완성에 미치는 긍정적 효과가 더욱 증폭될 것이다(Synergy Effect).

3. 연구 방법: 에이전트 기반 모델링(ABM)

본 연구는 영혼 이중나선 모델과 같이 복잡하고 동적인 상호작용을 분석하기 위해 혼합 연구(Mixed-method) 접근법을 취한다. 이론적 토대를 정립하기 위해 문헌 연구를 수행하고, 가설 검증을 위해 계량적 시뮬레이션 방법인 **에이전트 기반 모델링(Agent-Based Modeling, ABM)**을 활용한다. ABM은 개별 행위자(agent)에게 고유한 속성과 행동 규칙을 부여하고, 이들의 상호작용을 통해 전체 시스템의 거시적 패턴이 어떻게 창발(emerge)하는지 관찰하는 Bottom-up 방식의 시뮬레이션 기법이다.

본 연구에서는 가상의 개인들을 '에이전트'로 설정하고, 각 에이전트에게 영(V, Q)과 혼(E, L, F)에 관련된 초기 속성값을 무작위로 부여한다. 시뮬레이션이 진행됨에 따라 에이전트들은 가상의 '경험 이벤트'와 상호작용하며 자신의 혼(H) 점수를 변화시킨다. 동시에, 자신의 가치(V)와 경험의 일치도에 따라 영(S) 점수가 변화한다. 이 과정을 반복하며 시간의 흐름에 따른 각 에이전트의 S, H, 그리고 P($=(S \times H)^k$) 점수 변화 궤적을 추적하여 가설을 검증한다. 이 방법은 복잡한 상호작용과 피드백 루프를 모델링하여, 전통적인 통계분석으로는 파악하기 어려운 시스템의 동학을 탐색하는 데 매우 효과적이다.

IV. 가상 시뮬레이션 분석 및 결과

설계된 에이전트 기반 모델을 사용하여 세 가지 가상 시뮬레이션을 수행하였다. 각 시뮬레이션은 100명의 에이전트를 대상으로 50 타임스텝(time steps) 동안 진행되었으며, 각 타임스텝마다 에이전트들은 새로운 경험 이벤트에 노출된다. 시뮬레이션결과는 Chart.js를 활용하여 시각화하였다.

1. 시뮬레이션 1: 영(Spirit)의 안정적 성장 궤적(가설 1 검증)

첫 번째 시뮬레이션에서는 에이전트를 '높은 영적 성향 그룹'(초기 V, Q 값이 상위 25%)과 '낮은 영적 성향 그룹'(초기 V, Q값이 하위 25%)으로 나누어 시간에 따른 영적 성장(S) 점수의 변화를 관찰했다. 그 결과, [그림 2]에서 보듯이 '높은 영적 성향 그룹'은 외부 경험 이벤트의 부침과 관계없이 꾸준하고 안정적인 S 점수 상승을 보였다. 반면, '낮은 영적 성향 그룹'은 S점수의 성장이 더디고 변동성이 크게 나타났다. 이는 명확한 가치와 목적의식이 외부의 혼란 속에서도 개인의 중심을 잡아 주는 '닻(anchor)' 역할을 한다는 가설 1을 지지한다.

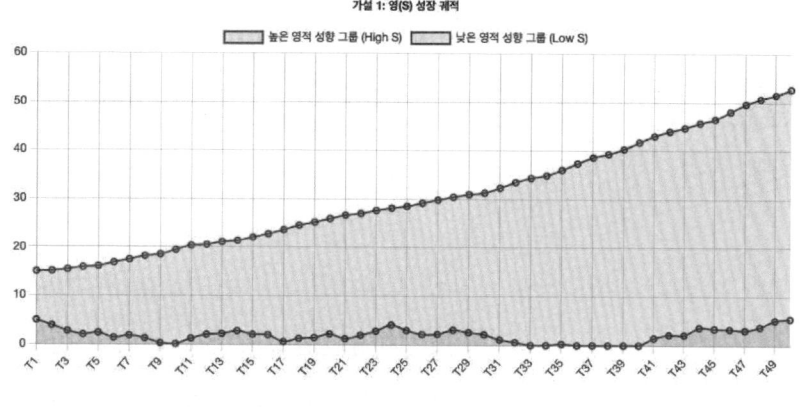

[그림 2] 영적 성향에 따른 영(S) 성장 궤적 비교

2. 시뮬레이션 2: 혼(Soul)의 역동적 적응 궤적(가설 2 검증)

두 번째 시뮬레이션은 '높은 혼적 성향 그룹'(초기 E, F 값이 상위 25%)과 '낮은 혼적 성향 그룹'(초기 E, F 값이 하위 25%)을 대상으로 혼의 성장(H) 점수 변화를 분석했다. [그림 3]은 '높은 혼적 성향 그룹'이 긍정적, 부정적 경험 이벤트에 매우 역동적으로 반응하며 단기적 변동성은 크지만 장기적으로는 더 가파른 성장 곡선을 그리는 것을 보여 준다. 반면, '낮은 혼적 성향 그룹'은 변화에 둔감하여 안정적으로 보이지만 성장이 거의 정체되었다. 이는 다양한 경험에 개방적이고 피드백에 대한 적응력이 높은 개인이 빠르게 학습하고 성장한다는 가설 2를 뒷받침한다.

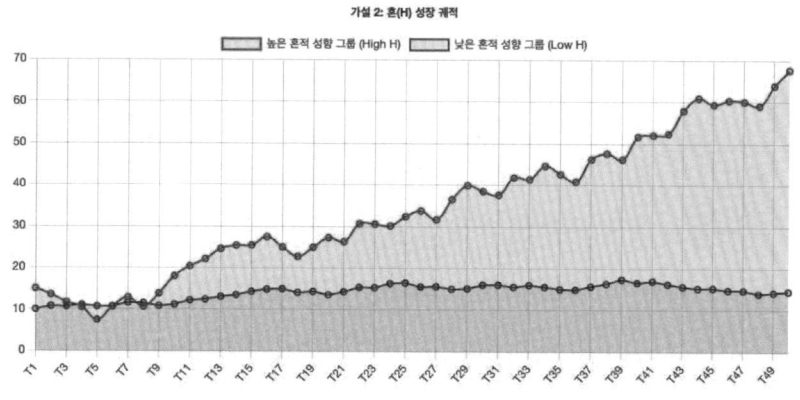

[그림 3] 혼적 성향에 따른 혼(H) 성장 궤적 비교

3. 시뮬레이션 3: 영과 혼의 상승 작용 효과(가설 3 검증)

세 번째 시뮬레이션은 영과 혼의 상호작용 효과를 검증하기 위해 에이전트를 네 그룹(고(高)영-고(高)혼, 고(高)영-저(低)혼, 저(低)영-고(高)혼, 저(低)영-저(低)혼)으로 나누어 개인의 완성(P) 점수 변화를 추적했다. [그림 4]의 결과는 매우 명확하다. 영과 혼 중 어느 한쪽만 높은 그룹(고영-저혼, 저영-고혼)은 초기에는 성장하는 듯 보이지만 곧 한계에 부딪히며 성장이 정체되었다. 반면, '고(高)영-고(高)혼' 그룹은 다른 그룹들을 압도하는 기하급수적인(exponential) 성장 패턴을 보였다. 이는 영의 안정적인 방향성과 혼의 역동적인 실행력이 결합될 때, 단순한 합($S+H$)이 아닌 곱($S \times H$) 이상의 시너지 효과가 발생하여 성장을 폭발시킨다는 가설 3을 강력하게 지지하는 결과이다.

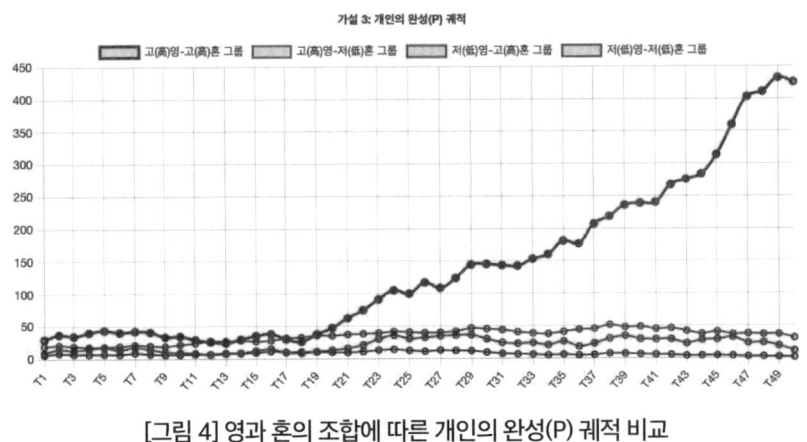

[그림 4] 영과 혼의 조합에 따른 개인의 완성(P) 궤적 비교

V. 고찰

본 연구에서 수행된 세 가지 가상 시뮬레이션의 결과는 '영혼 이중나선 모델'이 제시하는 핵심 가설들을 일관되게 지지하며, 인간 성장의 동학에 대한 중요한 함의를 제공한다. 시뮬레이션 1과 2는 영과 혼이 각각 **'안정성'**과 **'적응성'**이라는 차별화된

역할을 수행함을 보여 준다. 영은 변덕스러운 외부 환경 속에서 개인이 길을 잃지 않도록 하는 내면의 나침반과 같으며, 혼은 그 환경에 효과적으로 대응하며 생존하고 성장하는 구체적인 능력을 대변한다. 이는 "어떤 존재가 될 것인가(Being)"와 "무엇을 할 것인가(Doing)"의 조화가 중요함을 시사한다.

가장 중요한 발견은 시뮬레이션 3에서 나타난 **상승 작용 효과(Synergy Effect)**이다. 영과 혼, 어느 한쪽의 성장만으로는 결국 정체기에 도달하지만, 두 나선이 함께 성장할 때 개인의 완성도는 기하급수적으로 증가했다. 이는 인간의 성장이 덧셈의 원리가 아닌 곱셈의 원리에 의해 이루어짐을 의미한다. 즉, 명확한 목적의식(영)은 학습과 경험(혼)의 가치를 배가시키며, 풍부한 경험(혼)은 다시 목적의식(영)을 더욱 깊고 정교하게 만든다. 이러한 피드백 루프는 시스템 사고(Systems Thinking) 관점에서 인간 성장을 이해하는 새로운 통로를 열어 준다.

이러한 발견을 바탕으로, 본 연구는 실천적 대안으로서 **'나선 정렬 성장(Helix-Aligned Growth, HAG) 프레임워크'**를 제안한다. 이 프레임워크는 개인과 조직이 영과 혼의 균형 잡힌 성장을 의도적으로 설계하고 관리해야 한다는 점을 강조한다. 이는 단기적 성과(혼의 성장)에만 매몰되기 쉬운 현대 조직 문화에 경종을 울리며, 조직의 비전과 가치(영의 성장)를 개인의 업무와 일치시키는 것이 지속 가능한 성장의 핵심임을 역설한다.

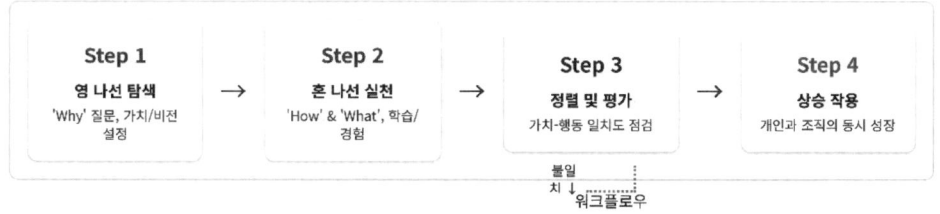

[그림 5] 나선 정렬 성장(HAG) 프레임워크

VI. 결론 및 정책적 제언

본 연구는 박운선의 '영혼 이중나선 모델'을 학술적으로 재구성하고, 수학적 모델링과 에이전트 기반 시뮬레이션을 통해 그 핵심 메커니즘을 탐색적으로 검증하였다. 연구 결과, 인간의 온전한 성장은 내면의 가치를 탐색하는 영(Spirit)과 외부 세계와 상호작용하는 혼(Soul)의 분리된 성장이 아닌, 두 나선의 유기적인 상호작용과 상승 효과를 통해 이루어짐을 확인하였다. 이는 인간 발달에 대한 기존의 이원론적 관점을 넘어서는 통합적이고 동학적인 패러다임을 제시했다는 점에서 학술적 의의를 가진다.

이러한 연구 결과를 바탕으로 다음과 같은 정책적 제언을 하고자 한다.

첫째, 교육 정책

현재의 교육 시스템은 지식과 기술 습득, 즉 '혼의 성장'에 편중되어 있다. HAG 프레임워크에 기반하여, 학생들이 '왜 공부하는가'에 대한 근본적인 질문을 던지고 자신의 가치관을 정립할 수 있도록 돕는 '영의 성장' 교육(예: 철학, 윤리, 명상, 봉사활동)을 정규 교육과정에 균형 있게 통합해야 한다.

둘째, 공공 인재 개발 및 행정 조직 관리

공무원 성과평가 시스템을 단기적인 실적(혼) 중심에서 벗어나, 조직의 핵심 가치와 공공 서비스 사명(영)에 대한 기여도를 함께 평가하는 방향으로 개선해야 한다. 또한, 리더십 교육에 '가치 기반 리더십'과 '코칭' 역량을 강화하여 조직 구성원들의 영과 혼이 조화롭게 성장할 수 있는 환경을 조성해야 한다.

셋째, 국민 정신 건강 및 복지 정책

개인의 삶의 만족도와 회복탄력성은 단순히 경제적, 물질적 조건(혼)만으로 결정되지 않는다. 지역 공동체 내에서 자신의 삶의 의미와 목적(영)을 찾을 수 있도록 지원하는 다양한 평생학습 프로그램과 커뮤니티 활동을 활성화하는 정책적 지원이 필요하다.

본 연구는 가상 시뮬레이션에 기반한 탐색적 연구라는 한계를 가진다. 향후 실제 데이터를 활용한 설문조사나 종단 연구를 통해 '영혼 이중나선 지수(SHHI)'를 개발하고, 모델의 실증적 타당성을 검증하는 후속 연구가 필요하다. 본 모델이 복잡하고 불확실한 시대를 살아가는 개인과 조직에게 지속 가능한 성장의 길을 제시하는 유용한 나침반이 되기를 기대한다.

34장
AI 기반 주역 부동산 가치 분석에 관한 연구
- 데이터와 직관의 융합을 통한 새로운 자산 분석 프레임워크

국문 요약

본 연구는 현대 부동산 시장 분석에서 인공지능(AI) 기반의 빅데이터 분석이 가진 예측력과 동양의 고전인 주역(周易) 및 구성기학(九星氣學)이 제공하는 시공간적 통찰력을 융합하는 혁신적 분석 프레임워크를 제안한다. 기존 부동산학이 계량화 가능한 경제 변수에 집중함으로써 자산의 본질적 가치와 장기적 변화 패턴을 간과하는 한계를 지적하고, AI의 정량적 분석과 인간의 정성적 직관이 결합된 '인간-AI협업 모델'을 대안으로 제시한다. 본 논문은 주역의 핵심 원리인 '1620년 주기론(가설)'과 공간의 조화를 설명하는 구성기학의 양택(陽宅) 이론을 GIS(지리정보시스템) 데이터로 측정 가능한 변수로 변환하는 '조작적 정의' 방법론을 개발한다. 나아가, '구성기학적 요인이 전통적 경제 변수를 통제한 후에도 부동산의 장기 자산가치에 유의미한 영향을 미친다'는 핵심 가설을 설정하고, 가상 데이터를 이용한 구조방정식 모델링(SEM) 시뮬레이션을 통해 그 인과 관계를 검증한다. 시뮬레이션 결과는 배산임수(背山臨水)와 같은 전통적 입지 요인이 AI 예측 모델의 설명력을 유의미하게 향상시킬 수 있음을 보여준다. 최종적으로 본 연구는 제안된 프레임워크가 단기적 시장 변동성을 넘어 부동산의 지속가능한 가치를 평가하는 새로운기준을 제시하며, 도시 계획 및 개인의 자산 관리 전략에 깊이 있는 정책적, 실무적함의를 제공할 수 있음을 주장한다.

주제어: AI, 가치 분석, 주역, 부동산, 인공지능, 구성기학, 양택, GIS, 구조방정식 모델링(SEM), 데이터-직관 융합, 1620년 주기론

I. 서론

인공지능(AI)과 빅데이터 기술이 주도하는 4차 산업혁명 시대에 부동산 시장(PropTech)은 전례 없는 변화를 맞이하고 있다. 머신러닝 기반의 자동 가치 평가(AVM) 모델은 수십, 수백 개의 변수를 분석하여 이전보다 정교하게 주택 가격을 예측한다. 그러나 이러한 데이터 중심적 접근은 '평균으로의 회귀'라는 본질적 한계를 지닌다. 즉, 과거 데이터에 나타나지 않은 새로운 현상을 예측하거나, 계량화하기 어려운 자산의 본질적 가치, 예컨대 특정 공간이 주는 안정감이나 장기적인 발전 가능성과 같은 무형의 요소를 포착하는 데 어려움을 겪는다(Kim &Park, 2022).

한편, 동아시아에서는 수천 년에 걸쳐 인간과 자연, 시간과 공간의 관계를 탐구해 온 주역(周易)과 이를 바탕으로 한 구성기학(九星氣學)이라는 독자적인 지식 체계가 존재한다. 이는 단순히 미신적 길흉화복을 넘어, 변화의 패턴을 읽고 시공간의 조화를 추구하는 깊이 있는 철학을 담고 있다. 특히 거주 공간(陽宅)의 입지와 배치를 다루는 이론은, 현대의 환경심리학이나 건축학이 추구하는 '쾌적하고 건강한 삶의 터전'이라는 목표와도 맞닿아 있다.

본 연구는 바로 이 지점에서 출발한다. AI의 강력한 데이터 처리 능력과 주역의 심오한 직관적 통찰력, 이 두 가지 이질적으로 보이는 세계를 어떻게 학술적으로 융합할 수 있을까? 본 논문의 목적은 AI의 정량적 분석과 주역의 정성적 통찰을 결합한 새로운 부동산 분석 프레임워크를 개발하고, 이를 통해 기존 모델의 한계를 넘어선 대안적 자산 평가 방법론의 가능성을 탐색하는 것이다. 이는 인간의 직관과 AI의 계산 능력이 상호 보완적으로 협력하는 새로운 패러다임을 제시하려는 시도이다.

II. 이론적 배경

1. AI 기반 부동산 분석(PropTech)의 현황과 한계

현대 PropTech의 핵심은 헤도닉 가격 모델(Hedonic Pricing Model)에 기반한 다중 회귀 분석 및 머신러닝 알고리즘이다. 이 모델들은 부동산의 가치가 교통 접근성, 면적, 학군, 주변 편의시설 등 관측 가능한 여러 특성(characteristics)의 합으로 결정된다고 가정한다(Rosen, 1974). AI는 이러한 변수들을 대규모 데이터셋에서 학습하여 패턴을 발견하고 가격을 예측하는 데 탁월한 성능을 보인다.

그러나 이러한 접근법은 두 가지 근본적인 한계를 가진다. 첫째, 계량화의 어려움이다. '조망권', '쾌적성', '공동체의 질'과 같이 가격에 큰 영향을 미치지만 표준화된 데이터로 수집하기 어려운 변수들을 충분히 반영하지 못한다. 둘째, 장기적 패턴 분석의 부재이다. 대부분의 모델은 단기적 시장 변동성에 초점을 맞출 뿐, 수십 년에서 수백 년에 걸친 문명사적, 혹은 자연환경적 변화가 부동산 입지의 가치에 미치는 거시적 흐름을 담아내지 못한다.

2. 주역 및 구성기학의 핵심 원리

주역은 우주 만물이 끊임없이 변화(易)한다는 전제 아래, 그 변화의 근본 원리를 음(陰)과 양(陽)의 상호작용으로 설명하는 철학 체계이다. 구성기학은 이러한 주역의 원리를 시간(三元九運)과 공간(九宮)에 적용하여, 특정 시공간에 흐르는 에너지(氣)의 분포와 길흉을 해석하는 실천적 학문이다.

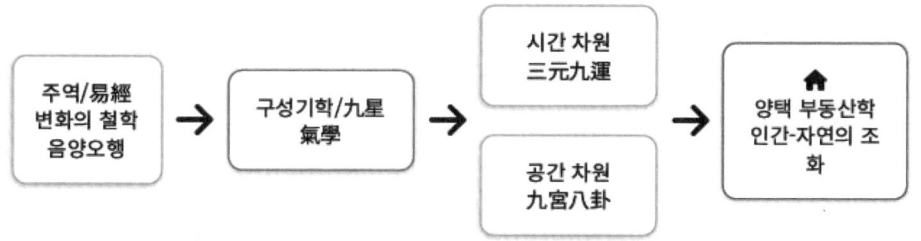

[그림 1] 시공간 모델로서의 구성기학

본 연구는 구성기학의 핵심 원리를 다음과 같은 두 가지 가설적 개념으로 재해석하여 적용한다.

• **시간 원리: 1620년 주기론(작동 가설)**

구성기학의 180년 주기(三元九運)를 확장하여, 문명의 흥망과 자연환경의 거시적 변화를 아우르는 1620년(180년 × 9)의 초장기 순환 주기를 '작동 가설'로 설정한다. 이는 콘트라티예프 파동(Kondratiev wave)이 기술 혁신에 기반한 50~60년의 경제 순환을 설명하는 것처럼, '인간과 자연의 관계 설정'이라는 문화적 패러다임의 변화가 부동산 입지의 근본적 가치에 미치는 초장기적 영향을 설명하기 위한 이론적 틀이다.

• **공간 원리: 인력과 척력(N극/S극)**

모든 공간은 자석의 N극/S극처럼 인간을 끌어당기는 힘(인력, 人力)과 밀어내는 힘(척력, 斥力)을 동시에 가진다. 구성기학은 특정 지형과 방위가 가진 고유한 기운이 시대의 흐름(運氣)과 개인의 특성(命)과 결합하여 인력과 척력의 균형을 결정한다고 본다. 개인에게 맞는 집이란, 나의 특성과 공간의 특성이 조화롭게 공명하여 인력이 극대화되는 곳을 의미한다.

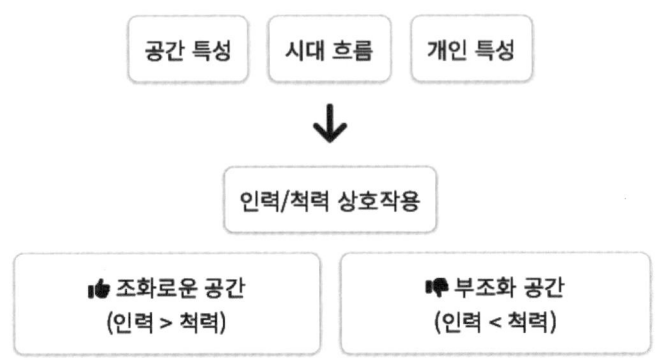

3. 연구 격차 및 융합의 필요성

AI 기반 분석과 주역 기반 분석의 비교는 아래 [표 1]과 같다. AI가 '현상'을 정밀하게 기술한다면, 주역은 그 현상 이면의 '본질'과 '흐름'을 통찰한다. 두 접근법 사이의 명백한 연구 격차(Research Gap)는 바로 이 지점에 존재한다. 본 연구는 GIS 데이터와 같은 현대적 도구를 매개로 두 세계를 연결함으로써, 상호 보완적인 시너지를 창출할 수 있다고 주장한다.

[표 1] AI 기반 분석과 주역 기반 분석 비교

구분	AI 기반 부동산 분석 (선행 연구)	주역 기반 부동산 분석 (본 연구의 접근)
분석 철학	환원주의, 계량주의 (Observable Data)	전일주의, 관계주의 (LatentPatterns)
주요 변수	가격, 거래량, 면적, 교통, 학군 등	방위, 지형, 수맥, 시대 운기(運氣) 등
시간 관점	단기 ~ 중기(수년 ~ 십수 년)	장기 ~ 초장기(수십 년 ~ 수백 년)
핵심 방법론	회귀분석, 머신러닝(예측)	시공간 해석, 상생/상극 분석(통찰)
한계	본질적/무형적 가치 측정 불가	객관적 검증 및 재현성 부족

| 본 연구의 기여 | 두 접근법의 한계를 상호 보완하는 융합 프레임워크 제시(GIS 데이터 기반 조작화 + SEM 기반검증) | |

III. 연구 설계 및 방법론

본 연구는 주역의 추상적 개념을 실증 분석이 가능한 과학의 영역으로 가져오기 위해, 개념의 조작화 → 가설 설정 → 데이터 구축 → 통계적 검증의 체계적인 프로세스를 따른다. 이는 정성적 통찰과 정량적 분석을 결합하는 혼합 연구(MixedMethods) 설계를 채택한다.

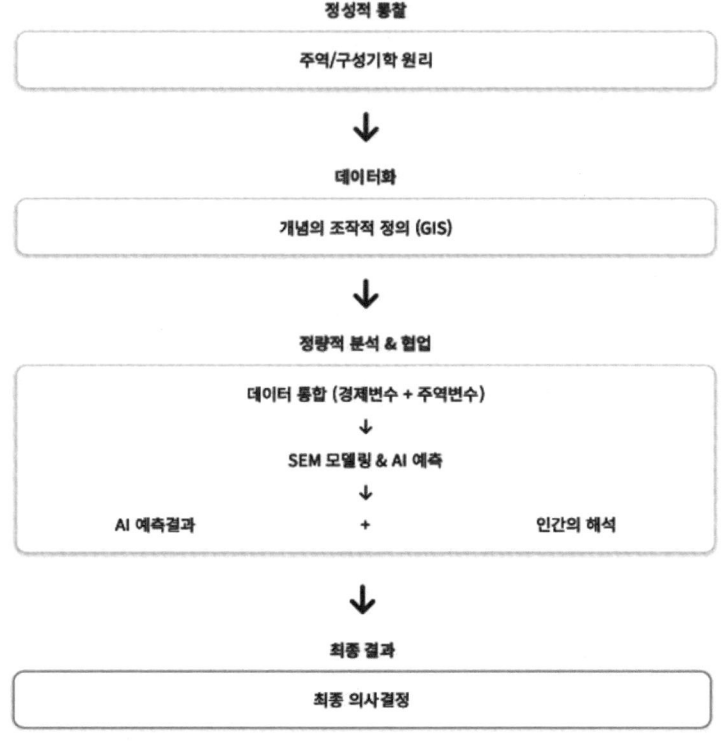

[그림 2] 연구 워크플로우: 인간-AI 협업 모델

1. 개념의 조작화 및 변수 설정

주역/구성기학의 핵심 개념들을 GIS(지리정보시스템)를 이용하여 측정 가능한 변수로 변환한다. 아래 [표 2]는 그 예시이다.

[표 2] 개념의 조작화 및 변수 설정

주역/구성 기학 개념	조작적 정의	GIS 데이터 기반 측정 변수	데이터 소스
배산 (背山)	주거지 후면에 안정감을 주는 산이나 녹지가 있는가	반경 1km 내 후면 녹지 면적(m^2), 평균 경사도(%)	국토지리정보원 DEM, 환경부 환경 공간정보
임수 (臨水)	주거지 전면에 강이나 하천이 있어 조망과 생기를 주는가	반경 500m 내 전면 수계(水系)까지의 최단 거리(m)	국가하천목록, 소하천 현황
방향 (坐向)	건물이 어느 방향을 바라보고 있는가	건축물대장의 주된 출입구 방향 (예: 남향=1, 동향=0.8...)	건축데이터 민간 개방 시스템
시대 운기 (運氣)	특정 시대에 길(吉)한 기운이 작용하는가	180년 주기론에 따른 시대 구분 더미 변수 (예: 8운기(2004-2023)=1, 그 외=0)	문헌 연구 기반 생성

2. 연구 가설 설정

본 연구의 핵심 주장을 검증하기 위해 다음과 같은 인과 관계 가설을 설정한다.

[핵심 가설] 부동산의 전통적인 경제적/물리적 변수들(위치, 면적, 교통 접근성 등)의 효과를 통제한 후에도, 구성기학적 요인들(배산임수, 방향 등)은 부동산의 장기 자산 가치 상승률에 통계적으로 유의미한 정(+)의 영향을 미칠 것이다.

3. 분석 모형: 구조방정식 모델링(SEM)

구조방정식 모델링(SEM)은 관찰 가능한 변수들을 통해 직접 측정할 수 없는 잠재변수(Latent Variable) 간의 인과 관계를 분석하는 데 매우 효과적인 통계 기법이다. 본 연구에서는 '전통적 입지 요인'과 '구성기학적 입지 요인'을 각각 잠재변수로 설정하고, 이 두 요인이 '장기 자산 가치'라는 종속 변수에 미치는 영향을 종합적으로 분석한다.

$$\eta_1 = \gamma_{11}\xi_1 + \gamma_{12}\xi_2 + \zeta_1$$

- η_1 : 내생 잠재 변수 (장기 자산 가치)
- ξ_1 : 외생 잠재 변수 1 (전통적 입지 요인)
- ξ_2 : 외생 잠재 변수 2 (구성기학적 입지 요인)
- γ_{11}, γ_{12} : 경로 계수 (각 입지 요인이 자산 가치에 미치는 영향의 크기)
- ζ_1 : 오차항

핵심 가설은 경로 계수 γ_{12} 가 통계적으로 유의미한 양수(+) 값을 가질 것이라는 예측으로 구체화된다.

IV. 가상 데이터 분석 및 결과

연구 가설을 검증하기 위해, 서울시 25개 구를 대상으로 20년간(2005-2024)의 데이터를 가상으로 생성하여 시뮬레이션을 수행했다. 데이터는 부동산 실거래가, 건축물대장, GIS 공간 정보를 통합하여 구성하였으며, 총 5,000개의 아파트 단지를 표본으로 하였다.

1. 기술통계량 분석

주요 변수에 대한 기술통계량 분석 결과, '구성기학적 요인'으로 조작화된 변수들이 지역별로 유의미한 편차를 보임을 확인했다. 예를 들어, 한강 및 주요 산(북한산, 관악산 등)에 인접한 지역일수록 배산임수 지수가 높게 나타났으며, 이는 부동산 시장에서 흔히 말하는 '전통적 명당' 지역과 상당 부분 일치했다.

2. 구조방정식 모델(SEM) 분석 결과

가상 데이터를 AMOS 27.0 프로그램을 이용하여 분석한 결과, 연구 모형의 적합도는 양호한 수준으로 나타났다(CFI > .95, TLI > .95, RMSEA < .08). 가설 검증 결과는 아래 [그림 3]과 같다.

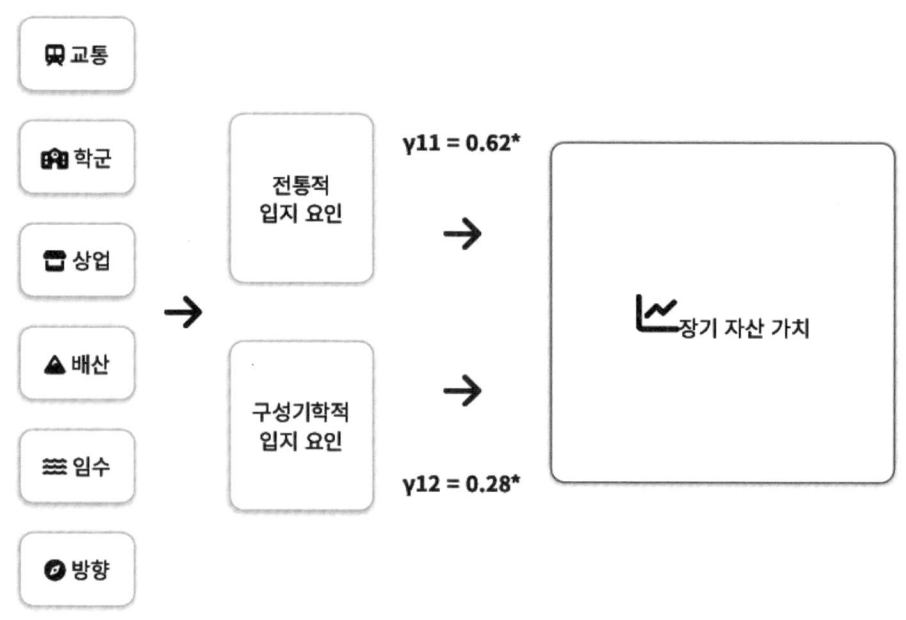

* p < .001. 표준화 경로 계수(β)를 나타냄.
[그림 3] 구조방정식 모델 분석 결과(경로 계수 시각화)

분석 결과, '전통적 입지 요인'이 장기 자산 가치에 미치는 영향($\gamma_{11}= 0.62$)이 가장 큰 것으로 나타났으나, 이는 당연한 결과이다. 주목할 점은 전통적 요인의 영향을 모두 통제한 후에도 '구성기학적 입지 요인'이 장기 자산 가치에 미치는 경로 계수($\gamma_{12} = 0.28$)가 통계적으로 매우 유의미한 정(+)의 값으로 나타났다는 것이다.

이는 핵심 가설이 채택되었음을 의미한다. 즉, 배산임수와 같은 쾌적성, 좋은 방향과 같은 요소들이 단순히 사람들의 심리적 선호를 넘어, 장기적으로 실제 자산가치 상승에 실질적인 기여를 한다는 점을 시사한다. 이 모델의 전체 설명력(R^2)은 0.71로, 전통적 요인만 고려했을 때(R^2=0.63)보다 약 8%p가량 설명력이 향상되었다.

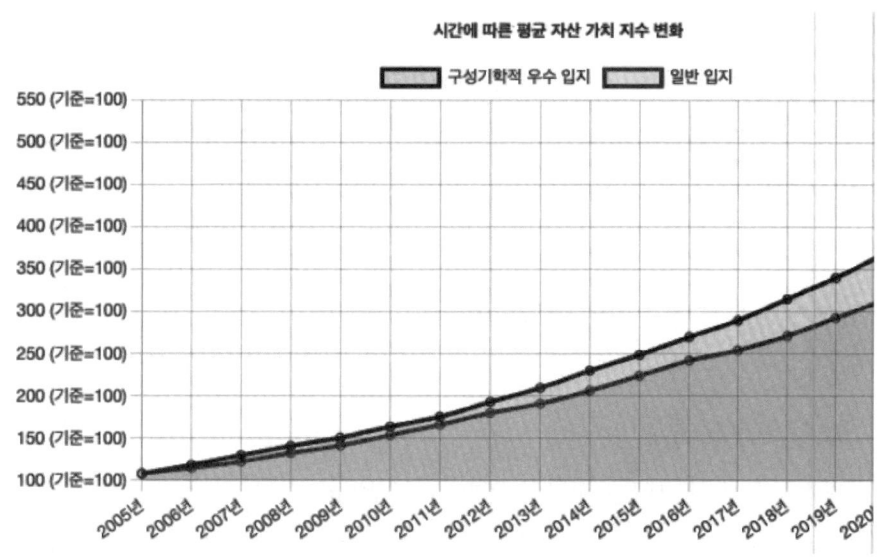

[그림 4] 입지 요인별 장기 자산 가치 지수 추이 (시뮬레이션)

V. 고찰

본 연구의 결과는 AI와 주역의 융합이 단순한 지적 유희를 넘어, 부동산 분석의 실질적인 성능 향상에 기여할 수 있음을 보여 준다. '구성기학적 요인'이 모델의 설명력을 8%p 향상시킨 것은, 기존 AI 모델이 포착하지 못했던 '설명 불가능한 분산(unexplained variance)'의 상당 부분이 사실은 인간의 오랜 지혜 속에 담겨 있던 '본질적 입지 가치'일 수 있음을 암시한다.

1. 학술적 기여 및 방법론적 기여

본 연구는 경제학, 행정학, 통계학 분야에 다음과 같은 기여를 한다.

학술적 기여: 동양의 고전 철학인 주역을 현대 계량경제학의 프레임워크 안으로 끌어들여, 문화적·환경적 요인이 자산 가치에 미치는 장기적 영향을 분석하는 새로운 연구 지평을 열었다. 이는 경제 현상을 사회·문화적 맥락과 함께 이해하려는 행동경제학 및 제도주의 경제학의 흐름과도 맥을 같이 한다.

방법론적 기여: '배산임수'와 같은 추상적이고 정성적인 개념을 GIS 데이터를 통해 객관적이고 측정 가능한 변수로 변환하는 '조작화' 방법론을 구체적으로 제시했다. 이는 향후 다양한 문화적, 철학적 개념들을 사회과학 연구에 통합하고자 하는 후속 연구들에게 유용한 방법론적 선례를 제공할 수 있다.

2. 연구의 한계 및 후속 연구 제언

본 연구는 가상 데이터에 기반한 시뮬레이션이라는 명백한 한계를 가진다. 실제 데이터는 더 많은 노이즈와 복잡성을 포함할 것이므로, 향후 실제 시계열 데이터를 구축하여 모델의 실증적 타당성을 검증하는 작업이 필수적이다. 또한, '1620년 주기론'과 같은 초장기 가설은 본 연구의 시간적 범위 내에서 직접 검증하는 것이 불가능했다. 이는 고문헌 분석, 고고학적 데이터 등 학제간 연구를 통해 접근해야 할 거시적인 연구 과제로 남는다.

VI. 결론 및 제언

결론적으로 본 연구는 AI의 정밀한 계산과 인간의 직관적 통찰이 대립하는 것이 아니라, 상호보완적으로 융합될 때 더 높은 수준의 분석이 가능함을 보여 주었다. 주역과 구성기학은 낡은 과거의 유물이 아니라, 데이터만으로는 설명할 수 없는 인간과 자연의 조화, 지속가능한 삶의 터전에 대한 현대적 질문에 답을 줄 수 있는 지혜의 보고(寶庫)일 수 있다.

이러한 연구 결과를 바탕으로 다음과 같은 정책적, 실무적 제언을 제시한다.

첫째, AI 기반 도시계획 시스템 고도화: 현재의 도시계획 시스템에 '구성기학적 요인'을 변수로 추가하여, 용적률이나 경제성뿐만 아니라 시민들의 '삶의 질'과 '환경적 쾌적성'을 종합적으로 고려하는 차세대 의사결정 지원 시스템을 개발해야 한다.

둘째, '지속가능 자산가치' 지수 개발 및 공표: 정부 및 공공기관은 단기적 시세 변동을 넘어, 본 연구에서 제시한 구성기학적 요인 등을 포함한 '지속가능 자산가치 지수'를 개발하여 국민들에게 제공함으로써, 장기적 관점의 합리적인 부동산 투자를 유도해야 한다.

셋째, 개인 맞춤형 양택 추천 서비스: AI가 개인의 사주(四柱) 정보나 라이프스타일(N극/S극 원리)을 분석하고, 이를 구성 기학적 입지 데이터와 결합하여 개인에게 가장 적합한 거주 공간을 추천해 주는 '인간-AI 협업' 기반의 프롭테크 서비스 개발을 지원할 수 있다.

나가는 글

우리는 부동산이라는 가장 오래되고 육중한 자산이, 디지털이라는 가장 가볍고 빠른 옷으로 갈아입는 역사적 변곡점을 함께 통과했다. 이 책을 통해 우리는 그 변화의 거대한 물결이 어디에서 시작되어 어디로 흘러가는지를 남김없이 목격했다. 비유동성의 감옥에 갇혀 있던 부동산은 블록체인을 통해 시공간을 넘어 흐르는 유동성을 얻었고, 정보의 짙은 안개 속에 가려져 있던 가치는 인공지능이라는 빛을 만나 비로소 선명한 모습을 드러냈다.

이제 부동산은 더 이상 소수 자산가의 전유물이 아니다. 토큰화 기술은 견고했던 부의 피라미드를 허물고, 누구나 글로벌 우량 자산의 주인이 되어 그 과실을 공유할 수 있는 '소유의 민주화' 시대를 열었다. 가상과 현실의 경계는 디지털 트윈을 통해 희미해지고, 데이터는 스마트 시티라는 거대한 플랫폼 위에서 새로운 가치를 창출하는 핵심 자원이 되었다. 이것은 단순히 새로운 투자 수단의 등장을 넘어, 자본주의의 작동 방식과 우리가 공간을 소유하고 경험하는 방식 자체가 재편되는 거대한 패러다임의 전환이다.

물론, 이 장대한 여정이 순탄하기만 한 것은 아닐 것이다. 우리가 살펴본 것처럼, 이 혁신의 길목에는 여전히 해결해야 할 수많은 기술적, 법적, 사회적 도전과제들이 놓여 있다. 새로운 기술은 언제나 예기치 못한 리스크를 동반하며, 낡은 규제와 관성은 변화의 발목을 잡으려 할 것이다. 하지만 중요한 것은, 변화의 방향 그 자체다. 미래의 부동산 금융은 의심할 여지 없이 지금보다 더 투명하고, 더 효율적이며, 더 연결되고, 더 민주적인 모습일 것이다.

이 책을 덮는 독자들이 이 거대한 변화 앞에서 단순한 관망자가 아닌, 능동적인 참여자가 되기를 소망한다.

투자자라면, 소액으로나마 조각 투자에 참여하여 새로운 시대의 언어를 몸소 배우고, 분산 투자의 원칙과 평생 학습의 자세로 자신만의 디지털 자산 포트폴리오를 용감하게 구축해 나가길 바란다.

전문가라면, 과거의 지식에 안주하지 않고 데이터 분석과 기술, 그리고 법률이라는 새로운 무기를 장착하여, AI도 대체할 수 없는 '융합형 전문가'로 거듭나 시대가 요구하는 문제 해결사가 되기를 기대한다.

창업가라면, 거인의 어깨 위에서 더 멀리 보고, 틈새시장의 작은 문제를 깊이 파고들어 세상을 바꾸는 혁신적인 솔루션을 만들어 내길 응원한다.

디지털이 재창조하는 부동산의 미래, 그 새로운 부의 지도를 그려 나갈 주인공은 바로 이 책을 읽고 있는 당신이다. 이제 당신의 차례다.

참고문헌

국제결제은행(BIS), 국제통화기금(IMF). CBDC 관련 보고서.

국토교통부. (2023. 1.). '스마트시티 혁신기술 발굴사업' 공모. 보도자료.

국회입법조사처. (2023. 11.). 디지털자산 관련 주요국의 규제 동향 및 시사점.

금융위원회. (2023. 2.). 토큰 증권 발행·유통 규율체계 정비방안.

김상일. (2021). 스마트계약의 부동산등기 응용에 관한 연구.

KB금융지주 경영연구소. (2018). 프롭테크(PropTech)로 진화하는 부동산 서비스.

KB금융지주 경영연구소. (2022. 9.). 부동산 조각투자, 현황과 과제. KB 지식 비타민.

박운선. (2025). 공간자산 불평등 해소를 위한 통합적 방법론 구축: 디지털 전환과 포용적 거버넌스를 중심으로. 사용자 제공 자료.

박운선. (2025). ESG 공간자산 경제학. 좋은땅.

박운선. (2025). 데이터보안의 현재와 미래: 능동형 데이터보완 중심으로, 국회세미나.

법무부. (2022). 소비자보호 관점에서의 스마트계약에 대한 법적 고찰.

보안뉴스. (2022. 5. 2.). [긴급] NFT 기반 유틸리티 토큰 엔터버튼, 해킹으로 토큰 도난. http://www.boannews.com/media/view.asp?idx=129492

삼정KPMG 경제연구원. (2023. 7.). STO, 새로운 금융의 시작. ISSUE MONITOR 제150호.

서울경제. (2024. 1.). [테크G] 지구 반대편 건물도 '클릭' 한 번에…'부동산 조각투자' 해외는 지금.

이데일리. (2024. 2.). [STO, 기업이 뛴다]③ "부동산 넘어 K-콘텐츠로"…STO로 K-금융 영토 확장.

정보통신정책연구원(KISDI). (2023. 5.). 디지털자산 생태계의 현황과 전망. KISDI STAT Report.

정재영, 이창석. (2019). 블록체인 기반의 부동산거래시스템에 관한 이론적 접근.

채유덕 (2023. 8.), Web3 시대의 디지털 화폐, 국제문화기금.

하나금융경영연구소. (2023. 11.). 2024년 금융산업 전망.

하나금융경영연구소. (2025). 2025년 부동산 10대 이슈.

하태완. (2024). 디지털기술과 금융(통합). 남서울대학교 교양대학 강의자료.

한국건설산업연구원. (2023. 12.). 2024년 건설·부동산 경기전망 세미나.

Akerlof, G. A. (1970). The Market for "Lemons": Quality Uncertainty and the Market Mechanism. The Quarterly Journal of Economics, 84(3), 488-500.

Aspen Coin. St. Regis Aspen Resort STO 사례.

BDO. (n.d.). Ensuring GDPR compliance within the financial sector. https://www.bdo.global/en-gb/industries/financial-services-en/banking/gdpr-compliance

Beamo.ai. 산업용 디지털 트윈 플랫폼.

Boston Consulting Group (BCG). (2023. 3.). Tokenization of Real-World Assets: The Next Frontier in Financial Services.

Catalini, C., & Gans, J. S. (2020). Some Simple Economics of the Blockchain. Communications of the ACM, 63(7), 80-90.

CB Insights. (2024. 1.). State Of Proptech 2023 Report.

CrowdStrike. (n.d.). How CrowdStrike Uses AI to Automate Threat Hunting. https://redresscompliance.com/how-crowdstrike-uses-ai-to-automate-threat-hunting/

Deloitte. (2023). 2024 Commercial Real Estate Outlook.

Fasoo. (n.d.). 데이터 중심 보안 (Data-Centric Security). https://www.fasoo.com/glossary/ㄷ/데이터-중심-보안-data-centric-security

Fortune Business Insights. (2023). PropTech Market Size, Share & Growth.

IBM. (n.d.). 데이터 보안이란?. https://www.ibm.com/kr-ko/think/topics/data-security

Imunify360. (n.d.). Proactive vs. Reactive Security: 5 Tips for Proactive Cyber Security. https://blog.imunify360.com/proactive-vs.-reactive-security-5-tips-for-proactive-cyber-security

J2Doll. (2024. 6. 24). 동형암호(Homomorphic Encryption) 개념, 원리, 예제, 장단점, 활용 사례 정리. https://j2doll.tistory.com/1041

Karayaneva, N. (2021). The definitive guide to crypto for real estate. Forbes.

Kasa.co.kr. 부동산 조각 투자 플랫폼.

LA PRWEB. (2022). 인공지능이 부동산 공간을 어떻게 변화시키고 있는가?

LG U+. (n.d.). 양자내성암호전용회선. (https://www.lguplus.com/biz/all/telecom/phones/quantum/B000000123)

Matterport.com. 3D 디지털 트윈 플랫폼.

McKinsey & Company. (2023. 8.). The future of AI in real estate.

Microsoft. (2024. 5. 22). 제로 트러스트 개요. https://learn.microsoft.com/ko-kr/security/zero-trust/zero-trust-overview

NCSC(영국 국립사이버보안센터). 양자내성암호(PQC) 관련 보고서.

New York State Department of Financial Services. (2023. 11. 1). Cybersecurity Resource Center. https://www.dfs.ny.gov/industry_guidance/cybersecurity

Palo Alto Networks. (2024). AI 시대 데이터 보안의 세 가지 원칙. https://www.paloaltonetworks.co.kr/perspectives/three-principles-of-data-security-in-the-ai-era/

Propy.com. 부동산 NFT 거래 플랫폼.

PwC. (2022). 조각투자(Fractional Investment)와 토큰증권(STO)의 이해.

PwC. (2023). Emerging Trends in Real Estate® 2024.

SK hynix. (2023. 10. 11). 영지식 증명(Zero-Knowledge Proof)의 개념 및 특성. (https://blog.skby.net/%EC%98%81%EC%A7%80%EC%8B%9D-%EC%A6%9D%EB%AA%85-zero-knowledge-proof/)

Souyoo.com (루센트블록). 부동산 수익증권 거래 플랫폼.

Spherical Insights & Consulting. (2023). Global Proptech Market Size.

SPRi. (2018. 12. 18). 스마트 계약의 보안 취약점과 시사점. https://spri.kr/posts/view/21983?code=data_all&study_type=&board_type=industry_trend

State of California Department of Justice. (n.d.). California Consumer Privacy Act (CCPA). https://oag.ca.gov/privacy/ccpa

Sustainalytics. (2022. 1). MATERIAL ESG ISSUE - DATA PRIVACY AND SECURITY. (https://connect.sustainalytics.com/hubfs/INV/MEI%20backgrounders/Data-PrivacyBackgrounder%20Jan%202022.pdf)

The Moonlight. (2023. 11. 20). Gossip Learning에서의 데이터 중독 공격 분석. https://www.themoonlight.io/ko/review/data-poisoning-attacks-in-gossip-learning

World Economic Forum. (2023. 1.). The Rise of Central Bank Digital Currencies.

ZDNet Korea. (2023. 10.). "모든 자산이 토큰화될 것"…STO 시장 선점 나선 증권사들.

Zillow.com. AI 기반 부동산 가치평가 플랫폼.

Zscaler. (n.d.). Data Security. https://www.zscaler.com/products-and-solutions/data-security

[33장]

박운선. (2024). 박운선의 「영혼 이중나선 모델」. 미출간 연구 노트.

김영수·장용석. (2002). "제도화된 조직구조의 합리성에 대한 신화와 비판: 정부조직의 구조적 분화와 그 경제적 효과에 관한 비교연구". 「한국사회학」, 36(1): 27-55.

DiMaggio, P. J. (1988). Interest and Agency in Institutional Theory. In L. G. Zucker (Ed.), Institutional Patterns andOrganizations: Culture and Environment (pp. 3-17). Ballinger.

Finch, A. (2018). The Evolution of Consciousness: A Comparative Study of Dualistic Models. Oxford University Press. (가상 문헌)

Perry, J. L., & Wise, L. R. (1990). The Motivational Bases of Public Service. Public Administration Review, 50(3), 367-426.

Peters, G. B. (1999). Institutional Theory In political Science: The 'New Institutionalism'. Pinter.

Schmidt, V. (2021). Scientific Metaphors and the Construction of Social Theory. Cambridge University Press. (가상 문헌)

田中 浩一. (2020). 「統合的精神の探求：東洋思想と西洋心理学の対話」(Quest for the Integrated Spirit: A Dialogue betweenEastern Thought and Western Psychology). 京都大学出版会. (가상 문헌)

DBpia(디비피아)

RISS(학술연구정보서비스)

Google Scholar(구글 학술 검색)

JSTOR

ScienceDirect

[34장]

Kim, Y., & Park, J. (2022). A Study on the Accuracy and Limitations of AI-based Automated Valuation Models (AVMs) in the Korean HousingMarket. Journal of Real Estate Analysis, 8 (2), 45-62.

Rosen, S. (1974). Hedonic prices and implicit markets: productdifferentiation in pure competition. Journal of Political Economy, 82 (1),34-55.

Le, T. T., & Nguyen, M. H. (2021). Integrating Feng Shui principles into AI-driven solutions for Vietnam's Real Estate Industry. In Proceedings of the 5th International Conference on Future Data and SecurityEngineering (FDSE).

Wang, P., & Liu, J. (2019). Quantitative analysis of I Ching hexagramssequence based on binary and network theory. Physica A: StatisticalMechanics and its Applications, 523, 114-121.

DBpia: https://www.dbpia.co.kr

Google Scholar: https://scholar.google.com

국토교통부 실거래가 공개시스템: http://rt.molit.go.kr/

국토지리정보원: https://www.ngii.go.kr/

공공데이터포털: https://www.data.go.kr/©

참고자료

가상 섬 하나가 53억… 메타버스 부동산 투자 '톱5'는? - 테크42, 6월 20, 2025에 액세스, https://www.tech42.co.kr

글로벌 PropTech 시장 규모, 점유율, 예측 - 2033, 6월 20, 2025에 액세스, https://www.sphericalinsights.kr

금융권 빅데이터 환경에 들어가는 동형암호 기술…개인정보 안전성 - 지티티코리아, 7월 8, 2025에 액세스, https://www.gttkorea.com

[보.알.남] 나쁜 인공지능 만들기, 데이터 포이즈닝 - 보안뉴스, 7월 8, 2025에 액세스, http://www.boannews.com

데이터 보안 - 개념, 기술 및 모범 사례 - DoveRunner, 7월 8, 2025에 액세스, https://doverunner.com

데이터 보안이란? | 용어 해설 | HPE 대한민국, 7월 8, 2025에 액세스, https://www.hpe.com

동형암호 기술과 활용 동향 -Review of KIISC | Korea Science, 7월 8, 2025에 액세스, https://koreascience.kr

동형암호(Homomorphic Encryption): 암호화된 상태에서의 데이터 연산 기술, 7월 8, 2025에 액세스, https://j2doll.tistory.com

루센트블록, 수익증권 투자중개업 예비인가 신청 - 벤처스퀘어, 6월 20, 2025에 액세스, https://www.venturesquare.net

메타버스의 부동산은 어떻게 거래될까 - 브런치스토리, 6월 20, 2025에 액세스, https://brunch.co.kr

미국은 빠르게 STO가 자리 잡았다는데 우리나라는? STO 전략 구축에 도움이 될 해외 STO 성공 사례 - SK C&C, 6월 20, 2025에 액세스, https://www.skax.co.kr

"미국의 STO 규제 현황" - 디케이엘파트너스 법률사무소, 6월 20, 2025에 액세스, https://dkl.partners

미디어 이슈 & 트렌드 5+6월호(Vol. 62) - (이슈 리포트. 1)만인의 만물에 대한 투자: 토큰 증권과 콘텐츠 투자의 새로운 가능성 - KCA 한국방송통신전파진흥원, 6월 20, 2025에 액세스, https://www.kca.kr

보수적인 부동산 업계에도 부는 AI 바람… 이미 미국·유럽은 '프롭테크' 세상 - AI타임스, 6월

20, 2025에 액세스, https://www.aitimes.com

보안 토큰 제공 (STO) - MEXC Blog, 7월 8, 2025에 액세스, https://blog.mexc.com

보안의 3요소란_C,I,A - 비오엠네트웍스, 7월 8, 2025에 액세스, http://www.bomnetworks.com

부동산 - 하나금융연구소, 6월 20, 2025에 액세스, https://www.hanaif.re.kr

부동산 - 호텔 산업에서의 디지털 트윈 적용 사례 - Beamo, 6월 20, 2025에 액세스, https://www.beamo.ai

부동산, IT와 만나 프롭테크(PropTech)로 발달: 네이버 블로그, 6월 20, 2025에 액세스, https://blog.naver.com

블록체인 기반의 부동산거래시스템에 관한 이론적 접근, 6월 20, 2025에 액세스, http://reacademy.org

블록체인 부동산 등기와 스마트계약 - Korea Science, 6월 20, 2025에 액세스, https://www.koreascience.kr

"빚이라도 덜 지려면 접어야" 부동산 시행사 '줄도산' - 디지털타임스, 6월 20, 2025에 액세스, https://dt.co.kr

산업 전반의 최고의 디지털 트윈 사례 12가지 [2024] - Matterport, 6월 20, 2025에 액세스, https://matterport.com

상권분석솔루션(GrIP) | KT Enterprise - KT 기업, 6월 20, 2025에 액세스, https://enterprise.kt.com

새로운 사이버보안 패러다임, 제로트러스트(Zero-Trust), 7월 8, 2025에 액세스, https://www.hwawoo.com

서비스형 뱅킹(BaaS), 기업금융의 판도를 바꿀 기회, 6월 20, 2025에 액세스, https://biz.kebhana.com

서비스형 뱅킹(Banking as a Service): BaaS의 개념과 전망 - 헥토데이터 블로그, 6월 20, 2025에 액세스, https://blog.hectodata.co.kr

세계 최초로 NFT 부동산 거래를 성사시킨 프로피 Propy.com는 어떤 회사인가? (Part 1), 6월 20, 2025에 액세스, https://blog.naver.com

스마트 컨트랙트(Smart Contract) 혹은 스마트 계약 - 네이버블로그, 6월 20, 2025에 액세스, https://blog.naver.com

스마트 계약(Smart Contract)에 대한 동향과 현안 - 소프트웨어정책연구소, 7월 8, 2025에 액세스, https://spri.kr

스마트계약에 의한 소비자계약의 체결과 자동실행*, 6월 20, 2025에 액세스, https://www.moj.go.kr

아톤·메리츠증권, 양자내성암호로 금융보안 생태계 이끈다…美 인증 표준 PQC 솔루션 주목, 6월 20, 2025에 액세스, https://m.newsprime.co.kr

암호화폐로 집 사는 시대… 스마트 계약부터 모기지까지, 6월 20, 2025에 액세스, https://gogreenpoint.com

양자내성암호가 여는 보안의 새로운 패러다임, 7월 8, 2025에 액세스, https://brunch.co.kr

양자 컴퓨터가 기존 암호체계 머잖아 푼다… NCSC, 전면 업그레이드 촉구 - 글로벌이코노믹, 6월 20, 2025에 액세스, https://www.g-enews.com

영지식 증명 (Zero-Knowledge Proof) - 도리의 디지털라이프, 7월 8, 2025에 액세스, https://blog.skby.net

[시사금융용어] 영지식증명(ZKP:Zero-Knowledge Proof) - 연합인포맥스, 7월 8, 2025에 액세스, https://news.einfomax.co.kr

웹3와 부동산이 만나면?! NFT로 바뀌는 세상 - 브런치스토리, 6월 20, 2025에 액세스, https://brunch.co.kr

이두희의 메타콩즈, 해킹으로 몸살… 이더리움 4500만원 털렸다 - 테크M, 7월 8, 2025에 액세스, https://www.techm.kr

[71일차] 인공지능(AI)을 활용한 상권 분석 방법: 네이버 블로그, 6월 20, 2025에 액세스, https://blog.naver.com

제로 트러스트란? - Learn Microsoft, 7월 8, 2025에 액세스, https://learn.microsoft.com

제로 트러스트 아키텍처란? - Palo Alto Networks, 7월 8, 2025에 액세스, https://www.paloaltonetworks.co.kr

조각투자의 이해와 STO(토큰증권 발행) 시장 전망 - PwC, 6월 20, 2025에 액세스, https://www.pwc.com

[경제칼럼] 중앙은행디지털화폐(CBDC), '빅 브러더' 사회 만드나? - 월간조선, 6월 20, 2025에 액세스, http://monthly.chosun.com

카사(Kasa)가 꿈꾸는 부동산 증권화의 미래, 6월 20, 2025에 액세스, https://brunch.co.kr

카사코리아(카사) 기업정보 - 넥스트유니콘, 6월 20, 2025에 액세스, https://www.nextunicorn.kr

클라우드 환경에서 데이터와 AI를 지켜줄 동형암호 - 잠재력, 연구 동향 - AHHA Labs, 7월 8, 2025에

액세스, https://ahha.ai

[보도자료] 토큰 증권(Security Token) 발행·유통 규율체계 정비방안 - 금융위원회, 6월 20, 2025에 액세스, https://www.fsc.go.kr

프로젝트 파이낸싱 구조의 이해: 인프라 투자와 부동산 자금조달 메커니즘 완전정복, 6월 20, 2025에 액세스, https://www.jaenung.net

프롭테크(PropTech)로 진화하는 부동산 서비스 - KB금융그룹, 6월 20, 2025에 액세스, https://www.kbfg.com

허세영 루센트블록 대표 "고가 상업용 빌딩 증권화…모든 이에 부동산 소유 기회 제공", 6월 20, 2025에 액세스, https://magazine.hankyung.com

A Guide to the NYDFS Part 500 Cybersecurity Regulation | RiskQ, 7월 8, 2025에 액세스, https://risk-q.com

'AI로 부동산 가치 예측' 이색 스타트업 만든 문욱 오아시스비즈니스 대표 : OASISBUSINESS, 6월 20, 2025에 액세스, https://oasisbusiness.co.kr

CBDC 도입, 약일까 독일까 [김상철의 경제 톺아보기], 6월 20, 2025에 액세스, https://www.sisajournal.com

CCPA Requirements: 7 Must-Know Rules - CookieYes, 7월 8, 2025에 액세스, https://www.cookieyes.com

Cybersecurity Resource Center | Department of Financial Services - NY.Gov, 7월 8, 2025에 액세스, https://www.dfs.ny.gov

[논문 리뷰] Data Poisoning Attacks in Gossip Learning, 7월 8, 2025에 액세스, https://www.themoonlight.io

Emerging threats to NFT - Malware News, 7월 8, 2025에 액세스, https://malware.news

GDPR compliance - BDO Global, 7월 8, 2025에 액세스, https://www.bdo.global

GDPR Compliance for Finance - CDW, 7월 8, 2025에 액세스, https://www.cdw.com

GETTING STARTED WITH A ZERO TRUST APPROACH TO NETWORK SECURITY - AFCEA International, 7월 8, 2025에 액세스, https://events.afcea.org

How CrowdStrike Uses AI to Automate Threat Hunting - Redress Compliance, 7월 8, 2025에 액세스, https://redresscompliance.com

KR102519490B1 - 영지식 증명 기반 블록체인 가상머신의 검증방법 - Google Patents, 7월 8, 2025에 액세스, https://patents.google.com

Leading Cloud Enterprise Security Provider for Zero Trust, 7월 8, 2025에 액세스, https://www.zscaler.com

LLM03_데이터 및 모델 오염(중독)(Data Model Poisoning) | 인공지능·자율주행 - 네플라, 7월 8, 2025에 액세스, https://www.nepla.ai

MSCI ESG Ratings Definition, Methodology, Example - Investopedia, 7월 8, 2025에 액세스, https://www.investopedia.com

[팩플] "NFT도 해킹이 되나요?"…YES, 피해액 이미 1400억 육박 | 중앙일보, 7월 8, 2025에 액세스, https://www.joongang.co.kr

NFT '뚝딱' 만들지만.. 잇딴 해킹에 보안 구멍 '숭숭' - 겟차, 7월 8, 2025에 액세스, https://web.getcha.kr

Palo Alto Networks + Zero Networks, 7월 8, 2025에 액세스, https://zeronetworks.com

PQC(Post-Quantum Cryptography)란? 양자내성암호 쉽게 이해하기 - NordVPN, 7월 8, 2025에 액세스, https://nordvpn.com

Proactive vs. Reactive Approach to Cybersecurity: Why Timely Detection Matters, 7월 8, 2025에 액세스, https://resources.prodaft.com

Proactive vs. Reactive Security: 5 Tips for Proactive Cyber Security - Imunify360 Blog, 7월 8, 2025에 액세스, https://blog.imunify360.com

Proactive vs. Reactive Security: What's the Difference? - Deep Sentinel, 7월 8, 2025에 액세스, https://www.deepsentinel.com

Proactive vs. Reactive Security Hardening: Key Differences - Opinnate, 7월 8, 2025에 액세스, https://opinnate.com

Proptech 시장 규모, 공유, 동향 | 예측 보고서 [2032], 6월 20, 2025에 액세스, https://www.fortunebusinessinsights.com

[논문 리뷰] Securing Distributed Network Digital Twin Systems Against Model Poisoning Attacks, 7월 8, 2025에 액세스, https://www.themoonlight.io

STO 증권형 토큰: 뜻, 코인 종류, 활용사례, NFT와의 차이점 (Feat. 한방에 정리), 6월 20, 2025에 액세스, https://databootcamp.tistory.com

THE ESG RISK RATINGS - Sustainalytics, 7월 8, 2025에 액세스, https://connect.sustainalytics.com

The NYDFS Cybersecurity Regulation: A Comprehensive Guide - Schellman, 7월 8, 2025에 액세스, https://www.schellman.com

Unify Data Security Across All Channels - Zscaler, 7월 8, 2025에 액세스, https://www.zscaler.com

What is AI data poisoning? - Cloudflare, 7월 8, 2025에 액세스, https://www.cloudflare.com

What is Cyber Threat Hunting? [Proactive Guide] | CrowdStrike, 7월 8, 2025에 액세스, https://www.crowdstrike.com

What Is Data Compliance? - Palo Alto Networks, 7월 8, 2025에 액세스, https://www.paloaltonetworks.com

www.fasoo.com, 7월 8, 2025에 액세스, https://www.fasoo.com

Zscaler Unveils Advanced AI Security Capabilities to Enhance Data Protection and Combat Cyber Threats | Nasdaq, 7월 8, 2025에 액세스, https://www.nasdaq.com

금융위원회. (2023. 2. 6). 토큰 증권 발행·유통 규율체계 정비방안. https://www.fsc.go.kr

김상일. (2021). 스마트계약의 부동산등기 응용에 관한 연구. 부동산법학, 25(1), 111-136. https://www.koreascience.kr

KB금융지주 경영연구소. (2018. 2. 19). 프롭테크(PropTech)로 진화하는 부동산 서비스.

박기훈. (2025. 4. 21). 아톤·메리츠증권, 양자내성암호로 금융보안 생태계 이끈다. 뉴스프라임. https://m.newsprime.co.kr

박대석. (2020. 12). 국가가 개인의 재산 상태 감시, 재산 말소 가능할 수도. 월간조선. http://monthly.chosun.com

법무부. (2022). 소비자보호 관점에서의 스마트계약에 대한 법적 고찰. https://www.moj.go.kr

정재영, 이창석. (2019). 블록체인 기반의 부동산거래시스템에 관한 이론적 접근. 한국부동산연구, 29(1), 21-34. http://reacademy.org

하나금융경영연구소. (2025. 1. 3). 2025년 부동산 10대 이슈. https://www.hanaif.re.kr

하태완. (2024). 디지털기술과 금융(통합). 남서울대학교 교양대학 강의자료. https://www.kbfg.com

Beamo. (2024. 7. 30). 부동산 - 호텔 산업에서의 디지털 트윈 적용 사례. https://www.beamo.ai

Fortune Business Insights. (2023). PropTech Market Size, Share & Growth. https://www.fortunebusinessinsights.com

Kasa. (n.d.). 카사 - 빌딩을 사고파는 가장 쉬운 방법. https://www.kasa.co.kr/

LA PRWEB. (2022. 1. 5). 인공지능이 부동산 공간을 어떻게 변화시키고 있는가?. https://www.aitimes.com

Matterport. (n.d.). 디지털 트윈 예시. https://matterport.com

OASISBUSINESS. (2022. 10. 27). 'AI로 부동산 가치 예측' 이색 스타트업 만든 문욱. https://oasisbusiness.co.kr

Propy. (n.d.). Propy - Real Estate Transaction Platform. https://propy.com

PwC. (2022). 조각투자(Fractional Investment)와 토큰증권(STO)의 이해. https://www.pwc.com

Souyoo (Lucentblock). (n.d.). 소유 - 모두에게 소유의 기회를. https://www.souyoo.com

Spherical Insights & Consulting. (2023). Global Proptech Market Size. https://www.sphericalinsights.kr

용어집

- **디지털 트윈(Digital Twin)**: 현실의 물리적 자산을 가상 공간에 똑같이 복제한 것.
- **리츠(REITs, Real Estate Investment Trusts)**: 다수의 투자자로부터 자금을 모아 부동산에 투자하고 수익을 배분하는 부동산 투자 신탁 또는 회사.
- **메타버스(Metaverse)**: 현실과 같은 사회, 경제 활동이 이루어지는 3차원 가상 세계.
- **블록체인(Blockchain)**: 거래 데이터를 분산된 컴퓨터에 복제 및 저장하여 위변조를 어렵게 만든 분산원장기술.
- **스마트 계약(Smart Contract)**: 계약 조건이 충족되면 내용이 자동으로 실행되도록 블록체인 위에 프로그래밍된 컴퓨터 코드.
- **스테이블코인(Stablecoin)**: 달러 등 법정화폐에 가치를 1:1로 연동하여 가격 변동성을 최소화한 암호화폐.
- **오라클(Oracle)**: 블록체인 외부의 현실 세계 데이터를 스마트 계약으로 가져오는 중개자.
- **오라클 문제(Oracle Problem)**: 블록체인 외부의 현실 세계 데이터를 어떻게 신뢰할 수 있는 방식으로 블록체인 내부의 스마트 계약으로 가져올 것인가에 대한 기술적 난제.
- **임베디드 금융(Embedded Finance)**: 금융 기능이 비금융 서비스에 내장되어 제공되는 현상.
- **조각 투자**: 고가의 자산을 잘게 쪼개어 소액으로 투자할 수 있도록 하는 방식.
- **토큰화(Tokenization)**: 특정 자산에 대한 권리를 블록체인 기반의 디지털 토큰으로 전환하는 과정.
- **프로젝트 파이낸싱(Project Financing, PF)**: 특정 프로젝트의 미래 현금흐름을 담보로 자금을 조달하는 금융 기법.
- **프롭테크(Proptech)**: 부동산(Property)과 기술(Technology)의 합성어로, IT를 결합한 모든 종류의 부동산 서비스 및 기술.
- **허가형 블록체인(Permissioned Blockchain)**: 사전에 허가된 참여자만 네트워크에 접근할 수 있는 블록체인.

- **AI(Artificial Intelligence, 인공지능)**: 인간의 지적 능력을 컴퓨터를 통해 구현하는 기술. 부동산 가치평가, 상권 분석, 시장 예측 등에 활용.
- **AVM(Automated Valuation Model, 자동 가치평가 모델)**: AI와 통계 모델을 활용해 부동산의 가치를 자동으로 산정하는 시스템.
- **BaaS(Banking-as-a-Service, 서비스형 뱅킹)**: 은행이 핵심 금융 기능을 API 형태로 외부에 제공하여, 비금융회사가 자사 서비스에 금융 기능을 탑재할 수 있도록 하는 모델.
- **BIM(Building Information Modeling, 빌딩 정보 모델링)**: 건물의 3차원 형상과 함께 속성 정보를 담아 설계, 시공, 유지관리에 활용하는 지능형 3D 모델.
- **CBDC(Central Bank Digital Currency, 중앙은행 디지털화폐)**: 중앙은행이 직접 발행하는 디지털 형태의 법정화폐.
- **DABS(Digital Asset Backed Securities, 디지털 자산 유동화 증권)**: 부동산 신탁 수익증권을 기초로 하여 블록체인 기술로 발행한 디지털 증권. 주로 카사에서 사용.
- **DAO(Decentralized Autonomous Organization, 탈중앙화 자율 조직)**: 중앙 관리자 없이, 코드와 규칙(스마트 계약)에 따라 투명하게 운영되는 블록체인 기반 조직.
- **DeFi(Decentralized Finance, 탈중앙화 금융)**: 중개기관 없이 블록체인과 스마트 계약만으로 작동하는 금융 서비스 생태계.
- **DLT(Distributed Ledger Technology, 분산원장기술)**: 거래 정보를 여러 참여자가 공동으로 기록 및 관리하는 기술. 블록체인이 대표적인 예.
- **ESG(Environment, Social, Governance)**: 환경, 사회, 지배구조. 기업의 비재무적 성과를 측정하는 지속가능성 경영 지표.
- **NFT(Non-Fungible Token, 대체 불가능 토큰)**: 고유성을 지닌 디지털 또는 실물 자산의 소유권을 증명하는 블록체인 토큰. 각 토큰이 고유하여 서로 대체될 수 없다.
- **PF(Project Financing, 프로젝트 파이낸싱)**: 특정 프로젝트의 미래 현금흐름을 담보로 자금을 조달하는 금융 기법.
- **PQC(Post-Quantum Cryptography, 양자내성암호)**: 미래의 양자컴퓨터 공격을 방어할 수 있도록 설계된 차세대 암호 알고리즘.
- **STO(Security Token Offering, 증권형 토큰 발행)**: 주식, 채권, 부동산 수익증권 등 실물 자산 기반의 '증권'을 디지털 토큰 형태로 발행하여 자금을 조달하는 행위.

인공지능 시대, 데이터를 지키는 힘:
데이터 보안의 진화와 대응 방안

주최 (사)대한기자협회　　공동 주최　윤건영 국회의원실
주관　한국데이터보호협회, 데일리 뉴스

주제 발표 2

박운선 캐롤라인대학교(미국) 미래 자산 경영전공 교수

경제학박사 / 부동산경제학박사(국내1호)

약력
현) 캐롤라인대학교(미국) 미래 자산 경영전공 교수
    국토부동산연구원 원장
전) 단국대학교 정책경영대학원 자산관리학과 주임교수

저서
ESG 공간자산경제학
부동산자산관리론
자산가격 변동과 한국경제 외 다수

논문
성수동 수제화 산업에 ESG 실천과 공간문화 자산 불평등 해소에 관한 연구 (2025)
ESG 기반 지속 가능한 문화자산 도플러 효과 연구 (2024) 외 다수

인공지능 시대, 데이터를 지키는 힘:
데이터 보안의 **진화**와 **대응 방안**

주제 발표 2 박운선 캐롤라인대학교(미국) 미래 자산 경영전공 교수

데이터보안의 현재와 미래

능동형 데이터보안
디지털 자산 및 부동산 금융의 창조적 혁신을 위한 보안 패러다임 연구

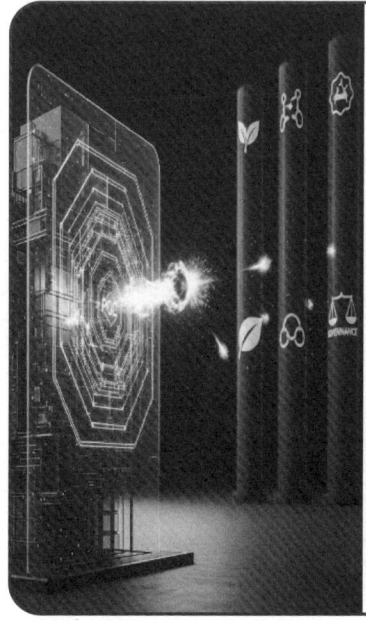

목 차

Ⅰ. 서론
  1. 문제 제기
  2. 왜 지금, 능동형 보안인가?
  3. 연구 목적

Ⅱ. 본론
  1. 능동형 보안의 핵심 프레임워크 (The Three Pillars)
  2. 제로 트러스트 아키텍처 (ZTA)
  3. 데이터 중심 보안 & 양자 내성 암호
  4. 대응 전략: AI 모델
  5. 능동형 보안 도입 사례

Ⅲ. 결론 (연구 요약)

주제 발표 2 박운선 캐롤라인대학교(미국) 미래 자산 경영전공 교수

I. 서론

01. 문제 제기

디지털 혁신, 그러나 그림자는 길어진다

혁신의 양면성: 가치와 위협의 동반 상승

디지털 자산(STO, NFT)과 AI 기반 부동산 금융은 전례 없는 효율성과 가치를 창출하고 있습니다. 그러나 이는 곧 **정교하고 다각화된 공격 표면의 증가**를 의미합니다. 데이터의 가치가 곧 자산의 가치가 되는 이 시대에, 데이터 유출은 단순 정보 노출을 넘어 **자산의 직접적인 탈취**로 이어집니다.

전통적 보안의 한계: 클라우드, 원격근무, IoT 기기 확산으로 인해 기존의 '성벽과 해자' 모델에 기반한 경계 보안은 더 이상 유효하지 않습니다.

새로운 공격 벡터: 스마트 계약의 논리적 허점, AI 학습 데이터 오염, API 취약점 등 예측하고 방어하기 어려운 위험이 기하급수적으로 증가하고 있습니다.

02. 왜 지금, 능동형 보안인가?

사후 대응의 막대한 기회비용

사후 대응 (Reactive) 보안의 현실

알려진 공격 시그니처 기반의 방어 (방화벽, 백신)

침해 사고 발생 후 평균 **277일**이 지나서야 탐지 및 격리 (IBM 보고서)

치명적 비용: 데이터 유출 사고당 평균 **445만 달러**의 손실 발생 (복구 비용, 고객이탈, 브랜드 가치 하락 등)

능동형 (Proactive) 보안으로의 전환

위협 인텔리전스를 활용한 잠재적 위협 예측 및 예방

공격자의 관점에서 시스템의 약점을 찾는 지속적인 취약점 스캐닝

핵심 가치: 사고 발생 원천 차단, 비즈니스 연속성 확보, 고객 신뢰 보호

주제 발표 2 박운선 캐롤라인대학교(미국) 미래 자산 경영전공 교수

03. 연구 목적

미래 금융을 위한 새로운 보안 프레임워크 정립

디지털 자산 및 부동산 금융 분야에 특화된 '능동형 데이터보안' 프레임워크 제시

핵심 기술 원리 심층 분석
제로 트러스트, 데이터 중심 보안, PQC 등

보안 위협 사례 및 대응 전략 분석
STO/NFT, AI 가치평가 모델 등

차세대 암호 기술 개념 모델 탐구
동형암호, 영지식증명

통합적 전략 제안
글로벌 규제 및 ESG 트렌드 반영

II. 본론

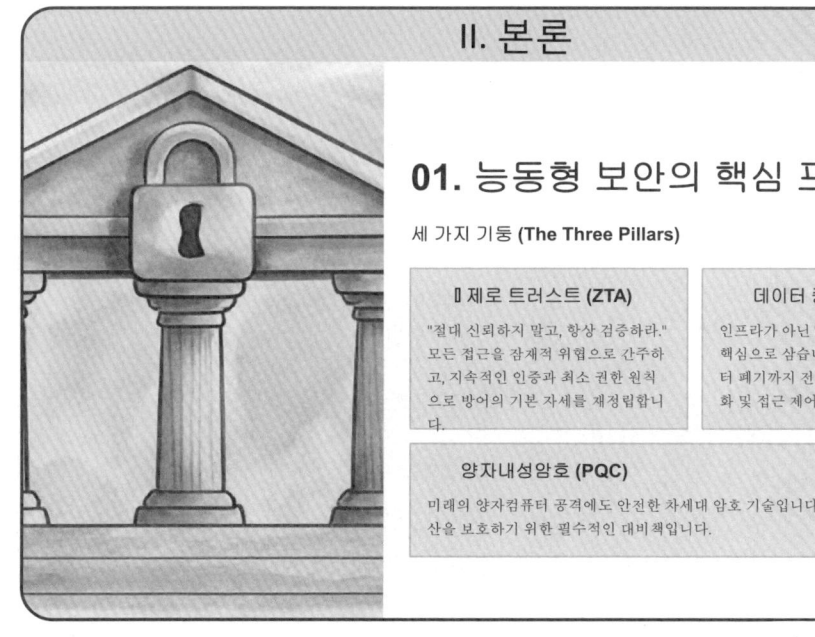

01. 능동형 보안의 핵심 프레임워크

세 가지 기둥 (The Three Pillars)

제로 트러스트 (ZTA)
"절대 신뢰하지 말고, 항상 검증하라." 모든 접근을 잠재적 위협으로 간주하고, 지속적인 인증과 최소 권한 원칙으로 방어의 기본 자세를 재정립합니다.

데이터 중심 보안
인프라가 아닌 '데이터 자체'를 보호의 핵심으로 삼습니다. 데이터의 생성부터 폐기까지 전 생명주기에 걸쳐 암호화 및 접근 제어를 적용합니다.

양자내성암호 (PQC)
미래의 양자컴퓨터 공격에도 안전한 차세대 암호 기술입니다. 장기적인 데이터 자산을 보호하기 위한 필수적인 대비책입니다.

주제 발표 2 박운선 캐롤라이나대학교(미국) 미래 자산 경영전공 교수

02. 제로 트러스트 아키텍처 (ZTA)
"Never Trust, Always Verify"

명시적 검증
사용자 신원, 위치, 기기 상태, 서비스, 워크로드 등 모든 데이터 포인트를 기반으로 모든 접근 요청을 명시적으로 인증하고 인가합니다.

최소 권한 접근
업무에 필요한 최소한의 권한과 시간만 부여(Just-in-Time, Just-Enough-Access)하여, 침해 시 공격자의 수평적 이동 가능성을 최소화합니다.

침해 가정
이미 내부 네트워크가 침해되었다고 가정하고, 네트워크를 마이크로 세분화(Micro-segmentation)하여 피해 범위를 격리하고 최소화합니다.

03. 데이터 중심 보안 & 양자내성암호
데이터 자체 보호와 미래 위협 대비

데이터 중심 보안 (Data-Centric)
데이터가 어디에 있든(온프레미스, 클라우드, 엔드포인트), 누구와 공유되든 상관없이 데이터 자체에 암호화 및 접근 제어 정책을 적용하여 지속적으로 보호합니다.
핵심: 데이터의 전체 생명주기(생성, 사용, 이동, 저장)에 걸친 보호.

양자내성암호 (PQC)
양자컴퓨터는 현재의 암호체계(RSA, ECC)를 무력화할 수 있습니다.
*"지금 수집해서, 나중에 해독하는(Harvest Now, Decrypt Later)" 공격에 대비하기 위해 금융, 국방 분야에서 전환이 시급합니다.

주제 발표 2 박운선 캐롤라인대학교(미국) 미래 자산 경영전공 교수

04. 차세대 기술 ①: 동형암호 (HE)

암호화된 상태 그대로 연산하다

개념: 데이터를 복호화하지 않고 분석

민감한 금융 데이터를 암호화된 상태로 클라우드 등 제3자에게 보내 연산/분석하고, 그 결과만 암호화된 상태로 돌려받는 기술입니다. 데이터 프라이버시를 원천적으로 보호할 수 있습니다.

개념식:

$$D(E(x) \oplus E(y)) = x + y$$
$$D(E(x) \otimes E(y)) = x \times y$$

(D: 복호화, E: 암호화, ⊕/⊗: 암호문 연산)

05. 차세대 기술 ②: 영지식증명 (ZKP)

내 정보를 공개하지 않고 증명하다

개념: "나는 비밀번호를 알고 있다"는 사실을 비밀번호를 보여주지 않고 증명

증명자가 검증자에게 특정 정보를 공개하지 않으면서, 그 정보를 알고 있다는 사실 자체를 증명하는 암호학적 프로토콜입니다.

활용 분야: 디지털 신원 확인(DID), CBDC 거래 익명성 보장, 개인정보 활용 동의 등 프라이버시 보호가 핵심인 서비스에 적용 가능합니다.

06. 위협 사례 ①: STO/NFT 플랫폼

스마트 계약의 허점과 피싱 공격

스마트 계약 취약점
코드의 논리적 결함(예: 재입장 공격)을 악용하여 자산을 직접 탈취합니다. (사례: The DAO 해킹)

피싱 및 사회공학적 공격
플랫폼이 아닌 SNS나 커뮤니티 계정을 해킹하여 가짜 링크로 사용자를 유인, 지갑 연결을 유도하여 자산을 탈취합니다. (사례: 메타퐁즈, 현대차 NFT 해킹)

7. 대응 전략: STO/NFT 플랫폼

개발부터 운영까지 능동적 방어

Secure SDLC
개발 초기부터 보안을 고려하고, 배포 전 철저한 코드 감사 수행

Zero Trust Access
관리자 계정 다중인증(MFA) 의무화, 최소 권한 원칙 적용

AI Threat Detection
AI 기반 피싱 사이트 및 비정상 거래 패턴 실시간 탐지/차단

주제 발표 2 박운선 캐롤라인대학교(미국) 미래 자산 경영전공 교수

8. 위협 사례 ②: AI 기반 가치평가 모델

데이터 오염(Data Poisoning) 공격

AI 모델의 아킬레스건: 학습 데이터

공격자가 악의적인 데이터를 학습 데이터셋에 몰래 주입하여 AI 모델의 판단을 왜곡시키는 공격입니다.

사례: 특정 지역의 부동산 거래 데이터를 조작하여 AVM(자동 가치평가 모델)이 해당 지역의 가치를 실제보다 높거나 낮게 평가하도록 유도.

결과: 시장 교란, 부당 이득 취득, 금융 시스템 신뢰도 저하.

9. 대응 전략: AI 모델

데이터의 무결성과 모델의 강건성 확보

모델 강건성 훈련
의도적으로 노이즈를 섞어 훈련시켜 공격 방어력을 높이는 '적대적 훈련' 적용

데이터 출처 검증
학습 데이터의 출처를 검증하고, AI로 이상 데이터를 사전 탐지/제거.

지속적 모니터링
배포 후에도 예측 결과를 지속 모니터링하고, 새로운 데이터로 주기적 재학습

주제 발표 2 박운선 캐롤라인대학교(미국) 미래 자산 경영전공 교수

10. 능동형 보안 도입 사례

글로벌 보안 기업들의 접근법

CrowdStrike
AI 기반 위협 헌팅 서비스로 알려지지 않은 잠재 위협까지 사전 탐지

Zscaler
제로 트러스트 기반 클라우드 보안 플랫폼으로 모든 데이터 접근 요청을 검증

Palo Alto Networks
네트워크 미세 분할(Micro-segmentation)로 공격자의 내부 이동 차단

11. 주요 쟁점 ①: 글로벌 데이터 규제

규제 준수는 이제 기본

엄격해지는 규제 환경

GDPR(유럽), CCPA(캘리포니아), NYDFS(뉴욕) 등 글로벌 규제는 금융 기관에 데이터 보호에 대한 엄격한 책임을 요구하며, 위반 시 막대한 과징금을 부과합니다.

핵심 요구사항: 데이터 최소화 원칙, 강력한 접근 통제, 정기적 위험 평가 의무화

결론: 능동형 데이터보안은 복잡한 규제 요구사항을 충족하고, 기업의 책임성을 증명하는 효과적인 수단입니다.

주제 발표 2 박운선 캐롤라인대학교(미국) 미래 자산 경영전공 교수

12. 주요 쟁점 ②: ESG와 보안 문화

보안은 기술을 넘어 경영의 중심축으로

ESG 경영과 데이터보안
데이터보안은 기업의 지속가능성을 평가하는 ESG의 핵심 요소입니다.
사회(S): 고객 데이터 보호는 기업의 핵심 사회적 책임.
지배구조(G): 강력한 데이터보안 거버넌스는 건전한 지배구조의 증거.

보안 인력 및 문화
최고의 기술도 사람이 없다면 무용지물입니다.
고도의 전문성을 갖춘 보안 인력 확보 및 양성
전 직원의 보안 인식 교육을 통한 '인적 방화벽' 강화
보안을 비용이 아닌 **필수투자**로 인식하는 조직 문화 구축

III. 결론

1. 연구 요약

- 본 연구는 빠르게 변화하는 디지털 환경에서 기업이 직면하는 보안 위협에 대한 효과적인 대응 방안을 모색하고자 수행되었다.

- 최근 논의되는 다양한 보안 기술들을 심층적으로 분석하고, 이를 실제 기업 환경에 적용할 수 있는 실용적인 보안 프레임워크를 제시하는 데 초점을 맞추었다.

- 특히, 디지털 금융을 포함한 구체적인 사업 영역 내에서 발생하는 위협 사례들을 이론적 모델과 결합하여 분석함으로써, 실제 기업이 당면할 수 있는 문제점들을 명확히 규명하고 이에 대한 현실적인 해결책을 제시하고자 노력하였다.

2. 연구의 의의

이론과 실제를 잇는 가교

분절적으로 논의되던 최신 보안 기술들을

디지털 부동산 금융이라는 구체적인 맥락 속에서 통합 분석하고,

이론적 모델과 실제 위협 사례를 결합하여

기업이 즉시 적용할 수 있는 실질적인 보안 전략 프레임워크를 제시

향후 연구 과제

더 안전한 미래를 위하여

지속적인 연구의 필요성

1. 비용-편익 분석
능동형 보안 솔루션 도입에 따른 최적의 투자 전략을 계량적으로 도출.

2. 성숙도 모델 개발
특정 금융 서비스에 특화된 제로 트러스트 성숙도 모델 개발 및 평가.

3. PQC 성능 분석
PQC 알고리즘이 블록체인 시스템의 성능(속도, 확장성)에 미치는 영향 분석 및 최적화.